普通高等教育规划教材

体育与健康教程

TIYU YU JIANKANG JIAOCHENG

主编 刘 斌

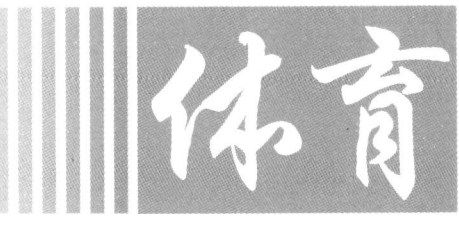

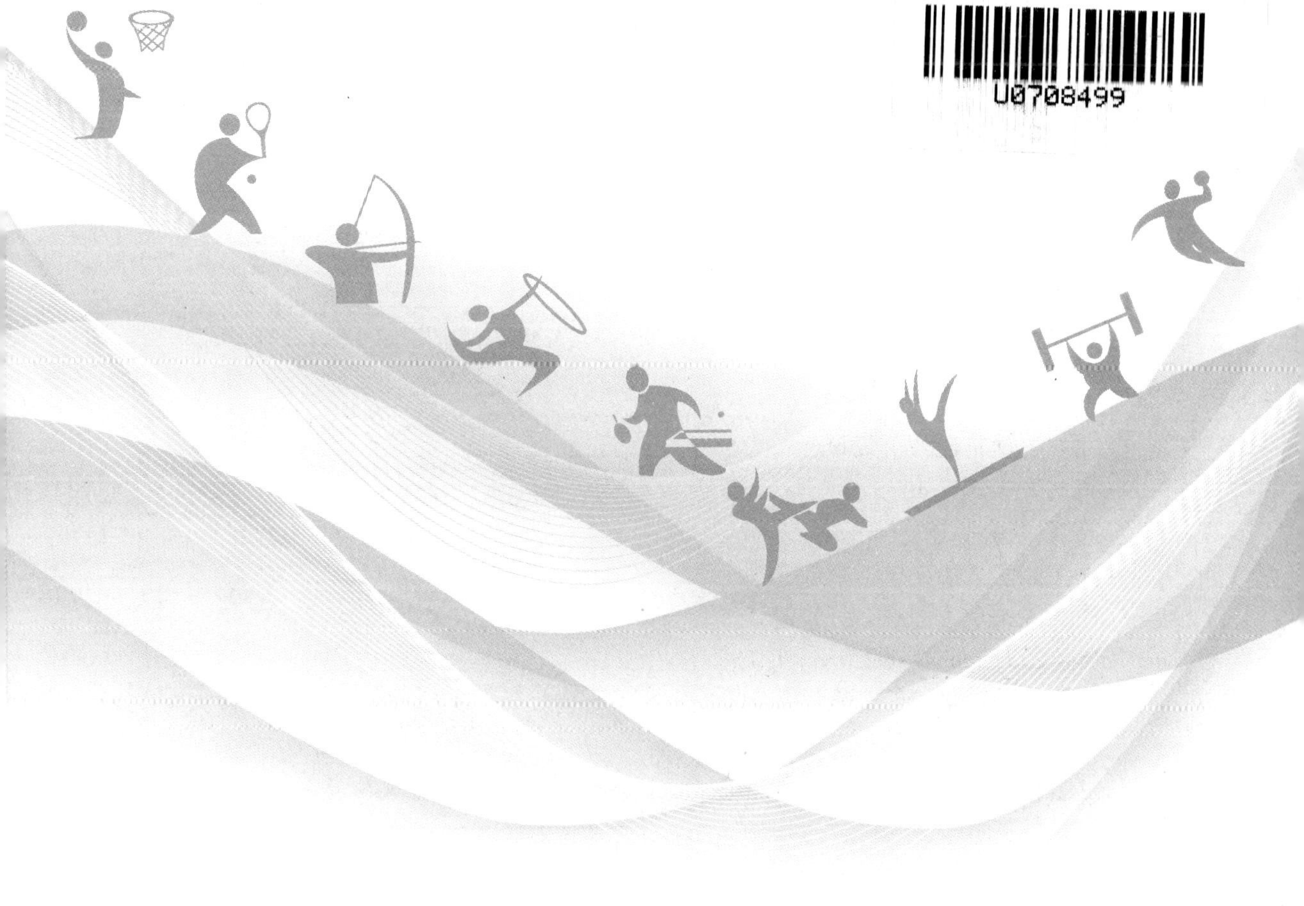

郑州大学出版社

图书在版编目(CIP)数据

体育与健康教程/刘斌主编． —郑州：郑州大学出版社，2017.8(2022.8 重印)
ISBN 978-7-5645-4645-8

Ⅰ．①体⋯　Ⅱ．①刘⋯　Ⅲ．①体育-高等学校-教材　②健康教育-高等学校-教材　Ⅳ．①G807.4

中国版本图书馆 CIP 数据核字（2017）第 191787 号

郑州大学出版社出版发行	
郑州市大学路 40 号	邮政编码:450052
出版人:孙保营	发行部电话:0371-66966070
全国新华书店经销	
郑州豫兴印刷有限公司印制	
开本:787 mm×1 092 mm　1/16	
印张:18.5	
字数:441 千字	
版次:2017 年 8 月第 1 版	印次:2022 年 8 月第 3 次印刷

书号:ISBN 978-7-5645-4645-8　　　　定价:39.00 元

本书如有印装质量问题,由本社负责调换

作者名单

主　编　刘　斌
副主编　朱红香　刘　锦　王立新　王全军
　　　　林宁波
编　委　刘　斌　朱红香　刘　锦　王立新
　　　　王全军　林宁波

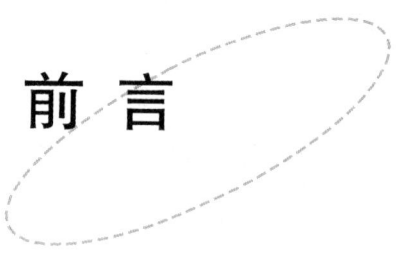

前 言

作为21世纪的现代大学生,面对纷繁变化的形势,置身激烈跨越式发展的信息社会,我们是否也该躬身自省一下:我们该把一个什么样的自我奉献给社会?该以什么样的精神面貌迎接未来世界的挑战?我们的体质水平和生活方式能否胜任未来社会的快节奏?

经过十几年的发奋学习,同学们终于成为高等学府莘莘学子中的一员。有相当多的同学,由于长期在浓重应试教育的氛围中学习和生活,失去或被迫错过了很多欢快愉悦的锻炼机会,很少尝试过在蓝天白云下无忧无虑地追逐和嬉戏,而是过多地埋在"书山题海"中伏案"耕读",使身心健康受到了不同程度的影响。这在我国进行的学生体质调研和每年新生入校后的体育复测中可以很容易地找到明证。如今,我们迈进了大学的门坎,实现了奋斗多年的夙愿。在大学阶段,我们将接受人生步入社会之前最后一个阶段的学校体育教育,将从这个时期中受到体育与健康的再次培训和塑造,并最终养成终身体育的意识和习惯,从而以一个理想的现代人的形象融入社会或奔向人生奋斗的又一个驿站,为祖国的繁荣富强贡献才智,为中华民族的兴盛竭尽匹夫之责。

现代社会在带给人们生活极大方便和舒适的同时,也带来了许多危及健康的不利因素。如工作过程的机械化、自动化、智能化,生活中的电器化、信息化,使人们大大减少了体力上的劳作,但却极易导致精神的紧张,持续的高效率工作使心理压力增大,人的机体和心理与生活环境不断出现失衡现象。再加上日益丰富的物质生活,导致营养过剩,这样,若不合理地加以调节,让体育锻炼适时、适量地介入其中,那么,健康就会离我们越来越远,疾病的威胁则会越来越近。充沛的精力寓于健康的身体,为社会、为人类建功立业的基础亦是健康的身体。所以,选择一种健康的生活和学习方式,学会一种乃至几种体育锻炼的技能,懂得一些有关体育与健康的常识,对于准备迎接未来社会的激烈竞争、过一种充实而富有情趣的生活的当代大学生来说,至关重要。

我们认为,党中央和国务院确立的"学校教育要树立健康第一的指导思想",是适应现代知识经济社会高速发展、培养拥有强健体魄的德才兼备的新型人才的战略举措,体现了党和政府对广大青少年的高度重视。归根结底,我们学校教育培养出来的应该是朝气蓬勃、生龙活虎、全面发展的未来建设者。虽然过去体育课的目的也主要是提高学生的健康水平,但其认识的基点仅仅是停留在人体纯生物学改善的意义上。如今,我们在操作过程中,就要有机地将健康教育与体育教育融为一体,既有术科层面上的学练,又有学科知识上的掌握,使同学们知其然,又知其所以然。这样,学练体育的目的性更强,自我保健和防护的意识更清楚,强身健体的效果也更容易显现出来。

在长期的高校体育教学实践中,我们一直探寻着能站在有利于教与学的角度,以学生为本,编写一本指导性强,富有可读性、科学性的助学型体育教材,让学生在阅读和学练时,能感觉到有亲和力,目的明确,易于把握。于是,我们反复研讨,几经周折,拟出了和过去的学校体育教材有较大区别的框架体系,并合理地汲取了历史上同类教材的有益成分,同时又融入了符合新时代特征和适合当代大学生身心发育规律的新内容,并定名为《体育与健康教程》。其主旨就是要为在校大学生编写一本通俗易懂、易学易练的参考性读本,使学生通过自学和上课,能较系统地了解有关健康的理论和知识,厘清体育与健康的关系,掌握一定的运动技能,培养体育兴趣,激发起积极参与体育锻炼的动机,树立正确的体育与健康观和竞争意识,养成良好的体育与生活习惯,并最终培养终身体育的能力和意识,为学生毕业走上社会打下坚实的体育基础。

本书分上、下两编。上编以理论性知识为主,着重阐述素质教育中高校体育的目的与任务、关于健康的概念阐释及制约因素、体质的自我评定、在运动锻炼过程中的生理现象和大学生常见的心理现象及其调适、生命过程中的营养问题、体育卫生保健知识。这其中,既有让同学们必须掌握的基础性知识,又有扩充性材料,可以满足不同层次同学的学习需要。

下编主要是运动项目的基本技术和学练方法介绍。和以往其他体育教材或同类教材相比,本书有了比较突出的变化。其一是在编写时紧紧围绕"大学生""体育""健康"三个关键词着笔,以非体育专业的大学生为本,力求写出一本有利于学生学与练的助学型教材。所以在下编的编写过程中,突出了各项目的有代表性的基本技术及学练方法,本着有所为有所不为的原则,有详有略,不平均使用力量。这样更有利于学生在有限的学习时间内突出重点地掌握技术,有助于学生学会一些简练而实用的体育技能,在实践中培养学生的体育意识、行为和习惯。其二是在选择内容时,有较强的针对性,既汲取竞技体育项目的精华,又不完全受其束缚,将那些对健康影响大、健身效果好,又便于学生学练的项目选编进来。如在"田径运动"这一章里,作为体育文化传播的内容,我们对田径做了概述,并对各个项目进行了介绍,然后将"跑"与健身作为重要内容进行叙述。因为跑与人们的日常生活和健身活动的关系太密切了,所以理应作为该章的一个重点。这样,学生在阅读教材和锻炼时容易理解、便于掌握,用理论来指导自己的实践,有较强的指导性。每个学校场地、器材、师资力量各有不同,所以在安排课程和选用教材时,各高校可结合本校特点加以选择。有条件开设选项课的学校,可有针对性地让学生选修一或两项技术。同学们自己在学练时,应注意不要贪多,选择的项目宜少而精,这样有助于形成相对稳定的体育兴趣,易于养成终身体育的技能和习惯。反思一下我们的学校体育,为什么相当多的学生经过十几年的学习,一旦毕业走向社会,就拱手与体育告别呢?除了工作忙、事务多等客观原因外,其中最主要的还在于所学的内容繁杂而不实用,没有学会或掌握比较熟练的运动技能,忽视了体育兴趣与习惯的培养,离开体育课堂之后,就很难再回到操场上一展身手。

试想一个学生对篮球运动已培养了浓厚的兴趣,且已能在篮球场上运用自如,那么,无论他走到哪里,只要条件允许,他就会跃跃欲试,主动参与其中。毛泽东在《体育之研究》中对体育方法的多与少曾有过辩证的论述:"应诸方之用者其法宜多,锻一己之身者其法宜少。"每个人的兴趣爱好不尽相同,特长亦各有异,所以,同学们应根据自身特点进行选择。不过,仅靠每周两节体育课是远远不够的,很难在如此有限的时间内形成运动技能。在老师教过基本要领之后,更多的是依靠大家利用课余时间进行锻炼。只要持之以恒,坚持不懈,就既能培养体育兴趣,又能掌握运动技术,还能培养意志和毅力。

在学习本教材的时候,同学们既可以结合教学计划和课程安排系统地加以学习,也可以根据自己的兴趣有重点地予以选择。对体育特别有兴趣的同学,要在对内容的理解和运用上下功夫。对于上编的理论部分,要重点把握健康的生活方式对现代大学生的重要作用以及大学生如何以健康的理念和行为应对日趋激烈的社会竞争,掌握一定的锻炼理论指导自己的体育实践。下编的技术部分,仅作为一般的知识介绍,学有余力的同学应在此基础上寻找进一步学练的突破口,将此作为进一步提高的一个基本途径。极为重要的是,要通过掌握技能,进而养成锻炼的习惯,获得一个健康的身体。

本教材由刘斌担任主编,并编写前言和第一、二、九章,副主编为朱红香(编写第三、四章),刘锦(编写第五、六章和第七章第一、二、三节),王立新(编写第十章和第十二章第一、二、三节),王全军(编写第八章和第七章第四节),林宁波(编写第十一章和第十二章第四、五节)。

体育中有欢愉,体育中有乐趣,体育中有健康。我们希望每一位大学生都能养成良好的体育习惯,充分调动自己的主观能动性,创造性地、执着地去追求健康的生活,力争使自己在迎接和接受社会严峻考验的奋斗之中,用体育为我们化解压力,带来欢乐,使之成为我们生活中不可或缺的组成部分,成为我们健康的保护神,与我们相伴终身,并进而使我们中华民族的体质逐渐得以增强,继续跻身于世界伟大民族之林。

编 者

2017 年 5 月

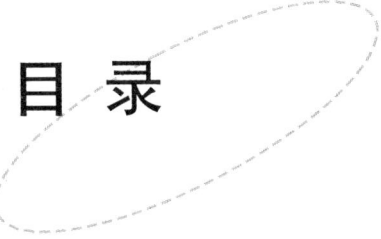

目 录

上篇 理论篇

第一章 学校体育 2
第一节 大学体育概述 2
第二节 大学体育的实施途径 7

第二章 奥林匹克运动 10
第一节 奥林匹克运动的历史与发展 10
第二节 奥林匹克运动的思想体系 13
第三节 奥林匹克运动的组织机构 15
第四节 中国与奥林匹克运动 17

第三章 人体功能与运动保健 19
第一节 神经、心血管系统功能健康与运动保健 19
第二节 呼吸系统功能健康与运动保健 24
第三节 骨骼系统功能健康与运动保健 27
第四节 肌肉系统功能健康与运动保健 30
第五节 消化系统功能健康与运动保健 34
第六节 体温、泌尿系统功能健康与运动保健 37

第四章 科学锻炼与营养 42
第一节 体育锻炼原则与计划 42
第二节 营养和营养素 45
第三节 膳食平衡 46
第四节 体育锻炼与营养 47

第五章 心理健康与体育锻炼 53
第一节 心理健康概述 53
第二节 体育锻炼对个体心理健康的促进 54
第三节 如何发挥体育锻炼的心理效应 56

第六章 体育锻炼对人体各器官系统的作用 59
第一节 科学锻炼对神经系统的作用 59
第二节 科学锻炼对循环系统的作用 60
第三节 科学锻炼对呼吸系统的作用 62
第四节 科学锻炼对运动系统的作用 64

第七章　医疗康复与体育锻炼 …… 66
第一节　医疗康复体育概述 …… 66
第二节　特殊体质大学生的医疗康复体育处方 …… 68
第三节　大学生常见疾病的体育疗法 …… 73
第四节　大学生常见运动伤病的防治 …… 80

下篇　运动篇

第八章　田径运动 …… 98
第一节　田径运动概述 …… 98
第二节　田径运动分类 …… 102
第三节　田径运动的健身方法 …… 104

第九章　球类运动 …… 131
第一节　篮球运动 …… 131
第二节　排球运动 …… 141
第三节　足球运动 …… 155
第四节　乒乓球 …… 168
第五节　羽毛球运动 …… 175

第十章　武术 …… 185
第一节　武术运动简况 …… 185
第二节　武术运动的特点及锻炼作用 …… 185
第三节　武术的内容与分类 …… 187
第四节　武术的基本功和基本动作练习 …… 188
第五节　拳术组合练习 …… 194
第六节　太极拳 …… 197
第七节　防身术 …… 209

第十一章　休闲运动 …… 219
第一节　健美操运动 …… 219
第二节　体育舞蹈 …… 224
第三节　健身与健美 …… 229
第四节　瑜伽 …… 239

第十二章　实用体育比赛与裁判法 …… 246
第一节　篮球比赛主要规则与裁判法 …… 246
第二节　排球比赛主要规则与裁判法 …… 253
第三节　足球比赛主要规则与裁判法 …… 259
第四节　乒乓球主要规则与裁判法 …… 262
第五节　羽毛球主要规则与裁判法 …… 266

附录一　《国家学生体质健康标准》各项目测试的操作方法 …… 274
附录二　《国家学生体质健康标准》各项目测试评分标准（部分） …… 279
参考文献 …… 287

上篇　理论篇

本篇概述

本篇阐述了最基本的人体健康与科学运动理论以及体育在学校教育中的意义、体育对健康的促进作用、科学锻炼与运动处方等内容。体现了以人为本思想和大学教育特色,在"健康第一"思想的指导下,提升了体育的文化内涵,凸现体育与健康的内在联系,扩大体育教育的外延,注重增进大学生身心健康和生活适应能力的培养,以严谨科学的态度,将健康的目标和内容融入其中,对体育内容的选择,较好地结合我国国情进行大胆的引进和吸收,使内容得到进一步更新,覆盖面更加广泛,操作指导性更强,几论在针对性、应用性、可行性等方面力求达到真正适应高等学校体育类课程教学内容改革的目的。

能力目标

提升大学生的体育文化内涵,扩大体育教育的外延,注重增进大学生身心健康和生活适应能力的培养,增强学生体质,增进学生健康,提升学生体育素养,培养学生终身体育意识。

知识目标

了解大学体育的目的、意义,理解体育锻炼的生理规律和奥林匹克文化思想体系,掌握体育卫生保健知识和科学锻炼身体的方式方法,合理膳食。

第一章

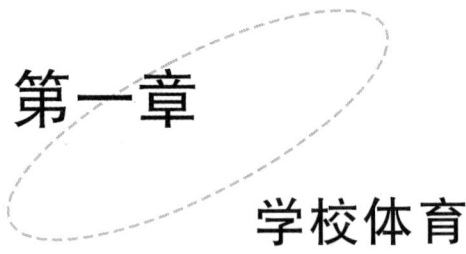

学校体育

学习目标：

1. 增强学生体质，增进学生健康，提升学生体育素养，培养学生终身体育意识
2. 通过本章的学习，让学生了解大学体育的发展现状、目的和任务

第一节 大学体育概述

高等学校的体育，属于教育学和体育学下的学科层次，应充分体现体育和教育的共同属性。一方面，大学体育是学校教育的重要组成部分，其目的应与学校教育的总目标相一致；另一方面，大学体育又是体育的一个重要方面，它应该充分体现体育的属性，即要以运动和身体练习为基本手段，提高人的机能，增强体质，促进身心健康，促使大学生全面发展。所以，综合来讲，大学体育的目的就是以运动和身体练习为基本手段，对大学生机体进行科学的培育，在提高大学生的生物潜能、心理潜能的过程中促进德、智、体、美全面发展，达到身心健康、全面发展的教育总目的。

一、大学体育的地位与作用

（一）大学体育与全面发展教育

全面发展教育，是指为促进受教育者的社会主义现代化建设服务，必须与生产劳动相结合，培养德、智、体全面发展的建设者和接班人。《中国教育改革和发展纲要》的教育方针的贯彻，进一步明确了体育在全面发展中的地位；赋予学校体育新的使命。

随着现代社会主义生产力的高度发展，特别是科学技术突飞猛进和社会生活的新变化，对人们的身心健康、体质和能力提出新的要求。高校体育，通过多种教学形式和手段，不仅能增进健康，增强体质，而且可以启智、育德、培养审美能力，发挥和提高人的工作能力和适应能力，从而促使大学体育在培养全面发展新人中发挥更大作用。

（二）大学体育与全民健身

1. 我国体育的根本任务是增强人民体质，而学校体育是全民健身的基础。

学生正处在青年时期,大多处于15~25岁这个年龄阶段,身体形态、功能、代谢功能发展,虽已不断完善,但仍保留有青春期的一些特点,即发展的不平衡性和不稳定性,身体尚未完全成熟,有待进一步发展,以使身体各系统、器官发育和功能达到人生最佳水平。人的生长发育水平,受多方面因素影响(如种族、气候、遗传、生活环境、营养、医疗卫生等),但体育锻炼则是影响人体生长发育最积极最重要的因素,在学生时期,加强锻炼,能促进身体正常生长和发育,增强体质,为一生健康打下基础。民族体质的强弱,民族素质的优劣,关系一个民族、一个国家的兴衰存亡。青少年体质水平是一个民族素质水平的象征和标志。

2. 大学体育与我国全民健身事业发展有密切关系

由于青少年是我国人口的重要组成部分,所以学校体育的发展状况,实际上正在成为我国全民健身水平的重要标志。同时,大学生是未来的工作者,在校学习时具有终身体育的态度、能力和习惯,毕业后就可以成为全民健身的骨干和指导力量,就可以直接推动我国全民健身事业的蓬勃发展,加速扩大体育人口,加速体育社会化进程。

(三)大学体育与社会精神文明

精神文明建设,主要包括文化建设和思想建设两个方面,大学体育既是进行精神文明建设的重要内容,又是向学生进行精神文明教育的重要途径和手段。

学校体育不仅可以为智力开发提供良好的物质基础保证,而且可以传播社会文化,提高学生文化素养。这是因为学校体育内容十分丰富,体育知识、技能、运动规则与方法都是人类长期体育实践总结的精神财富,它是社会文化的有机组成部分。具有现代文化激进性特征的竞技体育,是现代学校体育的重要内容和手段,随着现代竞技运动竞争的加剧,加强后备人才的开放和培养显得更为重要。加之,学校开展竞技体育,符合大中专学生的特点,还具有特殊的文化价值,对发展学生的竞争意识、开放性格以及培养拼搏、惜时、讲效益的精神具有重要作用,同时还能丰富学生的课余文化生活,扩大和占领学校文化领域,建设良好的校风和学风。

(四)大学体育与现代医学

体育主要任务之一是增强人民体质,提高劳动效率,延长工作年限,使人健康长寿。医疗卫生的基本任务是保护人民健康,防治疾病,延长寿命,降低死亡率。可见,体育和医疗卫生都是为增进和保护人民健康,造福服务于人民的。体育的发展和医疗卫生事业的发展也有着密切联系,祖国医学不仅把体育锻炼运用在健身防病上,而且作为一种康复医疗方法,运用在治疗疾病上。科学技术的飞速发展,进一步改变了人们的生产方式和生活方式,也改变了健康观念和医学模式,体育活动不但成为人们不可缺少的生活内容,而且成为预防和治疗现代文明病的重要手段。在人类生产力高度发展,物质文明和精神文明相应提高的阶段,医学将从历史的临床治疗学,发展为"预防医学、康复医学"和"健美医学",这是历史的必然。

医学和体育学是两门独立学科,它们所研究的主体都是人,不同的是:医学主要研究人体疾病的预防和治疗规律;体育学主要研究人体发展和体质增强的规律。但它们都是研究人的生命运动,同属于人体科学范围。它们有共同的学科基础和专业知识结构。体育学和医学这种相互联系、相辅相成的关系,决定了两者在发展中不断相互结合,以有利于共同发展。如康复医学就是两者相结合的产物。体育与医学相结合,使两者相互配合、相互促进、互相补充,以求达到实现人人健康的共同目的,这是现代体育和现代医学发展的重要特征。现代医学教育也必然要实现这种结合,以求培养出符合现代社会需要的新型医生和高级专门医务工作者。

二、大学体育的目的与任务

(一)大学体育的目的

大学体育教育的目的,是指在一定的时期内,大学体育教育实践所要达到的预期结果。它决定着大学体育教学的方向与过程,是评估教学工作的重要依据,对学校体育工作的开展,起着引导、控制与激励的作用。根据高校学生的年龄特点、现代社会对体育的需求以及体育的功能,我们将高校体育教育的目的确定为:完善学生身体发育,提高身体素质,增强学生体质;能使他们获得体育卫生保健知识,掌握体育基本技能与方法,为终身体育打下坚实的基础;帮助学生形成正确的体育道德观和世界观。

(二)大学体育的任务

大学体育教育的具体任务如下。

(1)以培养学生的创新精神和实践能力为重点。创新精神和实践能力的培养是高校教育的重点任务,完成这项任务应该是系统的、全方位的。体育教育则根据自己的特点通过体育课教学和课外活动实践等多种方式,引导学生积极思考问题,发展创新思维,在实践中解决问题。

(2)促进学生的身体和运动素质的继续发展,提高各项身体素质和生理机能,增强体质,减少疾病、提高学习效率。中小学体育教育的任务主要是培养学生的正确姿势,促进机体的发展,培养走、跑、跳、投、攀爬、通过障碍等基本技能,以及速度、力量、耐力、灵敏、柔韧等身体基本素质方面,打好基础。进入大学阶段以后,如何在原有的基础上继续保持和发展身体机能和运动能力,是高校体育教育的基本任务。研究表明,经常参加体育锻炼,是保持良好工作能力的主要因素。如果停止体育活动两周,人体各项机能就会显著下降,如果10周以上没有参加体育活动,健康状况就会下降到原来水平。实际上,如果有4周以上不参加运动,已经提高的身体机能可下降50%。我们通常所说的增强体质,还有提高人的身体素质的意思,即力量、速度、柔韧、灵敏、协调、耐力的提高。

(3)使大学生树立终生体育观,养成锻炼身体的习惯。1978年,联合国教科文组织在《体育运动国际宪章》中明确规定:"体育是全民教育体制内一种必要的终身教育因素","确信保持和发展人的身心、心智与道德力量能在本国和国际范围内提高生活质量","必须有一项全球的民主化的终身教育制度来保证体育活动和运动实践得以贯彻于每个人的一生"。可见终身体育在教育中的重要地位。通过终身体育使生命过程始终保持精力旺盛,生命潜能得到最大限度的发挥,在社会中更好地实现自我价值并为社会创造出更大的价值。

(4)掌握体育的基础知识和基本技能,发展体育能力。使高校学生明确体育在现代社会中的地位、意义和作用;较全面系统地掌握有关的体育理论知识,掌握一般体育运动项目的基本技能和科学锻炼身体的方法;能够懂得个人、集体比赛的一些组织方法,培养、提高体育锻炼中自我组织、自我管理、自我评价和监督的能力。这样就可以在未来各种工作环境中,具有更大的适应性,对生活、工作、社会交往都将产生积极的影响。

(5)进行思想品德教育,培养良好的体育道德风尚和坚强的意志品质。大学体育教育要通过组织学生参加各种体育竞赛活动,培养竞争意识、法律意识,体验竞争的激烈和残酷性,经受成功和失败的磨炼,培养坚持不懈的拼搏精神和胜不骄败不馁的顽强意志品质。通过参与体育活动,使学生受到集体主义和爱国主义教育,培养团结协作、勇于创新的精神。

(6)发展学生体育才能,提高运动技术水平。在普及群体的基础上,对一些体育基础较好并有一定专项运动才能的学生,进行系统的科学化训练,提高专项运动技术水平,使之成为大学生优秀运动员和大学群体活动的骨干。进一步推动大学体育的普及发展,有条件的学校还应该为国家培养竞技体育和其他优秀体育人才。

三、大学体育工作的开展

(一)体育课

体育课是师生教与学的双边活动。要保持正常的教学秩序,健全体育课的教学常规。教学中,应贯彻现代教育理论的原则和方法,充分发挥教师的主导作用和学生的积极作用。在体育教学中应加强对大学生的体育基本理论知识教育,让学生掌握体育锻炼的科学知识和卫生保健常识,为提高体育能力和终身体育奠定基础。

体育课按教学的不同任务,可分为普通体育课、专项体育课、选修体育课和保健体育课等多种类型。

(二)课外体育活动

课外体育活动是高校体育课程的延续和补充,是实现大学体育目的的主要组织形式。我国《体育法》第27条第一款规定:"学校应当将在校内开展的学生课外体育活动纳入教学计划,与体育课教学内容相衔接,保障学生在校期间每天参加不少于一小时体育锻炼。"开展课外体育活动应当从实际情况出发,因人、因时、因地制宜地开展多种多样的课外体育活动。

(三)课余体育训练和体育竞赛

课余体育训练是指高校利用课余时间,对部分身体素质较好,并有体育专长的大学生进行系统训练的一种专门教育过程。它是实现大学体育的重要组织形式。

体育竞赛是大学课外体育的组成部分,是实现大学体育目的的重要组织形式。大学开展体育竞赛,对于检验体育教学和训练效果、交流经验、互相学习、促进运动技术水平提高;对于广泛吸引大学生参加体育活动,推动高校群众性体育活动的开展,增强体质,增进才智;对于丰富大学生课余文化生活,开展宣传教育,增强体育意识,培养勇敢顽强、奋发向上、团结友爱、遵纪守法等优良品质和集体主义精神,建设校园文明等方面都有重要作用。

大学体育竞赛有校内竞赛和校外竞赛,应以校内体育竞赛为主。要经常开展校内群众性体育比赛,如组织各种球类、越野跑、"达标"等群众喜闻乐见的体育比赛。

四、大学体育的发展方向

随着"健康第一"和"终身体育"思想的提出,新的健康观念正在使大学体育的教学目标、教学方法以及考核内容和方式发生着变化。

(一)教育指导思想——健康第一

大学体育正在把第三次教代会提出的"健康第一"作为其指导思想。大学体育正在从单纯追求体制的发展和技术的传习,转变为新的健康观指导下的体育教育。

大学体育逐渐把其教育的最终目的确定为培养适应现代化生产和生活的人,要完成这一体育教育的育人宗旨,必须树立健康第一的指导思想。

(二)教育目标——培养适应现代化生产和生活的人

体育教学要为完成这一任务服务。为此,体育教学要在两个方面转向。

(1)在目标的空间上,从单纯追求学生的外在技能水平转移到全面追求学生的身心协调发展上来,即打破以往的以运动技术传授为主线的教学体系,建立起合理的运动实践手段,全面完成增强体质、发展身体活动能力和锻炼习惯的统一协调的新教学体系。

(2)在目标的时间上,要通过体育教学不但完成在校期间增进学生生长发育、培养技能、传授知识的任务,还要培养学生爱好体育的能力和意识,为学生终身参加体育活动打下基础,即完成对现在和未来两个方面的培养任务。

(三)教学内容——丰富多彩

在教学内容方面继续强调要打破以竞技运动项目(特别是以运动技术结构)为主线的教学体系,改变把"素材"当作教材的错误观。从育人的角度出发,全面结合体育文化的显性教材意义(健身和技能培养的功能)和潜性教材意义(对人的社会化、人格培养和情感的作用),许多新兴的项目(如旱冰、体育舞蹈、登山、攀岩、击剑等)成为大学体育教学内容。

(四)教学方法——灵活多样

体育教学方法的研究一直是大学体育的研究课题之一,目前大学体育教学方法正向多样化发展。教法的改进主要分为三个方面。

(1)改变过去只强调教师在教学过程的主导作用、忽视学生在教育过程的主体地位的现象,采用有利于学生理解原理、掌握技术和体验乐趣的新的教学方法。

(2)改变过去过分强调组织纪律性的呆板教学方法,实现课堂上不拘泥于形式的整齐划一,快乐体育的教学思想进入课堂。强调体育教育的参与性、娱乐性,降低学习难度,采用多种形式的教法,让学生在运动中体验快乐。

(3)改变过去"千人一法"的教学模式,注意学生的个性发展,因材施教培养学生的创造性思维。

(五)教学组织形式——全校化

大学体育过去只重视体育课堂教学,忽视了学生课外活动的重要性。目前大学体育正在向全校园进行体育教育的方向发展,即在重视课堂教学的同时,重视学生的课外体育活动,把其列入整体体育教育的范畴。鼓励学生自主进行体育锻炼,养成锻炼习惯,树立终身体育锻炼思想。同时改变体育教育总是体育教师的任务这一现象,调动其他各个方面的积极性,使体育教育全校化。

(六)考核方式——科学化

大学体育的考试方式正在从过去以运动技能的好坏、运动素质的高低来评价学生的方式改变为从能力、参与、健康等方面对学生进行考核。从单一的评价转向全面的综合质量的评价,强化普及教育,淡化技术技能评定。

(七)体育俱乐部正在成为学生体育锻炼的主要载体

各种体育俱乐部和体育协会在各大高校中方兴未艾。体育俱乐部以其灵活的组织形式吸引有浓厚兴趣的学生长期参与体育锻炼,是高校学生今后课外锻炼的主要形式。

(八)大学体育与社会体育接轨

大学体育越来越重视将体育教学与学生的生活和课外活动相联系,重视体育教学与生活体育、社会体育的联系,主要表现在:体育教学的内容向社区体育活动内容靠拢;非场地型的野外型活动日益受到重视;自由表现类项目受到重视;体育与现在、未来生活的结合日益受到重视。

第二节　大学体育的实施途径

一、实施创新体育教学的基本途径

(一)以课堂教学为主实施创新教育

"教育是知识创新、传播和应用的主要基地,也是培养创新精神和创新人才的重要摇篮";"教育在民族创新精神和培养创新人才方面,肩负着特殊的使命,每一个学校都要爱护和培养学生的好奇心、求知欲,帮助学生自主学习、独立思考,保护学生的探索精神、创新精神,营造崇尚真知,追求真理的氛围,为学生的禀赋和潜能的充分开发创造一种宽松的环境"。创新教育作为一项涉及方方面面的系统工程,创新精神和创新能力的培养不是一蹴而就的,是一个长期的过程、潜移默化的过程。因此,教师在体育教学中,必须从以下三个方面努力营造一个能诱发学生潜在的创造智能、自由释放其创新灵气的学习环境。

首先,建立活跃、宽松、民主、高效的课堂氛围,给予学生充分的信任感。充分调动学生的上课积极性,从而发挥学生的主观能动性,尊重学生的个性与创新精神。积极创造条件,在承认学生具有可以开发的巨大创新潜能的基础上,为其提供乐于思考、主动探索、大胆质疑、敢于标新立异的创新机会和条件,适时地做出有利于促使学生创新的评价,激发学生的创新意识和能力。

其次,让学生有较大的自由度。在课堂上要允许学生自由表达自己的想法,不应对学生在课堂上的随意议论、相互交流、回答问题等做过多、过细的限制和要求,避免产生学生因害怕违反教师的有关规定而感到紧张、焦虑甚至压抑的现象。

最后,多肯定,少批评。对学生的独创表现,不要轻易地加以否定,对学生在教学过程中表露的与众不同的观点、思维方法甚至出现的错误不压制、不讽刺、不嘲笑,给学生有一种"创新"的安全感。

(二)转变观念,不断创新

要求体育教师改变传统的教育思想,因为传统的学校体育是以传授运动技术为中心,并由此形成了教师以教材和课堂讲授的填鸭式教学模式,这种模式阻碍了学生创新能力的发展。充分认识应试教育的弊端,不要因循守旧,安于现状。确立以"健康第一"和"终身体育"为指导思想,以培养学生的创新能力作为教学改革的核心。

(三)修改教学大纲,调整考试内容

我们多数的教学大纲都偏重于技术和理论的教学,忽视能力培养。学生学习的积极性调动不起来的原因就是应试教育和被动学习。修改大纲所选用的教材应体现出"创新性""趣味性""专业性"并满足"健康第一""终身体育"的需要。调整考试内容,除正常的体育技能考试外还应增加能反映学生创新能力及其他能力的考核,使考试真正成为检查和促进教学的一种手段。

(四)革新教法,不断创新

1. 教学目标的确定要创新

课堂教学的目标定位,应重视在学生创新意识和创新能力的培养发展上,要把激发学生的求知欲,培养学生的质疑能力,发散性思维、联想能力放在教学法目标的首位。注重基本理论和基本知识的教育,加强基本能力和基本方法的训练,变"授人以鱼"为"授人以渔"。同时,对不同类型的学生制定不同的教学目标,使其能自由选择相应的目标,既量力而行又不随心所欲,使潜能得到充分发挥。

2. 教师的课堂设计要力求有新意

教师要能根据教学内容、要求和目的,选择最佳的教学方法、手段、技术去引导学生,以自己的创新激情感染学生,激发学生学习的主动性。

3. 坚持启发式教学

创新本身也是自主性的活动,它要求教师在课堂上必须坚持以"导"为主,通过启发式教学,调动学生探求知识、摸索规律的主动性和积极性,从而提高认识问题、理解问题、解决问题的创新能力。

二、实施"快乐体育"教学的基本途径

(一)以育人为出发点,面向终身体育,从情感教学入手,强调乐学、勤学,育体与育心相结合,实行体力、智力的全面发展

在教学的关系上,主张把教学的主体从教师转向学生,强调学生是教学的主体,实行教师主导与学生主体相结合;在教学的观念结构上,主张教学是认知、情感、行为这三种心

理活动的有机统一,强调体育课必须情知交融与身体发展并举,体育教育结构应是融认识、情感与身体发展为一体的三维立体结构。

(二)从体育教育心理学的角度出发,注重培养学生的体育兴趣

著名教育家夸美纽斯曾说:"兴趣是创造一个欢乐和光明的教学环境的主要途径之一。"教师积极引导学生的学习兴趣,是保证教学成果的重要因素之一。例如在排球教学中,先向学生宣讲排球运动最大的特点——有团队精神和拼搏精神,有进取心和荣誉感;由于排球各环节的相互联系作用,对处人处事、学习、生活乃至整个人生,都有着不可估量的借鉴作用。教师的积极引导,提高了学生对排球学习的兴趣,为取得良好的教学效果奠定了基础。在体育教学中通过目标设置、创设情境、积极反馈、价值寻求等方法来提高学生内在动机。所谓体育动机是指选择、激发、维持并强化一定的体育活动从而导向实现目标的内在动力。学生参加体育活动属于有目的的行为,教师可以通过目标设置来激发动机。例如在双手垫球练习时,由于动作比较简单,学生在小学就学习过,当中学体育课上再次出现时,他们就没有多少新鲜感。因此,高校教学应根据学生心理设置教学目标,精心组织教学,努力提高一个垫球次数等级标准(如将过去的良好提高到现在的优秀)。当这种目标转化为学生的内心需要时,学生的练习就会经常处于自我意识控制之下,积极性和自觉性就会随之增加。另外,可以增加学生在练习时对人际关系的处理要求,增加对力学知识在排球运动中的应用的要求。

(三)教师要善于发现、培养并保护学生的表现欲

自我表现欲,是个人展示自身价值的积极意念。学生的表现欲直接关系学生对体育教学的参与意识。教师如果不能对学生在体育教学中反映出来的表现欲望给予正确对待和引导,甚至有意无意地加以扼杀,将会极大地伤害学生的自尊心和自信心,打击学生的积极性,从而影响学生个性的健康发展。

教师更要能够及时发现那些内隐、含蓄、带有某种自我抑制的学生的表现欲。当学生有了积极旺盛的表现欲,教师的责任就是要珍惜保护。教师绝不能对学生所表现的行为置之不理、视而不见,甚至用简单的"你不行""就你显能耐"之类的话语给学生泼冷水。相反,如能以"我希望你……""我相信你一定能……"的语气来表露对学生的期望,会使其受到鼓舞,增强其参与体育活动的自信心和动力。

❀思考题

1. 谈谈你对大学体育目的和任务的理解。
2. 你认为今后大学体育发展的方向是什么?

第二章

奥林匹克运动

学习目标：

1. 了解古代奥林匹克运动；现代奥林匹克运动；奥林匹克的思想体系；奥林匹克运动与现代科学技术；奥林匹克运动会的申办；中国的奥林匹克运动

2. 掌握奥林匹克运动对现代体育运动的影响；现代体育对奥林匹克运动的影响；奥林匹克运动与文化

第一节　奥林匹克运动的历史与发展

奥林匹克运动是人类文明的产物，是推动现代社会发展的重要动力之一，是通过没有任何歧视、具有奥林匹克精神——以友谊、团结和公平精神相互了解——的体育活动来教育青年，从而为建立一个和平、美好的世界做出贡献。它倡导身、心和精神方面的各种品质均衡地结合起来，并使之得到提高，将体育运动与文化和教育融为一体。奥林匹克主义所要建立的生活方式，是以奋斗中所体验到的乐趣、优秀榜样的教育价值和对伦理基本原则的推崇为基础的。

一、奥林匹克运动的渊源

虽然奥林匹克运动兴起于欧洲资本主义工业化时代，但其渊源却可以追溯到古希腊的奥林匹克运动会，亦称古奥运会。古奥运会每四年一届，从公元前776年有文字记录的第一届奥运会到公元394年，共举办了293届，历时1168年，经过了产生、发展和衰落的几个阶段。

（一）古奥运会的产生

古希腊是一个神话王国，优美动人的神话故事和曲折离奇的民间传说，为古奥运会的起源蒙上一层神秘的色彩。传说古代奥林匹克运动会是为祭祀宙斯而定期举行的体育竞技活动。另一种传说与宙斯的儿子赫拉克勒斯有关。赫拉克勒斯因力大无比获大力神的美称。他在伊利斯城邦完成了常人无法完成的任务，不到半天工夫便扫干净了国王堆满牛粪的牛棚,但国王不想履行赠送300头牛的许诺,赫拉克勒斯一气之下赶走了国王。为了庆祝胜利,他在奥林匹克举行了运动会。

关于古奥运会起源流传最广的是佩洛普斯娶亲的故事。古希腊伊利斯国王为了给自己的女儿挑选一个文武双全的驸马,提出应选者必须和自己比赛战车。比赛中,先后有13个青年丧生于国王的长矛之下,而第14个青年正是宙斯的孙子和公主的心上人佩洛普斯。在爱情的鼓舞下,他勇敢地接受了国王的挑战,终于以智取胜。为了庆贺这一胜利,佩洛普斯与公主在奥林匹亚的宙斯庙前举行盛大的婚礼,婚礼上安排了战车、角斗等项比赛,这就是最初的古奥运会,佩洛普斯成为古奥运会传说中的创始人。

(二) 古奥运会的盛衰

古奥运会按其起源、盛衰,大致分为三个时期。

(1) 公元前776年至公元前388年,黄金期。这一时期各城邦之间虽有纷争,但希腊是一个独立的国家,政治、经济、文化都较发达,是运动会的黄金时期。特别是公元前490年,希腊雅典在马拉松河谷大败波斯军之后,民情奋发,国威大振,兴建了许多运动设施、庙宇等,参赛者遍及希腊各个城邦,奥运会盛极一时,成为希腊最盛大的节日。

(2) 公元前388年至公元前146年,开始衰落。由于斯巴达和雅典长期的伯罗奔尼撒战争(公元前431年至公元前404年),希腊国力大减,马其顿逐渐占领了希腊。马其顿君王菲利普还亲自参加了赛马。随后亚历山大大帝虽自己不喜爱体育活动,仍积极支持,并视奥运会为古希腊的最高体育活动开幕式,为其增添设施。不过,这一时期古奥运会精神已大为减色,并开始出现职业运动员。

(3) 公元前146年至公元394年,古奥运会由衰落走向毁灭。罗马帝国统治希腊后,起初虽仍举办运动会,但奥林匹亚已不是唯一竞赛地了。如公元前80年第175届奥运会,罗马经济规律就把优秀竞技者召集在罗马比赛,而奥林匹亚只举行了少年赛。这时职业运动员已开始大量出现,奥运会成了职业选手的比赛,希腊人对之失去了兴趣。公元2世纪后,基督教统治了包括希腊在内的整个欧洲,倡导禁欲主义,主张灵肉分开,反对体育运动,使欧洲处于一个黑暗时代,奥运会也随之更趋衰落,直至名存实亡。公元393年,罗马皇帝狄奥多西一世宣布基督教为国教,认为古奥运会有违基督教教旨,是异教徒活动,翌年宣布废止古奥运会。公元895年,拜占庭人与歌德人的阿尔菲斯河发生激战,使奥林匹亚各项设施毁失殆尽。公元426年,狄奥多西二世烧毁了奥林匹亚建筑物的残余部分。公元522、511年接连发生的两次强烈地震,使奥林匹亚遭到了彻底毁灭。就这样,顺延了千余年的古奥运会不复存在了,繁荣的奥林匹亚变成了一片废墟。

二、奥林匹克运动的发展

现代奥林匹克运动是在奥林匹克主义指导下,以体育运动和四年一度的奥林匹克运动会庆典为主要活动内容,促进人的生理、心理和社会道德全面发展,沟通各国人民之间的相互了解,在全世界普及奥林匹克主义,维护世界和平的国际社会运动。

奥林匹克运动包括以奥林匹克主义为核心的思想体系,以国际奥委会、国际单项体育联合会和各国奥委会为骨干的组织体系和以奥运会为周期的活动体系。

1894年6月23日,当顾拜旦与12个国家的79名代表决定成立国际奥委会,开创现代奥林匹克运动时,这一壮举曾一度为人们所讽刺。而在百余年后的今天,奥运会已成为普天同庆的节日,奥林匹克运动也吸引了200多个国家和地区的积极参与。

与世界上的任何事物一样,奥林匹克运动也有一个产生、发展与衰亡的过程。但是就目前的社会条件来分析,奥林匹克运动还远远没有完成历史赋予它的使命。20世纪,我们生活的这个星球第一次出现了真正意义上的国际社会,各个国家和地区之间在政治、经济、文化等方面的联系从来没有像今天这样密切,生活在世界不同地区的人们的接触从来没有像今天这样频繁。地球村一词形象地表述了今日各个民族的密切关系。现代文明在给予人类更多力量的同时,也赋予他们更重的责任。当今人类社会的繁荣是各个国家合作交流的结果,所面临的巨大困难更需要大家共同去努力克服。

2001年7月,国际奥委会迎来了历史上第8位,也是21世纪第一位主席比利时人罗格。罗格在上台后施政纲领时宣布:在未来的国际奥林匹克运动运动中,最需要解决的问题,一是如何控制越来越庞大的奥运会,二是如何在全球范围内开展有效的反兴奋剂斗争。为此,国际奥委会与世界反兴奋剂机构(WADA)展开了密切的合作,呼吁各国政府参与到反兴奋剂的运动中来;成立了一个国际奥委会奥运会研究委员会,专门对如何有效地控制奥运会规模进行研究。

奥林匹克运动在20世纪已经为世界体育的发展和人类社会的进步做出了巨大贡献,在21世纪,尽管它还会遇到各种意想不到的困难和挫折,但是它会在困难和挫折中走出自己的发展之路,继续以其独特的方式,促进人类社会的和平、友谊和进步。

三、现代奥林匹克运动会

现代奥运会是国际上规模最大、影响深远的综合性运动会。世界上各国和各地区都以参加奥运会为最大目标,据此选拔、培养运动员与制定训练和安排竞赛计划,为在奥运会上获取金牌而奋斗。

现代奥运会起源于古希腊奥林匹克运动会,自1896年在雅典举办以来,已历经100多年的发展历程,成为世界上水平最高、影响最为深远的综合性体育盛会。现代奥运会有夏季奥运会和冬季奥运会之分。

(一)夏季奥运会

夏季奥运会每四年举办一次,自1896年第一届以来,至2016年里约奥运会,已有31届,设有田径、游泳、举重、自行车、射箭、射击、篮球、排球、足球、手球、乒乓球、网球、曲棍球、体操、击剑、摔跤、柔道、拳击、赛艇、皮划艇、帆船、马术、现代五项等项目。

(二)冬季奥运会

冬季奥运会与夏季奥运会一样,也是每四年举办一次,自1924年在法国夏蒙尼第一届,至2014年索契冬奥会,已历经19届。目前,比赛项目有6个大项,39个小项,包括滑雪、滑冰、冰球、雪橇、现代冬季两项和冰上舞蹈等。

1980年在美国普莱西德湖举行的第13届冬奥会,中国首次组队参加。1994年挪威冬奥会,中国代表团首获奖牌。2002年在美国盐湖城举行的第19届冬奥会上,中国女子速滑名将杨扬一举夺得两枚金牌,实现中国运动员在冬季项目上"零"的突破。2015 年,北京成功获得了 2022 年冬奥会的举办权。

第二节　奥林匹克运动的思想体系

一、奥林匹克主义

奥林匹克主义是将身心和精神方面的各种品质均衡地结合起来,并使之得到提高的一种人生哲学,它将体育运动与文化、教育融为一体。奥林匹克主义所建立的生活方式,是以奋斗中体验到的乐趣、优秀榜样的教育价值和对一般伦理基本原则的推崇为基础的。

根据以上表述,奥林匹克的内容可归纳为:①奥林匹克的中心思想是人的和谐发展;②体育运动是实现人的和谐发展的重要途径;③体育运动必须与文化、教育相结合;④生活方式的改变是人类和谐发展的关键。

二、奥林匹克运动的宗旨

《奥林匹克宪章》以明确的语言表述了这一运动的宗旨:"通过没有任何歧视、具有奥林匹克精神——以友谊、团结和公平精神——的体育活动来教育青年,增进其相互了解,从而为建立一个和平、美好的世界做出贡献。"

三、奥林匹克精神

《奥林匹克宪章》对奥林匹克精神做出了权威的表述:奥林匹克精神就是互相了解、友谊、团结和公平竞争的精神。奥林匹克精神强调友谊、团结、相互了解,其意义就在于它为奥林匹克运动提供和开创了一种必不可少的文化气氛和精神境界。各国运动员只有在公平的基础上竞争才有意义,才能保持和加强团结、友谊的关系,奥林匹克运动才能实现它神圣的目标。

四、奥林匹克格言

奥林匹克格言是"更高、更快、更强",这句话充分体现了奥林匹克运动的不断进取、永不满足的奋斗精神。它既指在竞技场上面对强手时应发扬大无畏的精神,敢于拼搏,敢于胜利;同时也是指对自己永不满足,不断战胜自己,向新的极限冲击。不仅如此,这些格言还鼓励人们在自己的各个方面不断地超越自己,不断地提高,永远保持蓬勃的朝气。2021 年 7 月 20 日,国际奥委会第 138 次全会正式通过,将"更团结"加入奥林匹克格言中,这是奥林匹克格言 108 年来首次进行更新。

五、五环标志

奥林匹克五环标志图案由5个不同颜色、互相套接的圆环组成,五环的颜色为蓝、黄、黑、绿、红。5个圆环从左到右互相套接,上面是蓝、黑、红环;下面是黄、绿环,代表全世界的五大洲已联结在一起,共同为推进现代奥林匹克的发展而不懈努力,代表着奥林匹克友谊的精神及全世界运动员之间的平等;6种颜色(包括白底),则代表着当时全世界各国国旗的颜色。

根据《奥林匹克宪章》的正式解释,五环图案的含义是:"代表五大洲的团结和全世界的运动员在奥林匹克运动会上齐聚一堂。"

六、奥林匹克会徽

奥林匹克会徽是由奥林匹克五环同其他特殊图案共同组成的图样。任何国家、地区和奥运会组委会要使用奥林匹克会徽,都必须提交国际奥委会执行委员会批准,各国奥委会专用的奥林匹克会徽还必须在经国际奥委会批准后6个月内在本国注册,否则国际奥委会将撤销批准。

七、奥林匹克会旗

奥林匹克会旗系白底无边旗,中央绘有五色(蓝、红、黑、黄、绿)相交连接环,蓝色靠近旗杆左上方。原始的五环旗1913年由顾拜旦设计,长3米、宽2米。国际奥委会在法国巴黎召开第17届年会及第6届奥林匹克代表大会时,首次升起了奥林匹克会旗。1920年第7届奥林匹克代表大会在比利时举行,比利时国家奥委会使用此旗为会旗,会后赠予国际奥委会。国际奥委会正式会旗从此诞生。以后的历届奥运会开幕式上都有会旗(复制品)的交接仪式。

八、奥运会会标

出于宣传等方面的需要,每届奥运会的主办国奥委会都要设计制作专用的奥运会会标,以突出该届奥运会的地方特色。作为一届奥运会的象征,会标常出现在举办国或其他国家各种与该届奥运会有关的出版物、商品、纪念品或建筑物上,它很好地宣传奥林匹克精神,并为奥运会组委会和主办国带来可观的经济效益。

九、奥运会会歌

奥运会会歌是一首希腊古典管弦乐曲,原名为《撒马拉斯颂歌》,由希腊人撒马拉斯作曲,派勒玛斯作词,曾在1896年4月6日的第1届奥运会开幕式典礼上被演唱。1958年,在日本东京召开的国际奥委会第55次全会,正式确认在首届奥委会上演唱的这首歌为"奥林匹克运动会会歌"。奥运会会歌歌词原文为拉丁文,其主要的含义是从奥林匹克活动中追求人生的真、善、美。

十、奥运会吉祥物

吉祥物最早出现于1968年在法国格勒诺布尔举行的第10届冬季奥运上。该届冬奥会以一只名为"雪士"（Schuss）的溜冰熊作为吉祥物，熊身穿着法国国旗3种颜色的衣服。

夏季奥运会中最早采用吉祥物的是1972年在德国慕尼黑举行的第20届奥运会，一只取名为"瓦尔迪"（Waldi）的小猎狗的出现，吸引了广大的运动员、教练员和赴会宾客，极大地活跃了整个比赛中紧张激烈的气氛，各方人士都感到很兴奋。从此，各届奥运会的主办国都仿效德国在奥运会上设立吉祥物的做法，将本国人民喜爱的动物或人物，精选一种或几种作为奥运会的吉祥物。

十一、奥林匹克圣火

根据顾拜旦的建议，国际奥委会在1934年的雅典会议上决定：奥运会期间，在主运动场燃烧的奥林匹克圣火的火种必须来自奥林匹亚——用火炬接力的形式传送到主运动场。这一决定自1936年第11届奥运会开始实行，自那以后它便成为奥运会的一项固定节目。其程序是：在奥林匹亚赫拉（主神宙斯之妻）圣殿旁用聚光镜集太阳光点燃火炬，然后按预定路线接力传递。火炬所经城市要举办欢迎仪式。在不便行走的地方，用飞机、轮船运送。火炬在开幕前传送到主办城市。开幕式上，由东道国组委会指定本国的著名运动员或者代表着未来、象征着希望的年轻人绕场慢跑一周后，登上运动场的火炬塔，点燃安置在那里的巨型火炬，即主运动场的奥林匹克圣火，圣火将一直燃烧到大会闭幕。

第三节　奥林匹克运动的组织机构

奥林匹克思想体系能够得到贯彻，奥林匹克运动的各种活动能够付诸实施，是因为奥林匹克运动有一套结构完整功、能齐全的组织机构。这套组织机构包括国际奥委会、国际单项体育联合会和国家或地区奥委会三大支柱。

一、奥林匹克三大支柱

在奥林匹克大家庭的诸多成员中，起支撑作用的是国际奥委会、国际单项体育联合会及国家或地区奥委会。由于这三个系统对奥林匹克运动的生存和发展起着至关重要的作用，缺一不可，故被人们称为"奥林匹克三大支柱"。

三大支柱在奥林匹克运动中承担着不同的任务：国际奥委会负责领导和协调；国际单项体育联合会负责各种技术性事务，如组织比赛、制定竞赛规则等；国家或地区奥委会则负责在本地区开展各种活动，组队参加奥林匹克运动会等。国际奥委会十分重视这种团结合作的关系，采取各种措施加强三者之间的联系。

(一)领导层中保持一定数量的人员兼职

国际奥委会的委员中有不少国际单项体育联合会和国家奥委会的负责人,如曾任国际田联第一任主席的埃德斯特隆和副主席的布伦戴奇就担任过国际奥委会主席。国际奥委会委员是其所在国家的国家奥委会的当然成员。国家奥委会又有国际单项体育联合会下属的国家单项协会的代表。于是在组织上,三大支柱形成了你中有我,我中有你的交叉态势,这有利于加强组织间的沟通。

(二)加强组织间的协商,保持信息渠道畅通

国际奥委会在总部设立了专门与各国奥委会和国际单项体育联合会联络的部门,保持日常通信畅通无阻。此外,国际奥委会还定期举行双边会议,使三大支柱在重要问题上达成共识,在行动上保持一致。国际奥委会执委会与单项体育联合会、国家奥委会分别至少每两年举行一次联席会议。

(三)参与决策,提供支持

在一些重要的事务中,国际奥委会允许国际单项体育联合会和国家奥委会参与决策过程,如对申办奥运会城市的调查委员会中有国际单项体育联合会和国家奥委会的代表。国际奥委会通过"奥林匹克销售计划"对出售奥运会电视转播权等收入进行分配,以建立奥林匹克团结基金等方式,给国际单项体育联合会和国家奥委会以愈来愈多的经济支持。

为了协调三个组织系统间的相互关系,国际奥委会于1975年成立了三大支柱委员会,1982年改名为奥林匹克运动委员会。

二、国际奥林匹克委员会

国际奥林匹克委员会简称国际奥委会,是世界上影响最大的国际体育组织,是一个国际性的、非政府的、非营利的组织。国际奥委会于1981年9月17日得到瑞士联邦议会的承认,确认其为无限期存在的具有法人资格的协会。

国际奥委会是奥林匹克运动的最高权力机构。国际奥委会按照《奥林匹克宪章》领导奥林匹克运动,其具体任务是:促进体育运动和运动竞赛的协调、组织和发展;通过官方的或民间的主管组织和与当局合作,努力使体育运动为人类服务;保证奥林匹克运动会正常举行;反对危害奥林匹克运动的任何歧视;支持和促进体育道德的发扬;努力在运动中普遍贯彻公平竞赛的精神,消除暴力行为;领导开展反对体育中使用兴奋剂的斗争,采取旨在防止危及运动员健康的措施;反对将体育运动和运动员滥用于任何政治的和商业的目的;努力使奥运会在确保不破坏环境的条件下举行;支持其他致力于奥林匹克教育的机构。

国际奥委会享有奥林匹克运动会的全部权利,包括对奥林匹克运动会的组织、开发、广播电视和复制的权利;有关奥林匹克标志、奥林匹克会旗、奥林匹克格言和奥林匹克会歌的一切权利也完全属于国际奥委会。

国际奥委会有权撤销对国际单项体育联合会的承认,从奥运会比赛项目中撤销运动大项、分项或小项;有权取消对国家奥委会的承认,甚至有权取消奥运会组委会承办奥运会的权利;不仅如此,它还具有对一切参与奥运会的违规人员如运动员、裁判员、代表团官员、管

理人员进行处分的权利。当然,国际奥委会需要依据《奥林匹克宪章》来行使自己的权利。

国际奥委会的正式用语为法语和英语。如果《奥林匹克宪章》和其他所有国际奥委会文件的英文本、法文本之间出现差异,应以法文本为准。

三、国际奥委会的组织机构

国际奥委会在组织机构上分为国际奥委会全体会议、执行委员会和主席。

(一)国际奥委会全体会议

国际奥委会全体会议简称全会,是国际奥委会全体委员定期参加的会议,每年至少举行一次。全会有权通过、修改和解释《奥林匹克宪章》,选举国际奥委会、执行委员和主席,决定奥运会举办城市,批准、接纳国际奥委会的新成员,批准设置或撤销奥林匹克运动会比赛项目中的运动大项,承认或撤销国家奥运会或国际单项体育联合会在奥林匹克大家庭中的资格,以及处理其他重大问题。国际奥运会全体会议的决定是最后的决定,因此是国际奥委会的最高权力机构。

(二)国际奥委会执行委员会

国际奥委会执委会由全会授权执行国际奥委会的职责,是处理一切日常事务的常设机构。它保证奥林匹克章程和规划得以实施。

(三)国际奥委会主席

国际奥委会主席主持国际奥委会的全部活动,并始终代表国际奥委会;主席在必要时建立常设或临时的专门委员会和工作组,确定其工作范围并指定成员。

第四节 中国与奥林匹克运动

一、中国早期的奥林匹克竞赛活动

1890年上海圣约翰书院举行的以田径为主项的运动会,是最早一次以田径为主项的正式运动会,随后各地学校纷纷效仿,各种学校运动会和校际运动会大量出现。

1910年10月18日至22日在南京举行的"全国学校区分对第一次体育同盟会",是中国首次举办的具有全国性质的运动会。

1922年,王正廷担任国际奥委会委员,中国与国际奥委会建立了直接联系。此后至新中国成立前,我国先后有3人担任过国际奥委会委员:王正廷(1922)、孔祥熙(1939)、董守义(1947)。

1928年,中国获准派团参加在荷兰阿姆斯特丹举行的第9届奥运会,但由于准备不足,只派了宋如海一人作为观察员出席而未参赛。

1932年第10届奥运会在美国洛杉矶举行。中国原准备派足球和田径选手参赛,但九一八事变使计划落空。后来,在张学良将军的资助下,终于派出了一个代表团:代表沈嗣良,教练宋君复,选手刘长春。因旅途疲劳,体力不支,刘长春在100米、200米预赛中即被淘汰。这是中国运动员第一次正式进入奥运会赛场,虽然成绩不佳,但向全世界宣告了中国奥林匹克运动的存在。

1936年第11届奥运会在柏林举行。中国代表团共有运动员69人、考察员34人参加。除符保卢撑杆跳高进入复赛外,其余各项目的选手初赛即被淘汰。

1948年第14届奥运会在英国伦敦举行。中国派出33名运动员参赛,但各项均未进入决赛。

二、新中国与奥林匹克运动

中华人民共和国成立后,中国各个方面发生了翻天覆地的变化,体育的发展也有了土壤,这为奥林匹克运动的开展提供了良好的机遇,使它在中国蓬勃发展起来。

1949年10月,在北京召开了全国体育工作者代表大会,改组成立中华全国体育总会。全国"体总"对外代表中国的国家奥委会。

1952年2月,中华全国体育总会致电国际奥委会,中国继续参加第15届奥运会。然而当时某些人敌视新中国,蓄意制造"两个中国"。最后中国代表团抵达赫尔辛基时,奥运会的赛程已经过大半,只有游泳选手吴传玉有机会参加了100米仰泳比赛。

由于国际奥委会主要负责人坚持"两个中国",1958年8月,中华人民共和国宣布中断与国际奥委会和有关单项体育联合会的联系,并退出国际奥委会。

1979年11月,国际奥委会通过决议,承认"中国奥林匹克委员会"是中华人民共和国唯一合法国家代表,恢复了我国的合法席位,只允许台湾作为中国的一个地方性组织在国际体育组织留有席位,使用"中国台北奥林匹克委员会"的名称。中国与奥林匹克的正常联系终于得到恢复。

1984年7月29日,在美国洛杉矶举行的第23届奥运会上,射击运动员许海峰夺得自选手枪金牌,这是本届奥运会的首枚金牌,也是世界体育史第一枚属于中国的奥运金牌。此次奥运会中国军团共获金牌15枚、奖牌32枚,金牌总数列第4名,揭开了我国奥运史上新的一页。

在第29届北京奥运会上,中国奥运军团创纪录地取得51枚金牌,100枚奖牌,并超过美国、俄罗斯而居金牌榜首位,取得历史性的突破。

中国奥运金牌数——第23届洛杉矶奥运会:15枚;第24届汉城奥运会:5枚;第25届巴塞罗那奥运会:16枚;第26届亚特兰大奥运会:16枚;第27届悉尼奥运会:28枚;第28届雅典奥运会:32枚;第29届北京奥运会:51枚;第30届伦敦奥运会:38枚;第31届里约热内卢奥运会:26枚;第32届东京奥运会:38枚。

❋ **思考题**

1. 中国申办奥运会有何意义?
2. 奥林匹克运动对现代文化的影响有哪些?
3. 什么是奥林匹克精神?

第三章

人体功能与运动保健

学习目标：
1. 了解体育运动对人体六大系统的作用，以及运动时人体的生理规律
2. 掌握如何科学地锻炼身体

第一节 神经、心血管系统功能健康与运动保健

一、神经系统是人体一切活动的司令部

大家都知道，构成人体的基本单位是细胞，细胞集合成为不同的组织，不同的组织又组合成为体内各个器官，如心、肺、胃、肠、肌肉、脑，等等。但是，是什么东西把这千千万万细胞组成的许多器官的活动组织成一个统一的整体，使它们能根据环境的变化，恰当地做好自己的本职工作，完成各种复杂的活动呢？

这就是我们的神经系统。

神经系统是由中枢神经和周围神经两部分组成的。假如把人体比作一个集体，那么中枢神经就好比是这个集体的首脑机关，是指挥全身活动的司令部。中枢神经主要由大脑、小脑、脑干和脊髓等组成，最高的领导着是大脑皮层。所谓周围神经，就是指从中枢神经向全身各部伸展出去的神经。其中伸到内脏器官（心脏、血管、消化道、肾脏等）的，统称为自主性神经系统。自主性神经系统按其机能和结构的不同，又分为交感神经和副交感神经。伸到各个感觉器官（如眼、耳、鼻、舌、皮肤等）和骨骼肌等处的神经，多属于躯体神经系统。周围神经好比是司令部和所属各部门之间架设的电话线。

从神经系统的构造和形式，便可以知道它的功用：一句话，就是及时调节全身各部的机能来适应外界的各种情况。例如，在起跑线上，中枢神经通过感觉器官传来的消息，对外界环境做出分析，知道即将进行一次剧烈的赛跑，便立即对全身机能做了适当的安排和调整：呼吸加深加快，心跳加快加强，内脏的小血管暂时收缩，以便将更多的血液供给肌肉。这时，运动员的耳朵高度集中地注意着情况的变化。枪声一响，耳朵立刻通过听觉神经把这一消息报告大脑，大脑随即立刻向有关的肌肉群发出号令，于是人体便奔驰在跑道上了。

二、健康体育锻炼对神经系统的好处

关于这一问题,可从两方面来谈。一方面,神经系统对健康体育锻炼具有极重要的意义,而另一方面,锻炼又反过来给神经系统带来很大的好处。健康体育锻炼本身常常要求身体完成一些比日常生活更为艰巨的任务,身体必须为此而高度动员自己的机能,才能适应这些任务的要求。经过长期锻炼的人,不仅肌肉发达,动作有劲,而且在动作的速度、柔韧性、灵活性等方面也有显著的增强,对体力劳动和脑力劳动的耐受力增加,对致病因素的抵抗力和对各种外界刺激的适应力也都有明显的提高。比方说,经常进行健康体育锻炼的人,在受到突然的寒冷侵袭时,能迅速地发生毛孔收缩、表层血管收缩和增加新陈代谢等防御反射;相反,在炎热环境中,适应能力同样也很强,能迅速加强各种散热机能,如出汗,舒张表层血管提高皮肤温度,以加强热的发散;当细菌进入身体后,能够迅速动员体内各种防御机构,以保护身体免于受到侵犯。这些都是神经系统功能良好的具体表现。

由于健康体育锻炼对人的身体,特别是神经系统具有这样多的好处,所以医学上广泛地使用各种适宜的体育活动,作为防治疾病的一种手段,特别是由于神经系统功能障碍而造成的种种疾病。

既然神经系统对体育运动有如此重大的关系,那么,应该如何保护神经系统呢?首先,必须指出,保护神经系统健康的原则,是和保护全身健康的原则一致的。其中最重要的一条,就是要劳逸结合。我们知道,一切活动本身就对神经系统具有锻炼、增强的作用,但过度的劳累又足以损害它的正常功能。因而在健康体育锻炼中,绝不可凭一时热情而进行过久过重的锻炼。应该遵循循序渐进的原则,在锻炼中间进行适当的休息,以利于功能的恢复。特别要强调充足的睡眠,因为睡眠是一种几乎遍及整个大脑皮层和部分皮层下神经中枢的广泛的保护性抑制。经过这种休息之后,神经系统的功能可以得到最大限度的恢复。此外,在锻炼后做一些轻微的整理活动、按摩和温水浴等,也能够对神经系统起安宁镇静的作用,以恢复神经系统的功能。最后,保持有规律的生活制度,保持乐观主义精神,避免烟酒和其他刺激性饮料和食物,对保护神经系统也都是非常必要的。

三、初学动作时往往显得紧张的原因

我们后天学会的各种动作和技能,按照生理学的道理来解释,本质上都属于条件反射。什么是条件反射呢?要了解这个问题须先从"反射"谈起。

我们人体的一切活动都是反射活动,反射活动写成一个公式的话,就是:刺激—中枢神经系统—反应。意思是人体首先是内、外界发生了各种变化,刺激了感觉器官,感觉器官将所产生的兴奋冲动沿神经传送到了中枢神经系统(脊髓和脑),中枢神经系统经过分析综合之后,又把兴奋传导到某些器官,调整它们的活动,使之做出相应的反应。例如,手碰到烫的物体就立刻缩回来,或是食物进入嘴内口腔就分泌唾液,就是按上述过程实现的。应当强调的是:一切反应都是由刺激引起的,没有刺激,人体任何反应也不会发生。

反射活动千万种,概括起来可以分为两大类。一类是生来就有的,即不需要事先经过学习就可由一定刺激引起的。例如上面讲过的食物进入口腔引起的唾液分泌反射,一个刚生下来的婴儿也有这样的反射活动。这类反射,我们叫它无条件反射。另一类是条件反射,是要在后天形成的。顾名思义,要想形成条件反射,必须有一个条件,也就是说某个刺激物的出现要和某个无条件反射活动互相结合才行。例如婴儿在吃奶时,奶瓶的形象、奶的气味等刺激和吃奶时的唾液分泌(无条件反射活动)就结合在一起,多次这样重复,就形成一个新的反射活动,婴儿只要一见奶瓶或一闻到奶的气味就会分泌唾液。这一类反射就是条件反射。

我们在健康体育锻炼时学到的各种动作和技能,如乒乓球的挥拍扣杀、准确地跳起投篮、掷铁饼、做体操等动作和技能都是后天经过学习和练习才掌握的。所以它们从本质上看都属于条件反射。条件反射在建立的时候,不是一下子就变得十分精确和巩固的,常常出现对刺激物的分辨不够精确,反应也不够准确的现象。如刚学打排球的同学,对方发过来的球,不管球要落在界内或是界外一概都接,就是由于分辨不清刺激物的性质而犯了错误。经过多次练习和参加比赛之后,就比较能够分辨了。

人们在锻炼初期,动作显得很紧张,许多多余的肌肉也收缩以来,如练武术时既耸肩,又挺肚子,就是因为大脑皮层的兴奋不止传到了做动作的肌肉,而且还传播到了其他的肌肉,产生了多余的肌肉反应,使动作紧张和产生不应出现的错误动作。同样经过多次练习,反应就会变精确,动作就变得正确和更加优美了。

四、改正错误动作比学习新动作更难的原因

有许多同学体育教学和体育锻炼过程中有这样的体会,改正错误动作比学一个新动作更慢更难。有时确实是这样的,特别当这个错误动作十分巩固的时候,更是如此。

为什么呢?原来这也是大脑皮层所起的作用。大脑皮层上某一点的活动,原则上只引起其相应部位的一个简单的活动,例如某一条肌肉的简单收缩。这种简单的运动和我们通常所称的运动技术是不一样的。运动技术实际上是许多次兴奋按照不同的强度和时间间隔在大脑皮层的不同部位依次出现组合起来的。这好比是我们用手在钢琴弹一下只能引起一个单纯的声音,而当我们按照一个乐曲在琴键上弹奏时则表现出一个意义完整的乐章一样。运动也是一样,拿跳高来说,跳高包括助跑、踏跳、过竿和落地等好些单个动作,其中任何一个动作都不是一个简单的肌肉收缩。可见,要完成一项运动技术,都必然牵涉大脑皮层各部位的兴奋互相连贯组合的问题。这种连锁式的一系列大脑皮层的活动,叫作"动力定型"。

动力定型的建立过程,基本上是按照条件反射的规律来进行的。譬如说,首先是教师或教练员讲解一个动作的要领,他的语言作为一种信号初步在学生的大脑皮层建立了一个印象;然后教师或教练员做示范动作,这些动作又通过视觉在学生的大脑皮层强化了原来的印象;最后是学生用自己的行动去实践,用自己身体产生的各种感觉(特别是肌肉感觉)进一步强化原有的印象。在开始实践时,因为大脑皮层的兴奋过程不够集中,常常扩散到无关部位,引起一些别的肌肉紧张,而且因为在各个单独的兴奋之间连贯和组合得不协调,因而表现出动作很不精确。此后,由于不断地实践,正确的动作不断得到强化,错误

的动作不断得到纠正,这时大脑皮层的各个单独兴奋的出现和消失都很及时,各个兴奋的强度也达到了符合要求的精确程度,这时的动作便显得灵活轻巧了,也就是说,在大脑皮层已建立起一套完整的动力定型。其中的任何一个单独的兴奋点都成了引起下一个兴奋的动因,所以能够从头到尾,井井有条地进行下去。就好像在工厂里建立了一条自动化的作业线一样,只要把原料加进去,便会依次地进行不同的加工,最后自动地做成成品。实际上,我们也真是把这种现象叫"动作自动化"。这时,运动员对这一系列的动作是非常自然地做下去的,似乎自己在做动作时也没有给予特别的注意。

动作自动化之后,譬如打篮球的运动达到自动化后,就可把主要精力集中在场上千变万化的情况。但是,错误的动作也达到了自动化之后,也会在大脑皮层偶尔放松注意情况下,不由自主地重复出错误动作来。这就是为什么根深蒂固的错误动作有时不好改正的原因。

如若错误动作还没有巩固到上述那样程度,是很易改正的。假如错误动作十分巩固了,也不应放弃信心,只要在做动作时有意识地注意到自己的每个小动作,并通过教师或教练员的帮助,分析造成错误的原因,重新按正确动作要领反复练习,错误动作是一定能够纠正的。

五、蹲久了站起来会头晕眼花的原因

在日常生活中,有时我们蹲久了,突然起立,会感到头晕眼花,眼前冒金星。

为什么会发生这种现象?原来,人在蹲着的时候,两条腿肌肉紧张,血液较多地流入头部和腹腔,尤其是头部前倾时流入的血更多。而当人们突然站起时,腹腔和头部的血液由于重力的作用迅速向两腿流去,供应头部的血液便突然减少;同时,头部出现了暂时性的脑贫血。脑子贫血,神经细胞的活动就受到影响,所以发生头晕。又由于脑贫血,眼睛视网膜的血液供应也减少了,视神经细胞受到刺激,于是引起暂时性的幻视,感到眼前有金星闪闪。但是,在这一刹那,通过神经系统的调节,使血液又产生重新分配,使腹腔及下肢的小血管适当收缩,减少流向这些部位的血流,使血压升高,增加脑部的血液供应。因此,脑贫血现象便可很快消除,头晕眼花的现象,也可随之消失。

那么,为什么这种现象有人严重些,有人轻些呢?这和每个人的神经系统反应快慢有关系,也与健康体育锻炼有密切关系。如经过良好训练的运动员,神经调节机能比较完善,神经反应快,血液能迅速而准确地重新分配,所以这种现象在运动员身上就不严重,有时还不出现。

六、了解自己的脉搏和血压

每个人的心脏都在不停地跳动着,它能保证血管里的血液周而复始地流动,以维持人体的正常活动。

心脏是怎样跳动的呢?心脏是受神经、体液和心脏本身的特殊传导系统调节的,由那里传来的刺激引起心房、心室收缩和舒张,就产生了心跳。心室收缩的时候,瓣膜开放,(心室与动脉交界有瓣膜),血液被迅速驱入动脉,动脉管壁因而膨胀。当心室舒张时,瓣

膜关闭,驱血停止,动脉管壁由于弹性而回缩。动脉管壁的膨胀和回缩产生搏动,这种搏动还能迅速地向外周动脉传布下去。通常,把这种动脉管壁随着心脏的舒缩而出现的搏动,叫作动脉脉搏,就是平常所说的脉搏。在身体表浅处的动脉上都能摸到脉搏,常用的是桡动脉脉搏,这与中医脉诊——切脉的部位是一致的。

脉搏多少算正常呢?在正常状态下脉搏次数与心跳是一致的,成人脉搏频率平均每分约为72次,女子比男子多些,小孩比成年人多些。沈阳体育学院生理解剖组在1973年7月对辽宁省各地区17 000多名中小学生进行了身体发育与机能检查,结果发现:7~10岁每分脉搏次数为82~91次,11~13岁为81~83次,14~17岁为78~83次。

经过健康体育锻炼的人,心缩力增强,心跳(或脉搏)次数可减少到每分60次以下。训练水平高的长跑运动员,心跳次数每分甚至有36下。

影响脉搏的因素很多,如年龄、性别、气候、运动、精神状态等都能影响脉搏的改变。

什么是血压呢?在我们人体内总共有约5千克血液,在心脏血管系统中不断地流动,保证人体各器官组织新陈代谢的进行。血液在血管中流动时,它对血管壁产生一种压力(侧压),这种压力就叫作血压。当心脏收缩时,驱出血液,使动脉血管扩张,压力升高。这时,血液对动脉血管的压力,就叫作高压或收缩压。而当心脏收缩完毕转入舒张时,动脉管壁靠弹力回缩,使血液继续向前流动,这时血液对血管壁的压力较低,就叫作低压或舒张压。收缩压与舒张压之差,叫作脉压。血压的单位是毫米水银柱(即毫米汞柱,或mmHg),习惯上可用一分式来表示,收缩压写在分子位置,舒张压写在分母位置(收缩压/舒张压 mmHg)。

血压多少算正常呢?据调查,我国20岁至40岁的成人安静状态的血压为100~120/60~80毫米汞柱。血压随年龄、性别而不同。儿童血压较低,以后随年龄增加,逐渐升高。在50岁以下,同年龄的女子比男子略低些。沈阳体育学院生理解剖组1973年对辽宁省17 000多名中小学生进行的身体发育与机能的检查发现,7~10岁的血压在93~96/58~63毫米汞柱,11~13岁在98~103/60~64毫米汞柱,14~17岁在106~114/64~70毫米汞柱。少年儿童血管弹力好,所以血压也低些。老年人因血管的弹性逐渐减弱,所以血压高些,也属于正常范围。经常从事健康体育锻炼的人,血压比一般人略低,可达85~105/40~60毫米汞柱。

血压变动较大,受许多因素影响,如运动、劳动、饱食、饥饿、喝茶、饮酒、情绪激动、血压增减等都可通过神经和体液调节使血压升高或下降。经过一定时间又会恢复正常。所以,血压始终维持着动态的平衡,从而保证全身血液供应。

根据上海高血压病研究所对10万多人进行的检查和统计,一般正常人的血压,凡超过140/90毫米汞柱的,则认为是高血压,收缩压低于75~85毫米汞柱,称为低血压,需找医生做进一步的检查。

第二节 呼吸系统功能健康与运动保健

一、呼吸、肺活量和肺通气量

大家知道,人在生活过程中是离不开空气的。为什么离不开呢?因为人体不断地从自然界吸进新鲜空气中所含的氧气,同时又不断地把组织、细胞新陈代谢产生的二氧化碳(CO_2)排出体外。这种吸氧和排出二氧化碳的气体交换过程,就叫作呼吸;那些完成呼吸过程的器官,就叫作呼吸器官,包括鼻、咽喉、气管、支气管(总称为呼吸道)和肺脏。祖国医学早已有过"诸气皆属于肺,肺是气之本源"的记载,认为肺气的衰旺,关乎寿命的长短。这指出了肺在维持身体各脏腑功能上的重要作用。

人体一吸一呼算作一个呼吸周期,为一次呼吸。那么,正常呼吸是多少次呢?

一般人在安静时每分呼吸次数为12~18次,女子比男子稍多,儿童少年比成人多,如5~6岁每分约为25次,9~10岁约为20~22次,到14~16岁时接近成人,每分可达到18~20次。经常锻炼的人,呼吸次数可减少到8~12次。呼吸次数增多或减少,可以反映出呼吸机能的变化。

什么是肺活量?在做一次最大的吸气之后,再做最大的呼气,这时能呼出的全部气量,就叫作肺活量。肺活量等于潮气、补吸气和补呼气三者之和。

什么叫潮气?在平常的呼吸过程中,每次呼出或吸入的气量就叫作潮气量。一般在安静状态下,潮气量约为500毫升。潮气量增多或减少,表明呼吸变深或变浅,潮气代表呼吸深度。

什么叫补吸气?在平静吸气之后,再继续用力吸气,到不能再吸时为止,还能额外地吸进来不少空气。这额外吸入的气量,就叫作补吸气,约为2000毫升。

什么叫补呼气?在平静呼气之后,再继续用力呼气,这样多呼出来的气量,就叫作补呼气,约为1000毫升。

肺活量的大小,与性别、年龄、身高、胸围、健康状况和健康体育锻炼有关。正常成年男子肺活量约为3500~4000毫升,女子2500~3000毫升,儿童的肺活量较小,但随着胸廓和肺的发育生长而逐渐增大。沈阳体育学院生理解剖组曾对辽宁省17 000多名中小学生进行过身体机能检查,结果发现,7~10岁的学生,肺活量为1388~2114毫升,11~13岁为2164~2602毫升,14~17岁的男生为3024~4124毫升,14~17岁的女生为2656~3183毫升。经常锻炼的人比一般人肺活量要大,训练水平高的游泳运动员甚至可以达到7000毫升以上。

肺活量能反映肺的贮备力量和适应能力,也能反映出呼吸器官的最大工作能力,因此可作为呼吸机能的指标之一。

什么是肺通气量?空气经过呼吸道进入肺泡,我们把气体进出肺的过程叫作肺通气。每分肺吸进或呼出的气量,叫作每分肺通气量。肺通气量的大小,等于每分的呼吸次数与呼吸深度的乘积;呼吸次数或呼吸深度增加时,肺通气量必然加大。

一般成年人安静时每分通气量为 4~7 升。一般男子最大通气量是 100~110 升,女子是 80 升左右。有良好训练的运动员可达到 220 升。

呼吸次数、呼吸深度、肺活量和肺通气量,都能反映出呼吸系统的机能。经常参加健康体育锻炼的人,这四个指标都会出现良好的变化。

二、需氧量、耗氧量

人体是好像一部大机器,各个器官不停地工作着,各器官的工作(活动)都要消耗能量,这些能量是从哪儿来的呢？是体内物质代谢过程中产生的;在物质代谢过程中不断消耗氧气来氧化能源物质(糖、脂肪、蛋白质),以便释放出能量供给各器官活动的需要。

人处于不同的活动状态,对氧的需要量也有差异。需氧量的多少,一般有两种表示方式:一种是用完成某项活动所需要的氧气总量来表示,叫总需氧量;另一种是单位时间需要的数量,叫每分需氧量。安静时,每分需氧量是 0.25~0.3 升,运动时需氧量大大增加。

什么是耗氧量？耗氧量又叫吸氧量,是指人体的物质代谢过程中实际消耗的氧量(即组织细胞所需要的氧量)。安静时,每分的耗氧量为 0.25~0.30 升(与安静时的每分需氧量一致)。运动时,耗氧量随着运动强度的加大而增加,但因受到循环、呼吸系统机能的限制,每分耗氧量的增加有一定限度,这个限度就叫作氧极限。

一般成年人氧极限为 2~3 升,经常锻炼的人为 4~5 升,有的运动员可达 5.5 升以上。

在各项运动时需氧量和耗氧量都有所变化,不过依运动项目和运动强度的不同,变化也不尽相同。

通过健康体育锻炼,可以提高人体的氧极限水平,特别是进行中长跑时,提高得更明显。氧极限水平提高了,就说明人体呼吸和血液循环等功能有了明显提高,在进行长时间的激烈运动时,人体实际吸进的氧(溶解到血中的氧)就多,产生酸性物质(乳酸)就明显减少。这对人体保持高度的运动能力很有利,有助于人体进行长时间的激烈运动,可使人体的速度耐力和耐力素质得到提高。

三、运动时应有意识地使呼吸变得深长和缓慢

人在运动时,氧气的需要量是随着运动强度的加大而相应增加的。为了适应这种情况,就需要加快呼吸频率和增加呼吸深度。

但是,呼吸频率的加快是有一定限度的,一般最有效的次数应当是每分 35~40 次。如果呼吸过于频繁,就要影响呼吸深度。举例来说,假如呼吸频率每分是 60 次,平均起来一秒就要进行一次呼气和吸气,显然在这样短促的间隔时间内要进行深呼吸是不可能的。结果势必使呼吸变得表浅,换气量减少,吸入氧气和排出的二氧化碳也都减少,血液中二氧化碳浓度升高,氧的浓度降低,这样就会直接影响肌肉的活动,并使运动员产生不舒服的感觉。

因此,为了呼吸合理化,使身体在运动中能获得更多氧气,每个运动员应该学会深呼

吸。在呼吸过于频繁的时候，要有意识地加以制止。制止的方法最好是深呼气，因为加强呼气后，才可能吸进大量的空气，同时呼吸频率也自然会减慢下来。除了加深呼吸的深度外，还要注意把呼吸和动作配合起来。例如，在进行中、长跑时，呼吸节奏要和跑的动作节奏配合起来，做到几步一吸、几步一呼。这样可避免呼吸节奏紊乱，从而使呼吸深而慢。

四、运动时的口鼻呼吸

在运动中呼吸是个复杂而又相当重要的问题，对长跑和游泳运动尤其重要。根据运动生理学的实验，在从事长跑或其他大多数运动项目的锻炼时，用口鼻同时呼吸比单纯用鼻呼吸有利得多。

鼻腔比口腔小，在身体处于安静状态时，它能轻松地呼出二氧化碳和吸进足够的氧气。可是，一旦进行剧烈运动，为了满足身体的需要，单位时间内的肺通气量要比安静增加好几十倍，于是鼻孔就显得力不能及了。这时，如果硬用鼻子呼吸，呼吸肌就不得不加紧工作，以克服狭窄鼻腔对空气的巨大阻力。即便如此，氧气的供应仍然不足应用，有时还妨碍了心脏的正常工作，以致全身很快就进入疲劳状态。

若能口鼻并用，情况就可以截然改观了。有人实验过，发现口呼吸时，肺的最大通气量(1分内运动员最大限度进行呼吸时肺中通过的空气量)比鼻呼吸时大两三倍。此外，用口进行呼吸的肺最大通气量，比用口吸鼻呼或鼻吸口呼，效果都大。实验还证明，运动时用口鼻同时呼吸，不仅能使身体表现出较高的工作能力，而且能缩短运动后恢复过程的时间。

口呼吸的主要特点是不能像鼻腔那样能滤过空气中的细菌和灰尘，也不能使吸入的空气加温和变得湿润。但是，只要运动时选择空气新鲜的地方，并有意识地在冷空气中逐步加强锻炼，这个缺点不是完全不能克服的。

目前，我国和世界著名运动员(尤其是长跑运动员)几乎都采用了口鼻联合呼吸的形式，看来这不是没有根据的。

五、运动中的憋气动作

在许多运动项目中都伴有憋气动作，这有助于动作的顺利完成。有时憋气仅仅是一刹那，而有时则要持续一段时间。例如，举重时提起杠铃和将杠铃举过头顶的动作、在吊环上做十字支撑动作、掷铅球时最后用力的动作、爬吊绳动作，以及排球跳起扣球动作等，都会伴有憋气现象。否则，就不可能圆满地完成动作。

呼吸时若有意识地关闭声门裂，既不吸气，也不呼气，这种现象叫作屏息。屏息和憋气不同，屏息是声门裂紧闭，只是依靠喉部许多小块肌肉的收缩来完成的。如射击扣扳机的瞬间，就是这样。然而，憋气是在用力吸气后关闭声门裂，然后再做用力呼气的动作。这时的胸膜腔内压和腹内压，都明显升高。

憋气是人体从事体育活动、重体力劳动、排便以及分娩等生理活动中不可缺少的反射性动作。曾有人做过一个有趣的实验，即让举重运动员推举杠铃，当杠铃的重量增加到运动员所能举起的最大限度时，推举的全部时间都是在憋气状态中；如果不憋气，便举不起这个重量。另外,有人做过背部肌肉拉力和两手握力的实验,结果也证明在吸气时力量最小,而在憋气时力量最大。

为什么憋气时力量就大呢?因为憋气时胸廓和骨盆得到固定,为上、下肢肌肉的活动创造了稳固的支撑点,所以能增大肢体的力量。

此外,憋气时还可以反射性地引起肌肉力量加大。但憋气时间稍长,由于血液循环障碍引起大脑缺氧,会引起头晕。如果我们经常参加这类体育运动,并遵守循序渐进的原则,由轻到重,由易到难,逐渐使身体适应于憋气,头晕现象就不会出现了。

六、呼吸与运动的配合

根据大多数人的体会,在伸展身体时应吸气、屈曲或复原时应呼气。但在用力和不用力时情况却不同。例如,徒手下蹲时吸气,而负重下蹲时则必须呼气或憋气;徒手两臂侧上举时吸气,而上举杠铃时却要呼气或憋气;划船,身体前倾(屈曲)时为吸气,而向后(伸展)时为呼气……研究证明,呼气时骨骼肌力量较大,吸气时肌力较小,而憋气时则能促使身体在短期内发挥出最大的力量。所以,在用力阶段应该呼气或憋气。运动时,呼吸与动作配合得好,就能顺利地完成各种动作,提高运动质量,如果配合得不好,有时则费力大而效果不高。

第三节 骨骼系统功能健康与运动保健

一、健康体育锻炼对骨骼的作用

骨是人体内最坚固的结构,大大小小有两百多块。骨对人体起着保护、支架和运动的作用。骨和关节、肌肉连接起来,可以使人体产生各种活动。此外,骨髓还有造血机能。

由于骨在人体内担任着非常重要的任务,不但要求它有极大的坚固性,而且还要求它非常轻便。骨的构造,正合乎这种要求。由于骨的科学构造和化学成分赋予骨以极大的坚固性和弹性,从而使骨骼"坚韧似钢铁"。所以,骨骼能承担很重的重量,并且能使人体灵活地做出各种非常精巧、复杂的运动。

通过适当的健康体育锻炼,可以促进骨骼的发育和生长。因为骨的可塑性很大,特别是在青少年时期,在神经系统的调节下,骨骼中进行着非常旺盛的生长过程和物质代谢过程。科学研究证明,对骨骼生长发育起作用的因素很多,而经常参加健康体育锻炼就可以促进骨质增强。经常参加健康体育锻炼,由于肌肉对骨骼的牵拉和重力的作用,使骨骼不仅在形态方面发生了变化,而且使骨骼的机械性能也得到了提高。

通过健康体育锻炼,骨骼在形态方面最明显的变化是:肌肉附着处的骨突增大,骨外层的密质增厚,而里层的松质在分布上则能适应于肌肉的拉力和压力的作用。这些变化,使骨质更加坚固,骨可以承担更大的负荷,就是说,这些变化提高了骨骼对抵抗打断、弯曲、压缩、拉长和扭转方面的机械性能。

在进行各项健康体育锻炼时,各个骨骼的负重情况并不是完全相同的。它所发生的变化,取决于参加某项健康体育锻炼时所接受的刺激性质。例如,体操运动员在做悬垂动作时使上肢骨在同一方向上被拉长,而在做支撑动作时则使上肢骨在长轴上受到"压缩"。如果经常进行这种锻炼,就能促使上肢骨在承担"压力"和"拉力"方面力量增强。其他如网球、投掷和击剑运动员的上肢骨,就显得粗大,而跳远、跳高运动员的腿骨就比较强壮,足球运动员的足骨就比较坚实,等等。这都说明了健康体育锻炼对骨骼有着良好的影响。

二、健康体育锻炼对关节的作用

人体的许多骨与骨相连接的地方,都形成各式各样的关节。关节的周围都有韧带和肌肉包围着,韧带能加固关节,而肌肉不仅能加固关节,更主要的是能引起关节运动。

在健康体育锻炼中,由于跑、跳等动作练习能增进关节的弹性及其灵活性,所以经常参加体育运动的人关节的活动范围比一般人大得多,关节的牢固性及其可承受的压力也比一般人高。例如,在自由体操表演中,运动员的各个关节活动范围非常之大,做"后桥""大劈叉"等动作,没有经过长期锻炼是很难完成的。再如,在杂技技巧表演中,一个高大的演员在下方,几个演员在他的身上做出各种各样的刚劲动作,这位高大的演员关节的牢固性和所承受的压力是相当可观的。另外,通过运动提高了弹性和牢固性的关节,也能抵御各种外伤的发生。因此,经常参加健康体育锻炼的人,身体关节活动起来显得灵活、轻松、利落、有力。

三、"站如松,坐如钟"

坐立是我们生活中极为平常的活动,但是若不注意坐立的姿势,就会影响身体健康。所以,自古就有"站如松,坐如钟"之说,这也说明古人也很注意坐立的姿势,以免引起不健康的后果。

青春期是身体发育最高潮的时期。在这个时期,除了要经常参加锻炼和讲卫生以外,注意保持身体姿势正确、良好,对打下健康的基础也很重要。这是因为人体不少器官的成熟和健全都在这个时期进行的,如果养成了不良的姿势,就会影响健康。一旦养成了不良的姿势,那时再想设法矫正就比较困难了。

为什么不良的姿势会影响健康呢?我们先来看一看骨骼的作用。在由三十四块椎骨组成的脊柱里面,藏有对支配身体感觉和运动极为重要的脊神经。脊柱从颈部的颈椎开始一直到腰部、尾骨为止,大约两尺多长,形成了三个弯曲:颈弯(凸向前)、胸弯(凸向后)、腰弯(凸向前)。如果我们经常弯背或身子往左右偏斜,就会造成脊柱过于弯曲,成为驼背等,影响心肺的发育。

在日常生活中,坐着和站着的时间很多。不论是站,还是坐,如果姿势正确,身体的肌肉就不大容易疲劳。例如,人在坐着的时候,背部的肌肉收缩,可使身体不致过度前倾;站着的时候,大腿、背部、肩胛部的肌肉则处在一定的收缩状态,使身体保持平衡。当身体姿势不正确时,有一些肌肉就会被牵拉过度,容易发生疲劳,也就更不容易保持正确的姿势了。

什么样的姿势才算正确呢?古语说得好:"站如松,坐如钟。"站的时候,要挺胸,头望前方,稍收腹;坐的时候,眼睛和书桌要保持约30厘米(一市尺左右)的距离,两肘架在桌面上,这样正好能使双肩平直,不耸不垂。站或坐得太久了,总会发生疲劳,所以每当坐或站立一小时左右,最好活动活动,走动走动,做做操,这样既能提高学习和工作效率,对于保持正确的姿势也大有好处。

四、关节劳损与关节炎怎样区别

有些人因长期不合理从事健康体育锻炼,有时会感到关节疼痛,于是便怀疑是得了关节炎。但经医生检查,往往不是关节炎,而是关节劳损。那么,究竟关节炎和关劳损有什么区别呢?

首先谈谈什么是关节炎。简单地说,关节炎就是关节内的组织发炎。引起关节炎的原因很多,例如由细菌引起的有化脓性关节炎,由风湿病引起的有风湿性关节炎,由外伤引起的有损伤性关节炎,此外还有由铅、汞等化学药品中毒所引起的关节炎以及类风湿性关节炎,等等。致病的原因多种多样,病情亦各不相同。一般来说,患病时关节常有红肿、热、疼痛等炎症反应,其症状比关节劳损时重得多。

其次谈谈什么是关节劳损。关节劳损,就是因为关节过度疲劳而造成的损伤。对于发生关节劳损的原因,有许多不同的看法。有人说是局部负担过重,有人说伤处是"薄弱环节",还有人说只要参加锻炼就不免要发生劳损。其实,这些看法都是比较片面的。

负担过重和"薄弱环节"实质上是一个问题的两面,都只不过是说明负担和身体不相适应,让身体勉强执行了它所不能担负的运动。假如循序渐进地提高身体功能之后再去接受这种负担,或者在进行了一定时间的运动之后能够得到充分的休息,都不至于引起劳损。不管是全身性的过度疲劳或是关节劳损,不仅会直接影响运动成绩的保持和继续提高,而且还会影响整个身体的健康。

五、膝关节半月板撕裂治愈后还能参加健康体育锻炼吗

膝关节受伤,是常见的运动创伤之一。由于膝关节的结构比较复杂,所以膝关节受伤后,诊断或处理上也比较困难;如果处理不当,就会影响运动能力和劳动能力。因此,经常参加健康体育锻炼的人,应该了解运动时膝关节发生创伤后的主要处理原则。

膝关节常见的外伤是半月板撕裂。此病多发生在小腿处于内收或外展位而膝关节骤然伸直时的一刹那。这种情况在足球、篮球或体操运动中比较常见;例如,两个运动员在争球(对脚)时,体操运动员在跃起后着地时(常见于跳箱的分腿腾跃着地时)如不注意,就会发生半月板撕裂。

半月板撕裂有边缘性撕裂、纵形撕裂和横形撕裂等几种不同情况。边缘性撕裂容易治疗,可不用手术。纵形撕裂容易发生关节交锁现象(因半月板撕裂嵌阻在关节内,使关节不能完全伸直),需要施行手术。

半月板撕裂后,感到关节内有一种撕裂感和疼痛。如受伤较轻,疼痛很快就会消失和恢复正常。如撕裂的半月板破口卡住(交锁),当时即不能伸屈,疼痛也异常。如受伤较重,使撕裂了关节囊内面的滑膜出血,关节就会肿胀,疼痛加剧。在受伤后的急性期过去后约两三周,股四头肌即有萎缩现象,行路时带有清脆的声响,有时感到膝盖要"掉"似的,有时又感到关节突然被破碎了的半月板卡住,不能伸直。

如果受伤时立即出现"交锁",即可肯定是半月板撕裂,应立即施行手术解除交锁。如果受伤后疼痛加剧,关节内有出血现象,即应以压力绷带包扎膝关节,防止继续出血,并立即送医院治疗。如果在受伤两周后关节不疼,但检查时仍有交锁音响,则手术切除半月板。半月板撕裂后,无论是用手术治疗或是不用手术治疗,只要是在撕裂痊愈后,仍可参加健康体育锻炼。

六、为什么运动时关节会咯吱咯吱作响

(1)平时没有训练的人,在运动时关节屈伸的方向转变过猛,使关节面互相撞碰,所以发出了咯吱咯吱的声响。

(2)关节囊内的压力为负压(即小于大气压)。当关节囊在运动中被拉开时,即有回缩的趋向。在关节囊回缩时,骨关节面相撞,也会发出咯吱咯吱的响声。

(3)关节腔一般是个很狭窄的腔隙,其中有少量滑液。在运动中,关节屈伸时,关节面被拉开,由于克服关节面之间的表面张力,所以也能发出响声。

(4)关节患了某些疾病(如关节炎、关节外伤等),使两骨的关节接触面处不太吻合,或是有异物存在,或是由于撕裂的骨片未完全整复(半月板撕裂),在走路或是进行体育运动时,便发出咯吱咯吱的声响。

第四节 肌肉系统功能健康与运动保健

一、运动时肌肉的作用

全身肌肉大大小小共有五百多块。大块的有两千克左右重(如股四头肌),小块的只有几克重。肌肉是由一束束的肌束合成的,肌束又由小肌束组成,小肌束由更小的肌束组成,最小的肌束含有若干条细小的肌纤维(即肌细胞)。有的肌肉,受人的意志支配,随意活动,所以叫随意肌。这种肌肉都附着在骨骼上,所以又叫骨骼肌。平时所说的肌肉,指的就是骨骼肌。此外,还有些不受意志支配的肌肉,像肠、胃、血管、膀胱等内脏器官的肌肉,叫作不随意肌。心脏的肌肉也是不随意肌,但是它的"自动节律性"程度和收缩力量比肠、胃里的不随意肌更加明显,所以另有一个名字,叫作心肌。

许多肌肉的两端是白色的肌腱,平时我们叫它"筋"。脚跟上有一条全身最大有肌腱叫跟腱,很容易摸着。俗语说"骨肉相连",确实肌肉总是牢牢地附着在骨头上。它的一

端附着在这块骨骼上,跨过关节后另一端则附着在另一块骨骼上。肌肉纤维像条橡皮筋,能伸,又能缩,它一缩,两块骨头就在关节的地方打弯,从而构成了我们日常生活中各式各样的动作。

大的肌肉,力量大,能干重活;小的肌肉能干细活。像大腿、腰背部、肩部这些地方,大肌肉多,它们一收缩,人就能走路、弯腰、扛、抬东西等。手上的小肌肉对完成一些精细的动作有很大作用,构成人类特殊的劳动能力。面部肌肉的动作,则能使人完成各种表情。

我们身体里任何一种运动,大如举重挑担,小如瞳孔的收缩,都是由肌肉收缩来完成的。

二、肩、臂、腿的主要肌肉群

肩关节的外面包有一块三角形的肌肉,叫作三角肌。这块肌肉的纤维分为前、中、后三部:前部收缩,上臂就前平举;中部收缩,上臂就侧平举;后部收缩,臂就后伸。

在人的胸脯上,有两块大肌肉,叫作胸大肌。胸大肌可使上臂下放和前平举。

在人的背部表层有两块肌肉。一块叫作斜方肌,当我们挑东西时扁担正好在斜方肌一部分上;我们落枕时,颈后面酸痛也是这块肌肉上部因受凉而痉挛所造成的。当我们挑或扛重物时,人体两侧斜方肌就要紧张收缩,以保持背部挺直,我们累了以后不由自主地含起胸来,就是这块肌肉疲劳无力的表现。另一块在人体的腰背部,在斜方肌的下方,是一块很宽的肌肉,称为背阔肌。这块肌肉收缩时,人体的上臂就后伸和下放,锄地时这块肌肉和胸大肌也很出力。

上臂前面有一长条肌肉,叫作肱二头肌,我们一屈肘它就鼓起来,年轻人显示自己有劲时总拿它来表示。上臂后面的肌肉,称为肱三头肌,这块肌肉收缩时,可使上臂伸直。

发展上述肌肉群用下列方法较好。

(1)用力推重物。站立屈臂把杠铃、重哑铃、石担或重铁棍等器械从齐肩处举起来;仰卧时,从齐胸处举上去,反复多次。这种练习特别能发展胸大肌、三角肌及肱三头肌。

(2)俯卧提重物。和用力推的动作方向相反,俯卧在板凳上,双手把地面上的杠铃、石担或重铁棍拿起来。这种练习对发展肱二头肌、背阔肌、斜方肌特别有用。

(3)双臂屈伸。在两个桌子间两臂将身体支撑起来,一上一下地做屈伸练习,也可发展肱三头肌、胸大肌和背阔肌的力量。

除上述练习外,俯卧撑、引体向上、爬绳、拔河、推铅球、举石锁、游泳、划船等体育活动对发展肩和上臂的肌肉力量都有好处。

大腿前后部的肌肉群,又怎样锻炼呢? 在大腿前面有块最大的肌肉,叫作股四头肌。当挑、抬东西时,这条肌肉紧张收缩,人才能保持站立姿势。大腿后面的肌群,叫作股二头肌、半腱肌、半膜肌。这几块肌肉收缩时,膝关节就屈。锻炼股四头肌的常用方法是负重半蹲或深蹲,也可背着沙袋跳台阶,背着同伴跳跃,弓剪步走、深蹲跳等。练股二头肌时可以在小腿处绑一沙袋,俯卧,做"背腿"练习,也就是双腿后振练习。

三、运动时的抽筋现象

剧烈运动常常会出现"抽筋"现象,特别是腿肚子和脚掌。"抽筋",就是肌肉长时间不自觉的收缩。引起"抽筋"有以下几种原因。

（1）由于在剧烈运动前没有做好准备活动，肌肉从静止状态突然转入剧烈活动状态，腿部的肌肉不能一下子适应，就发生了挛缩（"抽筋"）。

（2）外界温度急剧降低，也能引起"抽筋"。例如，突然受冷，肌肉就会发生强烈的挛缩反应所以冬季锻炼和游泳时，小腿和脚掌有时会发生"抽筋"现象。尤其在游泳时更为多见，因为人进入水中，人体散放的热量要比在空气中大25倍之多，使皮肤上的神经感受到刺激，于是通过中枢神经系统就引起肌肉挛缩。

（3）参加剧烈运动过度疲劳时，支配肌肉的神经系统机能发生了变化，肌肉里积聚着一些代谢产物（如乳酸等），使肌肉组织的机能改变，也是引起"抽筋"的原因。

（4）长时间参加激烈运动，大量出汗，带走很多盐分，体内缺少氯化物（主要是食盐），也会引起"抽筋"。

我们既然知道了"抽筋"的主要原因，在进行体育运动时，如能注意以下几点，便可预防抽筋：①注意避免腿部过度着凉或较长时间的着凉，尤其是在水中不可停留过久；②在进行剧烈运动前，必须充分做好准备活动；③不要过于疲劳，疲劳时不应当下水游泳；④大量出汗后，应适当补充些食盐，如喝些淡盐水，饭菜中稍微多加点盐等。

四、运动后为什么有时手颤肉跳

在人的神经系统里，兴奋和抑制是经常互相对抗、互相转换和互相影响的。人体的肌肉，都由神经支配着。当支配肌肉的神经细胞兴奋的时候，肌肉就收缩；当神经细胞转为抑制的时候，肌肉就舒张（放松）。

运动时，神经系统的兴奋占优势，也就是说支配这些肌肉的神经细胞经常向肌肉发放兴奋冲动。运动结束之后，按理说这些神经细胞应该立即转变成抑制状态，不再向肌肉发出兴奋冲动。但是，运动停止后，神经细胞的兴奋不能立即转变为抑制状态，在兴奋和抑制互相斗争的过程中，仍然发出一些冲动到肌肉中去（当然这些冲动与运动时比起来要少得多），所以运动停止后，就会产生手颤肉跳现象。这是正常的生理现象，休息休息就好了。

五、预防肌肉僵硬

训练水平低的人或因故长期未能参加正规训练的运动员，突然进行大强度、大运动量的训练（或比赛），使肌肉负担量过大，造成氧气供应不足，肌肉里堆聚了大量氧化不全的代谢产物乳酸，结果引起肌肉挛缩（"抽筋"）现象。在这种情况下，技术不好或动作过猛，肌肉就会拉伤。肌肉挛缩后，收缩与放松的幅度减小，动作不协调，这反过来又加速了肌肉的疲劳，并能促使大脑皮层的工作能力降低（产生保护性抑制）。这时，如果得不到合理的休息，使疲劳反复出现，肌肉活动的能力便越来越低，加深僵硬的程度。

肌肉僵硬的初期，可能仅仅在训练后觉得腿部有点酸痛，次日又好了。三四天至一周逐渐感到腿部肌肉愈来愈紧，发胀，发硬。训练时，准备活动不易做开，熟练的技术也完成得不好了。可是，在大运动量训练后，若减少运动量，做些放松按摩或洗热水澡，过两三天就会好转。如果不减小运动量，一两周后，肌肉就疼痛起来。再发展下去，肌肉便呈条状，发硬。以后，还会有肿胀、发热、压痛等感觉。

那么，怎样才能预防肌肉僵硬呢？

(1)系统训练到一定阶段后，应注意休息。

(2)在训练中，用力部位必须经常交替，活动力求全面，手段多样。

(3)练习肌肉放松的能力，训练后自我按摩或互相按摩。

(4)合理安排运动量，注意自我监督。

六、肌肉放松同运动成绩的提高的关系

赛跑中常有这样的现象，即当运动员用尽全身力量紧张地跑时，成绩却不比自然、放松地跑时好。这说明肌肉适当放松，对提高运动成绩有着重要的意义。

我们知道，肌肉的力量和收缩速度，决定于肌肉的放松和收缩这两者之间幅度的大小。因此，发展肌肉力量应该包括两方面：增强肌肉的收缩力量；提高肌肉的放松能力。如果肌肉收缩力很强，而放松能力较差，就会相对减小肌肉的力量和收缩速度，使肌肉变得僵硬。

人体运动，是靠许多肌肉群协调工作来完成的。运动时，某一部分肌肉收缩，和它相对抗的另一部分肌肉就要放松，例如屈肌紧张，伸肌则放松。所谓动作协调，就是参加工作的肌肉合理地收缩，不参加工作的肌肉则充分放松。如果做动作时，该放松的肌肉不放松，就会成为一种阻力，工作的肌肉在完成时就要克服这个阻力，结果就会增加额外的负担。例如，在跑中做前摆腿动作时，如果大腿后群肌肉不能适当放松，就会使高抬腿的动作变得更费力气。

怎样才能使肌肉放松呢？

首先，要提高神经系统的灵活性，加强抑制过程。肌肉活动是受中枢神经系统调节的，中枢神经系统兴奋和抑制过程的复杂关系是肌肉活动的基础。肌肉的放松能力，主要取决于中枢神经系统相应部位抑制过程的深度、速度和分化的精确程度。但是，神经系统抑制的发展速度比兴奋来得慢，因此，肌肉的放松速度也比收缩速度慢。为了提高肌肉放松的速度，在训练中应采用些使中枢神经系统由兴奋迅速转入抑制，再从抑制迅速转入兴奋的练习(例如多采用交替性的练习等)。可先从简单的练习做起。如果在学习动作的最初阶段就进行复杂的、强度大的和速度快的练习，就很容易引起神经系统产生兴奋扩散的现象，抑制过程得不到发展，使应该放松的肌肉反而变得紧张。因此，为了提高肌肉的放松能力，应从简单的、强度小的和速度慢的动作开始练习。

其次，要熟练地掌握技术。在形成动作技能的过程中，动作技巧愈巩固，抑制过程也愈能得到发展，肌肉的放松能力也会增强。比如，刚学骑自行车时，全身都显得紧张，但学会之后，就变得轻松自如了。由此可见，肌肉的放松能力，同掌握熟练的动作技能很有关系。

最后，要树立信心。比赛时临场紧张，也会使肌肉的放松能力遭到破坏。例如，一个跳高运动员本来能跳过两米，可是当升到这个高度时他信心不足，就会使原有的动力定型受到破坏。

此外,语言刺激也有一定作用。教练员经常用语言提醒运动员,要注意肌肉的放松,也有一定的效果。在运动中,头部的姿势正确与否,能直接影响肌肉的放松。因为头部的变化会引起躯干和肢体肌肉紧张度的重新分配,这就是平时所说的"姿势反射"。例如,过分抬头,就会引起背肌紧张;头向一侧屈,就会使同一侧的伸肌紧张。因而,运动员在起跑时,不宜过分抬头,以保持背肌的放松;在跑进中也要使头部保持正直。

注意发展柔韧性和灵活性,使肌肉伸展性和关节灵活性增强,也有助于使放松的肌肉被拉得更长,也有助于提高肌肉的放松能力。

运动后进行按摩和热水浴对放松肌肉颇为有效。按摩和热水浴能改善和调节中枢神经的机能,促进血液循环和淋巴液的流动,增强肌肉的血液供应,使肌肉得到充分的营养和氧气,排除代谢产物。所有这些都能使肌肉更快地消除疲劳,提高肌肉的弹性和伸展力。

第五节　消化系统功能健康与运动保健

一、为什么健康体育锻炼能提高胃肠的消化功能

胃肠是人体消化食物的主要器官,它好比是人体的食品加工厂,负责把构造复杂的食物转变成构造简单、人体能够吸收的养料,供应人体新陈代谢的需要。因此,胃肠消化能力的好坏,对身体康的影响很大。

经常参加健康体育锻炼,由于肌肉活动的需要,胃肠就势必得加强消化机能。在这种情况下,消化腺分泌的消化液就更多,消化管道的蠕动就更加强,胃肠的血液循环就更加得到改善。由于发生了这些改变,就使食物的消化和营养物质的吸收进行得更加充分和顺利。另外,由于运动时呼吸加深,膈肌大幅度地上下移动和腹肌大量活动,这对胃肠能发生一种按摩作用,对增强肠的消化功能有良好的影响。

正如上述,由于健康体育锻炼对胃肠有这样明显的良好作用,能使人的食欲增进,消化能力提高,因而就有不少人采用健康体育锻炼作为治疗消化不良、胃肠神经官能症和溃疡病等的一种手段,并取得了一定的疗效。当然,患者如果采用体育疗法治病,应该取得医生的指导。

经常进行适当的运动能提高胃肠的消化功能,这是肯定无疑的。但是也有些人因为运动的时间安排得不当(如饭后立刻运动),或者因为运动量和运动强度等掌握得不合适,结果反而对胃肠的消化功能产生了不良的影响,这点必须注意。

二、运动应注意哪些饮食卫生

健康体育锻炼能提高消化器官的功能,使吃下去的东西能更快更好地消化吸收。可是,有些经过长期锻炼的运动员,有时竟然也会得慢性肠胃病。这是什么缘故?这可能有

以下几方面原因。

(1) 运动和吃饭的时间安排得不当。运动后应间隔多长时间才吃饭、饭后什么时间可以开始运动，这是从事运动的人必须明确的问题。

如在剧烈运动后很快就吃饭，往往食欲很差，再好的饭菜也不想吃，因为运动刚结束时大脑皮层的运动中枢和交感神经仍处在高度兴奋状态，情绪还很紧张，消化腺的分泌仍受到一定程度的抑制，所以不想吃饭。在这种情况下，即使勉强吃下去，食物也不能很好地消化。久而久之，就会引起消化不良，患慢性肠胃病。

饭后立即进行剧烈运动，对肠胃的影响更大。因为，饭后胃肠的活动和消化腺的分泌加强，消化液分泌得最多。如果在这时进行剧烈运动，则会引起交感神经兴奋和肾上腺素大量分泌，进而使肌肉小动脉扩张，毛细血管大量开放，血液较集中供应运动器官，而减少了胃肠的血液供给；同时，胃肠的活动也减弱，消化液的分泌也减少，胃壁松弛无力，食物得不到充分地搅拌和消化，就会拖长食物在胃里停留的时间，以致发酵酸化，吐酸水。胃液减少了，胃的防腐能力就降低了，这也是消化道易被感染患病的原因。

(2) 饭后和运动后大量吃冷食。饭后大量吃冷食，首先会使肠胃血管突然收缩，使供给肠胃的血液突然减少，致使消化受到阻碍；其次消化液必须在一定的温度下才起作用，胃肠温度突然降低，它的能力也随之下降，结果食物就难以消化，日久就免不了得肠胃病。

运动刚完时，由于体温升高，大量流汗，心里感到又热又渴。这时无克制力的人往往为了一时痛快便大吃冷饮冷食，结果肠胃因受刺激而功能紊乱，引起腹泻、腹痛等病症。

(3) 乱吃零食。按时吃饭能使消化器官有规律地工作，是维护肠胃健康的一个重要措施。乱吃零食，就破坏了消化器官的规律性活动，到了吃饭的时间，消化机能反而下降，就会抑制正规的进食活动。吃的零食如果是甜食或油腻的食物，则更会降低食欲。但水果可加强消化腺的活动，并能供给维生素，不在此例。在这种情况下，若勉强进食，食物则因消化液减少和胃肠蠕动缓慢无力而难以消化。

(4) 不细嚼细咽，食物进入肠胃后不能充分消化和吸收，既浪费，又会造成胃肠病。

三、剧烈运动后不宜饮冰水和吃过冷的食物

人在运动的时候，由于营养物质的消耗，就产生大量的热。这时候，体温比平常高，有时可以达到39 ℃左右。这是一种生理性的体温升高，对身体并没有害处。在运动后休息时，体内热量就会逐渐向外界散失，体温也会渐渐恢复正常。

如果在运动后很快吃冰冷的食物或饮料（如冰棍或冰激凌等），胃肠道的血管就会马上收缩。在平常的时候，这种突然的改变并不厉害，因为身体是处在正常的状态。可是对激烈运动后体温升高的人来说，突然使胃肠的血管收缩，就容易发生伤害，引起功能紊乱。这就好像在一个普通玻璃杯里，放一块冰不会引起什么变化，可是在一个刚装过热开水的杯子里放块冰，就可能引起炸裂一样。胃肠虽不至于炸裂，却会发生功能紊乱，使食物不能很好地消化和吸收，引起腹痛、腹泻。

另外，由于运动后咽喉部充血，受过凉刺激后也会造成这一部位的机能紊乱，如喉部发炎、发痛、发哑等局部不适的感觉。所以，在剧烈运动后不宜吃冰棍（冰棒）一类的东西和过冷的食物。

四、为什么在激烈运动后不宜大量饮水

热天运动,汗出得很多,常使人感到格外口渴。有些人只图一时痛快,在运动之后大量饮水,这是不好的。有人认为身体出了汗,缺少水分,又很口渴,饮水补充有什么不好呢?其实,事情并不这样简单。

(1)运动时,胃肠道的血管处于收缩状态,血液供应暂时减少。这时,大部分血液都流到参加活动的肌肉里去了,以便供应运动时肌肉所需要的养料和更快的带走废物。如果这时大量饮水,由于胃肠部分血管收缩,吸收能力减退,于是水分就积聚在胃肠道,使人感到胃部沉重闷胀,还会直接妨碍膈肌的活动,影响呼吸。

(2)运动结束后,心脏由于负担减轻了,应该得到休息。如果这时大量饮水,一部分水经胃肠道吸收进血液以后,循环血量就有所增加。这就给输送血液到全身的"动力装置"——心脏增加了负担。

(3)汗水里含有盐分,所以在出汗的同时也损失了一些盐分。如果在运动以后大量饮水,又不补充盐分,那么水分经胃肠道吸收以后,一部分又很快变成汗继续排出体外,这时又会携带一部分盐分出去,身体里的盐分就会更加缺乏。人体里的水分和盐分之间需要有一定的比例,也就是说,人体里的液体要有一定的浓度。盐分太少时,浓度就会降低,而为了保持原有的正常浓度,水分就更容易排出。这样一来,出汗也就会更多。越出汗,盐分和水分就会越损失,也就会更觉得口渴。这样循环下去,即使喝了很多水,也还不能解渴,却能使汗出得更多。

在锻炼或比赛以后,的确觉得渴得很难受。其实,并不一定真正表示人体里缺少水分。这时的口渴,主要是由于运动时呼吸加强,水分蒸发较快和唾液分泌减少变稠,致使口腔、咽喉、呼吸道和食道上段的黏膜比较干燥,因而产生了不舒服的感觉。这时只要漱漱口,使这一部分的黏膜润湿一下,再有意识地略加克制,那么口渴的感觉很快就会减轻。所以在运动后应先漱漱口,湿润湿润嗓子,然后少喝点淡盐水,过些时候,再喝一些,逐渐补充,切莫一次性大量饮水。

五、运动后为什么嘴发苦、嗓子发干

有些人在运动时觉得喉咙干,嘴发苦,以为这是生病了。其实,这是运动时普遍发生的正常现象。

喉咙发干,嘴发苦,都是因为唾液分泌减少的缘故。由于分泌的唾液变少,变浓,就使原先口腔中感觉不到的苦味被感觉到了。

运动时,唾液分泌减少有很多原因。首先是因为运动时,血液的分配情况发生了改变,大部分血液流到活动的肌肉、心肌和脑子,而其他器官(像消化、生殖器官等)、腺体(包括唾液腺)的血液供应就减少了。由于制造唾液的原料供应减少了,因之分泌也就减少了。另外一个很重要的原因是运动时交感神经系统兴奋占优势,使唾液分泌量减少,唾液变浓,因而使人感到喉咙干和口苦。此外,由于运动时呼吸活动加强,致使口腔中水分迅速蒸发,这也是喉咙干、嘴发苦的又一个原因。

这种喉咙发干、嘴发苦的现象,在运动后漱漱口,喝一些水,再经过短时间休息,很快就会消失。

六、饭后运动会得阑尾炎吗

阑尾炎是一种腹部常见疾病。有人担心饭后参加体育活动,会把食物掉到盲肠里引起阑尾炎。这种顾虑是不必要的。食物由嘴经食管到胃里,进行消化,大约需要经过三四个小时才能排空;再从十二指肠、小肠到大肠,还要经过三四个小时才能到达阑尾附近。由此可见,认为饭后运动食物会掉进阑尾里去的说法是没有道理的。

造成阑尾炎的原因很多,一般是由于阑尾腔被阻塞而引起的(如先天性的曲折、粘连或蛔虫等);或是阑尾受到某种感染而引起的。

虽然,饭后运动不会得阑尾炎,但饭后还是不能进行像打篮球、跳高、跑步等剧烈活动。因为,这样做对胃肠道的消化和吸收作用会有不良影响,对身体的健康没有好处。如果我们在饭后散散步,做些轻微的活动,则不但不会得阑尾炎,反而能使肠胃的活动加强,消化液分泌增多,从而促进食物的消化和吸收。有时,饭后运动会引起肚子疼,这是因为饭后胃肠充满食物,在重力的作用下,运动时震荡较大,肠系膜受到牵扯所致。这时不要误认为是阑尾炎,徒然增加精神负担。

实践经验证明,在饭后一到一个半小时再进行运动为宜。

七、运动后为什么不想立即吃饭

运动时,神经系统中管理肌肉活动的中枢处于高度的兴奋状态。在它的影响下,管理内脏器官活动的副交感神经系统则加强了对消化系统活动的抑制性影响。同时,为了保证运动器官氧气和营养物质的充分供应,在运动时全身的血液重新分配,比较集中地供应运动器官的需要,因而腹腔内各器官的血液供应便相对减少。此外,运动时肾上腺素的分泌也大大增加。所有这些因素,就使胃肠道的蠕动减弱,使各种消化腺的分泌都大大减少。运动后,这种状态并不能立刻改变,而且运动越剧烈,持续时间越长,消化器官的活动就需要更长的时间才能恢复,因此在长时间的激烈运动后,不想立即吃饭是很自然的生理现象。

那么,应该怎么办呢?一般来说,在运动后休息20~30分以后再吃东西是比较合理的。同时,运动后再做一些整理活动,可以加速各种机能的恢复,就可以吃下饭了。

第六节 体温、泌尿系统功能健康与运动保健

一、健康体育锻炼可以增强皮肤的功能吗

经常进行健康体育锻炼的人,在体质日益增强的同时,皮肤的功能也会得到改善。

比如，夏天游泳时身体要与冷水直接接触，这时为了避免体内热量消耗过多，皮肤毛孔和皮下的血管便收缩起来。反之，运动时肌肉活动增强，体内产热增加，这时为了防止体温过度升高，保持体温的恒定，则一方面皮下血管扩张，使大量血液流经皮肤表面把更多的热量散发出去，另一方面汗腺分泌活动加强，通过汗水的蒸发来散发热量。所以，经常锻炼，身体对冷和热的适应能力也会提高。

运动时，日光的刺激能促使皮肤的色素增加，皮肤颜色加深，使人变得很健康。色素可以吸收光线，保护身体使它们不致因曝晒而受害。

运动还能使一些最容易受到冲击或摩擦部位的皮肤角化层增厚，甚至形成"老茧"。这种改变可增强皮肤对各种机械损伤的抵抗力，不会随便碰一下就皮破血流。

此外，健康体育锻炼还能改善皮肤的血液循环，使营养物质和氧气供应充分，新陈代谢旺盛，与此同时也就提高了皮肤的功能。总之，运动对皮肤的好处是很多的，它是保障皮肤健康和预防皮肤病的有效方法。

二、皮肤破损能下海游泳吗

有人认为海水含盐，能起杀菌消毒作用，所以皮肤有点小小的破损也照样下海游泳。结果如何呢？虽然一般化脓性细菌能被海水抑制或杀灭，但海水中有一种叫"创伤弧菌"的嗜盐菌却能造成人体更严重的感染。

人们早就发现，有人在接触过海水或海产品后，容易发生一种原因不明的败血症。直到1964年，美国疾病控制中心才发现，一种与副溶血弧菌相似的弧菌，是导致这种败血症的病原菌。在其收集到的39例患者中，一般都有24小时内生吃海牡蛎或有皮肤创伤与海水接触史。患者的临床表现除发热、发冷、衰竭等败血症状外，并无呕吐、腹泻等副溶血弧菌中毒症状。细菌专家把这种弧菌定名为"创伤弧菌"。创伤弧菌为嗜盐的弧菌属，是并列于副溶血弧菌和溶藻弧菌的一个单独种类。

创伤弧菌常见于水温在20 ℃，含盐为0.7%～1.6%的海水中。目前，世界大部分沿海国家都有创伤弧菌感染的病例报告。创伤弧菌的感染途径有二：一是口入，如生吃牡蛎、海蟹等；二是通过皮肤伤口浸入，如皮肤受伤后接触海水，或被海水中的生物刺激皮肤而感染。经口而入的创伤弧菌迅速通过肠黏膜浸入血液而引起原发性败血症。创伤感染的症状主要是在原皮肤伤口处形成水肿、红斑和剧烈疼痛，发展迅速，最终引起败血症。创作弧菌引起的败血症若诊断、治疗不及时，病死率高达46%。

创伤弧菌感染有明显的季节性，约85%的病例发生在比较暖和的5～10月份，因这段时间海水温度较高，有利于细菌的繁殖。

当你踏波逐浪、尽情嬉水或是捕鱼拾贝时，请记住，如果皮肤破损，就不要接触海水。若存水中不慎划破皮肤，应立即清洗消毒。再就是不要贪享口福而吃生牡蛎或海蟹。

三、运动时大量出汗有害吗

如果我们了解了人为什么会出汗，那么运动时大量出汗是否有害的问题也就迎刃而解了。

"汗水"是数以千万计的分布在全身皮肤下面的汗腺所分泌的。汗的成分除水和盐以外,还有新陈代谢产生的一些废物,如尿素等。因此,出汗实际上是体内代谢产生的废物向体外排泄的一个途径。除此而外,出汗还是维持体温恒定的一个很重要因素。人的体温所以能保持相对恒定,就是由于体内产热和散热这一矛盾的两个方面不断斗争而出现的暂时平衡。

当汗水从皮肤表面蒸发时,即带走相当的热量。每有一克汗水蒸发,就要带走0.5卡路里的热,所以在出汗的同时也势必大量散热。我们即使在很安静状态也是在不断出汗,只是数量较少,而且一经透出体表即行蒸发,所以察觉不出。一般情况下,一昼夜约出汗800毫升左右,发散的热量约400卡路里。天气热,出汗就多。尤其是在长时间紧张激烈的运动时,肌肉大量做功,新陈代谢更加旺盛,体内产热显著增加,体温就有升高的趋势,有时可达38℃以上。这时,汗腺的活动大大加强,出汗很多,通过汗水的蒸发向外界大量散热,从而维持体温恒定,同时也排泄了代谢产生的一些废物。

因此,运动时大量出汗是正常的生理现象,用不着担心。

四、运动时体温升高对身体有害吗

在正常情况下,人体的温度是36.5~37℃。不管在汗流浃背的夏天或在大雪纷飞的严冬,人的体温上下波动不超过0.5~1℃。如果体温下降到27~29℃,人就会意识不清;下降到22℃时,生命就难以维持了。体温上升到42~43℃,就达最高限度,如再升高到44~45℃,就会导致死亡。人的体温调节机构正常工作时,就能使人体温度保持相对恒定。

人在参加体育运动或体力劳动时,体内的产热和散热过程都显著加强。肌肉是产热的主要器官,活动剧烈时,肌肉的产热量要占总热量90%上。而在安静状态时,肌肉虽然也产生热量,但产生的热量甚少。参加体力劳动或体育运动时,肌肉产热量能增加速10~15倍之多,所以在运动时,体温有不同程度的升高。例如,有人测量,参加中距离赛跑后,腋窝的温度上升到37.5~38.5℃,长距离赛跑后上升到38.5℃,超长距离赛跑后上升到39.5℃。运动时体温虽然暂时升高,但因人体能够及时散热,所以运动后,很快就会恢复到正常体温。

运动时体温稍许升高,对人体非但没有害处,反而能提高肌肉和神经系统的兴奋性,增强新陈代谢,并能促进血红蛋白放氧。这些作用都有利于体育运动的顺利进行。

五、健康体育锻炼能增强人体耐寒耐热的能力吗

在人体表层,广泛分布着专门感受温度刺激的冷热感受器。在脑子里还有调节体温的体温中枢。当气温降低的时候,冷的刺激传入中枢,中枢立刻发出兴奋,使身体产生一系列的变化。如新陈代谢加快,产热过程加强,同时散热过程减弱;皮肤的血管立刻收缩,皮肤变白,使流向皮肤的血液减少,致使向外散失的热量大大减少;同时,汗液分泌也减少。这些都有助于保持热量不过分散失,以抵抗冷的刺激。

相反,在气温升高的时候,热的刺激传到中枢,于是就反射性地使皮肤血管舒张,使皮

肤的血流量增加,皮肤发红,汗液增多,这样热就大量散失,同时产热过程又减弱,因此人就不会热坏了。

健康体育锻炼能使人的耐寒和耐热的本领加强,这是因为健康体育锻炼能使神经系统的机能敏捷、灵活而准确,生理功能健全。能不能很好地适应温度的变化,在很大程度上取决于人的神经系统的调节机能。一个锻炼有素的人,在寒冷的环境中,在神经系统的调节下,产热的过程大大加强,皮肤保持热量不使散失的反应也很有效而迅速,所以他们甚至能在冰天雪地中掘个冰窟窿去洗冷水浴或游泳。对于酷热的天气,人体也同样能适应。

适应环境复杂的变化,是动物的本能。所不同的是人类能发挥主观能动作用,通过锻炼主动地适应自然和改造自然。我们要想在各种不同的自然环境中进行劳动和斗争,就要有能适应各种环境的好身体,而这只有通过锻炼,才能做到。

六、运动时出汗要注意些什么

在冷天进行剧烈运动时,也常常汗流浃背,禁不住要脱去一些衣服,尤其是在长跑时,中途脱衣服的事更为常见。但由于天气冷,出了汗立刻脱下衣服,就会引起感冒。

为了避免感冒,在运动前应先做好充分的准备活动,运动开始时衣服尽量少穿一些。最好是在里面穿上汗衫,这样可以吸收汗液。运动完了,稍作一些整理活动,就可以到室内洗热水澡,更衣。如果没有洗澡的设备,则应将湿衣脱下,用热水擦身或用毛巾擦干身体,迅速换上衣服。

另外,由于人的个体差异和人体部位不同,汗液分泌的多少也不同。例如,在腋窝部汗液分泌得到比较多。有人顾虑腋窝多汗可能是病,实际上这是正常的生理现象。对正常人来说,只要出汗后身体无异常征象,皮肤不发痒,不发红,没有其他分泌物或异臭等反应,就是正常的(当然,因病弱而出盗汗,出虚汗,则另当别论)。为了预防皮肤病,每天最好以冷水擦身,尽可能保持皮肤,特别是腋窝部干燥和清洁。

七、为什么运动时有人出汗多,有人出汗少

人体的汗腺有两种作用:一种是排泄,一是调节体温。

人在进行剧烈运动时,由于体内新陈代谢加强,热量的产生也就增加。假如身体里的热放散不出来,体温势必不断上升;体温太高,人就不能生存。汗腺就是维持体内温度平衡的。在运动时,人体散热,主要就是靠汗液的分泌和蒸发。

根据物理学,每蒸发一毫升水,可以吸收热量大约0.5卡路里。人在平静时,每天出汗800毫升,进行繁重的体力活动时,每天泌汗量可以增加到9000毫升。假如用0.5去乘9000,就会得到散热量的数字,即大约是4500卡路里的热。这个数字就说明了汗腺分泌对调节体温的作用。

汗分泌量同工作强度和时间成正比。工作强度愈大,时间愈长,汗分泌量也就愈多。因此在剧烈运动时出汗多并不是病,而是正常生理现象。

另外,汗的分泌量还受当时的气候的影响;如气候干燥、炎热,汗分泌量就会更多汗量

还受运动员的情绪以及比赛前饮水的影响。情绪紧张,人体各器官、系统在中枢神经支配下也急剧活动起来,汗量就多些;运动前喝了大量的水,也会增加汗的分泌。一般人约有二百多万条汗腺,但有个体差异。所以汗腺数目多少,也是决定每个人汗液分泌量的原因之一。

上述原因可以说明为什么有的人参加体育运动出汗多、有的人出汗少,同时还说明运动时出汗多并非虚弱现象。

八、为什么健康体育锻炼后尿的颜色有时加深

有人在经过一段时间的剧烈运动后,发现尿色变深变浓,于是害怕起来,以为出了什么毛病,甚至有人不敢继续锻炼。

运动后尿色的变化到底是怎么回事呢?人体在正常情况下,尿是淡黄色的,有时也比较深一些。颜色深浅主要决定于尿中含有色素的多少。运动后尿色改变,大部分属于生理性的变化,这是由于人体在运动时新陈代谢率增加,代谢产物随尿排出的数量也随之增加。同时,由于剧烈运动时大量出汗,体内水分丧失很多,这时尿量就会减少,尿液浓缩,这样颜色也自然会加深些。运动后经过适当的休息和补充水分,尿液又会逐渐地恢复到原来的颜色。这些变化都是正常的生理现象,对人体没有什么特殊的影响,不必害怕。

思考题

了解了人体运动规律和生理运动规律,如何正确对待锻炼中的出现的各种现象?

第四章 科学锻炼与营养

学习目标:

1. 了解科学锻炼的原则和计划的制定
2. 掌握营养素的种类和作用
3. 了解能量平衡与每天的膳食安排
4. 掌握锻炼后机体的恢复

第一节 体育锻炼原则与计划

一、体育锻炼的基本原则

体育锻炼原则是体育锻炼客观规律的反映,也是参与者安排锻炼计划、选择锻炼内容、运用锻炼方法必须遵循的基本准则(图4-1-1)。

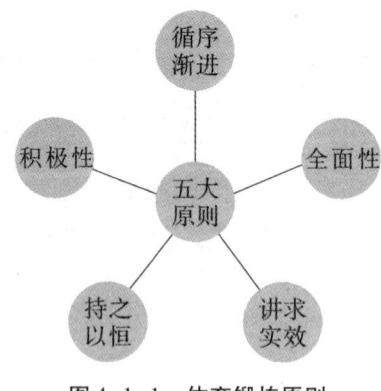

图4-1-1 体育锻炼原则

二、体育锻炼的持之以恒原则

明确"生命在于运动"的科学道理,树立正确的锻炼目的,把体育锻炼当作是日常学习和生活的自觉需要,激发锻炼的主动性,从而调动锻炼的积极性。

(1)培养兴趣。兴趣是人们认识事物和从事活动的倾向。当一个人对一项体育活动产生兴趣时,就会对这项体育活动表现出极大的主动性和自觉性,做到身心融为一体。

(2)根据个人实际情况,制订一套适用可行的锻炼计划或运动处方。根据个人能力所及,确立一个能够实现的体育锻炼目标(不宜太高)。执行时应当严格,并注意阶段性的调整。

(3)选择锻炼内容时,要注意它的练身价值。不要追求动作的形式,以及在力所不及的情况下去从事高难度技术动作的训练,而应选择简便易行、锻炼价值大、效果好的身体练习,作为身体锻炼的主要内容。

(4)安排运动负荷时,以锻炼者能承受和克服的难度,一般自我感觉舒适和不影响正常学习、工作和生活为准。

体育锻炼的效果并非一劳永逸,如果锻炼间隔时间过长,效果就会不明显。因此,每次锻炼要坚持安排合理的锻炼间隔。

三、体育锻炼中的三要素

从运动生理学和体育运动训练学的机理上分析,决定体育锻炼效果的主要因素在于运动时间、运动项目选择和运动强度(即负荷)。

(一)最佳锻炼时间

每天下午的4~7时,人的身体机能处于最佳状态。所以,锻炼身体也最好安排在下午的课外活动时间进行。

(二)怎样安排活动内容

在锻炼的内容上,每个人可以根据实际条件和爱好选择一项较为剧烈的运动项目,注意,一项剧烈的运动就足够了,如篮球、足球、羽毛球、乒乓球、健美操、轮滑、跳绳等。一般情况下,应当保证每天1小时的锻炼时间,每次时间一般为60分左右。在晚饭前40分内,不要进行剧烈的身体活动。

(三)如何判断运动量

判断运动负荷大小是否合适的简易方法是:测量脉搏和观察运动后的主观感觉。通过测量运动前后的脉搏次数,判断运动负荷的大小。

$$最适宜运动量:负荷应该为130次左右/分$$
$$最高心率:170次/分(最高心率=220-年龄)$$

每天早晨清醒后,安静地躺在床上,测量10秒脉搏次数,然后折算成1分的脉搏次数,并将当天的脉晨记录下来,以便进行比较。

如果晨脉的次数比前一天高出12次/分,说明运动负荷过大,需要适当减少运动强度;如果脉搏次数不变,说明负荷量正常,可以维持同样的运动强度;如果脉搏次数逐渐降低,说明仍然具有一定的潜力,可以适当增加负荷量,但负荷量的增加要循序渐进。

四、体育锻炼计划

(一)制订锻炼计划与运动处方的步骤

(1)制订前要对自己的体能、健康状况、各项素质进行检查与预测。
(2)根据检查与测试结果确定锻炼计划或运动处方。
(3)按锻炼计划或运动处方积极锻炼。
(4)对锻炼的过程进行评价。
(5)适当修订锻炼计划与运动处方。
(6)按修订后的内容进行锻炼。
(7)经过一定的时间或一个学期、一个学年以后再进行评价,检查锻炼效果。

(二)制订锻炼计划与运动处方的方法

(1)划分锻炼阶段。通常以一个学期为一个阶段或者以月份为单位,把一个学期划分几个阶段。
(2)确定每个阶段的锻炼任务、重点和指标。
(3)确定每周练习的次数和时间。
(4)确定每周练习负荷的节奏。
(5)确定每次练习的内容。

(三)体育锻炼计划的内容

(1)锻炼内容:练习的名称、距离、速度、数量、次数、间歇时间、练习方法等。
(2)锻炼日期要注明某年某月某日。
(3)锻炼时间是指开始和结束时间。
(4)准备活动和整理活动的内容。

(四)制定体育锻炼计划与运动处方应注意的事项

(1)锻炼计划制定得要全面。
(2)要从个人的实际出发,有针对性。
(3)要循序渐进。
(4)要有合理的运动负荷。
(5)要留有余地。

(五)体育锻炼计划示例

现以男同学李××为例,为其制订锻炼计划。

李××到院医务室进行身体检查,检查结果无任何疾病。通过对身体素质进行实际测验,结果如下:100米15秒,立定跳远180厘米,纵跳摸高30厘米,引体向上3次。从测验成绩可以看出李××速度素质不高,弹跳力较差,上肢力量较弱。

根据李××体能,确定以学期为一个锻炼阶段,本学年共两个阶段。第一阶段以发展下肢力量为主,发展上肢力量和速度为辅,预期指标:立定跳远190厘米,纵跳摸高35厘米,引体向上4次,100米跑14秒8。第一阶段以发展上肢力量和速度为主,发展下肢力量为辅,第二阶段预期指标:立定跳远195厘米,纵跳摸高38厘米,引体向上7次,100米跑14秒5。

每周练习5次,从周一至周五。锻炼时间为1小时。周运动负荷的安排见表4-1-1。

表4-1-1 周运动负荷安排

周课次	大负荷课次	中负荷课次	小负荷课次
3~4	1~2	1~2	0~1
5~6	2	2~3	1~2
7~8	2~3	2~4	2
9~10	3~4	3~5	2~3
11~12	4~5	4~5	3~4

锻炼内容具体如下。

(1)准备活动:5~8分。慢跑300~400米,一般性徒手操8~10节。或者自己练习单手高手投篮。

(2)基本部分:45分。30米加速跑×3;50~60米放松跑×2;15~20米后蹬跳×3;双手后抛实心球×5(球重2千克);15米单足跳,最后一步双脚落沙坑,左右脚各两次;纵跳30次;手持哑铃屈肘练习,左右手各20次(哑铃重1千克)。

(3)结束活动:7分。坐在垫上,双手抖动大腿肌肉,使其充分放松;双手按摩并敲打两腿,两臂自然下垂,抖动放松。

(注:基本部分的练习,开始时可用60%的力量,然后逐渐过到用80%的力量,最后用全力练习;每次练习间歇的时间根据体力复情况决定,一般情况下脉搏在120次/分时进行下次练习效果好。在练习过程中要随时测量自己的脉搏以控制运动负荷,按照计运动负荷的节奏控制好强度。经过一段时间的练习后再修改处方。)

第二节 营养和营养素

机体从外界环境中摄取、消化食物,并对其中的营养成分进行吸收和利用的过程就是一个营养的过程。食物中的营养成分种类很多,营养学家把它们归纳为七类,即蛋白质、脂肪、碳水化合物(糖)、矿物质、维生素、水和纤维素。纤维素不能被人体消化、吸收,将它列为营养素,主要是因为膳食粗纤维具有促进肠蠕动,帮助消化和通便的功能。这七类营养物质都是人体必不可少的,因此,又称为营养素。营养素在体内具有三种主要功能。

(1)供给人体所需的能量。营养学上所说的能量系指热能,通常以千卡或焦耳表示(1千卡=4.184千焦耳;1千焦耳=0.239千卡)。按照一般的计算方法,每克蛋白质或碳水化合物在体内可供给 4 千卡热能,每克脂肪供给 9 千卡。人体借助热能以维持体温,进行呼吸、循环、消化、吸收、分泌、排泄,以及表现于体外的劳动和各种活动等。

(2)供给身体生长、发育和修补组织所需的原料。

(3)调节生理机能。人体是一个极为复杂的有机整体,不同的组织或器官都有它们特定的生理作用。营养素能适时地促进或抑制体内的化学反应,从而维持身体各组织和器官的正常运转。

第三节 膳食平衡

一、平衡膳食

随着生活水平的提高,人们的饮食结构也发生变化,食物中肉类、禽、蛋、鱼类有所增加,五谷杂粮的摄取减少,这个趋势是肯定的。但仍然需要讲究营养平衡。所谓营养平衡,主要指机体摄取蛋白质、碳水化合物和脂肪三者能量的平衡。人们每天摄入的总热量大约是 2500 千卡,据有关资料分析,摄取三种能量物质较理想的比例为:蛋白质占总热量的 12%~15%,脂肪占 20%~25%,碳水化合物占 60%~70%。如果按重量比计算,三种物质的比例大约为 1∶0.8∶4。在我们日常的食谱中,宜适当降低脂肪的摄入量。

二、合理营养

现实生活中食物的种类很多,有的含营养素很多,有的很少,有的所含营养素比较全面,有的又不甚完全。我们日常的膳食是由多种食物混合而成的混合型膳食,食物中各种营养成分可以相互补充,取长补短,提高营养价值。理想的膳食必须含有人体所需的全部营养素,其数量能够满足人体需要,并以一定的比例摄入,保证机体正常的生长发育和身体健康。如果摄入的营养素过剩或不足,都会影响机体的生长发育和健康。在正常情况下,成年人的体重应该保持稳定,如果体重增加,常提示热量的摄入超过热量的消耗,是营养过剩的表现。在少年阶段,体重随年龄、身高而增加是正常生长发育的指标,但不应该超过正常范围,否则,同样是营养过剩的表现。由于营养增加,运动减少,少年超重和肥胖的发生率有增加的趋势,这对他们的身心发育不利。

三、膳食安排

一天的膳食安排对人整天的工作、学习和健康会产生影响,俗话说"早吃好、午吃饱、晚吃少"是很有道理的。一般情况下,早餐的热量应占全天食物热量的 25%~35%。不少人早餐都比较随便,甚至不吃早餐,这会影响整个上午的学习和工作效率。适当地选择体积小、合口味而又富含蛋白质的食物作为早餐较为适宜。这种食物可使体内血糖保持较高水平且较为稳定,不会出现高糖饮食后的"思睡"现象,而且蛋白类食物较耐饥,从而使人整个上午精神饱满,精力充沛。午餐应占全天食物热量的40%,适当增加含蛋白质和脂肪的食物,保证下午工作和学习效率,同时也是机体一天中营养的最主要来源。晚餐不宜超过全天食物总热量的30%,且以少而精为好。晚餐吃得过多,过于油腻,容易使人兴奋和失眠;同时会使血液的黏滞度增高,流动缓慢,如果此时入睡,对心脑血管不利,也容易使人发胖。对有晚睡习惯的人,晚餐可以适当增加热量,也可在晚餐后加用夜宵,但应注意全天食物的总热量不应超过机体正常的热量需求。

进行体育锻炼要注意饮食规律。进餐时间与体育锻炼的时间应有一定间隔,特别是早、中、晚三顿正餐,食物较多且复杂,胃肠道负担较重。因此,一般是运动后半小时以上再进食。餐后应休息一个半小时到两个半小时后才可运动。

第四节 体育锻炼与营养

运动促进新陈代谢,增加能量消耗。因此,参加各种运动,必须增加热量的补充。一般情况下,每天需要增加300~500千卡的热量,相当于每天多吃一个鸡蛋、半斤牛奶,外加一两米饭。具体应根据活动量的大小适当增减。

一、适当摄取各种营养素

碳水化合物是提供热量的主要营养素,它比蛋白质和脂肪容易消化吸收,而且在体内分解产热快,耗氧量少,参加体育运动应适当增加摄取量。摄取碳水化合物的种类应以淀粉类为主,它们的分子量相对较大,排空较慢,适应性强,且含有其他营养素。不宜直接服用葡萄糖或白糖,但在运动后,适当喝点富含果糖的蜂蜜,有利于体能的恢复。

蛋白质是构成机体组织的重要成分,也是生物催化剂——酶的主要成分。成年人每天每千克体重约需1~1.5克蛋白质。经常参加体育运动使机体对蛋白质需要量增加,每千克体重约需2克。在摄取蛋白质时,除了粮谷类主食含有蛋白质外,最好要有50%的动物蛋白质和大豆蛋白质,如牛奶、瘦肉、鸡蛋、鱼虾、豆腐等。因为它们所含的蛋白质含所有人体必需的氨基酸,营养价值较高。在选用肉类蛋白时,禽肉优于鱼肉,鱼肉优于兽肉。

脂肪含热量很高,但在体内氧化时耗氧量很大,运动时,组织往往处于缺氧状态,又由于脂肪在不完全氧化时会产生大量酮体,会引起酸中毒,故而不利于进行各种活动。因此,除参加水中运动项目和冬季运动项目的人适当增加脂肪摄入外,从事其他运动的以少吃为好。另外,脂肪饱腹感强,会降低食欲,影响对蛋白质、碳水化合物的摄取。机体所需的脂肪可由植物性油脂提供,植物性油脂的营养价值较动物性油脂高,含有较丰富的不饱和脂肪酸,既能降低血胆固醇,又有利于脂溶性维生素的吸收,并可提供大量维生素E。

维生素可以改善机体工作能力,提高运动成绩。维生素分脂溶性的A、D、E、K和水溶性的B1、B2、B6、B12、C等。维生素A是维持人体正常视力与上皮组织健康所必要的营养素。射击、射箭、摩托和游泳爱好者,应当多吃一些含维生素A或胡萝卜素的食物,如肝、鸡蛋、牛奶、胡萝卜和绿叶菜等。维生素 B1 可以促进糖原的分解,有利于肌肉活动,并且还能减轻疲劳和提高工作效率。含维生素 B1 多的食物有粗粮、豆类、瘦肉、绿叶菜等。维生素 C 在体内能加强氧化还原作用,能促使组织代谢加强,提高机体工作能力和耐力。经常参加体育运动最好多吃含维生素丰富的食物,每天最少要吃一斤新鲜蔬菜或水果。

经常参加体育运动要注意矿物质的补充。其中比较重要的矿物质有钾、钠、氯、钙、磷和铁。钙是构成骨骼、牙齿的主要成分,同时是维持神经肌肉正常兴奋和心脏跳动的元素。青少年每日需要 1~1.3 克。含钙多的食物有牛奶、虾皮、豆类等。磷与钙一起构成骨的主要成分,也是体内许多酶的重要成分,一切神经、肌肉活动,碳水化合物和脂肪的代谢都需要有磷的参与。同时,磷在维持血液酸碱平衡的缓冲体系中起着重要作用。因此,肌肉活动愈多,磷的消耗愈多。青少年每天约需磷 2~2.5 克,运动量较大的,可适当增加摄入量。含磷多的食物有牛奶、鸡蛋、肉类、豆类及绿色蔬菜。铁是构成血红蛋白、肌红蛋白等物质的重要元素,缺铁容易发生贫血,影响体内氧的运送,使运动能力降低。青少年每天约需铁 15 毫克,经常参加体育运动的,每天可增至 20~25 毫克。含铁多的食物有肝、蛋黄、豆类、绿色蔬菜等,其中以动物性食物中的铁营养价值较高。钾和钠能维持水的平衡和渗透压及酸碱平衡,它与肌肉活动也有很大关系。血中钾钠的浓度下降时,表现肌肉软弱无力,容易疲劳;急剧减少时,还会发生肌肉痉挛。钠主要由食盐提供,每人每天需要 10 克左右。在气候炎热和剧烈运动大量出汗的情况下,尤其要注意多补些盐。钾主要由蔬菜、水果提供。

水对人体很重要,失水过多会影响循环功能。因此,在运动中可适量补充含盐饮料,运动后,可根据运动前后体重变化情况加以补充。如果体重变化不大,可在餐中多喝点菜汤加以补充;如果出汗很多,尤其在夏天,运动后应注意补水,原则是少量多次,每次约 200 毫升,间隔 20~30 分一次。切忌一次性大量饮水。

二、运动项目与营养

速度性运动如 400 米以内的短跑、跳远、跳高和跨栏等,能量来源主要靠糖的无氧酵解,为了迅速供给体内能源物质减少体内酸性物质的形成,应该多吃一些容易消化吸收的糖类、维生素 B1、维生素 C、磷以及蛋白质,并应多增加蔬菜和水果。

耐力性运动如中、长跑以及各种球类运动等,总能量消耗大,对各种营养素的需要量较高。因此,需供给较多的蛋白质、铁、维生素 B2 与维生素 C。食物中可适当提高脂肪供应。

力量性运动如投掷、举重、摔跤和拳击等要求肌肉有较大力量和爆发力,同时,热量消耗较大,体内蛋白质代谢快,以及由于肌肉蛋白增长的需要,对蛋白质要求高,因此,应多吃富含蛋白质的食物。

体操动作复杂、紧张,对神经系统、力量的要求很高,应多吃一些含蛋白质、维生素 B1 和磷的食物。游泳时由于水中散热增加,能量消耗很大,要求多吃含热量较高、脂肪及维生素 A 多的食物。短距离游泳要多吃些含蛋白质的食物,长距离游泳应多吃些碳水化合物。

三、运动前的饮食

运动前适当的饮食可以提高运动的效果和比赛的成绩,尤其是对后者的影响更大。不适当的饮食会引起肠胃不适或较早感到疲劳,无法发挥出应有的运动能力。运动前的饮食依据个人的喜好、习惯、适应的程度和参与的运动有所不同,总体上讲,运动前的适当饮食的好处有两方面。一方面,为机体的肝糖原做最后的补充,保证整个运动的过程有足够的能量。运动中,对糖的利用是渐次的,随着时间的延长,依次动用肌糖原、血糖,最后是肝糖原。如果出现肝糖原存量不足,会使人感觉疲劳,导致运动能力下降。另一方面,提供充足的水分,使机体处于水合状态。

运动前,应以高糖低脂低蛋白食物为主,如面食、米饭和水果等,这些食物容易消化,又能提供糖类。作为运动时的能量来源,如果运动的时间超过60~90分,可以选择升糖指数较低的食物,如面食、运动饮料,这些食物较易消化,能够迅速地提供糖类。含高纤维素的食物比较容易造成腹部不适,应避免在运动前食用。

进食的时机随着运动的时间和食物的种类而不同,但共同的原则是,在运动过程中可提供充足的营养和能量,而又不至于在运动过程中造成肠胃道不适。一般而言,正常一餐的食物约需3~4小时的消化时间,才不至于在运动中感到肠胃不适,分量较少的一餐约需2~3小时,少量的点心只需1小时,这些情形依照个人在运动时对胃中食物的感觉不同而有差异。通常,运动前进食以七成饱为宜。如果你在运动时对胃中的食物很敏感,少量的食物就会令你感受到饱胀不适,你就需要让食物有更长的时间消化,或进食更少的食物。

身体上下震动比较大的运动员,如篮球、跑步等,对胃内食物通常比较敏感,少量食物可能就会感到不适,这时就需要在比赛更早前进食,或是减少食物的摄取,以减轻这些症状。身体震动相对小的运动,如骑自行车和游泳等运动,受到胃中食物的影响不太明显,对于进食的时间和食物的选择有一定的弹性。

少数人若是在运动前15~20分吃甜食或是高升糖指数的食物,如运动饮料、面包、蜂蜜等,在运动时会发生低血糖,感到头晕和乏力。因为这些食物可刺激胰岛素的分泌增加,而运动时肌肉耗能也增加,两者都可引起血糖下降,从而影响运动能力。为避免出现血糖过低的症状,最好的方法是,短时间的运动(持续时间在40分以下)可在运动前5~10分进食甜食,胰岛素的分泌无法在这么短的时间内反应,而在运动开始后,胰岛素的分泌的会被抑制,不会对升高的血糖产生反应,也就不会有上述的血糖过低的症状发生。如果运动时间较长,则宜在运动前两小时吃,此时,胰岛素增高的因素已不明显。

没有任何一种食物或是任何的进食时间表可以适合每一个人,每个人都需要在练习时实际体验,找出最适合、最有效的食物和进食时间。

四、运动后的营养与恢复

体育锻炼后的恢复是体育锻炼中非常重要的环节,恢复的好坏不仅直接影响锻炼的效果,而且还关系第二天的运动能力。越来越多的研究表明,锻炼后简单的休息仅是恢复手段之一,如果能适当地补充营养,将对体能的恢复有很大帮助。

运动后的营养主要作有以下三个方面:①补充因汗液而损失的水分和电解质;②补充运动中消耗的糖;③修复受伤的组织。

(一)水分的补充

剧烈的运动会导致机体大量水分的丢失,失水会影响运动的能力,即使失水只占体重的1%,也容易引起疲劳和不适;失水占体重3%,不适感加重,运动能力可下降20%~30%。如果在运动中已经补水,但通常都少于丢失量。因此,在运动后机体还是处于不同程度的缺水状态,需要积极地加以补充。

想要知道到底在运动中流失了多少水分,最直接的方法就是计算运动前和运动后的体重变化,每减少1千克体重,就表示至少需要补充1升水,甚至更多,因为在运动后仍然会持续地流汗和排尿。若是不方便测量体重,也可以根据口渴的感觉喝水。但是人类的口渴感觉并不灵敏,即使身体已经处于缺水状态,仍然不会觉得口渴,即有意识脱水;或是虽然喝进去的水并不足以完全补充丢失的水分,但是已经足以缓解口渴。所以,即使已经不觉得口渴,至少还需要再喝2~3杯水,才能补充足够的水分。另一个明显的指标是排尿,如果在运动后1~2小时中,排尿量很少或是完全没有,而尿液的颜色很深,表示身体仍然处于缺水的状态,仍需补水,直到排尿量恢复正常,而且尿液颜色变成很淡或是无色,这才表示身体已经有了足够的水分。

(二)电解质的补充

汗液中主要的电解质是钠和氯离子,还有少量的钾和钙。进行了长时间的运动,例如长跑或是在酷热的天气下连续剧烈运动数小时后,可在运动后以淡盐水或运动饮料补充水分和电解质。一般情况下,运动后电解质的丢失在正常的饮食中可得以补充。

(三)糖类的补充

糖原是运动时的主要能量来源之一,存在于肌肉和肝脏中。肌肉中的糖只能供给肌细胞所用,而肝脏中的糖可以以葡萄糖的形式释放到血液中,供给肌肉以及身体其他器官所需。体内糖存量不足以应付运动所需是造成疲劳和运动能力降低的原因之一。运动后体内的糖存量显著的降低,若是没有积极的补充,下次运动时的表现就会受到肝糖原不足的影响而降低。

研究显示,在运动后两小时,身体合成肝糖原的效率最高,两小时后则恢复到平常的水平。因此,在运动后迅速补充糖类,就可以利用这段自然的高效率时段,迅速地补充体内消耗的肝糖原。如果下次训练或比赛是在10~12小时之内,这段高效率期间特别重要,因为如果错过这个时段,即使在后续的时间吃进了足够的糖类,身体可能没有足够的时间完全补充消耗的肝糖原,使得体内的肝糖原存量一次比一次降低,越来越容易感觉疲劳。若下一次运动在24~48小时之后,即使错过这段时间,接下来只要着重于高糖类的食物的摄入,仍然有足够的时间补充所有消耗的肝糖原。

一般的建议是在运动后15~30分之内吃进50~100克的糖类(大约是每千克体重1克),每两小时再吃50~100克糖类,直到进餐为止。正餐以及其他运动期间的饮食也应该以富含糖类的食物为主。

(四)肌肉和组织的修复

即使是没有身体接触的运动,也会造成肌纤维和结缔组织的损害,运动后的酸痛部分是来自于受损的肌肉组织。身体接触性的运动,如打篮球、踢足球、打橄榄球,会造成更多的肌肉损伤。运动后迅速地补充蛋白质有助于修复受损的肌肉和组织,受损的肌肉合成和储存肝糖原的效率也会降低。因此,参与身体接触性运动,或是比赛后受伤的运动员,需要补充更多的糖类,也需要把握运动后两小时的那段高效率期间,有效地补充体内消耗掉的糖原。

(五)适合食用的食物

以下列出含有 50 克糖类的食物,各人可以依照不同的习惯或喜好以及需求的量来选择适合的食物,或是加以组合变化。例如:800~1000 毫升运动饮料;500 毫升纯果汁;三个水果(苹果、香蕉、橘子等);6~10 片饼干;两个水果加一杯牛奶;两片面包加少许果酱和一杯牛奶。一般而言,运动后比较容易接受各式饮料或是流质的食物以补充糖类和蛋白质,同时不要忘记补充足够的水分。

(六)应该避免的食物

大运动量运动后,应避免喝酒,酒精有利尿的作用,会降低体内的水分,也会减少肝糖原的合成,还会影响受损组织的复原,对于运动后的恢复有很大的副作用。

运动后也应该避免饮用含有咖啡因的饮料,如咖啡、茶等。因为咖啡因也有利尿的作用,将减缓体内水分的补充。

表 4-4-1 中列出主要食物中三大营养素的含量,可参照表中数据进行饮食搭配。

表 4-4-1　主要食物中三大营养素的含量(可食部分每 100 克)　　　单位:克

名称	蛋白质	脂肪	碳水化合物
猪肉(瘦)	16.7	28.8	1.0
鸡(净)	23.3	1.2	0.1
草鱼(净)	17.9	4.3	0
鸡蛋(去壳)	14.7	11.6	1.6
牛奶	3.3	4.0	5.0
粳米(标)	6.8	1.3	76.8
面粉(标)	7.2	1.3	77.8
大豆	36.3	18.4	25.3
花生仁	26.2	39.2	22.1
柑橘	0.9	0.1	12.8
苹果	0.4	0.5	13.0
香蕉	1.2	0.6	19.5

五、怎样吃才能促进肌肉发达

以往以研究表明,运动员在训练后 25～35 分这段时间内吃些碳水化合物,能急剧加速肝糖原和肌糖原的恢复。"加速"的持续时间约 1～2 小时,然后又转入慢速的恢复过程。一般情况下,糖原的恢复需要 18～20 小时。实际上,由于营养、遗传等种种因素的妨碍,恢复时间还要长些。只有当肝糖原和肌糖原恢复到原有水平时,才能进行下一次训练,这就是健美爱好者和 30 岁以下的健美运动员应隔日练一次的原因。

那么,训练后碳水化合物该怎么吃呢?研究表明,若过量摄取碳水化合物,则只有一小部分能直接转化成糖原,大部分则通过间接途径处于合成过程中。此外,碳水化合物的摄入会引起胰岛素的分泌,胰岛素越多糖原合成也越多。可是,碳水化合物刺激胰岛素的分泌是有限度的,只有按每千克体重摄入 0.7～1.4 克碳水化合物时作用最明显。

为了揭开训练后摄入碳水化合物和胰岛素变化关系的谜底,美国科学家强德勒进行了一项实验研究。他把健美运动员分成四组:第一组训练后只喝水;第二组食用碳水化合物食品,第三组食用蛋白质食品,第四组吃 1∶3 的蛋白质和碳水化合物的混合食品。结果,只喝水和只吃蛋白质的胰岛素分泌量最少,食用碳水化合物的胰岛素分泌量相当高,食用蛋白质和碳水化合物混合食品的胰岛素分泌量次之。碳水化合物被利用的速度也很快,一些参加实验的运动员两个小时后即出现低血糖症状。此时,为满足肌肉合成代谢的需要,甚至动用起了血液中的葡萄糖。强德勒终于发现了刺激肌肉生长的最有利的方法,并把它定为健美运动员饮食营养的原则:训练后必须立即摄取易于吸收的碳水化合物(每千克体重 0.7～1.4 克)和蛋白质(不少于 30～50 克);两个小时后,再次进食同样的蛋白质和碳水化合物的混合物,否则会出现低血糖症状。即使不出现这些症状,机体会出现在找不到充足糖原的情况下停止碳水化合物的交换,开始"吃"肌肉;接下去应每隔两个小时,即训练后的 4 小时和 6 小时再吃同样的混合食物。

最终结果:激素(包括胰岛素、生长激素和睾酮等)的分泌急剧向促进合成代谢的方面倾斜,高峰状态能持续到训练后 6 小时。由于促进合成代谢的激素水平很高,促进分解代谢的激素的作用就变得微不足道了,于是,肌肉体积增大,体重增加。

❖ 小结与思考 ❖

体育锻炼促进了机体的新陈代谢,增加了营养物质的消耗。我们在摄取食物时,应该保持能量的平衡,合理地安排一日三餐的膳食。没有任何一种食物可以满足我们机体所需的各种营养素,因此,偏食不利于身体健康。同时,多吃零食是引起热量过剩的重要原因。

思考题

1. 何谓运动处方?
2. 决定体育锻炼运动负荷的主要因素有哪些?
3. 试根据自身的实际情况设计一份学期体育锻炼计划。
4. 人体所需的营养素有哪些?对人体主要有哪些作用?
5. 如何做到膳食平衡和合理营养?

第五章

心理健康与体育锻炼

学习目标:

1. 了解参加体育锻炼对增进个体心理健康水平的意义
2. 掌握科学锻炼的基本策略

第一节 心理健康概述

随着现代社会的发展,生活节奏加快,竞争日趋激烈,个体的情绪处于较为紧张的状态,因此,心理健康问题日益成为现代人关注的重要内容之一。在传统社会中,人们认为健康主要是指身体的健康、生理的健康,因而采取各种措施,增强生理机能水平,提高适应自然、抵御疾病的能力。随着生产生活方式的改变,那种"无病即健康"的生物学健康观已经过时,而发展成为生物、心理和社会三维健康观。世界卫生组织(WHO)认为,健康是指在精神、身体和社会上的保持健全的状态,精神健康的标准是:①具备自我控制能力;②能正确对待外界影响;③内心世界处于相对平衡状态。世界卫生组织还指出,健康应包括躯体健康、心理健康、良好的社会适应性和道德健康。

一、心理健康的定义及标准

(一)心理健康的定义

对于心理健康的认识许多学者有不同的观点,如《简明不列颠百科全书》对心理健康的定义是:个体心理在本身及环境条件许可的范围内所能达到的最佳功能状态,而不是指绝对的十全十美的状态。日本的松田岩男指出:心理健康是指人对内部环境具有安全感,对外部环境能以社会上认可的形式来适应,即个体遇到任何障碍和困难问题,心理都不会失调等。第三届国际心理卫生大会认为,心理健康是指在躯体上、智能上、情感上与他人的心理健康不相矛盾的范围内,将个人心境发展成最佳状态。

综合各种认识,可以认为,心理健康是个体的一种持续的积极的内部状态,个体表现出良好的社会适应性,并充分发挥其身心的各种潜能,在应付各种问题和环境时更多表现出积极的倾向。

(二)心理健康的标准

心理健康的标准至今说法不一,综合各种国内外各种观点,心理健康应符合以下条件。

(1)智力正常。智力是个体从事一切社会活动的前提和基础,是其了解、认识外部世界的十分必要的条件。只有智力正常的人才能正确地评价自己,并具有情绪体验能力,从而自我效能感增强,而智力落后者经常遭遇失败,伴随烦恼、痛苦的体验,产生自卑感。

(2)适当的情绪调节能力。由于社会环境的影响,个体在生活中总会遇到挫折和困难,如果不能正确处理,个体就会被消极情绪困扰,而这些消极情绪得不到有效宣泄的话,就可能使自己产生心理疾病,并可能对生理健康造成损害,患上身心疾病。同时,不良情绪的发泄方式必须考虑道德及社会的评价。

(3)自我评价恰当。心理健康者能充分了解自己,既看到自己的长处,又看到自己的不足,以便扬长避短,在学习、工作上获得成功,在生活中同他人和谐相处。心理不健康者,往往将失败归因于机遇和任务难度,整日怨天尤人,或将自己看得一无是处。

(4)具有良好的人际关系。心理健康者乐于与他人交往,建立了较为和谐的积极的人际关系,反之,就会离群索居,对他人不信任,给自己带来巨大的烦恼和痛苦。

第二节 体育锻炼对个体心理健康的促进

保持积极的情绪状态,正确对待生活中不可避免的困难和挫折,充分发挥自己的潜能,对个体的一生来说,是十分重要的。但如何保持良好的心理健康状态呢?参加体育活动就是调节个体的情绪状态、促进心理健康水平的重要手段之一。

一、体育锻炼有助于发展智力

智力是个体圆满完成工作、学习任务的基础条件。经常参加体育锻炼可以使个体的注意、记忆、观察、思维和想象等能力得到充分发展,提高活动效率,还可以使其获得良好的情绪体验、乐观自信、精神振奋、精力更加充沛,从而对人的智力功能具有促进作用。

研究表明,由于体育锻炼能有效地促进血液循环,增强心肺功能,使大脑获取更多的氧气,给大脑的记忆和思维能力提供必要的物质保障,能够提高脑力劳动的效率。另外,体育活动不仅能使神经系统的兴奋和抑制过程更加有效,使其对各种刺激的反应更加迅速、准确,为智力的发展奠定物质基础,而且还可以提高人的视觉、听觉、本体感觉、神经传导速度、神经过程的均衡性和灵活性,促进神经系统功能的增强。

人们在学习的过程中,大脑皮层的相关区域处于高度兴奋状态,并随着学习时间的延长而产生疲劳感,导致学习效率下降。而体育活动的参与,有助于大脑皮层的相关区域形成兴奋与抑制合理交替的机制,降低疲劳感,提高文化学习的效率,此外个体的体质增强,身体机能水平的提高有助于充分地挖掘与开发学习的潜力。

二、体育锻炼有助于获得良好的情绪体验

情绪状态的调控能力是衡量体育锻炼对心理健康影响的最主要的指标。个体在复杂多变的社会环境中,常常会产生紧张、压抑、忧虑等不良情绪反应,体育锻炼可以使个体从烦恼和痛苦中摆脱出来,降低应激水平,使处理应激情境的能力增强。研究表明,经常参加身体锻炼者的状态焦虑、抑郁、紧张和心理紊乱等消极的心理变量水平明显低于不参加身体锻炼者,而愉快等积极的心理变量水平则明显要高一些。

体育锻炼之所以能够调节情绪,是因为体育锻炼的参与者能体验到运动带来的愉快感觉。心理学家认为,适度负荷的体育锻炼能够促进人体释放一种多肽物质——内啡肽,它能使人们获得愉快、兴奋的情绪体验。因此参加体育锻炼,尤其是参加那些自己喜爱和擅长的体育锻炼,可以使人从中得到乐趣,振奋精神,从而产生良好的情绪状态。

三、体育锻炼有助于良好的意志品质的形成

意志品质指一个人的自觉性、果断性、坚韧性和自制力,以及勇敢顽强和独立行动的精神,是一个人行为特点的稳定因素的总和。意志品质需要在克服困难的实践过程中培养。体育锻炼本身就要不断克服困难(气候条件的变化、动作的难度或外部障碍等)和主观困难(如胆怯和畏惧心理、疲劳和运动损伤等),才能取得成功。体育锻炼的参与者努力克服主、客观方面的困难,培养自身良好的意志品质。

四、体育锻炼使自我概念更为清晰

自我概念是个体主观上对自己的身体、思想和情感等的整体评价,它是由许许多多的自我认识所组成的,例如我是什么人、我主张什么、我喜欢什么、我不喜欢什么,包括社会方面的自我概念和身体方面的自我概念等。其中,身体方面的自我概念包括身体表象和身体自尊。身体表象是指头脑中形成的身体图像。身体自尊则主要包括一个人对自己运动能力、身体外貌(吸引力)、身体的抵抗能力和健康状况的评价。

身体表象和身体自尊障碍在正常人群中是普遍存在的。与男性相比,女性倾向于高估身高和低估体重,而且身体肥胖的个体更可能有身体表象和身体自尊方面的障碍。身体表象和身体自尊与整体自我概念有关,无论是男性还是女性,对身体表象的不满意会使其身体自尊变低,并产生不安全感和抑郁症状。

坚持体育锻炼可以使体格强壮、精力充沛,因而,对于改善人的身体表象和身体自尊至关重要。研究表明:锻炼者比非锻炼者具有更积极的总体自我概念;体能强的人比体能弱的人倾向于具有更高水平的自我概念和更高的身体概念;肌肉力量与身体自尊、情绪稳定性、外向性格和自信心呈正相关,并且加强力量训练会使个体的自我概念显著增强。因此,更积极的自尊心,更高水平的身体概念和自我概念与高水平的体能状况相关。

五、体育锻炼有助于形成和谐的人际关系

现代社会生活节奏的加快使人们越来越趋向封闭的状态,从而造成人与人之间感情交流缺乏,人际关系疏远。体育锻炼则打破了这种封闭,让不同职业、年龄、性别、文化素质的人相聚在运动场上,进行平等、友好、和谐的交往,使人们互相之间产生信任感,有效进行情感和信息的交流,互相之间产生一种默契和交融。研究表明,增加与社会的联系会给个体带来心理上的益处;外向性格者比内向性格者的社会需要更强烈,这种社会需要可以通过跳舞、球类、做操等集体性活动来得到满足。

由此可见,人们可以通过体育锻炼来认识更多的朋友,大家和睦相处、友爱互助,这种良好的人际关系将令人心情舒畅、精神振奋。

六、体育锻炼有助于消除心理疾患

社会竞争的日益激烈和生活压力的加大可能会使许多人产生悲观、失望的情绪,进而导致忧郁、孤独、焦虑等各种心理障碍的产生。人们参加某项运动并坚持锻炼,其生理技能、身体素质将会得到改善,也会相应掌握并发展一些运动的技能和技巧。由此,个体会以自我锻炼反馈的方式传递其成就信息与大脑,从而获得自我成就的认知和情感体验,产生愉快、振奋和幸福感。因此,适宜的体育锻炼能使有心理障碍的个体获得心理满足,产生积极的成就感,从而增强自信心,摆脱压抑、悲观等消极情绪,并消除心理障碍。

许多国家已将体育锻炼作为心理治疗的手段之一。美国的一项调查显示,1750 名心理医生中,80% 的人认为体育锻炼是治疗抑郁症的有效手段之一,60% 的人认为应将体育活动作为一个治疗手段来消除焦虑症。临床研究表明,通过参加一些如慢跑、散步、徒手操等身体练习能有效地减轻焦虑和抑郁症状,增强自信。

就目前而言,这些心理疾病的病因以及体育锻炼有助于治疗心理疾病的基本机制尚未完全清楚,但体育锻炼作为一种心理治疗手段在国外已开始流行起来。通过体育锻炼可以减缓或消除学生由于学习和其他方面的挫折而引起的焦虑和抑郁等症状,为不良情绪的宣泄提供一种合理有效的手段,防止心理障碍或疾病的发生。

总之,体育锻炼不仅能有效地促进智力的发展、调节情绪、培养良好的意志品质、增强自我概念、改善人际关系,还能增进心理健康,使个体发挥最优的心理效能。

第三节 如何发挥体育锻炼的心理效应

一、影响体育锻炼产生良好心理效应的因素

影响体育锻炼产生良好心理效应的因素很多,主要有以下几种。

(1)对活动的喜爱以及从活动中获得快乐。如果个体不喜爱所从事的活动就不能获

得愉快的情绪体验,就不能在活动后产生满足、快乐。只有在参加体育锻炼过程中产生满足、愉快、舒畅的感觉,才能使个体坚持锻炼,更加积极主动地去接受挑战,克服困难。

(2)适宜的运动负荷。个体在整个锻炼期间的心率是最大心率的60%~90%,每次活动20~30分,每周3次或3次以上,才有利于心理健康,否则由于运动负荷太小,个体的唤醒水平较低,兴奋性较差;而运动负荷过大,也可能使其易产生疲劳,都不利于心理健康。

(3)练习的总时间以及每周练习的次数应根据个人特点,并事先在计划中确定。研究表明,随着练习时间的增长,体育锻炼所产生的良好心理效应就会增强。

二、发挥体育锻炼心理效应的策略

(1)选择适宜的体育锻炼项目。对于个体来说,参加体育锻炼能否取得良好的心理效应关键在于其是否能从活动中获得乐趣并感到愉悦。运动愉悦感是一种积极的情绪体验,如果活动参与者不能从体育锻炼中体验愉悦,个体就很难持久地坚持下去,体育锻炼就很难产生积极的心理效应。研究表明,体育锻炼中体验到的愉快感具有直接的心理健康效应。对于那些长期参加体育锻炼的人来说,愉悦感是他们能够坚持下来的主要原因。因此,个体选择那些自己感兴趣的活动项目是十分有利的。此外,有氧练习、封闭式运动、没有人际竞争的体育锻炼有助于锻炼者的心理健康,研究表明,娱乐性游泳、慢跑等项目与降低个体的消极情绪如紧张、焦虑、抑郁、愤怒、和慌乱等有关。

(2)控制科学的运动负荷。即控制体育锻炼的强度、持续时间和频率。活动强度是个体在单位时间内所做的功,人体的最大吸氧量与心率之间存在着对应关系,体育锻炼的大、中、小强度与耗氧量密切相关,耗氧量又与最大吸氧量存在一定的百分比关系,因此,人们一般用心率指标作为评价运动强度的依据。运动心理学规定:体育活动的大强度相当于最大吸氧量的70%~80%,即相当于最高心率的80%~90%;中等强度相当于最大吸氧量的50%~60%,即相当于最高心率的65%~75%;小强度相当于最大吸氧量的40%左右,即相当于最高心率的60%左右。研究表明,中等强度的体育活动能取得较好的心理效应。

活动持续时间是指:①每次参加体育活动的时间长短;②参加体育活动方案的时间长短。每次参加体育活动的持续时间和活动的强度有关,两者之间呈反比。体育活动的强度越大,持续时间应相应减少,而强度越小,持续时间则应延长。大多数心理学家的研究表明,每次体育活动的持续时间在20~30分,对情绪的调节是积极有效的。研究还认为,参加8~10周的体育活动是取得心理效果最适宜的持续时间。

活动频率是指每周参加体育活动的次数,体育活动能否调节情绪、增进心理健康与活动频率密切相关。多数实验结果表明,每周活动2~4次,对于降低抑郁、应激水平较为显著。当然,在选择科学的运动负荷时,还应考虑体育活动参与者的个体差异,才能取得良好的心理效应,那就是与个性特点、年龄、性别、生理状况相结合。

(3)设置相应的情境和目标。可以在体育活动过程中设置相应的情境,有意识增加任务的难度,让个体在克服困难、战胜挫折的过程中获得成功的体验,对自己的能力更为自信,有效消除自卑挫折感,从而养成敢于正视现实、勇于挑战的良好意志品质,增进个体的心理健康。对于那些自卑性格比较内倾的人来说,可以适当降低任务难度,创设相对易于完成的情境,使其也能够在活动过程中获得成功的体验和愉悦感。同时在集体练习中增加互动的机会,有效发展个体的协作能力,使其掌握人际沟通的基本技能。

在体育活动中设置合理的目标,确定实现目标所采取的有效的步骤、策略和时间安排,使个体在一步步实现目标过程中保持良好的心态,增强对自我能力的信心。

❖ **实践与探索** ❖

根据自身状况,选择合适的锻炼项目及适宜的运动强度,制订锻炼计划。

❖ **小结与思考** ❖

心理健康是一种持续且积极发展的心理状态,个体表现出良好的社会适应性,并充分发挥其身心的各种潜能,在应付各种问题和环境时更多表现出积极的倾向。体育活动对于增进个体的心理健康水平,调节情绪状态,消除心理障碍,提高社会适应性具有积极作用。选择合适的锻炼项目及适宜的运动负荷可以有效发挥体育活动的心理效应,同时应考虑体育活动参与者的个体差异,才能取得良好的心理效应。

思考题

1. 心理健康的标准是什么?
2. 体育活动对心理健康的影响主要表现在哪些方面?
3. 怎样使体育活动产生良好的心理效应?

第六章

体育锻炼对人体各器官系统的作用

学习目标：

1. 了解科学锻炼对神经系统、循环系统、呼吸系统、运动系统的作用
2. 初步掌握科学锻炼的原则和方法

第一节 科学锻炼对神经系统的作用

人体的神经系统是由中枢神经系统和周围神经系统两部分组成。中枢神经系统包括脑和脊髓。周围神经系统包括脑神经、脊神经和自主神经。中枢神经系统是专门接受体内外各种信息、储存信息，并进行分析判断做出决策，向身体各个部分发出命令的最高司令部。周围神经系统好比通信连队，负责传递情报和命令。中枢神经系统由脑和脊髓组成，而脑由大脑、小脑、间脑、中脑、脑桥、和延髓组成。其中大脑是司令部的最高领导者。它统率着整个中枢神经系统和周围神经系统，从而调控人体的各个器官的活动以及彼此间的协调与合作。如你正常行走时，上肢摆动与下肢移动的顺序是交替而有序地进行，这样才使你的步伐稳健、有力。在运动场上一个体操运动员或一位跳水运动员，能在短时间完成惊人复杂的优美动作；拳击手在瞬间，能连珠炮似的准确猛击对手的要害处，这一切活动，全部是在大脑的命令与指挥下，通过神经系统控制人体有关器官来完成的。

人的大脑由两个大脑半球组成。大脑半球的表面是一层灰质，叫大脑皮层。大脑皮层表面，有许多凹陷的沟和隆起的回。这些沟、回构成了大脑皮层的不同区域，行使不同的职能，管理人体的不同部位，我们把这些功能区，叫作神经中枢。比较重要的神经中枢有运动中枢、躯体感觉中枢、语言中枢、时间中枢、视觉和听觉中枢等。由于人的大脑分成两半球，它们各司其职、相互分工，当然也相互联系，左脑有较强的语言、书写、逻辑、计算能力，而右脑侧重于图形的感知、空间认识能力和音乐方面的功能。所以，人们常把左半脑称为逻辑思维的半脑，而右半脑是形象思维的半脑。尽管大脑从结构和功能上被认为是完善的超级器官，但这并不意味着我们的学习或训练已是轻而易举，恰恰相反，必须经过严格的训练才能产生我们所需要的功能。

大脑半球对人体的管理是对侧性的，左半脑支配右侧身体，右半脑支配左侧身体。由

于世界上有99%的人习惯于右手干活,使得右手比左手灵活、有力,那么,人们为什么都习惯于用右手呢?据生物学家们的研究,人们习惯于用右手,是在长期的劳动中渐渐养成的。在很早很早的时候——石器时代,人们成群结队,手里拿着石斧、石矛,与野兽搏斗。在交战中,人们本能地弯着左臂来保护身上重要器官——胸腔左侧的心脏,而用右手拿着武器冲向野兽。

因而,相对于右脑来说,左脑是优势半脑,其潜能要比右脑发挥得好。然而,人们在思考问题时,首先要利用形象,动员右脑;只是到了整理、表达思考的结果时,才需要使用左脑分管逻辑和语言功能。左脑进行的是熟练性思维,而右脑进行的才真正是创造性思维。有研究人员,进行了"脑潜能开发模式与运动训练"的研究,探讨了脑潜能与利手运动优势。所谓利手运动优势是指惯用手在某些运动项目所表现出来的运动能力优势。如左手在击剑、羽毛球、乒乓球等技能类对抗性项目表现很明显。由于"利手是脑优势的最明显例子",左右两半球的结构和功能上的差异会在利手上表现出来,左利手者更多地表现出右脑的功能优势,而右利手者则更多表现出左脑的功能优势,从而形成了运动能力的差异。研究得出的脑潜能开发模式如下。

(1)开发的观点。开发大脑右半球在知觉、空间、潜加工、创造性、整体认知的功能以及开发大脑左右半球协调功能。

(2)开发的方法。直接刺激、自己诱导、肢体操作、功能配对、协同化、营养学等六项开发模式。

科学家们测量了不同时代的人的头颅后所得的结论表明:越是近代的人,右边与左边大脑半球活动的差异越小。这是为什么呢?原因很清楚,因为人们的劳动变得越来越需要双手紧密配合,互相协作。许多著名的科学家,都是左脑和右脑能够平衡发展的人。爱因斯坦不但具有抽象思维的头脑,而且酷爱音乐。他说:"音乐和物理学领域的研究工作,虽不属于同一族系,但彼此之间却有着相同的目的——力求反映出未知的东西,在这方面它们是相辅相成的。"著名翻译家傅雷在教育儿子傅冲时,曾讲了一句很发人深思的话:"单靠音乐修养来培养音乐家,也是不够的。"以往的学校教育大致侧重于以逻辑推理为中心的左脑教育,而左脑教育若没有形象的伴随,没有右脑的配合,便不能收到理想的效果。在当前大力发展学生的实践能力和创新精神之际,右脑的开发可以激发学生的好奇心和想象力。在体育活动中,绝大多数是左右平衡、上下协调的全身运动,躯干两侧肢体也能得到较平衡的发展。这样使左脑和右脑同时得到了发展。有些医学专家认为应有意让左眼看东西,用左耳听音乐,用左手摸物体,如果人们有意识地使用左手运球、左手投篮、左手持拍等,既锻炼了身体,又利于开发右脑。

第二节 科学锻炼对循环系统的作用

提起江河,使人联想到滔滔的长江、咆哮的黄河。然而,在人体内也有一条奔腾的江河,这就是血液循环系统。那犹如河道的血管有主干和分支,还有小溪。它们在人体纵横交错,与心脏组成了一个封闭式的管道系统,里面流动着血液,并以每25秒行程100 000千米的速度,昼夜奔流不息。我国最长的河流是长江,长为6300多千米,其次是黄河,长为5500多千米。然而,它们都比不上人体内流动着血液的江河。它的河道——血管的总长竟达10万千米。可这样长的河道,怎能容在5尺之躯的人体内呢?

人体内的血管有三类:把心脏里的血液送到全身各处的血管,叫作动脉;把全身各部分的血液送回心脏的血管,叫作静脉;第三类血管是毛细血管。动脉和静脉在人体延伸过程中,有粗大的主干——大动脉、大静脉和各级分枝——动脉、静脉以及最细小的分枝——细小的动脉和静脉。毛细血管是比毛发还细的血管,50根毛细血管合在一起,才有一根毛发粗。这极细的毛细血管,连接在细小的动脉和静脉之间,广泛分布在人体各组织细胞之间。

主动脉和大动脉管壁厚,很坚韧,壁内含有丰富的弹性纤维,因此,富有弹性,称为弹性血管,它能缓冲血压波动,并能在心舒期继续推动血液流向外周。小动脉和细小的动脉管壁富有平滑肌,收缩性好。通过平滑肌的舒缩活动,可以改变血管的口径,从而改变血流的阻力,由于小动脉和细小动脉中血流速度仍很快,而口径又很小,因此,血流阻力很大,称为阻力血管。毛细血管的管径最细,所以里面的血流速度也最慢,它是人体江河中的小溪。这静悄悄的小溪不仅分布广,而且数量多得惊人。毛细血管里流动的血液总量比动脉血管里流动血液的总量还多。它的管壁薄,只有一层内皮细胞,其外有一薄层基膜,通透性好,是血液与组织液的交换部位,故毛细血管又称为交换血管。静脉血管与相应的动脉血管相比,其口径较粗而管壁薄,因而容量大,易扩张。循环系统大约有60%~70%的血液在静脉系统中,因此静脉又可称为容量血管。静脉血管有一定数量的平滑肌,平滑肌的舒缩活动可改变静脉容量,而静脉容量的改变对循环血量影响很大。

血液是沿着两条航线运行:一条航线叫体循环,进行体循环时,血液从左心室始航,经过主动脉,流入各个大小分枝的动脉,最后流到遍布人体各组织细胞间的毛细血管中。这时来自左心室、含氧气多、血色鲜红的动脉血,在毛细血管和组织细胞之间要进行一场大的交易,血液把氧气和养料供给组织细胞,从组织细胞处得到的是二氧化碳和它们产生的废物。经过这一场交易后,含氧气多的动脉血则变成了含二氧化碳多、氧气少的静脉血了。静脉血从毛细血管进入细小静脉,再流入静脉,最后汇入上、下腔静脉流回心脏的右心房。这条航线的起点和终点是心脏。航程中的交易站在毛细血管与组织细胞之间。第二条航线叫肺循环。进行肺循环时,血液从右心室始航,经过肺动脉,流入大小分枝的肺动脉,最后到达肺的毛细血管。这时来自右心室,含二氧化碳多、氧气少、血色暗红的静脉血,通过毛细血管壁和肺进行一场交易。血液中的二氧化碳进入肺,肺内的氧气通过毛细血管壁进入血液。经过这场交易,静脉血变成动脉血了。动脉血由肺部毛细血管流入小的肺静脉,再由小的肺静脉汇集到肺静脉,流回心脏的左心房。这条航线的起点和终点也是心脏。航行中的交易站在毛细血管与肺部之间。

可见,两条航线的起、终点均在心脏。人的心脏位于胸腔之内,夹在两肺之间,稍稍偏左下方。它的大小相当于一个拳头。心脏荣获"生命之泵"称号,泵是吸收和排出流体的一种机械。构成人体的1800万亿个细胞,它们吃喝的养料和水分,通过血液的流动运送而来,它们排出的废物也是通过血液的流动运走了。血液流动来去往复的动力来自心脏。

心脏通过自身节律性地收缩和舒张,即心脏的跳动,来挤压、推送血液。但是每个人心脏的功能,是不尽相同的。有人心脏功能高,有人心脏功能一般,有人心脏功能低,这个标准就看每分内,心脏输出血液的多少。也可称为心输出量——左心室在每分泵出的血量。心输出量=每搏输出量×心率。心脏每搏动一次,通常以左心室射入主动脉的血量称为每搏输出量。正常成年人安静时,每搏输出量约为70毫升,心率平均约为75次/分,则每分输出血液约为5250毫升/分左右。缺少锻炼的人,心容量大约在765～785毫升之内。经常参加运动的人,心肌比一般人的心肌粗壮。心脏的重量和容量都有增大。心容量可达1015～1027毫升。

北京运动医学研究所曾经调查过300名我国运动员的心脏面积,发现108名运动员心脏面积增大,有173名运动员心脏横径增大。这是因为在运动时,人的血液循环旺盛,心跳加快,而且心肌舒张充分,容纳流回心脏的血量也增多,血量一增多心脏便会被拉长,于是心肌收缩力便能增强。与此同时,心脏还会产生大量的新的毛细血管,这又有助于增加心肌血液的供应,此外由于锻炼的结果,心脏营养性神经作用会得到改善,能改进心肌的物质代谢过程,心肌的收缩蛋白质增多,特别是肌红蛋白增多,使心肌纤维增粗、增大、心壁增厚。通常人们把运动引起的心肌增厚叫运动性心肌增厚,也有人叫作运动员的心脏。能使心肌增厚的最明显的运动项目是长跑、滑雪、划船、骑自行车、登山运动等。经常进行体育活动,可促使人体心血管系统的形态、机能和调节能力产生良好的适应,以使你有可能具有运动员的心脏。当你进行剧烈的运动时,由于心肌的肌红蛋白增多,携带氧气的量大大增加,弥补了氧量的不足。心肌得到充足血液的供应,发挥较高的收缩能力,从而有助你提高学习和工作的能力。

第三节 科学锻炼对呼吸系统的作用

呼吸系统包括呼吸道和肺两大部分。在人体呼吸道的起始部分,有一个呼吸器官——鼻子,它具有吸尘器、加湿器和暖气的作用,因在吸气过程中,有的灰尘被鼻毛挡住了,有的灰尘被鼻腔黏膜分泌的黏液粘住了。这种黏液除了能粘住吸入空气里的灰尘和细菌之外,还有使鼻腔保持湿润的作用。在鼻腔黏膜内还藏有丰富的毛细血管,血管里有血液在不停地流动,血液散发的热量,可以温暖吸入的冷空气。据科学家实验证明,零下7 ℃的冷空气经过鼻腔后,能被鼻腔加温到25 ℃。正是由于鼻腔发挥了吸尘器、加湿气、暖气的作用,才使人体吸入的干燥、寒冷的空气变得温暖、清洁和湿润,从而减少了对呼吸道和肺的刺激。因此,我们要保护好鼻子,并在正常情况下坚持用鼻子呼吸。如在寒冷的冬天,在长跑途中可采用鼻子吸气、嘴巴呼气的方法。鼻腔以下便是咽,咽好像是个岔路口,食物由口腔经咽进食道,空气则由鼻腔经咽进入喉。喉在人体颈部的前上方,连通着咽与气管,是呼吸道的一个组成部分,也是个发声器官。

人体的气管是个圆筒形的管道,长11～13厘米,上方连着左右两条支气管。肺被我们称为"半圆锥形的换气大厦",它位于胸腔内,分左右两部分。左肺分两叶,右肺分三叶。支气管进入肺的部位叫肺门。从肺门起,左支气管在左肺分成两支,右支气管在右肺分成三支,每一叶肺都有支气管与它相通。支气管进入肺叶还要继续分支,而且越分越多,越分越细,最后形成肺泡管,肺泡管上有许多肺泡,大约有7亿多。如果把全部的肺泡打开展平,面积可达70～100平方米,其中80%在呼吸过程中发挥作用。肺具有一定的弹性,可以扩张和收缩,但它是靠着胸廓来操纵的,胸廓是由肋骨、肋间肌和下端的膈构成的。膈向下,胸廓容积扩大,肺随之扩张;膈向上,胸廓容积缩小,肺随之回缩,与此同时,肋骨、肋间肌也起着很大的作用。胸廓有规律地扩大和缩小叫作呼吸运动。肺的换气就是通过呼吸运动来实现的。而换气实际上指的是肺泡与毛细血管之间的气体交换。氧气从肺泡扩散到周围紧贴着的毛细血管里,二氧化碳则从肺泡周围紧贴着的毛细血管里,扩散到肺泡里。就肺泡来说,气体交换是氧气不断出去,二氧化碳不断进来。出去的氧气与血液中的红细胞一起流向心脏和全身,进来的二氧化碳通过呼气排出体外。

经常参加体育锻炼,可以提高呼吸运动的功能。因为在锻炼过程中,由于肌肉剧烈运动,要消耗大量的氧气和养料,产生大量的二氧化碳,在神经系统的调节下,呼吸系统必须加强工作,长此以往,呼吸系统的结构和功能得到了改善。

据统计经常参加体育锻炼的学生,胸围比同龄的学生一般要大2～3厘米。呼吸差也有差别(深吸气与深呼气之差,叫呼吸差),一般学生为5～8厘米,经常参加体育锻炼的男生胸围差为6～9厘米,女生为6～8厘米,经常参加体育锻炼的学生比一般学生肺活量(尽力吸气后,再尽力呼气,所呼出气体的量)大得多。二者相差约为400～1000毫升。

由于提高了肺的容气量,在定量活动中,经常参加体育锻炼的学生呼吸次数比一般学生少,而呼吸深度却比一般学生的要大,一般学生的呼吸深度300～400毫升,而参加锻炼的学生可达500～600毫升。锻炼时进行合理的呼吸,有利于保持体内环境的基本恒定,提高锻炼效果及充分发挥人体的机能能力,由于体育锻炼的种类繁多,呼吸方法似不应千篇一律,这里仅提出某些改善呼吸方法的原则:

(1)减少呼吸道阻力。正常人安静时经由呼吸道实现通气。可在剧烈运动时,为减少呼吸道阻力,人们常采用以口代鼻,或口鼻并用的呼吸方法。但在严寒季节里进行运动,开口不应过大,尽可能使吸入空气经由口腔加温再通过咽喉而经气管进入肺。

(2)节制呼吸频率、加大呼吸深度,提高肺泡通气量。从运动时加强呼吸的情况来看,可通过增加呼吸频率和增加呼吸深度两种方法。由于呼吸道是约为150毫升的无效腔,运动时无效腔容量可因呼吸加强而被动扩展为400～1000毫升。若呼吸频率太快,呼吸深度太浅,吸入气迂回无效腔的量增加而实际进入肺泡腔的量相对减少,妨碍运动时的肺泡通气。为削弱无效腔对通气效果的不良影响,有意识地采取适宜的呼吸频率和较大的呼吸深度是很重要的。

(3)呼吸方法适应于技术动作变换的需要。进行周期性运动,宜采用富有节奏性的、混合性的呼吸,长跑时宜采取2～4个单步一吸,2～4个单步一呼的方法。

(4)合理运用憋气。在深或浅的吸气之后,紧闭声门,尽力做呼气运动,称为憋气。由于憋气动作有利有弊,采取以下的方法进行憋气较为有利:憋气前的吸气不要太深;深吸气后的憋气可微启声门,当呼气肌强劲收缩压迫胸腔时,让呼吸道中少许气体有节制地从声门挤出,即发出"嗨"声呼气;憋气应用于决胜的关键时刻,如跑近终点的最后冲刺,杠铃过顶举平、摔跤制服对手(或被对手钳制)的一刹那。

任何人在剧烈运动时,由于肌肉要消耗大量的氧气,所以会出现暂时供氧不足,或缺氧现象。我们把这现象叫运动时欠下的"氧债"。而经常参加体育锻炼的人,由于他的呼吸功能和血液循环系统功能的提高,运动时欠下的"氧债"少,运动过程能持续较长时间,运动结束后也恢复得快。

第四节 科学锻炼对运动系统的作用

运动系统由骨骼和肌肉组成。在大自然里,花岗岩很坚硬,桧木很结实,可经过科学家的测试发现,骨头每平方厘米的面积上,可承受 2100 千克的压力,而花岗岩每平方厘米承受 1350 千克,桧木每平方厘米只能承受 454 千克,骨头比花岗岩还硬的奥妙在于骨的结构。可骨头的又一个特性,是富有弹性。当一个人的头如遭到暴力打击的时候,受击的部位,骨的形态暂时发生了改变。打击过后不久,又恢复了原样。骨的弹性犹如射箭的弓,其奥妙藏在骨的成分里。骨的化学成分包括有机物和无机物,其比例是有变化的。青少年时期,在骨的成分中有机物含量多(超过了 1/3),故弹性足,不易发生骨折,若坐姿、读写姿势、站姿不标准,极易造成脊柱的侧弯、驼背,影响胸廓的发育。而老年人骨内无机物多,骨质硬而脆,这是老年人易发生骨折的原因。

由上而知,人体内的骨骼,坚硬如钢,弹性如弓,因此它的支撑、保护、运动等功能,是任何结构所不能媲美的。其实,它的神奇功能,是在亲密的伙伴合作下完成的。骨骼的亲密伙伴是人体内的三种肌肉之一——骨骼肌。

人体的肌肉有三种:平滑肌、心肌和骨骼肌。平滑肌分布在血管、消化道和膀胱等器官;心肌是心脏特有的肌肉;骨骼肌附在骨骼上,故得名为骨骼肌。人体内的骨骼肌,大大小小共有 600 多块,约占人体重量的 43%。构成骨骼肌的细胞,又细又长,在显微镜下如同纤维,便取名为肌纤维。许多肌纤维集合在一起,外面由结缔组织膜包裹,成为肌束。很多肌束又被结缔组织膜包在一起,就成为一块肌肉了。每块骨骼肌的中间部分,柔软又富有弹性,叫肌腹。肌腹里有许多血管和神经。肌腹的两端是白色强韧性的肌腱,分别牢牢地固定在相邻的两块骨上。

骨骼肌在神经的调控下可以收缩,并牵动相邻的骨产生动作。人体所有的动作,如举手、抬腿、踢脚、转头、弯腰等,都是由骨骼肌收缩,牵动与它相连的骨而产生的。要知道人的任何一个动作,都不是一块骨骼肌来完成的,而是由多块骨骼肌组成的肌群,在神经的支配下,互相配合共同完成的。如我们日常生活中的屈肘和伸肘动作就是这样的:当肱二头肌等曲肌群收缩时,肱三头肌等肌群舒张,共同完成屈肘动作,伸肘动作的完成正与屈肘动作相反。骨骼在骨骼肌的扶持下,才形成神奇的支架。一般说来,女子青春期骨骼成长比男孩早 1~2 岁,停止生长也早 1~2 岁。一个人的身高,要看骨骼的长势,长势好,骨的生长快,脊椎骨长得慢而晚,通常到 20~22 岁才停下来,而下肢骨生长速度比脊椎骨快,所以身高的增长主要决定于下肢骨。

人们在安静时,参与周身循环的血液占全身血量55%～75%。其余的在人体血库——肝、脾里,肌肉里的毛细血管(每平方毫米有好几千根)大部分都关闭着。在体育运动时,由于肌肉活动的加强,需要消耗许多能量,为了适应肌肉活动的需要,这时在人体司令部——大脑的指挥下,血库里的血液便入血管,增加全身的循环血量:心脏跳动加快,收缩力加强,肌肉里的毛细血管大量开放(比安静时多20～50倍),使全身的血液循环加速,流过肌肉组织的血量增加。这样,肌肉新陈代谢过程加强,得到更丰富的营养物质。并且经常参加体育锻炼,肌肉内蛋白质含量就会增加,肌纤维增粗,肌肉间的结缔组织增厚,肌肉里的毛细血管的数量增多。结果使整个肌肉的体积增大,重量增加。一般人肌肉只占体重40%左右,而经过系统的体育锻炼的运动员可达到体重的45%～52%

当然,体育锻炼使肌纤维变粗仅是肌肉发达的一个方面,由于肌肉的收缩性蛋白质增多,能量物质的增加,肌肉收缩时进行的化学过程更灵活,因而通过锻炼,在机能上,肌肉收缩也更快速、有力和耐久。但对于一个不太参加运动的人,一旦参加剧烈的运动,由于运动量大,局部肌肉会产生酸痛的现象,这是乳酸(代谢物)堆积的结果,经过几天就会消失。如果酸痛太厉害,可以用热水洗个澡,在痛处进行按摩,或用松节油揉擦,这样能促进血液的循环,酸痛就可以减轻或较快地消失。肌肉酸痛能否避免或减轻呢?当你刚开始锻炼时,运动量要小些,以后逐渐增加,同时运动前要做好准备活动,运动结束后要做放松肌肉的活动或按摩,这样有助于避免或减轻肌肉酸痛的发生。要注意持之以恒。

综上所述,人的任何运动要依赖神经系统的支配传导、呼吸系统的吐故纳新、运动系统(骨骼和肌肉)的协同作战,循环系统的往返运输,并在其他系统的配合下,进行一切体育活动,其结果将导致人的各器官系统的机能得到提高。

咨询窗:为达到健身、健体、健心目的,体育锻炼的内容要生动、活泼,形式多样化,要注意安排短暂休息,使锻炼者情绪饱满,精力旺盛,不易疲劳。

❖ 实践与探索 ❖

通过科学锻炼对人体器官系统作用的知识学习,你是否能根据自己的实际情况选择有关的体育活动,持续练习一段时间。请在练习之前测试自己的某些身体机能,作为以后比较的依据。

❖ 小结与思考 ❖

本章通过对人体的神经系统、循环系统、呼吸系统、运动系统等知识介绍,阐述了科学锻炼对其的作用,为进一步培养学生的自我学习、自我锻炼提供了理论上的参考依据。

思考题

1. 科学锻炼的目的是什么?
2. 自己平时的体育锻炼是否科学?在哪些方面需要完善?

第七章

医疗康复与体育锻炼

学习目标：

1. 了解体育的保健作用和医疗作用；各类疾病的成因和体育运动处方
2. 掌握正确对待各类疾病和不适症状，正确运用各类锻炼方式和方法

大学生医疗康复体育锻炼的目的是通过科学的、有针对性的医疗康复的体育手段，促使学生增强体质、医疗疾病、恢复健康。大学生身体异常类型多种多样。研究和实践表明，越是体弱多病者，越是要参加健康体育锻炼，但需选择适宜的锻炼方式，并掌握好运动负荷。当你决定参与医疗康复体育锻炼时，应认真阅读本章的有关内容，这会使你的锻炼取得祛病强身，健康健美之良效。

第一节 医疗康复体育概述

一、医疗康复体育的保健作用

在体育运动中，一类用来治疗疾病、预防疾病，促进功能恢复及健康恢复的体育活动叫"医疗康复体育"，也叫"体育疗法"。体育疗法在我国已有悠久的历史。

对一般健康者或体弱者，进行医疗康复体育某些内容的锻炼，可收预防疾病、增进健康。如缺少体育活动，往往是某些慢性病或疾病发生的诱因，如高血压、高脂血症、冠心病、肥胖症、内脏下垂等。医疗康复体育正是可以通过锻炼改善全身代谢过程，增强各器官系统功能，收到预防疾病之效。

人体某一局部肢体如果长期缺少运动，会逐步产生退行性变化，导致结构和功能的"失用性萎缩"，如人们在发生骨折后，局部肢体长时间固定或长期卧在石膏床上，仅仅两三个月就可以产生骨质疏松、肌肉萎缩、关节僵硬、关节液减少、关节软骨退行性变等一系列失用性萎缩现象。这是因为在长期的种族和个体发育过程中，要维持各个系统与器官的正常功能与形态，必须使机体经常活动，而医疗康复体育正是通过合适的身体活动来保持各器官系统的正常形态与功能，起到预防疾病的作用。因此医疗康复体育的很多方法

手段,不仅为某些疾病患者所喜爱的活动,而且对一些健康人,特别是老年人和体弱者,也十分合适,如太极拳、医疗保健体操、气功等都对一般人能起到良好保健作用。

对某些疾病,医疗康复体育更是可起辅助治疗的作用,对一些疾病,医疗康复体育有独特的治疗作用,特别像冠心病、高血压、糖尿病、肥胖症、四肢损伤等,体育疗法的效果非其他方法所能代替。有些疾病主要是由于缺乏体力活动引起的,如消化不良、神经衰弱等;有些疾病主要是心肺功能差,如肺气肿等,这类疾病主要通过体育疗法增强心肺功能收到康复之效。有些疾病虽然在治疗上要相当程度依靠药物,如肺结核、高血压、糖尿病等,但如果病人内脏器官或代谢功能失调,对药物不能很好地吸收利用,疗效也会受到影响,而通过医疗康复体育,则有助于改善有关器官功能和全身代谢过程,加强对药物的吸收,从而起到辅助治疗的良好作用。此外,有些病人特别是一些慢性病人,常常情绪比较抑郁低落,对身体健康及疾病康复均不利,医疗康复体育则可通过身体活动调节情绪进而促进康复。

二、医疗康复体育的特点

医疗康复体育,是利用体育运动和机体功能练习的方法,预防和治疗疾病的医学科学。它是运动医学的重要组成部分,也是疾病的综合治疗和康复不可缺少的措施。与其他治疗方法比较,体育疗法有以下特点。

(1)医疗康复体育是一种主动疗法。进行体育方法要求患者主动参加治疗过程,通过锻炼治疗自己。这样就有利于调动病人治病的积极性,促进健康恢复。

(2)医疗康复体育是一种全身疗法。它通过神经、神经反射机制改善全身机能,达到增强体质、提高抵抗力的目的,而不是头痛治头、脚痛治脚。

(3)医疗康复体育是一种自然疗法,它利用人类固有的自然功能(运动)作为治疗手段。因此一般来说,不受时间、地点、设备等条件的限制,正确进行活动时也不会产生副作用。

三、医疗康复体育的实施原则

(1)在参加医疗康复体育以前,必须进行体格检查,以了解其身体发育和健康情况,尤其是心血管系统和呼吸系统机能状况和伤病的组织器官情况。

(2)在制订医疗康复体育计划(或开写运动处方)时,必须根据患者的伤病情况、体格检查结果、锻炼基础等个别对待,因人而异,适当安排运动量。

(3)必须遵守循序渐进的原则,医疗康复体育的运动量要由小到大,动作由易到难,使身体逐渐适应,并在不断适应的过程中提高机能,促使疾病痊愈。如果突然就加大运动量,容易损害患者的机能,加重病情。

(4)坚持锻炼,持之以恒,才能使疗效逐渐积累。

(5)治疗过程中必须加强医务监督,密切观察病人的反应,特别要注意疾病征象的变化,发现不良反应要及时修改锻炼方法和调整运动量。还要进行定期检查,以了解和评定治疗效果。

(6) 进行医疗康复体育的组织形式,一般有个别进行和分组进行两种。后者适宜于疗养地使用,在医护人员带领下进行。编在一组的病人,其疾病性质、程度以及运动方法、运动量大致相同。前者适用于不同病情的病人,练习由医务人员或家属在旁指导或扶持完成,也可以由病人自行练习,运动量因人而异。

第二节 特殊体质大学生的医疗康复体育处方

一、肥胖症的体育处方

(一) 肥胖的判断

脂肪是人体不可缺少的成分,在人体的生命活动和体育运动中起着重要的生理作用。体脂要适当,但是体脂过多的肥胖者会造成器官功能和代谢的障碍,并诱发出许多慢性疾病。对于18岁的年轻人来说,男性体重中有15%～18%是脂肪,女性则为20%～25%。若男性脂肪含量超过体重的25%,女性超过30%,就说明其是肥胖者。

(二) 肥胖的成因

各种年龄均可以发生肥胖,大学生肥胖者除了家族遗传因素外,往往与个人的饮食习惯和生活习惯密切相关。人如果吃的量过多,或活动过少,身体吸收的热量大于消耗的热量,就会发胖。这种由于吸收的热量大于消耗的热量所引起的肥胖,称为单纯性肥胖。绝大多数肥胖大学生是属于这一类肥胖,也有少数人是由于内分泌功能紊乱等疾病而造成的肥胖,称之为继发性肥胖。继发性肥胖的患者一定要请医生进行检查治疗。

单纯性肥胖的人,由于脂肪堆积,增加了身体各部位的惰性,并因脂肪不能随肌肉收缩,形成摩擦阻力,妨碍肌纤维收缩速度,就影响整个机体的灵活性与协调性。而且,除了易感疲乏、呼吸短促、不能承担较重的体力劳动、抵抗力较低、体型不美外,还容易引起糖尿病、胆石症、动脉硬化、高血压、心脏病等一系列疾病。有的人单纯以服药、少睡、节食等手段来减轻体重,想达到减肥的目的,但是由于脂肪产生的热量,比构成肌肉的主要成分——蛋白质所产生的热量高得多,因此,消耗脂肪的过程远比消耗蛋白质缓慢,单纯以节食、服药等手段减肥,其结果是脂肪和肌肉都要减少。此外,体内细胞也会因节食而引起的营养不足而相应减少活动,降低新陈代谢率,其结果反而使体质变得更差了。

人体脂肪细胞数目基本上是先天决定的,只是胖人的脂肪细胞体积较肥大而已,通过体育运动,能提高血液内葡萄糖的利用率,防止多余的糖转化为脂肪。此外,可调节代谢功能,促使脂肪转化为能量,使肥大的脂肪细胞体积缩小,从而使臃肿的体型变得健美苗条。

(三) 肥胖症的健康体育锻炼

肥胖大学生的健康体育锻炼,根据体力和心血管体能情况,一般分强、弱两组。体力较好的、无心血管系统器质性病变者可参加强组锻炼,体力较差的并有冠心病、高血压等病的肥胖者适宜参加弱组锻炼。锻炼时可以集体或单独进行。基本原则是大肌肉的肌力练习及较长时间耐力练习为主,可归纳为以下三种。

(1)耐力性运动锻炼。广泛采用的项目有中速和快速步行、爬坡性医疗步行、缓步跑、骑车以及游泳等,其中步行与慢跑不需要任何设备和条件,锻炼尤其方便。锻炼时要循序渐进,速度应逐步加快。以步行、慢跑为例,强组者可由每小时跑5000米逐渐加快到7000米,弱组者主要采用一般速度的步行和医疗步行,步行和慢跑的距离也应逐步延长,一日可达数千米,可以一次或分几次完成,这种耐力运动训练能加速体内有氧的新陈代谢,故也称为有氧训练,它可以帮助多余的脂肪燃烧,也有利于心血管系统的活动。

(2)力量性运动锻炼。适宜于强组者的项目有:仰卧位的腹肌运动,如双直腿上抬运动、直腿上下打水式运动、仰卧起坐等,可减少腹部脂肪;仰卧位的腰背肌和臀肌运动,如双直腿后上抬运动、头、肩、腿同时后抬的"船形"运动等,能减少腰背和臀部脂肪;不同重量的哑铃操可减少胸部和肩带的脂肪。弱组主要采用医疗体操、保健操或广播体操,让全身的肌肉都参加运动,同时还可以配合进行呼吸运动。

(3)球类运动。这类运动把耐力训练和力量锻炼结合起来,运动量比较大。常可采用乒乓球、羽毛球、排球和篮球以及医疗实心球运动等。运动的形式,强组可进行一些不太剧烈的友谊比赛,弱组主要采用非比赛形式。

肥胖大学生进行体育训练的强度不宜过大,每分心率不宜超过160次。否则,氧供应不充足,体内由脂肪供能会转向由糖供能,就会达不到减脂的目的。运动锻炼的时间也不宜太短,每次要连续运动1小时以上。体内脂肪的有效消耗是一个复杂能量转化过程,时间太短则使减脂的作用受到限制。所以减脂的运动,一般以低强度、长时间为好。要坚持每天运动,锻炼要循序渐进,避免单纯追求减体重而任意加大运动量,以免损害身体健康。据观察,体重缓慢下降的比较容易巩固;如速降体重则即不容易巩固又容易打乱人体新陈代谢平衡,有损于健康。一般说来,以每周减体重0.5~1千克为宜。

进行减肥锻炼的人还应经常变换运动形式,可以降低锻炼枯燥性,增加锻炼积极性和乐趣,促进全面的身体锻炼。采用低强度、长时间的身体有氧代谢方式进行锻炼,这将更有利于消耗体内多余的脂肪。变速跑、慢跑、游泳、溜旱冰、跳绳、爬坡、打球、练体操等,都能达到较好减肥效果。在具体运用这些锻炼项目时,要根据各人的特点加以选择,经常变换运动项目,更应持之以恒地锻炼下去,决不能"三天打鱼,两天晒网"或操之过急。

(四)肥胖症锻炼的好处

运动锻炼对肥胖者的另一个重要好处,是加强心肌的收缩力量、增加血管的弹性和发展血液循环的心外因素,如加快周围血液向心脏回流,因而减轻了心脏的负荷,加强了心脏功能。由于肥胖的人容易并发心血管系统疾病,所以这种良好作用在某种意义上来说比减胖更为重要,表现在:①锻炼前所有肥胖者的心脏功能都比正常人差,锻炼三个月后,心脏功能明显增强,基本上达到了正常人水平,而且脉搏变得饱满有力;②另外有相当一部分人在锻炼前有气喘、心动过速和心前区疼痛等症状,锻炼三个月后上述症状消失或明显减轻。

运动对肥胖者的呼吸系统也有良好作用,由于肺功能的改善,二氧化碳排泄得快,氧气也吸进得快得多,结果加快了多余脂肪的氧化燃烧,这对肥胖者是非常有益的。运动还可以改善肥胖者腹腔器的活动功能,减少常见的腹胀和便秘等并发症。

二、瘦弱症的体育处方

(一)瘦弱的危害

人体内的肌肉、脂肪含量过低,体重低于标准体重20%以上即为消瘦。瘦弱对人体健康有着多方面的危害。瘦弱者不仅容易疲倦、体力差、兴趣低、工作和学习效率不高、自我效能低以及常有"力不从心"之感等,而且,他们抵抗力低、免疫力差、耐寒抗病能力弱,此外,消瘦者还因羞于自己的单薄体形而有运动隐退,不愿交往之心态。显然,瘦弱与肥胖一样,既不是人类健康的标志,也不是人体健美的象征,而是人类身心健康的大敌。

(二)瘦弱症的成因

首先,体重达不到本年龄组与身高相称的标准体重,是否都是病理现象?瘦的人不见得都有病。在遗传、内分泌等因素影响下,某些家族成员都比较瘦,但是没有器质性疾患,精力也很充沛,完全能胜任学校的学习。医学上将一些身材瘦长的体型称为无力型体型,特点是:身体瘦高、颈细长,垂肩,胸廓扁平、胸骨剑突下角小于九十度。

身体瘦弱,特别是短时期内体重明显下降,体力明显减弱时,必须要到医院去检查病因。各种急性、慢性传染病以及各系统各脏器发生器质性病变时,由于饮食摄入量减少以及各种病理过程增加机体能量的消耗,都可能引起消瘦。这时就必须根据医生的嘱咐,吃药打针,进行必要的治疗。

第三种消瘦的情况是由于情绪因素、生活不规律、饮食不调、缺乏必要的体力活动造成的。部分大学生爱吃零食,有挑食、偏食或暴饮暴食的习惯,有些大学生甚至有烟酒嗜好的坏习惯,这些坏习惯都会严重影响胃肠道的正常蠕动,引起食欲下降,造成消瘦。

(三)瘦弱症的健康体育锻炼

健康体育锻炼能使人新陈代谢旺盛,能对消化系统起到一种良好的按摩作用,可促进消化液的分泌和胃肠的蠕动,使更多的营养物质被吸收并输送到身体各部。通过肌肉的收缩与舒张,血液循环加强,血液通过肌肉的流量就会增多,肌肉获得的氧及养料也就增加,肌纤维就会在锻炼中逐渐长得粗壮起来。

健康体育锻炼还可以改善神经系统的调节功能,改善组织和细胞的营养状态,促进机体各部组织的生长发育。经过长期的锻炼,可使内脏器官功能增强,肌肉发达,体重增加。原来皮肤松弛起皱,肌肉萎缩、身体干瘦的人会逐渐变得健壮丰满起来。

体态的丰满,不应是脂肪的堆积。而应是匀称而强健的肌肉组织。因此对体瘦者来说选择适宜的健康体育锻炼很重要。器械锻炼对发展肌肉效果最好。所以,体瘦者参加健康体育锻炼,就应多练习哑铃、杠铃、拉力器、组合健身器等,但每次锻炼要掌握适当的运动量,运动量过小,对肌肉组织就起不到强有力的刺激作用,达不到锻炼目的;过大则会使能量的消耗大于补偿,当然也不可能丰满起来,过度疲劳还会损害身体健康。一般情况下,开始选择小运动量,以后逐渐加大运动量。衡量运动量是否适宜的标准,应以运动后每分脉搏跳动不得超过160次为准。因为当心脏搏动次数增加时,每次心搏的输出血量也在增加,但如果心搏超过每分160次,那么每次心搏的输出血量反而会减少。这样机体不可能获得更多的氧和营养物质。训练者每次锻炼的时间不应少于30分,一般以隔一天锻炼一次为宜。这样可以消除运动后的机体疲劳和充分补充消耗的能量。

在锻炼期间,还要注意科学饮食,使机体获得充足的养料,以促进机体的生长发育。还要养成良好的生活规律,情绪要稳定,睡眠要充足,这对吸收营养,减少能量消耗,提高锻炼效果也很重要。

瘦弱并非在短时间内形成的,因此,要想健壮丰满起来,也不可能经过几次锻炼就会奏效,需要有个过程。一般情况下,刚刚开始锻炼时,不仅体重不会马上增加,有时还可能出现下降的现象。这是因为机体在运动过程中,体内的脂肪和水分被消耗了的缘故。继续坚持锻炼下去,机体各器官的机能逐渐得到提高,肌肉内部也会发生生物化学变化,肌肉就会结实粗壮起来,体重就会增加。

(四)瘦弱者锻炼的注意事项

(1)形成正确的体形观。肥胖固然不美,不利于健康。同样,瘦弱也不是美的"别名",更不是健康的标准。所以,作为瘦弱者首先得走出尚瘦风潮之误区。

(2)克服不良饮食习惯(如偏食、挑食),保证摄入使身体健康的充足的营养。

(3)要有进行健康体育锻炼"持久战"的思想准备。同样,健康体育锻炼的增强体能、强壮体魄、健美体形等功效,皆非一日之功。唯有锲而不舍,持之以恒方能见效。

(4)瘦弱者的锻炼应以全身性的运动为主,以提高体能为宗旨,配合身体局部区域的健美。

三、神经衰弱症的体育处方

(一)神经衰弱的症状及原因

在大学生当中,近年来患神经衰弱的人有所增多,这主要是由于学习紧张,方法不当,用脑过度所引起。此外,精神受刺激,长期生活不规律,或者患有其他慢性病(如高血压、肝炎、结核、胃溃疡等),也可使高级神经活动过度紧张,过度疲劳,造成兴奋和抑制失调,而产生功能紊乱。他们常常诉说自己各种不舒服的感觉,如头昏脑涨、头痛、头重、注意力不易集中、记忆力减退、疲倦、胃口不好、心跳、烦躁、易兴奋、易激动、耳鸣、眼花、腰酸背痛、四肢无力等。初次服药后,病情似乎有些好转,但是过了一个时期仍是旧病复发,甚至比以前更严重。

(二)健康体育锻炼对神经衰弱治疗的好处

适当的健康体育锻炼对神经衰弱的治疗是非常有益的,因为在进行体育活动时,大脑指挥的运动神经细胞会兴奋则活动增多,就会促使用脑时的思维细胞出现抑制而可以得到休息。这样就能消除神经系统中脑思维细胞的疲劳,改善神经系统中抑制与兴奋的协调功能,使其逐步恢复正常,从而减轻症状,使患者振作精神、消除疑虑。

另外,通过体育运动能转移神经衰弱患者对疾病的注意力,使之情绪乐观,消除不必要的忧虑,同时因为运动时可以使神经细胞得到充分的营养,特别是氧的供给,这对于改善神经衰弱患者的症状是十分有利的。此外经常参加体育活动,可以使患者入睡快、睡得香,这对于恢复神经系统的机能也有着重要的意义。目前在医学上已广泛地采用各种适宜的体育活动方式作为治疗神经衰弱疾病的有效处方。

(三) 神经衰弱者的健康体育锻炼

神经衰弱者进行健康体育锻炼的方法是很多的,一般以健身性锻炼项目和放松性锻炼项目为好,不宜参加强度过大,时间过长的剧烈运动。治疗神经衰弱常用的健康体育锻炼方法有:太极拳、气功、按摩、散步、健身跑、冷水锻炼以及登山、划船等活动。可因人制宜,根据自己体力情况和个人的爱好来选择,并逐步增加活动的项目,提高健康体育锻炼的兴趣,养成锻炼的习惯。

太极拳和气功是治疗神经衰弱最为有效的体育疗法。气功要求全身放松,思想集中要求"入静"。练功时的入静状态就是大脑皮层处于抑制的状态,依靠这种抑制过程的保护作用,可以促使衰弱的大脑细胞恢复正常功能。神经衰弱的病人练气功以坐式强壮功为主;如体力太弱可以卧式作放松功;体力好也可练"站桩"。每天练 1~2 次,每次 20~30 分。太极拳则是"动中求静",这样能使大脑运动部位处于兴奋状态,使其他部位得到较深的抑制,从而得到充分的休息来恢复功能。

对神经衰弱的人来说,长跑是最好的锻炼项目。有节奏的步伐,对神经系统能起到良好的调节作用,有助于神经兴奋和抑制过程的正常交替。长时间的长跑锻炼,可以使原来已经失调的神经系统的兴奋和抑制过程得到恢复。长跑还能够帮助神经系统建立起兴奋和抑制过程之间的比较巩固的联系,使神经系统对外界反应的灵活性提高,控制能力增强。神经衰弱的失眠、头痛等各种症状,在长跑中会逐步减轻或者消失。

冷水锻炼也是一种很好的办法,冷水的刺激有助于强壮神经系统,特别是能锻炼自主神经系统的功能,促进全身血液循环,加强新陈代谢,提高人体的抵抗力和适应能力,增强体质。神经衰弱的人进行冷水锻炼,可在早晨起床后进行。开始先用温水擦身,经过一段时间锻炼,再改用冷水擦身,最后用冷水冲洗或淋浴,每次一分左右,如果能从夏天开始冷水锻炼,坚持到秋季和冬季,效果则更好。

神经衰弱者的健康体育锻炼应注意以下几点。

(1) 每天要在一定的时间内有系统、有规律地进行活动,如早操、课间操、课外活动和睡前散步等。

(2) 长期坚持。神经衰弱是个慢性病,得病并非短期,而是长期积累形成的,体疗也需长期坚持,要下大决心,就是病情已经好转,还需继续坚持,以巩固锻炼疗效。

(3) 要循序渐进,运动量要逐渐增加,不能突然加大,每次锻炼后自我感觉良好,稍有轻度的疲劳。如果失眠加重,运动停止后心跳加快,长时间不能恢复,则表明运动量太大。

(4) 神经衰弱普遍有失眠,在睡前可做简单的医疗体操、太极拳或散步 10~20 分、自我按摩和温水洗脚等。

(5) 锻炼时要情绪饱满,选择空气新鲜、环境优美的室外场地进行。

第三节　大学生常见疾病的体育疗法

一、慢性肝炎的体育疗法

(一)肝炎是由于病毒引发的以肝脏损害为主的疾病

根据病原体的不同,一般将肝炎分成"甲、乙、丙、丁、戊"5种类型。肝炎不仅是令医疗卫生界颇为棘手的难题,也是影响大学生生活和学习的主要感染性疾病。

(二)健康体育锻炼对慢性肝炎患者康复的意义

目前,一般认为,慢性肝炎患者在注意合理营养和必要休息的同时,还应积极地投身于健康体育锻炼,以促进康复速度,改善心理状况。实践也证明,慢性肝炎患者若长期休息,并不一定能促进病情好转,相反却会加重症状。这是因为长期休息(甚至完全卧床休息)缺乏必要的活动,血液循坏和胃肠蠕动的速度会变慢,内脏器官的瘀血增多,这不仅会降低消化吸收的功能,造成肝脏的实质性损伤,也会导致患者精神萎靡不振、情绪抑郁低落。适当的健康体育锻炼,不仅可以提高患者中枢神经系统的张力,改善皮层和自主神经系统对肝脏的调节功能,增强身体的抵抗和免疫能力,活跃肝脏血液循环,改善肝细胞的营养,有助于肝功能的恢复等,而且能够减轻慢性肝炎患者所常有的神经功能性症状(如神经过敏、失眠、情绪低落等)。使他们精神愉快,睡得着、吃得香,这对于改善患者的全身健康状况,促使疾病的早日痊愈是很有好处的。

一般认为在肝炎活动期,即有黄疸、食欲明显减退及全身无力,肝功能检查明显异常,尤其是谷丙转氨酶明显增高等情况下,则要以休息为主,适当地参加一些比较缓和的体育活动,如散步、太极拳等。如果是在非活动期或者是恢复期,则应多参加一些体育活动,适当地安排一定的休息。如可参加快步走、慢跑、骑自行车、游泳、打乒乓或羽毛球等活动。

国外运动医学专家曾对慢性肝炎患者进行功率自行车锻炼的实验(每日两次,每次10~20分),7天后发现,患者精神愉悦、心情舒畅,血清胆红素和转氨酶明显下降。

(三)慢性肝炎患者锻炼的注意事项

(1)以不引起疲劳为度。肝炎患者的耐力较差,易发生低血糖,故应在疲劳出现前结束锻炼。

(2)锻炼的时间不要太长,一般在20分左右。锻炼时不要强调运动量,运动量要逐渐增加,心率在100次/分即可。

(3)养成定期(两周)检查肝功能的习惯。当病变处于活动期(低热、疲怠、食欲不振、恶心、肝区疼痛、血清转氨酶高等)不要进行锻炼。

(4)在运动时,一旦感觉到肝区疼痛、肝功能异常、发烧、恶心等,应立即停止运动。

二、鼻窦炎的体育疗法

所谓鼻窦炎,即鼻窦里面的黏膜受到病毒感染而引起发炎。造成鼻窦炎发病的原因虽然很多,但以继发性感冒者为最常见。因此有鼻窦炎的人,除应积极进行治疗外,局部医疗体操能减轻鼻窦炎的某些症状,下面我们向大家详细介绍这种体操的练习方法。

(一)局部医疗体操

(1)搓手。两手手掌、手背相对用力搓擦两三分,至有温热感为止。

(2)擦脸。两手五指并拢,中指贴鼻翼两侧,向上擦至前额发际,两手掌心沿发际向外向下擦,至下颌还原至鼻旁。速度约每分六次,共擦三分。

(3)揉颈。双手五指并拢紧贴颈部两侧,沿颈部前后搓擦,30次为一组,揉四组,约两分。

(4)揉迎香穴(脸颊部)。双手半握拳,双食指按鼻旁的迎香穴,顺时针方向揉10次,逆时针方向揉10次,约半分为一组,揉四组,共两分。

(5)揉风池穴。双手五指并拢,食、中、无三指紧按风池穴揉按,顺时针方向揉10次,逆时针方向揉10次,约30秒为一组,揉按四组约两分。

风池穴在脖子后大筋(斜方肌)两旁,发际内的凹窝中。

三、鼻窦炎患者的注意事项

(1)平时应多在户外进行健康体育锻炼,以逐步提高呼吸道黏膜和全身对气候突然变化的适应能力和对病毒的抵抗能力,使之不患和少患感冒。

(2)锻炼时,要活动到身体发热后,再逐步地减衣服,以免着凉;在锻炼后,应立即将湿衣服脱去,换上干衣服,以防止受寒感冒而加重鼻窦黏膜充血、水肿,造成鼻塞加重。

(3)动作应简单易行,要有节奏地以中等的、平稳的速度进行,一般不宜做大强度的急速和长距离的体育活动,如快速跑和越野跑,也不宜进行游泳。此外,还应避免静止的用力练习,如举重等。

(4)在寒冷、风大或有大雾的时候,不宜在室外锻炼。因为在这样的气候条件下,鼻黏膜血管收缩,局部组织缺氧,黏膜分泌能力降低,容易使病原菌乘虚而入,加重病情。此时可以在室内做做广播操,打打太极拳,或在走廊里来回慢跑等。另外,每天可以做自我按摩,如擦鼻梁(用两手食指擦摩鼻梁两侧,至有发热感为止),揉按"迎香"穴(用两手食指指尖侧面轻轻揉按这个穴位1～3分,此穴在鼻翼外缘中点与鼻唇沟的中间)等,以改善鼻黏膜的血液循环和新陈代谢,减轻鼻塞,增强黏膜上皮的抵抗力。

三、胃下垂的体育疗法

胃下垂是一种疾病,在病情较轻时,一般不出现什么症状。但下垂程度较重时,胃的位置就下降到了下腹部,胃的下缘会达到骨盆腔,胃小弯弧线最低点可降低到骨髂肌连线以下,同时胃蠕动减弱,胃平滑肌张力减低,出现腹部胀闷。消化不良、头痛、头昏、便秘、易疲劳等多种症状。胃下垂常是内脏下垂的一部分,即同时可以有肾、肝、大肠等内脏器官位置的降低。

胃下垂与体质因素有关。胃下垂患者大多身体瘦弱,全身肌肉无力,由于他们的腹腔韧带松弛,腹肌力量弱,不能把胃维系在正常位置上,较易得胃下垂。同时说明胃下垂是整个身体软弱的一种表现。在祖国医学文献中认为胃下垂是脾胃元气不足所致是中气不足或中气下陷的症状。

腹腔内器官的位置靠三个因素保持其正常:①横膈的位置和膈肌的活动力;②腹肌力量和腹内压的维持;③相邻各器官有关韧带的固定作用。体育活动(包括跑步)会使整个机体机能改善,对肌肉和韧带功能也发生良好影响。因此参加健康体育锻炼对预防胃及其内脏下垂都有积极作用。

实践表明,经常从事有针对性的康复体育锻炼,可有效消除或改善其过度扩张和松弛下垂状态,提高胃肠平滑肌的张力和紧张度,增强腹壁肌力,形成生理的"肌肉腹带",从而起到支持内脏于正常生理解剖位置。运动医学专家们认为,最适合胃及内脏下垂患者的康复体疗锻炼项目是柔软医疗体操,现介绍如下。

第一节控腿运动:取仰卧位,将两腿并拢伸直。举起抬高至45度时,保持静止10～20秒,然后还原放松片刻,再重复进行1次。

第二节屈腿运动:取仰卧位,两腿同时屈膝提起,使大腿贴腹,然后还原,如此重复10～12次。此练习每日可做1～2次,每次重复10～15次。要求配合呼吸(屈曲时应吸气,还原时应呼气)。

第三节踏车运动:仰卧位,轮流屈伸双腿,模仿踏自行车运动,要求动作轻松而灵活,屈伸范围应尽量大。此方法每日可做1～2次,每次持续时间约30～45秒。

第四节摆腿运动:患者取仰卧位,先将两腿并拢,随后直腿举起,在离床面20～30厘米高度处停止,尔后再慢慢向两侧来回摆动,每次10～15次,每日可做1～2次。

第五节抬盆运动:取仰卧位,屈曲双膝,抬起骨盆,呈半弓桥形,并停留片刻,还原,继而在重复进行。此法每日可作2～3次,每次3～5分。

第六节摩腹运动:取坐位,全身放松,人静。用右手掌心或掌根贴于腹部,左手掌压在右手背上,以右往上揉到左边,再从左往上揉到右边,呈圆形按摩15～20次;然后再用右手掌按在脐上,由下往上至心窝推摩。该练习每日可做1～2次,每次5分。

康复体疗训练时应注意:体疗时勿操之过急,需开始从小运动量进行,待机体适应后,再逐渐增加运动组数、次数、运动持续时间。进餐后不要马上从事锻炼,以免胃体及韧带受到重力影响而加重病情。胃及内脏下垂者较瘦弱,所以宜选择富含多种营养素且易消化的食物;同时,在进食方面为促进胃排空,平时应坚持少食多餐的饮食准则,以减轻胃的负担。合作有腹腔器官急性炎症、活动性溃炎、肠结核、严重腹痛、腹泻等患者,不宜从事康复体疗训练。

四、健目清睛的体育疗法

目功十六法是一套健目清睛的保健操,在日常生活的间隙,随意选择其中一两个式子来练习,就可以达到护目健目的作用。

(一) 摩面

每逢读写而感到视觉疲劳时,就用单手摩面。先作顺、逆时针方向圆周状按摩,再做自上而下的直线式按摩以及自左至右的横线式按摩。摩面时,头部固定不动,重点在眉眼部位,手法宜沉稳有力,操作时间不宜太长,以面部皮肤有微热感为度。

(二) 搓头

遇反复思考问题不得要领,或读书一时读不进去,这时最好休息一下。但在任务繁忙不能分身时,不妨用单手五指或双手十指的指肚搓揉发根,手法宜稳而重,切忌摇头晃脑,搓时最好闭目。

(三) 击鼓

睡觉初醒时,用双手指肚敲打前额至脑后发际,顺序自前而后,由中而侧。敲打时微觉咚咚有声,手法轻重相宜,以头脑有清醒舒适感为度,若能配合其他几式练习,日久,对恢复视力功能有较好作用。

(四) 闭目

闭目是养神的基本方法。每次闭目的时间可长可短。如上课前或下课后,闭目几秒钟至一分,这样,久而久之,在上课后就能保持较好的视力,使视觉疲劳明显推迟。再如,中午不能睡午觉,就闭目养神一两分钟乃至几分钟;夜间因故必须迟睡,则在黄昏时闭目片刻,都能相对地提高学习和工作效率。假若在家自学,凡遇读书写字时间较长,中间就可闭目休息。这是脑力劳动者的一种基本休息方法。

(五) 远眺

尽可能到视野开阔的地方去活动一下、远眺一阵。例如去公园时,多注意远处景物和树木的绿叶。即使在室内读写,时间稍长后,也可利用思考间歇,注视一下窗外的蓝天白云或室内较远墙壁上的斑点,纵然只有几秒钟的时间,往往也能起到良好的调节作用。

(六) 眨眼

两眼眨动几次,然后紧闭片刻,再突然睁大眼睛。最好重复做两三遍。

(七) 顾盼

头不动,使眼球向左右眼角转动,极目顾盼几次。

(八) 虎视

扭转脖子,向后面看四五次,左右交替,以提高视力。

(九) 瞪目

瞪目注视室内或室外一目标,高度应稍低于眼平视水平,注视后闭目瞬息,然后暗想留存脑际的视觉印象。瞪目时吸气,闭目时闭气,开目时呼气。以气不促、胸不闷,而眼目有清明感为原则。每日做两三遍,日久,有明目、强记忆的功效。

(十) 转睛

早晨醒后,先闭目,呈圆周旋转眼球,顺、逆方向各四五次;再睁目轮转眼珠,次数相同。晚上睡前,先睁目、后闭目转睛,即模仿猫头鹰的一种练眼法,是最古老的体育医疗术之一。

（十一）熨目
两掌相合，做有力而无声的摩擦，至掌心发热后，以手掌熨帖双眼，连做两三遍。

（十二）点穴
以食指指肚或大拇指背第一关节的曲骨，重按眉目和眼周各穴位，其中以眉梢的丝竹穴为重点，但每次只要轮换取穴一两对，各按数下即可。手法由轻而重，以有明显酸胀感为度。遇有头痛或眼红，可加点太阳穴，方法相同。要注意：①穴位要准确；②每次取穴不可太多；③不要每天点穴或总是点按同一穴位，要轮换，要间歇。

（十三）掐眦
闭目，以拇指、中指捏住鼻梁两旁的眼角，以食指点按印堂穴，闭气，然后三指同时操作，连点带捏，连续捏至微闷时即吐气结束，做一遍就够了。凡应用自我按摩法，尤其是触及眼部时，要注意手的清洁。

（十四）抹颈
以一手掌全掌用力按住脑后颈部上端的发际，自上而下用力抹几次。动作要缓慢，一轻一重地操作。手法加重时须有手、颈抗衡之势。一手疲乏后，换另一手再做，调。

（十五）舒脊
吸气扩胸收腹，头部向上顶起，带动脊柱尽量向上伸拔，然后呼气，复原。这样一张一弛，一伸一缩做几次，能疏通颈部、颈部气血，祛除颈椎和背部因长时间伏案引起的酸痛。

（十六）揉肋
先以两掌各自缓慢有力地搓揉两肋十余次，在揉肋的同时左右交替耸动两肩胛骨十余次，有舒筋明目和祛除胸肋肩背酸痛的功能。

此法人人可练。但练习式数、次数和时间，可灵活掌握。

五、痛经的体育疗法

痛经是一种月经伴随症，是指在月经来潮时（或即将来潮前），下腹剧烈胀痛，并伴有腰酸，头昏等症状。痛经可分原发性痛经与继发性痛经两种。大学女生痛经大多数属原发性痛经，多与精神紧张，有恐惧心理或子宫发育不良，腹肌及骨盆底肌过分软弱无力等有关。

有不同程度痛经的女学生，通过一定的医疗康复体育锻炼，活跃腹腔及盆腔的血液循环，减轻盆腔充血程度，加上情绪、精神得到调节，可使痛经减轻。一般说，步行、徒手操、太极拳等活动都有助益。

医疗体育治疗对预防女生的痛经症具有良好的作用。主要在于通过多种专门性练习，以改善盆腔血液循环，纠正子宫位置，减轻盆腔内压，缓解会阴部下坠感、尿频、痛经、腰酸等症状。

(一) 体育疗法

1. 提肛缩紧法

坐位(立、卧位亦可),全身放松,意守肛门,做提肛缩紧肾收腰动作,提肛时吸气,放松时呼气,依次反复练习。

2. 增强腹肌、膈肌法

(1) 屈膝仰卧位,两臂放于身体两侧,用力下压,同时腹部抬起成桥形,稍停后放下,依次练习,略感疲劳为度。

(2) 仰卧位,两手放于枕后做两腿依次上举练习。或两腿同时上举,或两脚夹住实心球上举,然后慢慢放下。

3. 腰背肌练习法

(1) 手扶器械,两腿分开站立,上体前倾,做腰腹部向下振压动作,进行时头部稍拉起。

(2) 手扶器械,上体前倾,做单腿向上方的动作和拉腿动作,进行时头部稍抬起。

4. 髋关节各轴位练习

(1) 立位。屈髋屈膝,两腿交替屈伸,同时两臂配合摆。

(2) 坐位。两腿分开伸直,坐于垫上,做向左向右体前屈运动。进行时腰部伸展,手尽力触及脚尖。

(3) 手扶器械,身体自然屈膝下蹲,随后两腿在蹲跳中依次向左(右)侧伸。进行时,上体保持正直。

5. 纠正子宫后倾后屈练习

(1) 肘膝同时跪撑在垫上,臂部提起,持续3分,反复做5次。

(2) 由跪撑至提臂俯撑,反复练习,以略感疲劳为度。

(3) 由跪撑至单腿后伸,两腿交替练习,以略感疲劳为宜。

(4) 由跪撑至提臂俯撑,接着做两腿交替跳跃动作。

(二) 注意事项

(1) 女子痛经病情各异,上述练习大多在特殊体位下进行,要求患者必须树立信心,持之以恒。

(2) 整个疗法的运动量由小逐渐增大,心率一般控制在130次/分左右,以稍微出汗为度。

(3) 动作要正确,活动幅度逐步增大。练习结束后,要做腹部放松运动。

(三) 自我按摩疗法

自我按摩能通调气血,改善血液循环,防治或缓解痛经。

第一节:仰卧,一手掌心贴于小腹部,做顺时针方向揉摩,约3分。有调和气血、解痉止痛的作用。

第二节:右手中指腹按压肚脐直下3寸处(关元穴),以感到酸胀为度,揉动1分。有培补元气、调理冲任的作用。

第三节:右手中指指腹按压肚脐直下4寸处(中极穴),以感到酸胀为度,揉动1分。

有益肾固带、调经止痛的作用。

第四节：双手掌心分别放在两侧肋部，分别向小腹方向斜擦，约1分，以局部有温热感为佳。有疏肝理气，解郁除烦的作用。

第五节：两手掌根紧贴腰部，用力向上下擦动，约1分，以腰部有温热感为好。有补肾壮腰、益气调经的作用。

第六节：两拇指指腹分别按压两侧髌骨内侧上缘2寸处（血海穴），以感到酸胀为度，揉动1分。有调经清血、疏通经脉的作用。

第七节：两拇指指腹分别按压两侧髌骨内侧下方骨隆起下的凹陷处（阴陵泉穴），以感到酸胀为度，揉动1分。有疏经通络、行气活血的作用。

第八节：两拇指指腹分别按压两侧足踝上3寸处（三阴交血），以感到酸胀为度，揉动1分。有滋阴通脉、调经止痛的作用。

此操宜在月经来潮前一周起开始直至月经结束，每日一次，连续2～3个月经周期。除此之外，有痛经史的女子还须注意以下几点：①月经期要注意保暖，避免寒冷；②经期要适当休息，不要过度劳累；③保持心情舒畅，避免暴怒、忧郁；④注意经期卫生；⑤平时多参加体育活动，增强体质。若为继发性痛经患者，自我按摩后只能暂时缓解腹痛，因此必须积极治疗其原发病。

六、失眠的体育疗法

大学生中，有不少人因经常失眠而苦恼，并为此引起精神上较大的压力，以致造成恶性循环，愈演愈烈，使得学习下降，精神和身体都受到损害。

生理、心理学家们经过多年的临床观察，一致认为在引起人们失眠的原因中，心理因素是最为重要的，人类的喜、怒、哀、乐、悲、恐、惊都可能使人失眠。年轻的同学，想象丰富，情感多彩，容易激动，很可能因为考试的紧张、球赛的兴奋、友谊的挫折、身体的不适等原因，程度不同地偶尔尝到失眠的滋味，对此不要惊慌和恐惧，更不必背上沉重的包袱。这种偶尔的失眠，是正常人的正常生理现象，它会随着以上原因的消除而自然恢复。人所必需的睡眠时间，没有一个统一的规定的标准，一般说，大学生每天有8小时即可。睡眠好坏不单看时间多少，更重要的是看睡得是否深沉，睡眠作用是否达到。睡眠的作用不只是消极地为了解除疲劳，还有储存能量使精力更旺盛的积极意义。睡醒后头脑清新，精神愉快，饮食正常，精力充沛，就可以说睡眠情况良好。对于经常性的失眠，应进行冷静分析。

引起失眠原因是多方面的。白天学习太繁重，用脑过多，到了晚上就会因脑细胞过于疲劳而不易入睡。还有的学生因心情激动，被愤怒、恐惧、悲伤、痛苦、喜悦等情绪缠绕着，也会失眠。因为情绪与人形影不离，所以情绪对睡眠的影响更直接。情绪不仅影响大脑皮层的神经过程，而且与骨骼肌的紧张度也密切相关。当情绪安定是，肌肉紧张度降低；情绪激动时肌肉紧张度升高。近年来，神经生理学者们研究证明，失眠与骨骼肌没有放松有关系。骨骼肌处于紧张状态时，必然会向大脑皮层输送大量的冲动，使皮层处于兴奋状态，同时，大脑皮层要对所接受的冲动作应答，使肌肉又紧张起来。这样，睡眠很难实现了。

按照以往的传统认识,以为解决入睡问题只要着手解决心理因素即可。事实则不然,解决神经因素而不放松骨骼肌,依然不能入眠。只有使骨骼肌充分放松,肌肉得到休息,中枢神经才能得以真正的安静。

下面介绍的一套就寝前做的放松肌肉的练习,只要你一个动作一个动作地练习,并且持之以恒,一定能解除失眠的痛苦,实现快速入眠。

(1)立正,两臂前平举。第一步:深吸气最后屏息。两臂尽量伸直;双手握拳,使肌肉紧张起来。口中数数直到两臂颤抖。默念:"紧张起来了。"第二步:呼气,上体前倾,下垂双臂来回摆动,肌肉放松。默念:"放松了。"

(2)立正,两臂屈肘侧平举,双手握拳于胸前。第一步:双臂、肩带及面部肌肉紧张。默念:"紧张起来了。"第二步:同上。

(3)提踵站立,双臂上举,双手相握。第一步:深呼气,全身肌肉紧张。数数,直到肌肉颤抖。默念:"紧张起来了。"第二步:呼气,深蹲,头自然前倾,双臂放松。默念:"放松了。"

(4)坐姿,双手置于膝上。第一步:深吸气。双手用力压大腿,双脚用力压地面。肌肉紧张。数数,一直数到颤抖。默念:"紧张起来了。"第二步:呼气,放松。默念:"放松了。"

(5)仰卧,屈髋,屈膝,大腿靠向腹部,双手抱膝。第一步:吸气,抬头,紧张,数数。默念:"紧张起来了。"第二步:呼气,放松,放下两腿伸直身体。充分体会肌肉疲劳后放松的愉快感。默念:"放松了。"

第四节 大学生常见运动伤病的防治

一、膝关节扭伤的防治

膝关节突然弯曲扭转,使关节周围韧带因过度牵张而部分断裂,这种损伤叫作扭伤。

构成膝关节的股骨髁(头)体积大,胫骨上端的平面(窝)小而浅,二者像大头戴小帽一样连接在一起,所以这个关节炎很不稳定。膝关节是下肢的承重关节,需要很高的稳定性,这种稳定性靠强有力的韧带和肌肉来维持。另外,胫骨平面上有两块周边厚、内缘薄的半月形软骨半月板,也有增强稳定作用。

关节囊把股骨、胫骨包绕起来构成关节。关节囊内一侧有一层柔嫩的滑膜,分泌滑液帮助骨节活动。关节囊加厚部分形成韧带。主要韧带是内侧副韧带、外侧副韧带、内侧半月板、前十字韧带、后十字韧带。内侧副韧带、内侧半月板、前十字韧带经常同时受伤。

膝关节主要肌肉,在前面有股四头肌,后面有大腿后群肌。

膝关节伸直时最结实、最稳定,半屈曲状态时,由于周围韧带放松,在外力的作用下,大腿或小腿间内外过分旋转就很容易扭伤。比如踢足球的"二人对脚",跳箱落地双膝没有并拢,就是容易造成扭伤的动作。

膝关节局部疼痛,周围肌肉发紧,关节不能伸直和运动受限,是膝关节扭伤的常见症状。这也是机体的一种自我保护本能,它强迫病人不能继续活动以减少再受伤的机会。有些病人还会皮下出血,在关节周围出现青一块紫一块的瘀斑。

如果严重扭伤使关节囊内滑受到损伤,就会引起关节内出血,出血后,关节迅速肿胀剧痛,这种情况下要及时请医生抽血、减压,以减轻扭伤的痛苦。

韧带受伤后,关节肿胀疼痛、不能伸直,一般只能卧床休息。经过适当处理,疼痛、肿胀会在两周左右消失,关节也能逐渐正常屈伸,这时病人可尝试下地行走。如果行走过程中觉得关节发软,不敢用力,上下楼梯时关节有卡住或不稳感,意味着半月板、前十字韧带等尚有损伤要请医生进一步检查,弄清病根,再进行根治。

严重的关节扭伤必须进行手术治疗。

关节受伤在手术治疗后,可以进行健康体育锻炼,以促进关节的康复。在局部疼痛、发热肿胀消失后,锻炼就可以开始。

锻炼原则是从简单到复杂,从局部到全身。常用的锻炼方法有以下几种。

(1)绷劲仰卧位,病人主动用力收缩股四头肌,维持2秒,慢慢放松约3秒。收缩放松交替练习,重复10次一组,练3~5组。每日练3回。

(2)直举腿仰卧位,病人缓缓举起患肢约45~60度,在空中停留2~3秒后缓缓放下,休息3~5秒再练。休息时间长短因病人的体力而自行决定。举起、放下为一次,练10次为一组,每回练3~5组,每日练3回。

(3)负重直举腿仰卧位,将重0.5~1千克的沙袋放在踝关节处,直举腿方法同"二"。随着肌肉力量的增长,可增加沙袋重量,总重可以增至2千克,但强调要直膝举腿不能打弯。举起放下10次为一组,每回练3~5组,每日练3回。

(4)负重伸小腿仰卧位,小腿垂于床沿,踝关节负重0.5~1千克。缓缓使膝关节伸直,维持伸直为2秒,放下小腿。重复10次为一组,每回练3~5组,每日练3回。

(5)散步、骑自行车:病人膝关节情况好转后,应尽量下床活动。散步或慢慢骑自行车都可以,每日活动30~40分。

(6)慢跑、快步走。经过上述康复训练一个月左右,青年病人可以参加慢跑,年纪稍大的人可以快步走。跑走距离因人而异,只要没有胸闷、憋气感觉,运动后脉搏能在3~5分以内。恢复到正常水平就行。

(7)静止半蹲练习:两脚分开与肩同,站立,膝半蹲130度左右。上体正直、颈部放松,上肢前平举或下垂于体侧。呼吸自如,保持这样姿势不动。开始练习时,要尽量保持3分,每天递增30秒到1分,直至一次坚持半蹲20分为止。练习后慢慢伸直膝关节,每日练1~2次。

大腿肌肉有相当力量,可肩负杠铃、沙袋10~15千克,再做静止半蹲练习。

膝关节扭伤甚至动过手术的人,如能坚持上述练习3个月以上,再参加一般体育活动是不成问题的,但活动前一定要充分做好准备活动。

二、踝关节扭伤的防治

踝关节扭伤,不仅发生在运动场上,日常生活中也很多见。下楼梯、走坡路、高处跳下、下行车站不稳、冰冻路滑等是常见的诱因。

踝关节扭伤都发生在外踝。受伤后疼痛，很快肿胀，皮下瘀血青紫，踝关节扭伤的程度不同症状也有差异。

（一）踝关节扭伤程度与症状

轻度外伤受伤后的一瞬间脚腕感觉疼痛，但不久就消失。运动员还能继续训练或比赛。而过3~4小时后，走动时有痛感，脚踝部肿胀，踝关节处做屈的动作就疼。一般肿胀部位出现在踝关节表面。如不及时治疗，运动员仍进行训练，就会感到踝关节比原来更疼，完成动作"吃力"并且会再次受伤。

中度损伤关节轮廓模糊，围长已增至2厘米左右，运动员已感剧痛再不能坚持训练或比赛。甚至在平静状态时，踝部也感疼痛，且屈伸只能在35度左右。

严重扭伤疼痛甚烈，踝关节已不能负荷。不久，关节轮廓就模糊不清，围长增大3~4厘米。踝的下侧肿得最明显，直到趾底。踝部皮肤与脚的外侧，因为内出血的缘故，从第二至三天起呈紫褐色。稍动剧疼，且恢复亦慢，踝关节处只能勉强地做10~20度的屈伸。

（二）踝关节为何容易扭伤

踝关节的构造犹如人骑在马鞍上。"马鞍"是距骨，大致为方形，后部比前部略窄。骑在"马鞍"上外面的一条"腿"稍长，是外踝；里面一条腿较短是内踝；关节周围有不少韧带起固定作用。内侧的韧带比外侧的要坚韧一些。

下楼梯、走坡路时，足尖低于足跟，踝关节的两条"腿"向"马鞍"的关节间隙增大，关节松弛不稳。如不注意，加上肌肉力量不平衡，脚就容易翻拐。由于内侧韧带坚韧，外踝又长，足底不易向外翻，故常常向内翻。超过一定限度，外侧韧带就被撕扯断裂，小血管破裂出血，局部瘀血肿胀。严重时，还可能将韧带附着的骨片也撕脱下来，发生骨折。

（三）踝关节扭伤的治疗

因为踝关节扭伤的主要症状是疼痛，是由于受伤脚的血管出血，而压迫着关节囊的神经末梢，所以急救时首先须用氯乙烷喷射扭伤部位，减少其出血。如无此条件，就将受伤关节放入冷水中20~25分，也可用冰块或冷毛巾敷受伤部位。用此方法，最初三、五分内可能会疼痛加剧。但不久就会减轻或消失。冷敷后将扭伤关节用绷带紧紧包扎，并静息1~2日。在卧床休息时，应将伤足抬高，以利静脉回流，消除肿胀。第三日起每日应做2~3次热敷或用温水烫脚，每次约30分，同时做脚的伸、屈、绕环、外展等动作，促使血液循环加速，恢复受伤关节的正常动作幅度。当疼感和肿胀消失后，就可以在松软地上做跑的练习，但强度不宜太大，运动量也要适可而止。并在训练之余，适量加强大腿、小腿、脚腕的肌肉、韧带的力量练习，以全面增强身体素质，将促进受伤关节机能的迅速恢复。

（四）如何预防踝关节扭伤

下坡、下楼要注意；走不平坦的路或运动时，应穿高帮鞋，以加强防护。此外，特别要指出，穿高跟鞋是诱发踝关节扭伤的重要因素。穿高跟鞋时，双足微屈，脚尖低于足跟，踝关节松弛不稳，很容易扭伤。因此，要尽量少穿高跟鞋不走不平的路或运动。

三、肌肉拉伤的防治

在体育运动中,肌肉拉伤是比较常见的一种外伤。据有关资料统计,肌肉拉伤在各种运动损伤中约占25%。轻的肌肉拉伤几天就可以好,比较重的则需要比较长的时间才能康复。个别重度肌肉拉伤,已经引起撕裂的,还需要手术缝合。肌肉拉伤的主要原因有三个。①不做准备活动或者准备活动不充分,就匆忙进行训练或比赛;②身体训练水平不够,肌肉的弹性、伸展性和肌力差,达不到训练或者比赛时所需要的肌力或伸展度而引起拉伤,这跟一条只能伸展120%的橡皮筋拉长到130%的时候就被拉断的原理是一样的;③身体状况不良,比如,运动量过大引起局部疲劳,使肌肉机能下降,弹性和伸展性减退,肌力减弱,协调性失调,肌肉发僵等都容易引起肌肉拉伤。

肌肉拉伤的主要症状一般可以分为轻、中、重三种类型。轻度肌肉拉伤的主要症状是受伤部位微痛,局部微肿或不肿,有轻微压痛。中度肌肉拉伤,有小部分肌肉纤维撕裂,局部中等疼痛,有肿胀和瘀血,局部压缩比较重,受伤处肌肉痉挛紧张,手摸发硬。

重度肌肉拉伤有比较多的肌肉纤维撕裂,受伤当时可以听到肌肉断裂声。局部肿胀明显,皮下瘀血严重,在肌肉断裂的地方有明显压痛,可触摸到凹陷。

怎样预防肌肉拉伤呢?

在锻炼前要充分做好准备活动,特别是容易受伤的部位。准备活动的内容与运动量,应该根据训练的要求、比赛内容、个人身体状况、气候条件等决定。从事剧烈运动或者比赛,气温又比较低时,准备活动时间可以长些;一般性训练,气温又比较高时,准备活动时间可以短些。一般说,以身体觉得发热,微微出汗为好。另外,肌肉疲劳、紧张、僵硬的人容易拉伤肌肉。预防的方法是做肌肉伸展练习。身体状况良好的人也要根据参加的不同运动项目,伸展有关部位的肌肉,比如参加田径运动的人就要做好下肢肌肉的伸展练习。

资料统计表明,大、小腿肌肉拉伤中比率较高,因此,要特别加强这大、小腿的肌肉伸展训练。下面介绍一些练习方法。

(1)股四头肌(大腿前面的肌肉)的伸展练习。左膝跪在地上,右腿呈90度向前弯曲,右脚着地,腰向前弯,用右手向臀部拉左脚,保持30～60秒,使肌肉发紧,但不感到疼痛为度。放松以后再做另一侧的伸展练习。

(2)股后肌(大腿后面的肌肉)的伸展练习。仰卧在地,右侧下肢伸直,左侧下肢弯曲,双手抱膝向下拉,头抬高向膝靠拢,持续30～60秒,也是以肌肉发紧,但不感到疼痛为度。然后再做右侧练习。

(3)小腿后群肌(小腿后面的肌肉)的伸展练习。坐在地上,双腿伸直,用力向脚背勾脚。伸展练习要做得缓和,不能快而猛,每个部位的伸展练习重复多次。预防肌肉拉伤还要根据个人的身体情况,合理地安排运动量,要遵守循序渐进的训练原则,防止急于求成和"单打一"的训练方法,以免局部肌肉疲劳引起拉伤。

无论是哪一种肌肉拉伤,只要伤部没有明显瘀血和肿胀,都应该早些考虑恢复训练和进行肌肉伸展练习。因为肌肉拉伤以后,撕裂的部位会形成疤痕,如果伸展练习太晚,肌肉内的疤痕不能随肌纤维拉长而拉长,一旦活动伸展肌肉的时候,患部就会疼痛。

四、肌肉痉挛症的防治

肌肉痉挛就是我们通常所说的"抽筋",它是肌肉发生不自主的强直收缩所显示的一种现象。健康体育锻炼中最容易发生痉挛的部位是小腿后群(俗称"小腿肚子")和脚底的肌肉。

(一)肌肉痉挛常见的原因

(1)寒冷的刺激:在寒冷的环境中运动时,假如没做准备活动,或者准备活动做得不充分,肌肉受寒冷的刺激就可能发生"抽筋"。例如游泳时受到冷水的刺激、冬季户外活动时受到冷空气的刺激,都可能发生肌肉痉挛。

(2)疲劳:身体疲劳的时候,肌肉的正常生理功能也下降。疲劳的肌肉往往血液循环和能量物质代谢有改变,肌肉中会有大量乳酸堆积,乳酸不断地对肌肉的收缩物质起作用,就会产生痉挛。因而当身体疲劳时,特别是局部肌肉疲劳状态下再进行剧烈运动或做突然紧张用力地动用力的动作,就更容易引起肌肉痉挛。

(3)大量出汗:在高温季节或进行长时间剧烈运动,就会大量出汗。汗的主要成分是水,但也含有少数的盐。出汗多,盐的损失也就多,盐与肌肉的兴奋性有关,丢失过多的盐,肌肉的兴奋性增高,就会导致"抽筋"。

(二)发生"抽筋"时的处理

"抽筋"时,肌肉坚硬,疼痛难忍,而且一时不易缓解,邻近的关节活动也受到限制。不太严重的肌肉痉挛,只要向相反的方向牵引痉挛的肌肉,一般都可缓解。例如,当"小腿肚子"痉挛时,可以伸直膝关节,勾起脚尖,双手握住脚用力向上牵拉即可。此外,还可以配合局部按摩和点掐针刺委中、承山、涌泉等穴位。处理时要注意保暖,牵引时用力要均匀、缓慢,以免造成肌肉拉伤。

(三)"抽筋"的预防

首要的是加强健康体育锻炼,提高健康水平和身体素质,尤其应注意提高耐寒能力和耐久力。另外,运动前必须认真做好准备活动,让全身都活动开,对容易发生"抽筋"的肌肉可事先做适当按摩。冬季锻炼时要注意保暖,夏季运动尤其是进行剧烈运动或长时间运动时,可适当喝点淡盐水。疲劳和饥饿时不要进行剧烈运动。游泳下水前应先用冷水冲淋全身,使身体逐渐适应冷水刺激,水温过低时游泳时间不宜太长。

五、岔气的防治

在健康体育锻炼或比赛中,常常遇到同学由于运动而发生的突然性胸壁或上腹近肋骨处的疼痛现象(于运动中腹痛的位置不同),不仅影响体育运动正常进行,而且在说话、深呼吸或咳嗽时局部疼痛更加重,疼痛的局部可有压痛,但不红肿。这种症状就叫"岔气"。

出现这种现象的原因主要有两个:一是学生在运动前没有做好准备运动;二是呼吸节奏紊乱或心肌功能不佳。因此,预防运动中"岔气"的发生,必须教育学生充分认识准备活动的重要性。每次运动前要充分地活动开肢体,使身体适应后再逐渐加大运动量,在运动中要掌握正确的呼吸方法和节奏,并养成经常锻炼的习惯。

在运动或比赛中,如出现"岔气"的现象,可采用下述几种体育疗法。

(1)深吸气后憋住不放,自己握空拳由上到下依次捶击胸腔左、右两侧(从腋下到腰部),亦可用拍击的手法,拍击患者腋下,再缓缓作深呼气。

(2)深吸气憋住气后,请别人捶击患者侧背部及腋下,再慢慢呼气。

(3)可连续做数次深呼吸,同时自己用手紧压疼痛处。

(4)用食指和拇指用力捻捏内关和外关穴(内关穴在手腕部掌面、近掌腕部横纹正中向上2寸处,外关穴在手腕部背面正好与内关相对称的部位),同时做深呼吸和左右扭转身躯的动作。

(5)可深吸气后憋住不放,用手握空拳锤击疼痛部位(用力别太大)。

以上列举的五种方法,它们共同之处是"深吸气",这是治疗岔气的要领。因为深吸气后,胸廓变短加宽,使大部分胸壁肌肉处于较大的张力状态,这样可以解除局部的肌痉挛,同时可使肋骨关节牵引到功能位置、以利于关节复位。

捶打、拍击、捻压、按摩等是在深吸气的基础上在局部使用的不同手法,从中任选一种,皆可促进患部恢复正常功能。根据这个原理还可自己创造一些手法。如患部在背上,自己摸不到,深吸气后可屈腿抱脚仰卧在硬板床上,左右滚动几次。岔气的体育疗法简便易行,个别患者自觉当时效果不明显,但过一夜后症状可缓解50%~70%,一般第二天再做回体育疗法即可痊愈。

六、疲劳性骨膜炎的防治

许多大学生在参加长跑和跳跃项目一段时间锻炼后,常出现小腿骨疼痛的现象,停止锻炼几天,这种疼痛就减轻甚至消失,而重新开始跑步跳跃时,疼痛又出现。这种小腿骨的疼痛,就是疲劳性骨膜炎造成的。

产生疲劳性骨膜炎的原因很多,例如在田径运动中,由于练习方法不当,跑跳练习过于集中,加上动作不正确,落地不会缓冲,使肌肉过度疲劳;或场地过硬使小腿受到较大的反作用力,这些均可导致疲劳性骨膜炎发生。疲劳性骨膜炎易发生在胫骨、腓骨、跖骨,此外,上肢过度负荷也可导致尺、桡骨等部位发生骨膜炎。产生骨膜炎的机制是由于肌肉附着部的骨膜长期受到牵扯,肌张力过强,使该部骨膜组织松弛或分离,骨膜瘀血、水肿,血管扩张,血液溢出,造成骨膜下出血,成为骨膜炎。也有人认为,在跑跳或支撑动作时,身体的重力与地面或支撑面的反作用力焦点,主要集中在骨弯曲的凸面(如胫骨前面),由于作用力与反作用力的反复作用,引起凸面的应力性损伤。

疲劳性骨膜炎的疼痛性质多为隐痛、牵扯痛,严重的有刺痛或烧灼痛,同时伴有局部肿胀、压痛;胫腓骨疲劳性骨膜炎患者有后蹬痛,尺桡骨疲劳性骨膜炎患者有支撑痛。通过X光检查,可见有骨膜增生,骨皮质边缘粗糙、增厚成层状。如出现骨质稀疏、骨纹理紊乱,如融雪一样,就提示疲劳性骨膜炎已加重,转化成疲劳性骨折。一旦发生胫腓骨骨膜炎,应进行积极的治疗。如果症状较轻,则可以边锻炼边治疗,注意减少下肢负担量,并且每天找医生进行必要的按摩、理疗、热敷等。如果症状较重则应停止下肢锻炼,以治疗为主。

症状较轻的,在锻炼时还必须采取必要的预防措施,以避免症状加重。如局部可用弹性绷带包扎,适当减少局部负荷,继续从事运动,随着负荷能力的提高,约 2~3 周后症状可自行消失,在锻炼过程中还要调整好运动量,切不要再使下肢局部负担量过重,要注意上下肢交替活动,而且每次练习之间的间隔放松的安排,也要注意更合理些,以利于疲劳的加速消除。参加锻炼不久的患者,特别要遵守循序渐进的原则,注意掌握正确的技术动作及落地的姿势。每次锻炼前后要充分做好准备活动和放松活动。锻炼时穿的运动鞋最好是鞋底有弹性的。场地要选较松软的,不要长时间地在过硬的场地和马路上练习。每天睡前要用热水浸泡小腿,以促进血液循环,改善局部营养。

症状较重者,除减少或停止小腿负荷(如跳跃、支撑等)外,可进行理疗、按摩、针灸等治疗,休息时高置患肢,以减轻肿痛,也可外敷中药或浸泡。如长期症状不减甚至加剧,应进行 X 光检查,以及时诊断预防疲劳性骨折的发生。

七、重力性休克的防治

在健康体育锻炼或比赛测验中,特别是在较长距离的耐力项目中,时有发生学生突然晕倒或恶心、呕吐现象。这种现象就是体育运动中所讲的重力性休克。重力性休克多发生在锻炼少、体质差的学生在高温天气下的耐力项目考试中。若在测试中突然有一同学晕倒或到终点后瘫软不起,会马上引起其他同学的慌乱惧怕反应,直接影响测试成绩。

因此加强对大学生掌握重力性休克的防治知识是非常重要的。重力性休克是运动之后出现头晕、头痛、眼发黑、恶心、呕吐等不良感觉和脸色苍白、嘴唇无血色、脉搏微弱、全身瘫软无力等机能失调等症状,甚至陷入昏迷或半昏迷状态。当发生重力性休克时,首先要镇静,采取措施主要是尽快帮助患者的静脉血回心,增大输出量,消除脑部贫血,从而达到治愈的目的。若症状轻微,可由同学搀扶患者继续慢跑、走动和全身放松,便可在短暂时间内消除不良感觉;若症状较重,瘫痪倒地,已处半昏迷或昏迷状态,可将患者置于阴凉通风的地方,头低腿高卧放,并在腿部轻轻按摩,促使血液向头流动,一般几分后脸色由苍白转为红润,稍加休息便可痊愈;若症状严重,经抢救或效果不大,则应速请医生诊治。

一般来讲,发生重力性休克并不可怕:它的救治方法简单,恢复快。但它在学生中的危害性却是很大的,鉴于此,我们应在健康体育锻炼和测试前加大预防力度,采取以下几种方法可有效预防重力性休克的发生。

(1)抓好预防重力性休克发生的生理基础。教育学生日常积极参加体育运动,增强体质。尤其要加强速度耐力素质、一般耐力素质和呼吸、循环系统的耐力锻炼。在平时的锻炼中要适当安排所测耐力项目的全程或超全程的练习,以做到在测试时心中有数,消除紧张心理。

(2)在测试前认真做好准备活动。通过准备活动使身体的各关节肌群充分活动开,提高肌肉韧带的柔软性和弹性。在准备活动使身体微微发热,调动起神经系统的兴奋性,提高全身的物质代谢水平,加强各个器官系统的活动。动员与运动有关的各部位,"全力以赴"来迎接测试。

(3)选择相对适宜的测试时间。饥饿使人无力,缺乏耐力活动所需的能量。高温易使人产生烦躁,出汗增多。闷热使人心情压抑,精神状态差。这些客观条件都与发生重力性休克有关。选择好相对适宜的测试时间,避开不利因素,将有助于预防重力休克的发生。

(4)对"重点人"进行重点观察。对身体素质机能差的"重点"学生,督促其平时的健康体育锻炼,多进行有助于耐力素质、呼吸系统方面的练习。指导他们掌握好测试前准备活动的适宜"度"。在测试中对他们的状态多观察,如发现异常早做处理。

(5)测试后做好整理活动。在测试过程中,呼吸机能虽竭尽全力仍然不能满足机体对氧气的需要,机体就以无氧代谢供能,因此运动后偿还。如果在测试后马上停止活动,甚至有的累得马上蹲下来,这种静止姿态就会妨碍激烈的呼吸动作,影响氧气的补充和氧债的偿还,对机体正常机能恢复有害。加之此时有大量血液在下肢血管里滞留,回心血量减少,造成脑部供血不足而出现暂时性贫血,易发生重力性休克。测试后做好整理活动,是消除疲劳、恢复体力的有效手段,也是预防重力性休克发生的重要方法。教育学生在测试后即使是喘不上气、心发慌、腿发软,也要坚持慢慢地跑或走动,做些呼吸运动和缓和全身的活动,尽量使肌肉放松,血管舒张,使机体逐渐恢复到安静状态。这对运动健身、预防重力性休克的发生都是行之有效的。

八、运动晕厥的防治

晕厥是由于脑部一时性供血不足或血中化学物质变化所致的意识短暂散失。据报道,健康的青年男子约有25%~30%的人都发生过晕厥。运动员发生晕厥多在大强度训练或激烈比赛中或比赛后。

(一)原因与发病机理

(1)血管扩张性晕厥。它占各种类型晕厥的首位。常因情绪过于激动、受惊、恐怖、悲伤或看到出血者引起。这是由于神经反射性引起血管扩张,血压下降,产生一时性脑部缺血。例如,女大学生或首次参加正式比赛的大学生,赛前过于紧张,容易引起晕厥。

(2)直立位低血压性晕厥。这类晕厥往往发生在久站、久蹲和长期卧床后突然改变为站立位时,使肌肉泵和血管调节功能失调,致使回心血量骤减以及动脉血压下降,引起一过性脑缺血。例如,游泳运动员比赛后站立时可能发生它占各种类型晕厥的首位。常因情绪过于激动、受惊、恐怖、悲伤或看到出血者引起。这是由于神经反射性引起血管扩张,血压下降,产生一时性脑部缺血。

(3)重力性休克。大学生在进行较激烈的跑步和打球后突然站立不动,下肢肌肉内的毛细血管和静脉失去肌肉收缩对它们的节律性挤压作用,加上血液本身的重力,大量血液积聚在下肢血管中,使回心血量和心输出血量骤减,导致脑供血不足,造成重力性休克。这种晕厥多发生在体质素质较差的大学生或训练水平差、比赛经验不足的运动员。

(4)胸膜腔内压和肺内压增高。如举重运动员吸气后憋气使劲举器杠铃时,可使胸膜腔内压和肺内压明显升高,影响回心血量,妨碍左心室充盈,因此心排血量减少,造成脑缺血,出现暂时性晕厥。

此外,低血糖、低碳酸血症、中暑、心或脑血管疾患和腹部脏器神经丛受到严重打击等,亦可引起晕厥。

(二)症状和体征

晕厥前病人感到全身软弱无力、头晕、眼前发黑、面色苍白、出冷汗。昏倒后,意识散失,手足发凉,脉率增快或正常,血压降低或正常,呼吸增快或缓慢。一般昏倒数秒钟,但也有经3～4小时才清醒。清醒后伴有头痛、头晕、全身无力,也可出现恶心、呕吐。多数患者记忆力可迅速恢复。

(三)处理

使患者处于仰卧位或下肢抬高位,松解紧身衣服和束带,注意保暖,做双下肢向心性重推摩或揉捏,必要时嗅以氨水或点掐(或针刺)人中、百会、涌泉等穴。如有呕吐,将患者头部转向一侧,以免因舌头后坠及呕吐物堵塞气道而妨碍呼吸。如呼吸停止,立即进行人工呼吸;若伴有心跳停止,应同时进行胸外心脏按压。知觉清醒前或有呕吐时,均不宜给予任何饮料;清醒后可给以热饮料或少量白兰地,注意休息。神志未能迅速恢复者,应送医院进一步处理。

(四)预防

坚持健康体育锻炼,提高心血管功能。在重大比赛和大强度训练前应进行体格检查;对发生过晕厥者应作全面的检查,并避免剧烈运动。久蹲后要慢慢地站立;疾跑后应继续慢跑,并作深呼吸,逐渐地停下来。饥饿或空腹时不宜参加体育活动;进行长距离要及时补充糖、盐和水分。进行剧烈运动后,应休息约半小时后再洗澡或淋浴(因立即淋浴有可能造成心肌缺血,血流量减少),以防晕厥的发生;若有晕厥先兆时,应立即平卧。

九、运动性腹痛的防治

运动中腹痛是指由于体育运动而引起或诱发的腹部疼痛。中长跑,篮球等运动项目发病率较高。运动中腹痛多发生在运动过程中或运动结束后,以右上腹疼痛为常见。

(一)原因与发病机理

引起运动中腹痛的原因,大致可分为腹腔内疾患,腹腔外疾患和与运动有关的运动性腹痛三大类。

(1)肝脾瘀血。发生肝脾瘀血的原因可能是准备活动不充分,开始运动时速度过快或强度过大,以致内脏器官还没有提高到应有的活动水平就承担过大的负荷,特别是心血管系统还未充分动员起来,或心肌力量较差时,心脏收缩力较弱,影响静脉血回流心脏,使下腔静脉压上升,肝、脾静脉回流受阻,引起肝、脾瘀血肿胀,增加肝脾被膜的张力,使被膜上的神经受到牵扯,因而产生左季肋部或右季肋部胀痛或牵扯痛。

此外,剧烈运动时,呼吸急促而表浅,或呼吸无节奏,都会造成胸膜腔内压上升,也会使下腔静脉和肝脾静脉回流受到障碍,也可导致肝脾瘀血肿大而引起腹痛。

(2)胃肠痉挛或功能紊乱。运动时,肌肉和内脏血流量重新分配,骨骼肌肉血流量增加,胃肠道血流量相对地减少(仅为安静时的30%～40%),胃肠道缺血,缺氧,引起肠胃痉挛或蠕动功能紊乱,使胃壁,肠壁和肠系膜上的神经受到牵扯,胃肠道平滑肌发生痉挛,因而引起腹痛或绞痛;饭后过早参加运动,运动前吃得过饱,喝水过多或空腹运动(胃酸对胃刺激)等,都可能引起胃部胀痛;运动前吃了容易产生气或难于消化的食物(如豆类、薯类、牛肉等),也可引起肠蠕动增强或肠痉挛。

(3)呼吸肠痉挛。运动中呼吸缺乏节奏,以致呼吸急促,表浅,呼吸肌(如人膈肌和肋间肌)收缩过于频繁,活动紊乱,从而引起呼吸肌疲劳和痉挛。另外,准备活动不够,运动负荷增加过快,修复功能跟不上肌肉工作的需要,致使呼吸肌缺氧,也加剧腹部痛的产生。疼痛与呼吸活动有关,患者往往不敢做深呼吸。

(4)内脏器官病变。运动性腹痛也可因肝炎、胆道疾患(如胆囊炎、胆结石)、胃十二指肠溃疡、阑尾炎、肠道寄生虫、右下肺炎、胸膜炎、肾结石等疾患引起,运动时可使病变部位受到刺激而产生腹痛。此外,腹肌或髂腰肌痉挛,过度紧张以及运动性胃肠道症候群也会出现腹痛。

(二)症状与体征

运动中腹痛的程度与运动负荷和运动强度密切相关。大多数大学生在小运动负荷和慢速度运动时,腹痛不明显,随着运动负荷和运动强度的增加,腹痛也逐渐加剧。

腹痛的部位,常为病变脏器所在。右上腹痛,多为肝胆疾患、肝脏瘀血;中上腹痛,多为胃十二指肠溃疡,急性或慢性胃炎;左上腹痛,多胃脾瘀血;腹中部痛,多胃肠痉挛、蛔虫病;右下腹痛,多为阑尾炎、髂腰肌痉挛;左下腹痛,多因宿便的刺激;季肋部和下胸部锐痛,多为呼吸肌痉挛,往往深呼吸时疼痛加剧。

但是,也有些疾病,在发病初期,其疼痛部位不一定与病变部位相一致,如急性阑尾炎早期的疼痛部位多在上腹部或肝周围。也有些疾病虽然表现为腹痛,但其病变部位却在腹外,如右下肺炎、胸膜炎以及腹肌疾患等。

腹痛的性质与程度,可因引起腹痛的原因不同,其疼痛的轻重也不一样。一般来说,如果腹痛时直接由运动所引起的,多为胀痛或钝痛,经减少运动强度或做深呼吸以及按腹部后,疼痛可缓解。如果原来已患有疾病,只是因运动而诱发(如加重)腹痛者,多为锐痛或阵发性绞痛,钻痛,这时大学生的体育健康锻炼的训练往往要中止,经治疗后,疼痛才能缓解。

(三)处理与预防

运动中出现腹痛,应适当减慢跑速,加深呼吸,调整呼吸和运动节奏(如三步一吸气或四步一吸气),用手按压疼痛部位,或弯腰满跑一段距离,一般疼痛可减轻或消失。如经上述处理无效,就应停止运动,口服解痉药物(如阿托品等),点掐或针刺足三里、内关、大肠俞等穴,并热敷腹部;如果时腹直肌痉挛引起腹痛,可做局部按摩(揉、按压)。如仍无效果,应请医生进行诊断和处理。

怎样来预防运动性腹痛的发生呢?

先要做好充分的准备活动,使机体内的各个内脏器官适应运动的需要。在长跑或超长跑开始时不要跑得快,应合理地分配自己的体力,逐步加快速度。

运动或比赛前要特别注意饮食的内容,饮食的时间和饮食的量。饮食的内容应为容易消化的食物,少吃容易产气的食物或不易消化的食物。运动和比赛前不要吃得太饱,一般以赛前吃七分饱最为合适。进食时间应在赛前两个小时以上。

赛前清除肠道中残留的粪便是防止腹痛的有效手段。

另外加强全面身体训练可以增强内脏器官的功能,运动中出现腹痛,应减慢运动速度,深呼吸,调整呼吸与运动的节奏,用手按摩腹痛部位,可减轻一些疼痛或消失。

如果腹痛是由肝胆、胃肠疾病引起,则应请医生做彻底的检查和治疗。

十、游泳抽筋的防治

游泳时,身体各部有时会发生抽筋现象。抽筋,就是肌肉挛缩。常发生抽筋的部位,是小腿和大腿,但手指、脚趾,甚至胃部也可能发生抽筋。

引起抽筋的原因很多,常见的有如下三种:①游泳之前不做准备活动或做得不够,入水后突然受到冷刺激而引起抽筋;在凉水中停留的时间过长,也能引起抽筋。②热天出汗很多,体内盐分缺乏时,也会引起抽筋。③疲劳时,也容易引起抽筋。

在游泳当中腿抽筋,腿脚就不听使唤了。这是很危险的,容易发生意外。预防的方法是在下水前先活动一下身体,做做操,跑跑步,多做些下蹲运动,并用手揉揉腿肚子。这样做好准备活动后再用冷水淋淋身体,然后再下水。此外,在水中停留的时间不要太长,不要过劳。在炎热的夏天,饮水中可加些盐,以补充汗中排出的盐分。这样,抽筋现象就不再发生了。

一旦发生抽筋,首先必须保持冷静,千万不要着慌,可叫人来救或自己解脱。发生抽筋后,一般不要再继续游泳,应该立即上岸,擦干身体,按摩抽筋部位的肌肉,注意保暖。

在水中解脱抽筋的方法,主要是牵引抽筋的肌肉,使收缩的肌肉伸展和松弛。具体解脱方法如下:①手指抽筋时,将手握成拳头,然后用力张开,这样迅速交替做几次,直到解脱为止。②一个手掌抽筋时,另一手掌猛力压抽筋的手掌,并做振颤动作。③上臂抽筋时,握拳,并尽量曲肘,然后用力伸直,反复几次。④小腿或脚趾抽筋时,先吸一口气,仰卧水上,用抽筋肢体对侧的手握住抽筋的脚趾,并用力向身体方向拉,另一只手压在抽筋肢体的膝盖上,帮助膝关节伸直,就可以得到缓解。假如一次不行,可连续做几次。⑤大腿抽筋时,吸一口气,仰卧水上,弯曲抽筋的大腿,并弯曲膝关节,然后用两手抱着小腿用力使它贴在大腿上,并加振颤动作,最后用力向前伸直。⑥胃部抽筋时,先吸一口气,仰卧水上,迅速弯曲两大腿靠近腹部,用手稍抱膝,随即向前伸直,注意动作不要太用力,要自然。

在水中抽筋现象消退后,应慢慢游动,以免再次抽筋。如自己没有把握游到岸边,应及早呼救。

十一、溺水的救护与抢救

(一)溺水的救护

一般常见的溺水原因有以下几种:第一种是游泳者初次下水不熟悉水性,心情比较紧张,在无同伴照顾之下,在水中站立不稳,倒于水中,慌乱中往往用鼻子吸气,呛水而溺水,这种情况比较多见。第二种是溺水者会游泳,但是在游进中由于抽筋或体力不支等原因而需要救护。第三种是溺水者稍会游泳,因不了解水情而进入深水区,这时溺水者往往精神紧张、心慌、用力挣扎。

发现溺水者之后,应立即营救。如果附近有救生圈、竹竿、木板或绳子等,应赶快抛给溺者或携带入水,以便营救。

如果溺者距岸边较近,而且在水中挣扎,就要看准目标,两腿前后分开、两手平伸地跳入水中。这种跳法可以使救护者的头部保持在水面上,使视线不致离开溺水者,便于营救。如果溺水者相距较远,就应采取自己最熟悉的入水动作迅速游向目标进行救护。

在接近溺水者时,如果我们没有救生经验,为了防止被溺水者抓住,最好是从他的身后接近。接近后一手应迅速托他腋下,使溺水者头部露出水面。假如溺水者仍继续挣扎,可以用臂压住他的一臂,而手则抓住他的另一臂,使溺水者不能攀、抓,然后将其头部托出水面,用反蛙泳(一种蛙式蹬腿的仰泳)或侧泳托带上岸。如果附近有救生设备,如救生圈、竹竿等,应充分利用。

溺水者在水中灭顶后,情绪非常紧张,如遇有人抢救常会抓住救护者不放。这时,救护者如果不懂得解脱的方法,也容易遭到不幸。常用的解脱方法如下。

(1)手腕解脱法。如果两手腕都被溺水者抓住,救护者应迅速用力将两臂稍上提,然后从内向外向下扭转,就能解脱。解脱后,要迅速扭转溺水者身体,使他背向自己,以便托出水面,托带上岸。

(2)抱前腰解脱法。如果救护者被溺水者从前面将腰抱住,救护者可一手用力抱住溺水者的腰部,另一手托住他的下巴(下颌),使劲向前上方推,就能解脱。然后一手绕过溺水者的肩部,托住他的腋窝使其仰浮水面,再托带上岸。

(3)抱后腰解脱法。救护者被溺水者用两手从后面抱住腰部,这时救护者应用两手掰开溺水者的两手就可解脱。注意要将溺水者拇指抓住,用力向两侧分开,同时一手向上,一手向下使劲,将溺水者身体扭转,使其成背向,然后托带上岸。

(二)溺水的抢救

在游泳运动中,有时可能发生溺水事故,溺水容易造成呼吸和心跳停止。如果不及时抢救,将会导致死亡。人工呼吸和胸外心脏按压是对溺水者进行现场抢救的重要手段,因此,熟练掌握其操作方法对大学生来讲是非常必要的。

1. 人工呼吸

肺位于富有弹性的胸廓内,当胸廓扩大时,肺即随着扩张,此时肺容积增大,外界的空气进入肺内,形成吸气;当胸廓缩小时,肺受到挤压,肺内的气体被排出体外,形成呼气。根据这一原理,我们可以采用人工的方法,使刚刚停止呼吸的伤员,重新恢复呼吸运动,这就是人工呼吸。人工呼吸的方法很多,在现场急救中常用的有以下两种。

(1)口对口人工呼吸法。使伤员仰卧,然后托起下颌使其处于极度后仰位。急救者用一手拇指搬开伤员的口唇,其余四指轻轻按住环状软骨,以压迫食管,防止气体进入胃肠道;用另一手捏住患者的鼻孔,以免漏气,然后深吸一口气,对准伤员的口向里吹气,直至上胸部升起为止。吹气停止后,离开患者的口部,松开鼻孔,让气体再从肺部排出。如此反复进行,每分作14~16次即可(儿童为18~20次)。

进行人工呼吸之前,要将患者的裤带,领口和胸腹部的衣扣解开。适当清除口腔中的分泌物,对溺水者不应过分强调倒水,以免延误宝贵的时间。吹气的压力和气量开始要稍大些,10~20次之后再逐渐减小,维持胸部轻度升起即可。

(2)举臂压胸人工呼吸法。使患者仰卧,头偏向一侧,抢救者跪在患者头前,双手握住患者两臂近腕关节处,将两臂向斜后拉直,使胸廓被动扩大形成吸气;然后将手放回胸廓下半部,稍用力下压,使胸廓缩小,形成呼气;如此反复进行,每分14~16次(儿童18~20次即可)。

2. 胸外心脏按压

对心搏骤停的患者必须立即进行心脏按摩。只要发现患者突然昏迷或惊厥,在静动脉或股动脉处摸不到搏动,即可诊断为心搏骤停。心脏骤停常伴有瞳孔散大,呼吸停止,心前区听不到心音,面如死灰等典型症状,此时应马上采用人工方法来恢复其心跳,在现场最容易做到的方法是胸外心脏按压。心脏位于纵隔的前下方,前面有胸骨,后面有脊柱,因胸廓具有一定弹性,故可做轻度的被动活动,加上昏迷患者的胸壁松软,所以挤压胸骨即可间接压迫心脏,使心腔内的血液排空;去掉外力,由于弹性作用,胸廓又恢复原状,此时胸腔内压力下降,静脉血便流回心脏。反复的挤压和放松胸骨,常可恢复心脏的跳动。

进行心脏按压时,要使患者仰卧在硬板或平地上。抢救者用一手撑按在患者胸骨的下半段,另一手压在该手手背上,伸直肘关节,借助身体的重量和肩臂部肌肉的力量,有节奏地,带有冲击性地向脊柱方向压迫胸骨,使胸骨及相连的肋软骨下陷3~4厘米,然后快速松开,每分按压60~80次。儿童少年的胸廓比较单薄,只用一手用力就可以了。

心搏骤停一般都伴有呼吸停止,进行胸外心脏按压时应同时进行口对口人工呼吸。口对口人工呼吸与胸外心脏按压的频率之比应保持在1∶4。

十二、夏日锻炼中暑的防治

人体的体温一般维持在36.5~37℃,不发生特殊的情况经常是不大变动的。体温的这种恒定性,是由于人体内具有调温的机能,而这种机能是靠散热与产热的平衡来维持的。

在一些特殊情况下,如天气太热,体内的温度就不易散发出去;又如在较长时间运动时,身体产生的热量急剧增加,体温的调节作用就一时不能把过多的热量慢慢积累起来,体温就会显著升高。在夏天,特别是闷热的天气,气温既较高,热的放散力又较小,长时间运动时体温可能升高到39~40℃,体温就会显著升高,就会引起身体的整个机能,特别是大脑的机能发生障碍,就可能引起中暑。

另外,在夏天强烈的日光下照射时间太长,对身体也会产生不良的影响。常说的日射病又是怎样发生的呢?原来,日光中有一种红外线(不是平常所说的紫外线),这种光线在夏天太阳光中格外强烈,长时间受日光照射时,这种光线就能透过人的毛发、皮肤等射到脑膜和细胞,就会引起大脑的病态变化,也会引起类似中暑的症状。

(一)中暑时的表现

发生中暑时,病人感到头昏头痛、全身无力、烦躁心慌、恶心呕吐、舌干口渴,继则发高烧、面色发红、皮肤发烫,有时还可能流鼻血、心慌气短。严重的中暑,病人昏迷不醒、脸色苍白、出冷汗、体温不高、脉搏细弱、血压下降、呼吸短促、瞳孔扩大,甚至死亡。此外,有的中暑病人体温不高、头痛、呕吐强烈,还有的会发生腹部及四肢肌肉痉挛,剧烈疼痛。

(二)中暑的抢救

轻度中暑时,应迅速离开热环境,到荫凉处休息,喝些凉开水,吃些人丹、十滴水或藿香正气水,很快就会恢复。对于高热的中暑者,应将其移到阴凉通风的地方,安静仰卧,头部垫高,松解衣服,用扇子扇风,额部做冷敷,用温水(水温可逐渐降低)或500%酒精(白酒也可以)擦身,给饮凉开水、冷茶、淡盐水或西瓜汁等。对伴有肌肉痉挛者,可服大量盐开水,用纱布蘸白酒或醋在抽筋处反复摩擦。对昏迷者,可针刺或用指掐点急救穴位,如人中、内关、涌泉等穴,在积极进行现场抢救的同时还应迅速请医生来处理。

(三)中暑的预防

(1)夏季在炎热的天气进行体育运动时要避免阳光长时间直射头部。活动时要穿浅色运动服、戴凉帽,以防阳光直射。

(2)适当调整训练时间,一般可安排在下午三点钟以后进行,减少高温对人体的影响。在运动过程中,应增加休息次数,最好到阴凉的地方去休息。运动的时间切不可过长,这一点对于没有锻炼习惯的人来说,更应注意。

(3)在运动前应补充充足的食盐水。夏天进行锻炼,出汗很多,体内的水分和盐分随着汗水的排出而减少。这时,体温的调节机能同其他机能暂时失去联系,因此就很容易引起中暑。若在休息时喝少量加盐的凉水,不但可以补充体内因出汗而缺少的盐分,还可限制住一部分水不至于大量排出。

(4)夏季应保证充足的睡眠及休息,注意加强营养。在运动后即用温水洗澡,对避免中暑也有很大好处。

(5)天气过热时,运动量应酌情减量,防止过度疲劳。夏季健康体育锻炼的时间不宜过长,应安排适当的休息时间,运动量大的项目(如长跑)应放在上午或傍晚进行。此外,平时要坚持在较热的环境中锻炼,逐步提高身体的耐热能力。

十三、八字脚的防治

"八字脚"是指走路或者跑步时,脚尖偏向外侧或者内侧,脚印呈八字形,分别称为外八字脚、内八字脚。由于八字脚走跑时,脚掌不是向外,就是向内,大腿和脚掌不在同一平面,因此,步幅比正常人小,速度慢,易疲劳,同时走跑时左右摆晃,影响身体姿势的优美。

形成八字脚的原因很多,主要原因是后天不良习惯。因此,纠正八字脚最简单的方法,就是坚持正确的走跑姿势。下面介绍几种八字脚矫正的体育疗法,只要坚持锻炼,即使是较严重的八字脚,也能得到矫正。

(1)沿直线走路。在画有直线的场地上,如田径跑道线上、篮球场地线上,进行走步练习,注意使脚尖指向正前方,脚步落在直线上或者与直线平行。开始练习时可能会感到很别扭,肌肉也可能酸疼,但只要坚持下去,并逐渐增加步行的距离和速度,不适症会逐渐消失。

(2)矫枉须过正。锻炼时要求外八字脚练习脚尖朝内走路,内八字脚练习脚尖朝外走路,这样进行过度矫正可使八字脚矫正得更快些。但要特别留意矫正效果,不要去了旧的毛病,养成新的毛病。

(3)找一个高台阶或者跳箱,练习从上往下跳。要求落地时双膝双足并拢,并要注意缓冲。这个练习可以提高腿部内收内旋肌群力量,有利于外八字脚的矫正。

(4)踢毽子、踢足球。内八字脚可采取屈膝用脚内侧踢毽子,用脚内侧踢足球;外八字可采取屈膝用脚外侧踢毽子,用外脚背踢足球。两脚交替进行,可使腿不外展外旋或者内收内旋肌群力量得到发展,有利于矫正八字脚。

(5)拉橡皮条练习。这种练习是增强腿部肌群外展外旋和内收内旋力量的最有效的方法。具体做法是:找一条橡皮条,一端固定,另一端套绑在小腿下端,身体侧立。外八字脚的人应使皮条固定端在练习腿的外侧,练习内收大腿的动作;内八字脚的人应使练习腿在皮条固定端的另一侧,练习外展大腿的动作。在内收或者外展大腿时要注意加上内旋或者外旋动作。练习时膝关节要伸直,动作速度不宜快,以防肌肉拉伤。

上述体育矫正疗法,只要每天坚持轮流练习,保证练习的质量和数量,加上平日里时时监督自己的走跑姿势,八字脚这一异常形态是可以矫正的。

十四、晕动病的防治

车、船是外出旅游观光的交通工具。但不少人在乘坐时会出现头晕目眩、面色苍白、四肢发冷、恶心呕吐等现象。这就是人们常说的晕车晕船,医学上称之为"晕动病"。虽然它不是什么大病,但却会影响人们旅游的心情和效果,还会影响身心健康。

晕动病是怎样产生的?从生理学角度分析,人体在车船进行中会受到正负加速度、颠簸摇摆、旋转及振荡等多种刺激,而感受这些刺激的是人的内耳中一个调节人体平衡的器官叫前庭器官。当它的平衡调节力和耐受力弱,超过它的适应力时就会出现暂时性失调,并会反射性引起上述自主神经性不良反应。

如何防治晕动病,除加强乘车船时的预防保健措施外,最好的方法是采取体育疗法加以矫治。因为体育疗法能锻炼前庭器官的平衡能力,降低前庭器官的敏感性,提高前庭器官的调节适应力和耐受力,从而在根本上防治晕动病的出现。下面介绍几种体育疗法。

(一)绕横轴的运动

垫上前滚翻后滚翻;单杠上前翻下,骑撑前后回环;双杠上蹬地后翻至屈体悬垂再还原,挂臂撑摆屈身上。

(二)绕纵轴的运动

原地转圈,纵跳转体360度,篮球运球前后转身,跳起后转身投篮,足球后转身停球或转身带球,旋转掷铁饼或掷链球。

(三)绕复合轴的运动

转头操:头部依次做前俯所仰、左右转动,按顺时针和逆时针环转;转腰:两脚开立,再臂自然下垂,以髋关节为轴,上体前俯,两臂随之向左前下方伸出,然后向前、向左、向后向左翻转绕环,尽量增大绕环幅度。

(四)水平的运动

变速跑、后退跑、侧身跑、下坡加速跑、来回折返跑、起跑—加速跑—急停转身加速跑;

起跑—急停—后退跑、助跑跳箱、急行跳远。

(五)纵跑运动

纵跳摸高、深蹲跳、跪跳起、连续跳台阶或栏架、跳绳、跨步跳、单脚跳、排球扣球。

(六)其他娱乐性活动

跳快步华尔兹舞、健美操、溜冰、游泳、倒立、侧手翻、荡秋千、坐转椅、乘电梯、快速仰卧起坐、空中飞车等。

(七)注意事项

（1）做好准备活动,选择开阔平坦无杂物的场地。要检查运动器材的安全性。

（2）要在学会和掌握基本动作的技术要领及单个动作较熟练的基础上,再进行连续组合成套的练习,从易到难,不能急于求成。

（3）锻炼的运动量和刺激强度要循序渐进,使身体逐渐形成适应—加量—再适应—再加量的提高过程。

（4）选择练习的动作要全面。前庭器官的适应性有其特异性,如果只给予旋转刺激,它就只产生对旋转的适应。因此,经常改变练习的动作方位和姿势,可以使前庭器官的适应性更广泛,锻炼的效果会更好。

思考题

1. 简述膝关节扭伤的防治方法。
2. 简述肌肉拉伤的防治方法。

下篇　运动篇

本篇概述

本篇通过对各项体育项目技、战术及其练习方法的介绍，使学生基本了解同场对抗型、隔网对抗型、格斗对抗型、技能类表现型等运动项目自身的文化组成和渊源，基本掌握不同类型运动项目的基本技术内容和简单战术组成，为提高学生身体素质和运动技能提供必需的手段和方法。

能力目标

基本了解并掌握1~2项篮球等同场对抗型、羽毛球等隔网对抗型运动项目；熟练掌握防身术对抗型项目的简单技术和方法，并能在实战中运用；了解健美操、体育舞蹈等技能表现型运动项目，认识人体美的含义，建立追求人体美的崇高思想。

知识目标

了解体育项目发展历史和相关文化介绍；了解运动场地和相关配备设施；理解1~2项运动项目在团队建设中的重要含义。

第八章

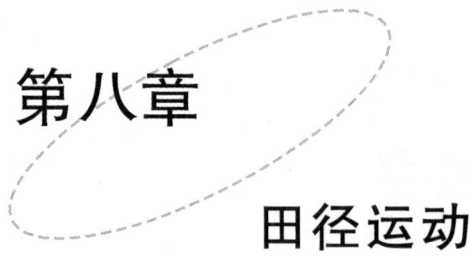

田径运动

学习目标：

1. 通过回顾田径运动的起源及发展，充分认识人类的起源与生存有赖于走、跑、跳、投等一系列原始的本能活动，以展示人类的本质力量

2. 通过学习田径运动中的走、跑、跳、投项目，掌握科学、合理的动作技术，全面提高速度、力量、耐力、灵敏、协调等身体素质水平，体验挑战极限的信心与勇气，培养不畏困难、坚忍不拔的良好心理品质

3. 通过学习田径竞技知识，领悟田径运动对推崇"更快、更高、更强"的奥林匹克人文精神具有的重要意义

田径运动是人类在长期社会实践过程中逐步产生和发展起来的，是社会文化的一个重要的组成部分。

第一节 田径运动概述

一、田径运动的起源与发展

（一）田径运动发展概况

1. 田径运动起源于社会实践

原始人类为了生存，必须进行渔猎或与猛兽搏斗等活动，不得不以快速或相当距离的走、跑、跳越各种障碍，投掷石块和其他物体等手段获取食物在日常生活中不断重复这些动作，逐步形成了走、跑、跳、投等技能，并有意识地传授给下一代，这样代代相传，这些生存的技能也不断得到改进和提高。随着人类的进步，人类为了取乐，就利用这些生存技能进行游戏或比赛，从中得到娱乐和抒发情感，这就是田径运动的雏形。

2. 古代奥林匹克运动会是田径竞技运动的初始阶段

据史料记载，公元776年在希腊奥林匹亚村举行了第一届古代奥林匹克运动会，并规定每四年举行一次。最初运动会上的比赛项目只有短跑一项(距离约192.5米),以后才逐步增加了长跑、跳远、掷铁饼、掷标枪等比赛项目。这就是田径竞赛运动的初始时期。但是,人们主要还是将走、跑、跳、投等身体练习作为强身健体的手段,进行身体训练和军事训练。在希腊的山岩上就刻着:"你想健康吗?跑步吧!你想聪明吗?跑步吧!你想健壮吗?跑步吧!"的格言。我国春秋战国时期和以后历代统治者都把走、跑、跳、投作为选择士兵和训练士兵的重要内容。可见,田径运动健身的作用是十分明确的。

3. 现代奥林匹克运动会是田径竞技运动的新的里程碑

公元394年,古代奥林匹克运动会被罗马皇帝狄奥西多废止,1896年,经法国教育家皮埃尔德·顾拜旦倡议,召开了以田径运动竞赛为主要内容的第1届现代奥运会仍规定每四年举行1次,这使田径竞技运动得以迅速发展。所以,现代奥运会是田径竞技运动发展的新的里程碑。1912年7月17日在斯德哥尔摩成立了国际业余田径联合会(简称国际田联),总部设在伦敦。"国际田联"的成立,对田径竞技运动的发展起到了积极的推动作用。在田径竞技运动发展的同时,田径健身运动也得到了广泛的开展,在世界各国的学校体育和群众体育中,田径被广泛地作为锻炼身体的主要手段。

(二)我国田径运动的发展

据史料记载,我国从春秋战国时代开始以后历代统治者都把走、跑、跳、投等作为训练士兵的重要内容。人们也将其作为强身健体的重要手段。

19世纪末叶以来,我国田径运动首先在学校得到发展,主要作为健身的手段,同时也进行了一些比赛。中华人民共和国成立前我国共举行了7届全国运动会,参加了10届远东运动会和第10、11、14届奥运会。

中华人民共和国成立以后,我国田径运动得到了迅速发展,田径被列为学校体育课的主要教学内容。20世纪50年代推行的"劳卫制"、60年代推行的"国家青少年体育锻炼标准"、70年代推行的"国家体育锻炼标准"和"体育教育大纲"、80年代推行的"大中小学生体育合格标准"和90年代推行的"全民健身计划"中都把田径列为主要内容。这充分体现了党和政府对田径健身运动的重视和关怀,同时田径是增强体质和提高健康水平的主要锻炼手段。

不仅如此,党和政府在普及田径健身运动的同时,还十分重视田径竞技运动的发展。新中国成立后,颁布了"中华人民共和国运动员、裁判员技术等级制度""教练员技术职务等级制度"和"中华人民共和国体育运动竞赛制度"等,使我国田径竞技运动水平得到了迅速的提高。1957年郑凤荣以1.77米的成绩打破了美国麦克丹尼尔保持的1.76米女子跳高世界纪录,1965年陈家全以10秒(手计时)的成绩平了当时男子100米的世界纪录,1970年倪志钦以2.29米的成绩打破了苏联布鲁梅尔保持的2.28米的男子世界跳高世界纪录。

1966~1976年,学校体育活动几乎停止,竞赛几乎中断,田径竞技运动水平落后了,与迅速提高的世界田径竞技运动水平拉大了距离。1976年以后,田径运动重新列为学校体育的主要内容,并得到广泛开展。我国田径竞技运动水平也得到了迅猛发展与提高,1983年和1984年跳高运动员朱健华先后以2.37米、2.38米、2.39米的成绩3次打破男子跳高世界纪录,并取得了第23届奥运会男子跳高铜牌;女子竞走运动员徐永久、阎红在1983年和1985年两次世界杯竞走比赛时,分别获得10 000米竞走的个人冠军;在1988年第24届奥运会上李梅素以21.06米的成绩获得女子铅球铜牌;1989年黄志红以20.23米成绩获得世界杯女子铅球的冠军;1990年北京第11届亚运会上,我国运动员获得了43枚金牌中的29枚(男子11枚、女子18枚);1992年在第25届奥运会上,我国的陈跃玲获得了女子竞走冠军,黄志红获女子铅球银牌,曲云霞获女子1500米铜牌;在1993年的第四届亚洲田径锦标赛上,王军霞、曲云霞、刘冬分别获得女子10 000米、3000米、1500米的冠军,在1996年的第26届奥运会上,王军霞获得女子5000米金牌、10 000米银牌,还赢得了"亚洲神鹿"的称号。2004年8月27日,刘翔在雅典奥运会上以12秒91的优异成绩获得男子110米栏金牌,打破12秒95的奥运会纪录,并追平世界纪录。2006年7月12日,在瑞士洛桑田径超级大奖赛上又以12秒88的成绩夺冠,打破沉睡13年之久、由英国名将科林·杰克逊创造的12秒91的世界纪录。

但是,目前我国田径运动水平与世界田径行列中仍有明显差距,要把我国建成世界体育强国,提高田径运动水平的任务是十分艰巨的。一个国家竞技运动的实力是田径运动,同时田径运动是各项运动的基础。由于田径运动具有很大的健身价值和竞技价值,所以,必须遵循它们各自的规律推动其迅速发展,使我国田径运动水平早日进入世界前列。

二、田径运动的健身价值

人们通常把田径运动的内容概括为走、跑、跳和投四种运动形式,这也是人类维持正常生活的基本活动能力,也是人类赖以健康生存的基本条件或基本生活能力。正因为田径运动能有效地发展速度、力量、耐力以及灵敏、协调性等身体素质,增强体质,获得运动技能,提高运动能力,培养意志品质。所以,现代社会才更加重视田径运动的健身价值。

跑是最为常见的一项运动。不同距离的跑对人体影响各异。短距离跑是人体在无氧条件下的一种运动,它能导致有氧系统酶活性的增加,能提高人体的最大摄氧能力。生理学家指出,短距离全力跑,呼吸运动往往受到制约,甚至憋气跑到终点,因此,跑后恢复期呼吸功能有显著变化。同时,短跑能提高中枢神经系统兴奋和抑制过程的灵活性。所以,短距离跑较普遍地在青少年中作为一种主要的发展身体能力和提高无氧代谢能力的重要手段。

中距离跑时,心脏受到很大锻炼,心率可高达人体最高指标。据报道,有些运动员心率每分可达220次。长期从事中距离跑,心脏体积可呈运动性增大。中距离跑对人体的呼吸机能以及糖酵解能力都有显著促进作用。

长距离跑能提高人体一般能力,是增进心脏和呼吸系统能力最普遍采用的练习项目。由于长距离跑是在人体有氧情况下进行的,运动中消耗的能量较大,大部分能量来源于肝糖原、葡萄糖和脂肪的有氧分解。因此,长距离跑是提高人体抗疲劳能力的重要手段,也是防止体内脂肪过多储存的有效手段。

跳跃项目是典型的人体克服自身体重、对抗引力以实现腾越高度和远度的运动。跳跃运动能使人体的感觉机能得到提高和加强。

投掷项目是一种表现人体力量的项目。一般来说,从事投掷练习可使肌肉发达,改善肌肉机能的灵活性,提高速度和力量。大量研究表明,掷标枪运动员大脑皮质的兴奋过程具有高度的均衡性,前庭分析器具有很高的稳定性。

由于田径运动可以有效地增进人体的各项机能,因此,把田径运动作为基础运动项目,不仅是提高机体素质、锻炼意志品质和增强各种运动能力的需要,而且也是增进健康水平的需要。

三、田径运动的锻炼优势

尽管各项体育运动都是某种形式的身体运动,都具有一定的健身价值,但是,田径运动却有着其他体育运动无法比拟的特点和优势,因而更容易在群众中开展与普及。

(1)田径运动规则简单,不受人数限制。田径运动大部分是个人项目,不受参加人数的限制,可以是个人,也可以是几个人、几十人甚至几百人,机动性较强。比赛规则简单,以时间、距离和高度判断胜负,也可以采取不分胜负的纯锻炼方式。

(2)田径运动场地器材不受限制。田径运动项目所需要的场地和器材非常简单,所有的走跑项目都可以在较平坦的道路上进行,强度较小的中长距离项目甚至可以在山路或沙滩上进行;跳跃项目可利用一块沙坑或在较松软的地上进行;而投掷项目可因陋就简,就地取材。

(3)田径运动练习者年龄跨度大。田径运动项目的运动强度和运动量可以根据练习者的不同年龄、性别和身体状况等客观因素进行自我控制和调节,以达到适宜的运动状态,所以它是一项老少皆宜的项目。

(4)田径运动技术掌握灵活。田径运动项目的技术来源于人类的基本活动方式,锻炼者不经过特殊学习就能掌握一般技术。

(5)田径运动项目的运动形式简单。田径运动项目的运动形式简单,没有身体接触,所以安全性强,不易发生冲撞性伤害事故。

(6)田径运动不受经济条件限制。田径运动可以经济、有效地发展力量、速度、耐力、灵敏和柔韧等多种素质,也可以提高机体对疾病的防御能力,达到增强体质、防病治病的健身目的。

(7)田径运动是其他体育运动的基础。田径运动是其他体育运动的基础。因此,经常从事田径运动有助于提高多种运动技能水平。

综上所述,田径运动是一项可行性较强且健身价值较高的运动项目,是大学中最适宜开展最容易被大学生接受的体育项目。

四、田径运动的基本原则

科学适当的跑是增进健康、增强体质的有效有效方法,为了取得最佳的锻炼效果,应遵循以下几项基本原则。

(1)从实际出发。所谓实际,就是锻炼者本身的身体状况。锻炼者应当对自己有个正确的估计,是锻炼负荷适合自己的健康情况。

(2)循序渐进。锻炼时一定的生理负荷是对机体的刺激。当身体对某一负荷适应后,这一负荷对身体的刺激将会变小,这时应适当加大运动量,让身体产生新的适应。但负荷的增加,要由小到大逐步进行,如果负荷突然增加太大,就会使身体受到伤害。一般地说,不要同时增加跑的距离,又加快跑的速度;应当先增加距离,然后提高跑速。

(3)不断巩固。健身跑锻炼了一个阶段,身体基本上适应了这个阶段的负荷量,应当巩固一段时间,当身体完全适应,感觉良好,在增加运动负荷。

(4)坚持不懈。健身目的并非一朝一夕所能达到。偶尔锻炼几次或"三天打鱼,两天晒网"是无济于事的。

第二节 田径运动分类

田径运动是人类长期社会实践发展起来的,包括男女竞走、跑、跳跃、投掷等40多个单项比赛项目,以及由这些项目的部分组合的全能运动。以时间计算成绩的竞走和跑的项目,叫"径赛"。以高度和距离长度计算成绩的跳跃、投掷项目叫"田赛",田径运动是径赛、田赛和全能比赛的全称。

田径运动的分类和项目如表8-2-1、表8-2-2、表8-2-3、表8-2-4所示。

表8-2-1 走、跑

项目	距离					
	成年		少年			
	男子组	女子组	男子甲组	男子乙组	女子甲组	女子乙组
竞走	20千米 50千米	5千米 10千米				
短距离跑	100米 200米 400米	100米 200米 400米	100米 200米 400米	60米 100米 200米	100米 200米 400米	60米 100米 200米
中距离跑	800米 1500米 3000米	800米 1500米	800米 1500米 3000米	400米 800米	800米 1500米	400米 800米
长距离跑	5000米 10 000米	3000米 5000米 10 000米			3000米	

续表 8-2-1

项目	距离					
	成年		少年			
	男子组	女子组	男子甲组	男子乙组	女子甲组	女子乙组
跨栏跑	110米栏（1.067米）400米栏（0.914米）	100米栏（0.84米）400米栏（0.762米）	110米栏（0.914米）	110米栏（0.914米）	100米栏（0.84米）	100米栏（0.84米）
障碍跑	3000米					
马拉松	42.195千米	42.195千米				
接力跑	4×100米 4×400米	4×100米 4×400米	4×100米 4×400米	4×100米 4×400米	4×100米 4×400米	4×100米 4×400米

表 8-2-2 跳跃

项目	男子组	女子组	备注
高度	跳高	跳高	少年组、女甲组与成年男、女组项目相同
	撑杆跳高	撑杆跳高	
远度	跳远	跳远	
	三级跳远	三级跳远	

表 8-2-3 投掷

项目	成年		少年			
	男子组	女子组	男子甲组	男子乙组	女子甲组	女子乙组
铅球	7.26千克	4千克	6千克	5千克	4千克	3千克
标枪	800克	600克	700克	600克	600克	500克
铁饼	2千克	1千克	1.75千克	1.5千克	1千克	1千克
链球	7.26千克	4.0千克	6.0千克	5.0千克	4.0千克	3.0千克

表 8-2-4 全能运动

组别	项目	内容和比赛顺序
成年男子	十项全能	100 米、跳远、铅球、跳高、400 米 110 米栏、铁饼、撑杆跳高、标枪、1500 米
成年女子	七项全能	100 米栏、铅球、跳高、200 米 跳远、标枪、1500 米
少年男子	五项全能	跳远、标枪、200 米、铁饼、1500 米
少年女子	五项全能	100 米栏、铅球、跳高 跳远、标枪、800 米
少年男乙 少年女乙	三项全能	100 米、铅球、跳高

第三节　田径运动的健身方法

一、走的健身方法

走是人类最基本的活动方式之一。除了睡眠外，人的一生大部分时间内都离不开走步，正常人在 70 年的生活中大约要走 5 亿步，约 384 万千米，接近地球到月球的距离。走步与健身有着密切的关系。生命在于运动，健康始于足下。为健康而进行的各种形式的步行均属健身走范畴。

(一) 走的健身原理与作用

中医认为"走为百炼之祖"。人体的脚踝以下有 51 个穴位，其中脚掌就有 15 个穴位。脚掌被称为人体的第二心脏，坚持走步锻炼也就是坚持全身的经络与穴位锻炼。经络内属于脏腑，外属于肢节，沟通内外、贯穿上下，将人体各部的组织器官联系成一个有机的整体，借以运行气血、营养全身，使人体各部的功能活动保持协调和相对平衡。坚持走步活动，也就是运用脚掌不断地与地面机械接触刺激脚底反射区（类似中医的穴位），从而调节人体相应器官及各系统的功能，达到防病治病、延年益寿的目的。

在运动学意义上，走是普通人能保持大肌肉群持续不断的、有节奏的、数十分以上的活动的有效方式。可以说，走是对全体大众最具普遍意义的有氧健身运动项目。

(1) 走步锻炼可改变身体成分。美国专家认为女性最烦恼的过大的臀部和过粗大腿可因长期的走步锻炼而变得苗条修长起来。走步锻炼，肌肉负担不大，虽不能明显地壮大肌肉，但可使肌肉蛋白质比例增加，使肌肉变得更结实，使体型更健美。

(2) 走步锻炼可使人变得更加聪明。走步锻炼时，管理迈步的脑细胞经常处于迅速兴奋和抑制的过程中,经过千百次这样的锻炼,它的调节功能、反应速度、灵活性和准确性便得到提高,而一个人的脑细胞反应速度及灵活性等便是智力的体现。

走步锻炼后,头脑异常清醒爽快、记忆力增强、工作或学习的效率提高。研究还显示,走跑锻炼还可延缓大脑的衰退和老化,加强大脑功能,使思维更敏捷,身体更健康。

(3)走步锻炼可调节情绪,使人健康快乐。健身走同跑步一样,在生理学意义上都是较为完美的运动项目。与其他项目有别的是,健身走是按自己控制的速度,以一种有节奏的形式进行的。在健身走运动的过程中,大脑皮层需要加大调节心血管系统的力度以加快全身的血液循环,及时供给能量和氧气,及时排除二氧化碳和代谢废物,这样大脑自身也获得了兴奋和抑制过程的调节能力。除此之外,许多与走、跑等有氧运动有关的健康与舒适感,都与体内分泌的强大激素内啡肽有关。内啡肽具有强烈的镇痛作用,经常参加可使促其分泌的运动可以提高神经系统的兴奋性,抑制低落情绪,减少痛苦感,使人的锻炼后精神状态良好,周身轻松,精力充沛。

(4)健身走即可强心,又能提高免疫力,延缓衰老。心脏的活动与运动强度有关,强度越大,心脏的活动越强。在健身走的锻炼过程中,为了适应一定强度和持续不断的运动形式,心脏必须以相应的工作把氧气和氧养料运送到各组织,再把各组织的代谢产物运送到排泄器官。所以说健身走可以使心脏得到适宜的锻炼,使其功能不断加强。

与此同时,健身走还可以推迟有机体免疫系统的衰老,并在一定程度上逆转免疫系统的机能衰退。

(二)健身走的锻炼方法

1.竞走

练习竞走能发展腿部肌肉的力量及髋关节的灵活性增强体质,促进健康,提高血液循环系统和呼吸系统的机能,培养吃苦耐劳、勇敢顽强的意志品质。

普通走步的速度每小时约5千米,而竞走的速度则快得多,即使用中等速度走,也要比普通走快一倍以上。竞走规则要求,支撑腿必须伸直,从单脚支撑过渡到双脚支撑,在摆动腿的脚跟接触地面前,后蹬腿的脚尖不得离开地面,这样就能保证用双脚支撑,不会出现腾空现象,这是走和跑的根本区别。

竞走是在普通走的基础上发展起来的,两者的动作结构相同,都是由单脚支撑和双脚支撑交替反复进行。但竞走有它的特点,骨盆前后转动大,腰部有一定的扭动,两臂积极摆动,脚着地时腿充分伸直,步幅大,频率高,前进速度快;它不受年龄、性别、场地、器材和时间的限制,是一项易于开展和普及的运动项目。竞走是一项由单腿支撑与双腿支撑相交替、两腿不断交互迈步前进的周期性运动,在一个周期中,要经过两次单腿支撑和双腿支撑。竞走是一项技术性较强的竞技运动,有严格的规则要求。田径规则规定,竞走是两脚与地面保持不间断的接触。在任何时间都不得两脚同时离地。腿部动作是决定竞走是步频和步幅的主要因素,也是竞走技术的重要环节。竞走分为单腿支撑和双腿支撑两个时期,单腿支撑又有前支撑和后支撑两个阶段。当身体重心移至垂直阶段时,即进入后支撑阶段,开始了后蹬。后蹬动作是骨盆沿身体垂直轴转动,支撑腿快速有力地蹬地,脚外侧滚动着地过渡到脚尖蹬离地面。

竞走是躯干正直,两眼平视向前看,颈部肌肉放松,不要低头或仰头。为配合腿的交换,维持身体平衡,保证重心轨迹沿接近直线前移,上体也应沿身体垂直轴稍加转动。两臂摆动的主要任务是调节步频、步长以及维持平衡。摆臂是半握拳,臂以肩为轴,肩部放松,肘屈约90°自然有力地摆动;前摆时不超过身体中线,不要使拳高过下颌,肘屈约为(或稍小于)90°;后摆是肘稍向外,摆至上臂与地面接近平行,肘屈约为(或稍大于)90°(图8-3-1)。

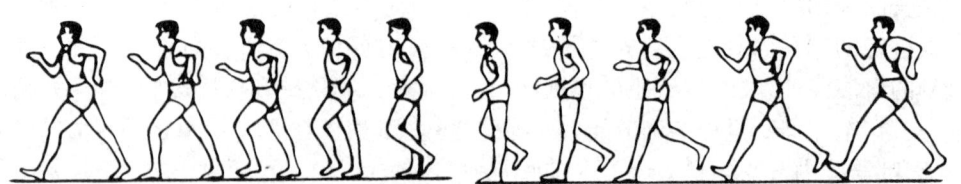

图8-3-1　竞走

竞走时呼吸是重要的,要与腿的节奏相配合,用鼻和半张开的嘴进行呼吸,要自然随意,一般是两步一呼气,两步一吸气,呼吸要有一定的深度,只有充分呼气,才能充分吸气。

2. 散步健身法

散步是一种步伐轻松、步幅较小(50～60厘米)、步速较慢(25～30米/分)、运动量较小的走步方法。坚持散步锻炼,可以促进血液循环,增强血管壁的弹性,增加循环血流量,减少血凝。另外,散步可改善消化腺功能和促进胃肠规则地蠕动,增强消化能力。

散步的正确身体姿势是自然正直,抬头挺胸,收腹收臀,两肩放松,手臂自然下垂,并协同两腿迈步动作自然前后摆动。两腿交替屈膝前摆,足跟着地滚动至脚尖时,另一腿屈膝前摆足跟着地。步幅因人而异,一般约1～2脚。散步宜选环境优美、空气新鲜、鸟语花香、有山有水的花园、林荫道,一边散步,一边欣赏水溪风光和湖光山色。散步速度要慢,体现出悠闲自在的特点。一般,每千米用10～20分,关节炎和心脏病患者可以再慢点。

3. 雨中走健身法

大多数人选择晴朗的天气散步,这虽然与健康十分有利,然而在细雨中散步,也有其特殊的价值。细雨可以洗涤空气中的尘埃和污染,净化空气,路面不再起尘土,使空气清新,神清气爽。雨中空气会产生大量的阴离子,阴离子又有"空气维生素之称,可以促进人体新陈代谢,改善呼吸功能,并使人精神振奋"。雨中散步,也是一场天然的凉水浴,能锻炼和增强机体对突遇降温的适应能力。

4. 倒走健身法

目前还有一种与步行、散步反序的健身方法,即倒走(退步),这是返序健身运动中的一项。倒走分为摆臂式和叉腰式。摆臂式倒走要求身体直立,抬头挺胸,双目平视,两臂自然下垂。先将左脚向后迈出,以左前脚掌先着地,然后全脚掌落地,身体重心移往左腿。按同样的方法左右脚交替后退,两臂配合自然前后摆动。叉腰式倒走要求身体直立,抬头挺胸,双目平视,双手叉腰,四指在前,拇指在后按"肾俞穴",腿部动作同摆臂式。每后退一步,用两手拇指按摩"肾俞穴"一次,可以起到补肾壮腰的作用。

倒走可同散步结合一起练,可先步行100米,尔后倒走100米,反复交替,效果会更好。在倒走开始练习时,速度不宜过快,锻炼一段时间后可逐渐加快速度。每次倒走20～

30分。倒走应选择广场和田径场,以及公园和车辆少的马路。要注意方向和平衡。在开始做时最好同朋友和同学一起练,一人练步行,一人练倒走,这样可以相互提醒,避免摔倒。

5. 走楼梯健身法

走楼梯也叫"爬楼梯""蹬楼梯"。上下往返走楼梯,同样可以达到健身的目的。上下楼梯对发展腹肌和下肢力量,提高心血管和呼吸系统的机能十分有利,对增强神经系统的灵活性、协调性也大有裨益。据测定,一个人登高时每爬高1米所消耗的热量,相当于散步28米;若循着六层楼的楼梯爬上去,相当于慢跑500米。长年坚持上下楼梯,对中老年人可预防高血压、冠心病,对肥胖者可以减肥。

上楼梯时,青少年可以一步几阶,噌噌噌地跨上去。而中老年人则应在上楼时上体微前倾,有意识的屈膝抬腿,一步一个台阶。登上3~6层楼梯,稍停,待脉搏恢复平静,再往返重复。下楼时上体稍微后仰,肌肉放松,用前脚掌有弹性地交换落在台阶的中部。一般上楼慢下楼快,中老年人上楼时速度同于散步时速度为宜,一步一步地上楼。呼吸次数比平时每分多3~5次,脉搏比平时每分多5~10次为宜。

锻炼之前应预先做好准备活动,活动内容包括下肢关节的屈伸、绕环、半蹲起、原地踏步、深呼吸等。

二、跑的健身方法

健身跑可分为慢跑(长跑)、快速跑(短跑)、跨栏跑、障碍跑和接力跑等。慢跑是田径健身运动中最常见的方式。坚持有规律的慢跑锻炼,可以给人的呼吸、循环以及运动系统以量刑的刺激,有助于保持和发展人的耐力和良好的生理机能,具有较高的锻炼价值。快速跑又称短跑,使发展速度素质的有效手段。一般需在田径场跑道上进行,可采用游戏和比赛的方式进行,以提高练习者的兴趣。障碍跑是发展人在跑的过程中踏过、跨过、绕过、钻过障碍物能力的一种运动方式。要根据练习者的实际情况设置障碍物。非正规和栏间距离的跨栏跑,也是健身障碍跑的内容。接力跑是一种集体参与、相互协作配合的运动方式。可以采用发展速度素质的快速跑,也可采用发展耐力素质的中、长跑,目的是使参与者体验在集体合作中的乐趣,从而提高锻炼兴趣。

(一)跑的原理与作用

健身跑不受各种条件的限制,只要有路就可以跑,男、女、老、少都可参加。健身效果显著,因此世界各国健身活动都开展得比较普遍。

健身跑对人体各器官系统的作用。经常进行健身跑锻炼,不但能增强和提高心血管系统、呼吸系统、消化系统、神经系统和肝脏系统的功能,而且能防病治病,延年益寿。

1. 对心血管系统的作用。

长期进行健身跑锻炼的人,心脏肌肉将逐渐发达而粗壮有力,心腔也逐渐增大。据调查,经常进行健身跑锻炼的儿童、少年、青少年和老年人的每搏输出量,均比相同年龄不参加体育锻炼的人,增加10%左右。从事健身跑锻炼的人,血管变粗,毛细血管增多,从而供血量也大大增加,整个肌肉组织有足够的氧可以利用,同时排泄废物的功能也得到增强,骨骼肌的耐力提高,不易疲劳,还能使心脏肌肉组织的血管供血充分,防止心脏病的发生。

2. 对呼吸系统的作用

(1)呼吸肌增强。呼吸肌发达了,胸围也增大了。一般人的呼吸差(尽量吸气和尽量呼气的胸围差)只有5~8厘米,而经常进行健身跑和体育锻炼的人呼吸差可增大到8~18厘米,这样肺里就可以容纳更多的空气,使运动中的气体交换进行得更顺利和充足。

(2)肺活量增大。正常的青年人的肺活量,男子为3500~4000毫升,女子为2500~3000毫升。长期从事健身跑锻炼的人,肺弹性增大,肺活量一般可以增加20%左右。肺活量反映肺的储备力量和适应能力,也反映呼吸器官的最大工作能力。

(3)加大呼吸深度。经常从事健身跑锻炼的人,能增大呼吸深度,呼吸的次数也可以减少,青年健身跑爱好者可减少到8~12次/分。呼吸深度的加大,呼吸次数的减少,都说明呼吸系统功能的加强。

3. 对肝功能的作用

人们在跑时,由于能源物质——糖的消耗增加,使肝脏的后勤供应加强,因而使肝脏的机能得到锻炼。

4. 对消化系统的作用

胃肠是人体消化食物的主要器官,经常进行健身跑锻炼能提高胃肠的消化功能。另外,健身跑时,由于呼吸的加快加深,使膈肌大幅度上下移动,腹肌也不断地活动,对胃肠能产生一种按摩作用,对增强肠胃的消化功能有良好的影响。

5. 对神经系统的作用

长期进行跑的锻炼,能使神经兴奋与抑制、传导与反应等机能得到明显的改善;可以使人的精力充沛,精明果断,动作迅速、准确、有力;使人体对外界刺激的适应能力有明显的提高;使机体对致病因素的抵抗因素有显著增强。

(二)健身跑的锻炼方法

1. 短跑

根据记载,公元前776年,在希腊奥林匹克村举行的第一届古代奥林匹克运动会上就有了短跑比赛项目。当时跑的姿势是躯干前倾较大,大腿抬得很高,脚落地离重心较近,步幅较小的"踏步式"跑法。起跑是采用"站立式"姿势,并把大石块置于脚后,借推蹬巨石之力来加快起跑的速度。

短跑是用最快的速度跑完规定的距离。比赛项目有100米、200米、400米,少年还有60米。短跑是人体运动器官和内脏器官在大量缺氧的条件下完成最大强度的工作,属于极限强度的运动。短跑能有效地发展速度素质,因此,它是田径运动的基础项目,而且在其他运动项目的训练中也占有重要的地位。

短跑技术是一个不可分割的整体,为了便于分析,可把它分为起跑、起跑后的加速跑、途中跑和终点跑四个部分。

(1)起跑。起跑是使身体迅速摆脱静止状态,获得向前的最大冲力,尽快地发挥速度转入起跑后的加速跑,合理的起跑对全程跑起着重要作用。短跑是采用蹲距式起跑,包括:"各就位、预备、鸣枪"三个环节(图8-3-2)。

图 8-3-2 起跑

1)各就位。听到"各就位"口令后,做几次深呼吸,轻松地跑到起跑器前,俯身用两手撑地,两脚依次蹬一前、后起跑器的抵足板上,将有力的腿放在前面,后腿的膝关节跪地,然后两手收回到起跑线后,两臂伸直,两手间的距离与肩同宽,四指并拢和拇指成十字形,身体重心稍前移,肩约与起跑线齐平或稍后,背微弓而不紧张,颈部自然放松,两眼看前下方 40～50 厘米处,注意听"预备"口令。

2)"预备"。听到"预备"口令时随之吸一口气,从容地抬起臀部,使之稍高于肩,同时身体重心适当前移,使两肩稍超出起跑线,这时体重主要落在两臂和前腿上,两脚紧贴抵足板,前腿大、小腿之间形成 90 度角,后腿大、小腿之间形成 120～140 度角。这种起跑姿势,重心较低,大小腿夹角和后蹬角较小,工作距离较长,身体受向前推力较大,有利于发挥速度。做好预备姿势后,集中注意力听鸣枪。

3)鸣枪。听到枪声时,两手迅速推离地面,屈肘做有力的前后摆臂,同时两脚猛蹬,以很大的前倾姿势把身体指向前面。后腿蹬离起跑器后,很快地以膝领先向前摆出,摆出时脚不应离地面很高,这可以缩短从起跑器到落地点的距离。当前腿充分伸展髋、膝、踝三关节蹬离起跑器时,后腿前摆并积极下压着地,完成第一步的动作。

(2)起跑后的加速跑。起跑出发的第一步不宜过大,以后逐渐增大。在跑进时,两臂应积极摆动,两腿积极用力蹬地,上下肢协调配合,以迅速获得速度。在加速跑的开始阶段,上体前倾很大,随着步长和速度的增加,上体逐渐抬起,直到正常姿势即转入途中跑(图 8-3-3)。

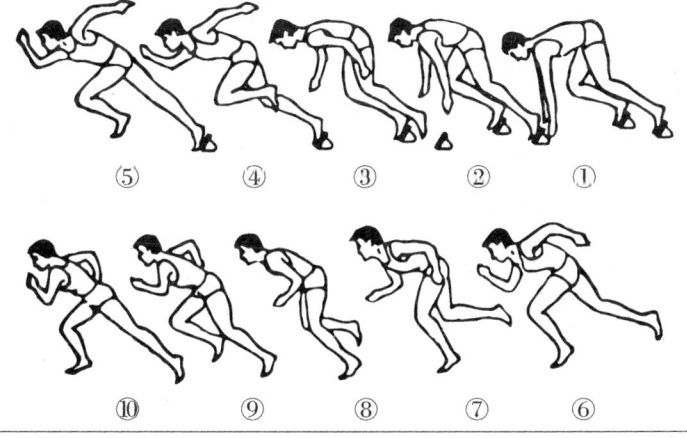

图 8-3-3 起跑后加速跑

(3)途中跑。途中跑时,头应正对前方,上体正直或适当前倾。摆臂应以肩关节为轴,两手半握拳,前后有力的做前后摆臂,肩带要放松,并注意使摆的动作尽量不偏离前进方向。前摆时手一般不超过身体中线和下颌水平位置,后摆时肘稍向外,当手摆到身体垂直部位时,上臂与前臂之间的夹角最大。后蹬时应从伸髋关节开始,当身体重心远离支持点时,迅速伸直膝关节和踝关节,最后是脚趾蹬离地面。摆动腿应迅速向前上方摆出,并积极带动髋关节前送,同时,小腿放松顺惯性向上和大腿自然折叠,当大腿摆到最高点时,大腿积极下压,膝关节迅速伸展,小腿顺惯性向前摆,用前脚掌积极而富有弹性的着地,完成类似"扒地"动作,着地点应在膝部的垂直下方。在整个途中跑的过程中,应做到上、下肢协调配合,动作轻松自然。

在弯道上跑时,为了克服向前做直线运动的惯性,必须改变身体姿势及后蹬和摆臂方向以产生向心力,使之能沿弯道跑。跑进时,身体应向圆心方向倾斜,后蹬时右脚用前脚掌的内侧,左脚用前脚掌的外侧着地,摆动时右腿膝关节稍向内。左腿膝关节稍向外。两臂的摆动,右臂摆的幅度和力量都应大于左臂,右臂后摆时肘关节稍偏向右后方,前摆时稍向左前方;左臂则靠近体侧。

(4)终点跑。终点跑时全程的最后一段,技术上和途中跑基本相同。终点跑应力求在疲劳情况下保持途中跑的正确技术,动员全部力量,以最快的速度跑过终点。这时上体可适当前倾,用胸部或肩部撞终点线。跑过终点后应逐渐减速,不要突停,以免跌倒损伤(图8-3-4)。

图8-3-4 终点撞线

2. 接力跑

接力跑是相互配合的集体径赛项目。练习接力跑能培养团结协作的集体主义精神和发展快速奔跑的能力。在田径场跑上正式比赛的接力跑有:男、女4×100米接力和4×400米接力,有时女子还有4×200米接力。在群众性的体育活动当中,还有不同形式的接力跑,如不同距离的团体接力、迎面(穿梭)接力、异程接力等。接力跑的技术基本同短跑,只是要传递接力棒,要求各棒队员之间协调配合,保证在快速跑进中完成传、接棒动作。

(1)4×100米接力跑的技术。

1)起跑。起跑技术有持棒起跑技术和接棒人的起跑技术。

持棒起跑:第一棒运动员必须采用蹲踞式起跑,右手的中指、无名指、小拇指握住接力棒末端,用大拇指和食指分开撑地,接力棒不得触及起跑线或起跑前的地面(图8-3-5)。

起跑技术与短跑相同。

 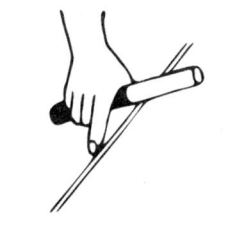

图 8-3-5　持棒起跑

接棒人的起跑：第二、三、四棒运动员用站立式或一手撑地的半蹲踞式起跑姿势，站在起跑线前，两脚前后开立，两膝弯曲，上体前倾（图 8-3-6）。第二、四棒运动员应站立于跑道外侧，所以都用左腿在前，右手撑地，身体重心稍向右偏，头转向左后方，目视跑来队员和自己的起跑标记。第三棒运动员应站立于跑道内侧，所以右腿在前，用左手撑地，身体重心稍向左偏，头转向右后方，目视跑来队员和自己的起动标志。当传棒人跑到标记时，接棒人应迅速起跑。

①站立式　　②半蹲踞式

图 8-3-6　接棒人起跑

2）传、接棒方法。传接棒方法一般有上挑式、下压式和混合式三种。

上挑式：接棒人的手臂自然向后伸出，掌心向后，虎口向下张开，上臂贴近身体已防晃动，传棒人将棒由下向上送入接棒人手中（图 8-3-7）。

下压式：接棒人的手掌后伸，掌心向上，虎口张开，拇指向内，其余四指并拢向外，传棒人将棒由上向下放入接棒人手中（图 8-3-8）。

 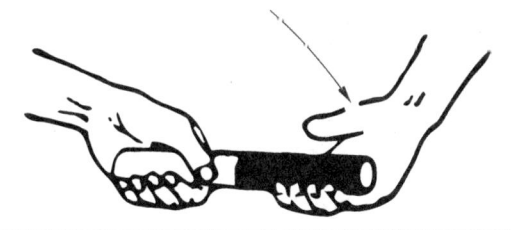

图 8-3-7　上挑式传、接棒　　　　图 8-3-8　下压式传、接棒

3)传、接棒位置和起跑标志显得确定。接棒人站在预跑区或接力区后端至预跑线内区域,传棒人和接棒人之间的速度搭配要经过两人的反复练习才能确定起动标志。预跑去和接力区的具体分布如图 8-3-9 所示,接力跑起跑的标志线是第二、三、四棒次接棒人起跑的标志,它是根据传棒人和接棒人的跑速以及传接棒技术熟练程度确定的。起跑标志线的设置在预跑线的前面。

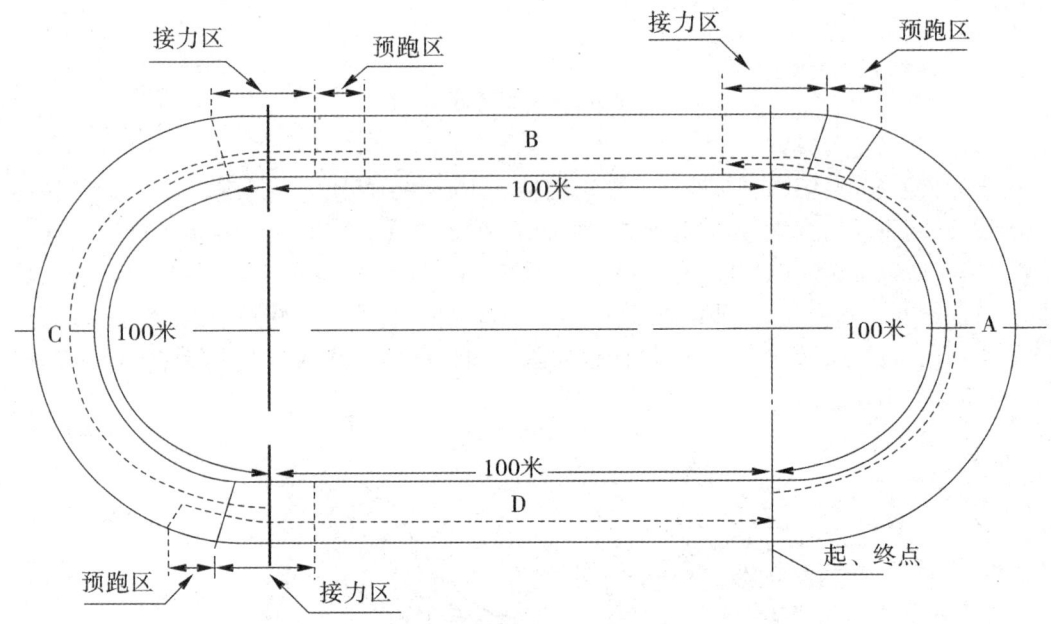

图 8-3-9 接力区分布图

4)各棒次队员的配合。一般第一棒应安排起跑好、弯道技术好的运动员;第二棒应安排专项耐力好,并善于传接棒的队员;第三棒队员除应具备第二棒队员的特点外,还应具备弯道技术好的特点;通常将全队成绩最好、冲刺能力最强的队员放在第四棒。

(2)4×400 米接力跑技术。这种接力由于队员在后半程速度均有下降,所以接棒方式应根据传棒队员到达终点时的情况而定。既可以原地等待,也可以行进间进行。中距离接力跑时,可采用换手传、接棒的方法,这样接棒人可以沿着跑道内侧跑进。

3.跨栏跑

跨越障碍物是人类在长期生产以及与自然作斗争中所形成的一种基本的生活技能。作为田径运动的跨栏跑,是由跨越障碍物的基本技能发展演变而来的。

跨栏跑在 19 世纪最早出现于英国,当时叫障碍跑,是途中设有固定数量、固定距离、固定高度栏架的短跑项目,也是田径运动中技术比较复杂、节奏性比较强、锻炼价值比较高的项目。从事跨栏跑运动,可以培养勇敢、顽强、果断和克服困难的意志品质,并能有效地发展速度、弹跳力、柔韧和灵敏等身体素质。

跨栏跑的成绩取决于运动员的平跑速度、跨越栏架的完善技术,以及跑、跨两者协调配合的能力。仅有好的跑速,而无跨越栏架的完善技术,是不能在跨栏跑中获得优异成绩的。同样,仅有合理技术,而无良好跑速,也是不能在跨栏跑中获得更高成绩的。尽管跨栏跑的距离有长有短,栏架有高有低,栏间跑的步数有多有少,但是跨越栏架的技术是基本相同的。

跨栏跑的运动成绩是由运动员的平跑速度、过栏技术以及跑跨结合的能力决定的。跨栏跑项目有:男子110米栏、女子100米栏和男、女400米栏。跨栏全程跑技术如下。

(1)起跑至第一栏。跨栏跑的起跑技术和短跑相同。起跑后正确地跨过第一栏,是跑好全程的重要环节。起跑后的疾跑,身体前倾角比短跑要小。为了迅速准确地踏上起跨点,当倒数第二步摆动腿着地时,起跨腿的大腿积极前摆,并用前脚掌准确踏着起跨点。摆动大腿积极向前上方摆动,小腿随惯性与大腿自然折叠,用于加大摆速,当身体重心移过垂直的部位后,起跨腿用力蹬地,使髋、膝、踝与上体成一条直线;起跨腿与地面形成夹角比短跑要大;两肩正对前方,摆动腿一侧臂积极前摆,形成一个有力的"攻栏"动作。起跨腿蹬离地面后,身体处于腾空状态,摆动腿大腿随惯性继续高抬,膝关节放松,小腿向前伸展,脚尖勾起,然后向下向后用力做压栏动作;上体积极前倾;摆动腿异侧臂前伸,同时起跨腿屈膝外展,勾起脚尖,收紧小腿,以大腿带动小腿经体侧向前提拉;起跨腿同侧臂向后摆动;当臀部快要移过栏架的瞬间,摆动腿积极下压,用前脚掌着地,上体适当前倾。髋关节前移,使着地点尽量靠近身体重心投影点,以便转入栏间跑(图8-3-10)。

图 8-3-10　男子110米栏跨栏跑技术

(2)栏间跑。栏间跑是指下栏着地点到过下一个栏起跨点间的距离。任务是发挥速度,保持节奏,准备攻栏。由于栏间跑是在固定的距离上进行,要以固定的步数跑过,同时还要为过栏做好准备,所以在技术动作、步长和步频比例等方面同短跑途中跑有所不同。

由跨栏步和栏间跑三步组成的一个跨栏周期,因过栏的需要,构成了与短跑不同的特有节奏。良好的跨栏周期节奏是肌肉紧张与放松合理交替工作的结果,也是获得有益运动成绩的必要条件之一。

(3)终点冲刺。跨过第10个栏,体力虽有较大消耗,但也到了最后决定胜负的关头。

此时摆动腿过栏要更加积极,起跨腿向前落地迅速跑出,加快摆臂与后蹬,加大身体前倾度,最后冲刺撞线的动作与短跑相同。

4. 中长跑

中长跑是发展耐久力的项目,长时间的连续肌肉活动,是这个项目的特点。它一方面要求尽量减少能量的消耗,维持一定的跑速,另一方面要求在全程跑中能根据比赛的情况具有加速跑的能力。所以,运动员在跑的全程中,正确地掌握技术和合理地分配体力是非常重要的。要求跑得轻松协调,重心移动平稳,直线性强,有良好的节奏;要尽量提高肌肉用力和放松交替的能力,既讲究动作效果,又注重节省体力。这些要求,跑的距离越长,它就越显得重要。

各种距离跑的技术,基本上是相同的。但由于距离的长短和跑的强度不同,所以在跑的技术细节上也有不同程度的差异。

(1)起跑和起跑后的加速跑。中距离跑采用半蹲距式起跑,也有采用站立式起跑的;长距离跑都采用站立式起跑。

站立式起跑的动作顺序是按下列口令进行的:听到"各就位"口令后,先做一两次深呼吸,然后慢跑到起跑线后,两脚前后开立,有力地脚在前,紧靠起跑线的后沿,前脚跟和后脚尖之间的距离约为一个脚掌长,两脚左右间隔约为半个脚长。体重大部分落在前脚上,后脚用前脚掌支撑站立。两腿弯曲,上体前倾(跑得距离愈短,腿的弯曲程度愈大,上体前倾愈大),眼向前看3~5米处,身体重心投影点落在前脚的稍前面,身体保持稳定姿势,集中注意力听枪声和"跑"的口令。这时两臂的姿势有两种,一种是一臂在前一臂在后,另一种是两臂在体前自然下垂。一般运动员多采用第一种(图8-3-11)。半蹲踞式起跑是一手的拇指与其他四指成人字形撑于起跑线后,另一臂在体侧,体重主要落在前腿和支撑臂上。起跑动作近似蹲踞式起跑。

图8-3-11 站立式起跑

听到枪声或"跑"的口令时,两腿用力蹬地,后腿蹬地后迅速前摆,前腿充分蹬直,两臂配合两腿动作做快而有力的摆动,使身体迅速的向前冲出,在短时间内获得快的跑速。起跑后的加速跑时,上体前倾稍大,摆臂、摆腿和后蹬的动作都应迅速而积极。这段加速跑的距离,根据项目、个人跑速与战术的位置,然后进入均速有节奏的途中跑。

(2)途中跑。途中跑时上体正直或稍前倾,头部自然,颈部肌肉放松,两眼平视前方。两手半握拳,肘关节自然弯曲,两臂稍微离开躯干,以肩为肘,前后自然摆动。摆臂动作幅度的大小应随跑而变化。感到疲劳时,可变换肘关节的弯曲度或低臂摆动一些时间,减少疲劳程度。摆动腿的膝关节迅速有力地向前方摆出,带动同侧骨盆前送的同时,支撑腿的各个关节要迅速蹬伸,用脚趾蹬离地面。后蹬结束时,腿几乎伸直或完全伸直。蹬伸的时间应短促。蹬伸后及时向前摆腿。大腿前摆时,小腿要保持自然下垂。后蹬腿蹬离地面时,身体进入腾空状态。腾空要低,以放松蹬地腿的肌肉,迅速较省力地将大腿向前方摆出。当后摆腿的大小腿向前摆时,小腿顺惯性自然摆起,膝关节弯曲,形成大小腿折叠的姿势。为了减少落地时产生的阻力,应将脚落在离身体重心投影点较近处,膝关节也随之自然伸直,并用前脚掌着地。着地之后,膝关节稍稍弯曲。在垂直阶段,脚跟稍向下落或全脚掌着地(图8-3-12)。

图8-3-12 中长跑途中跑技术

(3)终点跑。终点跑是中、长跑临近终点的一段加速跑,进入最后的直道时竭尽全力进行冲刺跑,一直跑过终点,以获得最好成绩。动作基本上和短跑相同。

"极点"产生的原因

中短距离跑体力消耗很大,从运动生理机制分析,人体从静止状态开始运动,内脏器官要克服生理惰性,适应较大强度的运动负荷并发挥作用,需要2~4分的应激时间。此时,体内产生大量氧债,肌肉内乳酸不断堆积,随即产生胸闷、气急、两腿乏力等一系列难以形容的机体反应,直至出现运动"极点",不想再跑下去。其实,只要顽强坚持一会儿,上述身体的不良感觉就会减轻与消失,即产生"第二次呼吸"。因此,对身体素质一般的学生而言,跑800米、1000米时,就是人体心血管、呼吸等系统承受较强运动性生理反应的锻炼过程,乃属正常生理现象。

5. 放松跑健身法

这种方法比较简单,其特点一是跑的速度较慢,跑的距离可以根据自己的体质定,体弱同学可以比走步稍快一点,体质好的可以快一些。二是心血管的负荷以及全身的代谢功能,以保持有氧代谢为前提,在跑的过程中心跳的频率以每分不超过180次减去自己的年龄为宜。例如20岁的人应控制在180−20=160(次/分)以下为宜。呼吸也可以不喘大气为宜,在跑步一开始就应该注意呼吸的深、长、细、缓,并有节奏地吐气,呼吸时鼓腹,这就很自然地形成了腹式呼吸。三是全身肌肉放松,步伐轻快,双臂自然摆动。运动时间以每天20~30分为宜,刚开始时少一点也可以,应循序渐进,每星期跑5~6次,也可以隔一天1次。必须常年坚持,持之以恒。

6. 原地跑健身法

在雨天、雪天或冰冻天不方便出门跑步时,可以把住宅或住室作为健身房,采用原地跑进行锻炼。原地跑是一种不受场地、气候、时间和设备等限制的跑步锻炼方法。跑的时间可长可短,完全取决于个人的体能和需求。可以根据跑步的速度挑选最合拍的音乐,在音乐的伴奏下进行锻炼。原地跑也可以逐渐增加运动强度和运动量,充分发挥跑步的健身效用。

7. 变速跑健身法

变速跑是在跑的过程中快跑一阵后,在慢跑一阵,快跑和慢跑交替进行的跑法。这是适合体质较好的长跑爱好者的跑法。当慢跑时,肌肉活动不很激烈,呼入的氧就可以满足肌肉活动的需要,这是肌肉活动所需的能量是靠有氧代谢来保证的。当快速跑时,肌肉活动就比慢跑剧烈得多,肌肉物质代谢对延期的需求就大大增加,这是由于身体的呼吸和血液循环机能的限制,不能满足运动时对氧的需要,于是只能靠无氧代谢来供给肌肉活动时所需的能量,这样变速跑就不但能够有效提高肌肉有氧代谢的能力,而且也能够积极地改善肌肉无氧代谢的能力。这不仅对发展一般耐力有好处,而且也能提高机体的速度耐力素质,对提高人体机能大有益处。变速跑可根据自己的情况随时改变速度。比如慢速跑与中速跑交替,中速跑较慢速跑的速度快,而中速跑又有快慢之分。刚开始时,可采用较慢速度的慢速跑,随着锻炼水平的提高,逐渐提高变速跑的速度,逐渐增加运动量,以最大限度地发挥健身跑的作用。

8. 越野跑健身法

在公路或自然环境中(如乡间小路、原野、山地、沙丘、雪地、林间等)进行锻炼,可激发锻炼者的兴趣,提高锻炼者的锻炼效果。在自然环境下进行锻炼,因为没有距离标记,可采用定时跑的方式,如跑20~30分等。

参加健身跑锻炼时,跑的距离(时间)、跑的速度和每周锻炼的次数,一定要根据锻炼者的体质及健康水平等个体实际情况而定。增加运动负荷时应严格贯彻循序渐进的原则。另外还要根据健身原理,加强自我监督,决定是否调整锻炼方案。只有这样,才能取得良好的健身锻炼效果。

(三) 健身跑锻炼的科学安排

按照计划锻炼,才能使你的健身跑有所遵循,避免盲目性,克服惰性,增强科学性。制订锻炼计划应当遵照上述原则,一般可分为四个阶段。

第一阶段:要达到的锻炼目的是用中速走3000~5000米。这个阶段分两步安排。第一步先用匀速走的方法完成慢走3000米,所谓慢走,比散步要快些,每分60步左右。第二步完成中速走3000~5000米的目标,中速走要求每分走75步左右。这一步才可以用匀速走和变速走两种方法进行。锻炼地点可以在田径场地,便于掌握走的距离,便于安排走的速度变换,也可在公路上走,以电线杆或路灯等作为标记。

第二阶段:要完成慢跑2000~3000米的锻炼目标。第一阶段中速走3000~5000米完成后,要巩固几周,感觉仍然良好,在转入第二阶段。这个阶段采取的方法是匀速跑或走跑交替。慢跑的速度:跑1000米用7~8分。在采用走跑交替方法时,慢速或中速走应根据个人身体情况而定。

第三阶段:提高跑的速度,完成跑3000~5000米的锻炼目标。第二阶段目标达到了,就会感到体力明显增强,工作起来精力比较充沛,有些慢性病也会有些好转。但不能要认为自己跑的能力提高了,就可以多跑和快跑了。一定要多巩固几周,再开始第三阶段的锻炼。这个阶段要把跑速加快一些,18~29岁的人跑完1000米用5~6分,这个速度比慢跑稍快一些用"中速"这个词来概括。这个阶段采取的锻炼方法:匀速跑和变速跑。采用匀速跑的方法进行锻炼,开始可以用中速1000~2000米,要根据个人的情况来确定。然后依次增加400~500米,最终达到完成计划规定的目标数。增加跑的距离,不能操之过急,应当在身体感觉良好的基础上进行。在增加距离时,也可在增加的距离段跑慢一些,逐渐提高到计划规定的速度。采取变速跑的方法,先慢跑的距离长,中速跑的距离短,逐渐减少慢跑距离增加中速跑距离。

第四阶段:加长距离加快跑速。这个阶段跑1000米的时间用4~5分。为了和慢跑、中速跑的区别,就称这个阶段为"快跑",实际上这个阶段的速度也是比较慢的。这个阶段的锻炼目标是快速跑800~1000米。第四个阶段的锻炼方法和上个阶段的相同。采用匀速跑的锻炼方法,首先应根据个人的锻炼水平来确定开始的距离,采用变速跑的锻炼方法,也应实际情况出发。

以上是健身跑四阶段锻炼法,在实行计划时,还应注意以下几个问题。

(1)不一定都从第一阶段开始锻炼,应根据个人的身体状况来确定。

(2)健身跑四阶段锻炼法所需的时间和跑后即刻测定脉搏数,是根据身体健康者进行锻炼规定的。如果身体较弱或有慢性病,虽然已到计划规定的时间,但身体感觉不良好,就应延长该阶段的锻炼时间,直到身体确实感觉良好,再巩固一段时间,方可转入下一阶段。晨脉(早晨醒后在起床前测定的脉搏)比平时每分高 6~8 次,应适当减小运动量,确实感觉良好后,再逐渐加大运动量,达到计划的要求。

(3)有的地方附近没有田径场,或虽然有田径场,但锻炼者不愿在田径场一圈一圈地跑,愿意在公路上跑,可以选用路灯或电线杆作为标记来掌握跑的距离和速度。

(4)患有心脏病、高血压和某种严重疾病者,应到医院进行全面检查,征得医生的同意,可以从走开始锻炼,锻炼的每一步都应以不加重病情为原则。

每天的锻炼时间安排:每天什么时间进行健身跑为宜,看法各不相同。有人主张早晨锻炼好,因为早晨的空气新鲜,杂质和灰尘较少,是一天环境条件最好的时间;有人认为下午锻炼好,可以消除紧张,尤其对那些精神处于紧张状态的人,效果更为明显,还可以起到镇静剂的作用。还有人喜欢晚上进行锻炼,他们感觉晚上凉快,锻炼后身体很舒适,上床后能立即入睡。但也有人认为晚上进行健身跑后,往往很兴奋,反而影响睡眠。所以,每个人的生活方式和生活习惯都不相同,应根据自己情况有选择性地来安排锻炼时间。

每周锻炼次数安排:健身跑和其他体育活动一样,每经过一次锻炼,身体各器官的功能就会有所改变,这样一次接一次地锻炼,身体的良好变化就会积累起来,达到增强体质、提高健康水平的目的。每周锻炼的次数以 3~5 次,隔日锻炼为宜。

三、跳的健身方法

跳跃是指人体在水平和垂直两个方面上,以原地或行进间两种运动方式所表现出来的跳跃能力,竞技运动中的跳高、跳远是这种跳跃运动的最高表现形式。

在水平方向上,常见的有立定跳远、行进间跳远、连续蛙跳和跨步跳等。

在垂直方向上,最为常见的有原地摸高、跳绳、行进间助跑摸高、上篮等。在跳高辅助练习中,可以将动作变异成各种形式的非正规姿势跳高,以发展向上跳的能力。

健身跳是跳跃的下位概念,它不同于竞技中的跳跃,也不同于军事项目的跳跃,健身跳的目的是促使身体的全民发展、增进健康水平和改善心理机能。因此,健身跳更注意运动的内容与形式,而不强调动作的技巧;更注重练习的趣味性和实用性,而不强调运动的负荷。

(一)健身跳的原理与作用

跳是人类基本活动机能之一。跳跃运动是全身肌肉的协调用力,特别是腿、足的用力蹬伸以克服自身重量来完成的,因此,对提高腿、足的肌肉力量和用力速度,改善人体的灵活性、协调性和神经系统的支配能力有着重要作用。人体腾空后下落与地面撞击接触,有效地锻炼了腿、足的支撑能力,其健身作用更为明显。

跳跃又是人们发泄情感的一种自然方式,无论是高兴时还是愤怒时,往往会不自觉地伴随着跳跃、顿足等动作。在丰富的汉语语言中,有大量的表现情感动作的词汇,如"欢蹦乱跳""手舞足蹈""顿足捶胸"等。可见跳跃运动不仅能发展人体的运动能力和改善健康状态,还能起到调节情绪、改善心理状态的功能。

(二)健身跳的特点

健身跳是以健身为目的的各种各样的跳跃练习和游戏的跳跃活动。

健身跳不同于竞技运动的跳跃,也不同于军事项目的跳跃。健身跳的目的是促使机体的全面发展,增进康水平和改善心理机能。因此健身跳更注意联系的内容与形式,而不强调动作的技巧,跟注意练习的趣味性和实用性而不强调运动负荷。

(1)来源于民间的游戏或娱乐活动。健身跳的内容丰富多彩,练习形式各式各样。除了采用一些与竞技跳跃接近的练习项目及手段外,更多地来自于民间的游戏或娱乐活动。

(2)娱乐、趣味性强。由于健身跳中游戏及娱乐成分较多,有的练习还有情节或美感,因此练习者既锻炼了身体,又得到一种乐趣和满足感。

(3)运动负荷个体差异明显。由于年龄的不同,体质的差异,运动负荷不仅有明显的区别,而且以个人的充分满足为原则。每次练习的运动量和强度,大都以练习时的情绪、乐趣为依据。

(4)具有竞技功能。健身跳同样可以进行比赛。它能提高练习兴趣、练习水平和运动技能,促进项目的开展。

(三)健身跳的练习方法

健身跳的方法要符合不同年龄、不同水平练习者的需要;健身跳的内容和形式要具有一定的娱乐性、趣味性;健身跳的练习负荷,特别是中老年人要控制在适当的限度内。

1. 跳高

跳高作为一种游戏活动可以追溯到远古时代。在古代日耳曼人中曾盛行过跳跃横排马匹的比赛,非洲的图西人还曾有过利用厚木头的跳板或石头踏跳进行的跳高游戏。跳高作为比赛项目始于爱尔兰和苏格兰。1800年,跳高被列为苏格兰运动会的比赛项目。19世纪60年代以后跳高在欧洲和美洲开始普及。在这以后,随着运动员的速度力量素质的不断改进和提高,跳高成绩也在不断地提高和发展。

跳高是田径运动的出赛项目,是出有节奏的助跑、单脚起跳、越过横杆和落地四个紧密相连的动作组成,以越过横杆上缘的高度来计算成绩的比赛项目。跳高运动是征服高度的运动项目,是人类不屈不挠、勇攀高峰的象征。也有人称跳高是失败者的运动,因为每次比赛,运动员在跳过一个高度以后,还要向新的高度挑战,直到最后跳不过去为止。跳高运动员个子很高,腿特别长,特别有劲,一蹬地,身体便腾空而起,越过比自己身高还高的横杆。跳高运动员不怕失败,不怕挫折,始终充满信心,相信只要自己刻苦努力,一定能越过更高的高度,取得更好的成绩。经常参加跳高运动,不仅能增强人的腿部力量,提高弹跳能力,发展巧和协调性,还能培养勇敢、坚定、沉着、果断的意志品质,是一种很好的体锻炼项目。

跳高在世界各地流行很广,也是少年儿童最喜欢的一种体育活动,有跨越式、剪式、俯卧式和背越式等多种跳高姿势,最流行的是背越式。人体通过助跑、起跳,以背对横杆的姿势越过横杆并以背先着垫的跳高方法叫背越式跳高。

(1)助跑。背跃式抬高采用弧线助跑技术,用远距离横杆的脚起跳。助跑前半段为直线助跑,跑动距离一般为6~8步,后半段为弧线助跑,跑动距离一般为3~5步。助跑要求加速均匀,动作轻松自然,要求步幅大、弹性好,从直线助跑进入弧线助跑时动作不要太突然,以免破坏助跑节奏。

(2)起跳。起跳脚沿弧线的切线方向踏上起跳点,以起跳脚的外侧着地迅速滚动到全脚掌;当重心的投影点移至前脚掌并且以踝、膝、髋及起跳腿异侧肩等几点在一条直线上时,用力蹬地使身体腾空;当起跳脚踏地时,摆动腿应迅速蹬地并屈腿前摆,并向异侧肩的方向摆动,髋关节前送,使身体转成背对横杆;当大臂摆到与地面平行时,双臂和摆动腿应迅速制动(图8-3-13)。

图 8-3-13　背越式跳高技术

(3)过杆和落地。当身体向上腾起并转至背对横杆时,应以手臂向上向横杆方向伸出,牵引身体沿起跳点切线方向向横杆靠拢,以手臂、头、肩、躯干、髋、腿的顺序依次过杆,当大腿越过横杆后,应迅速向上收腹举腿,以求更快摆脱横杆,然后以肩背部着地。

身体在越过横杆时,应当遵循在杆上部分最高来越过或已越过横杆部分尽量降低的原则。所以手臂越过横杆后即向下压、头越过横杆后即仰头、肩后侧,当髋关节在横杆上时身体成反弓状,髋越过横杆时,即开始低头、含胸并迅速向上收腹举腿。应当注意的是收腹应挺髋收腹。这样虽然收腹的难度加大了,但臀部的位置不会降低,碰落横杆的机会减少,如果不挺髋收腹侧臀部位置就会降低增加了碰落横杆的机会。

2. 撑杆跳高

撑杆跳高是田径运动技术最复杂项目之一。现代的撑杆跳高运动是由原始的撑杆跳跃演变而来的。在古代,人们为了适应生活和生产的需要,在交通设备极不完善的条件下,就曾用木棍撑过河沟和不高的障碍,后来在军队中用撑杆跳过战壕、矮墙等办法作为训练士兵战斗技能的手段。在 18 世纪中叶,德国学校体育教材中出现了撑杆跳高的内容,到了 19 世纪,欧洲有些国家开始了撑杆跳高的比赛。直到 1817 年才有了第一个撑杆跳高纪录(2.92 米)。当时是用前端装有尖头的木竿做撑杆进行练习和比赛的,运动员助跑后把竿头插在地上起跳,沿着撑杆向上爬,当撑杆将要倾倒时,迅速越过横杆,落在铺有沙子的地面上。在 1889 年规则规定:不许运动员在起跳离地后双手交换上爬。1906 年时,有人在助跑起跳离地后,采用摆体的技术跳过了 3.78 米的高度,创造了用木竿跳的最高纪录。由于木竿质硬、量重、弹性差,影响成绩的提高,1909 年开始采用了竹竿。在 1924 年第八届奥林匹克运动会上采用了木制的插斗和沙坑。1942 年有人跳过了 4.77 的高度,创造了用竹竿跳的最高纪录。竹竿虽然重量较轻,有一定的弹性,但是握竿点到了 4 米以上时容易折断,因此 1930 年开始有人试用了金属撑杆。1952 年以后,铝合金撑杆被各国运动员广泛采用。1961 年时,有人用金属撑杆跳过了 4.83 米的高度。

撑杆跳高的完整技术是由持竿助跑、准备起跳和起跳、悬垂摆体和后仰举腿、引体转体和腾越过杆、落地等一系列密切联系的复杂动作组成的。

金属撑杆虽然坚固,不易折断,但是性能硬,弹性差,不易提高握竿点,从而影响成绩的继续提高。早在 1948 年就有少数运动员开始试用化学纤维制成的尼龙撑杆,到 1962 年国际田联承认用尼龙撑杆创造的成绩以后这种器材就被世界各国撑杆跳高运动员广泛采用。随着撑杆跳高技术的发展和成绩的不断提高,也促进了其他器材设备的改革。1960 年用海绵坑代替了沙坑,改进了插斗壁的角度和撑杆跳高架子,世界纪录一破再破,到 1976 年,有人用尼龙撑杆创造了 5.70 米的世界纪录。1980 年法国人把纪录提高到 5.78 米。现在男子撑杆跳高的世界纪录(6.16 米)是由法国运动员拉维莱涅保持的。

与女子三级跳远一样,女子撑杆跳高也是近几年才开展的运动,我国女子在这个项目上有着较强的竞争能力,并曾经创造过世界纪录。目前女子撑杆跳高的世界纪录(5.06 米)是由俄罗斯运动员伊辛巴耶娃保持的。

3. 跳远

跳远有立定跳远和行进间跳远,行进间跳远过去又叫急行跳远,它是古代的奥林匹克竞赛及古希腊五项运动里都有的一个项目,是现在学校体育教学和田径比赛的主要项目之一。练习跳远能发展人的速度、弹跳力和灵巧性,并能增强心脏等内脏器官的功能,增进身体的健康。跳远的场地设备比较简单,学习跳远又比较容易,因此青少年们比较喜欢这项运动。

从跳远技术的发展来看,有一个从简单到复杂的过程。最初是简单的蹲踞式,以后有了挺身式,又有了走步式。今天的跳远技术,正向着快速的助跑、迅速而有力的起跳和较高的跳跃高度方向发展,运动员必须具备全面和良好的身体素质,熟练而准确地掌握先进的技术。

跳远和三级跳远的完整技术是由助跑、起跳、腾空和落地四个部分组成的。成绩的好坏主要是助跑速度和起跳技术决定的,当然平稳的空中姿势和合理的落地动作,也起着一定的作用。总之,各个部分的技术都是跳远中不可分割的整体。

(1)助跑。跳远的助跑为直线助跑,一般男子为35~45米,跑18~24步;女子为30~40米,跑16~22步。助跑时起跑采用"半蹲踞式"或"站立式",起跑后要求加速均匀,步幅固定,节奏清楚,弹性好。

(2)起跳。当起跳脚踏在踏板上时,应全脚掌踏板,踏板要迅速有力,同时,起跳腿弯曲上摆,并配合手臂的摆动,使身体向前上方腾空,形成腾空步。腾空步要求,身体正直,摆动腿的大腿与地面平行,起跳腿伸直;起跳腿一侧手臂由前向后摆至大臂与地面平行,摆动腿一侧手臂由前向侧上方摆至大臂与地面平行,大小臂约呈90度角。

(3)腾空。跳远腾空阶段的任务是维持身体平衡,为完善的落地动作创造有利条件。跳远的空中姿势一般为蹲踞式、挺身式、走步式三种。下面介绍蹲踞式和挺身式:

1)蹲踞式。起跳腾空步后,上体保持正直,摆动退的大腿继续高抬,两臂向前挥摆;起跳腿开始向前上方提举,并逐渐向摆动退靠拢,形成空中蹲踞的姿势;随后两腿上收,上体前倾,将要落地时两臂由前向下后摆动,同时,伸小腿向前落地(图8-3-14)。

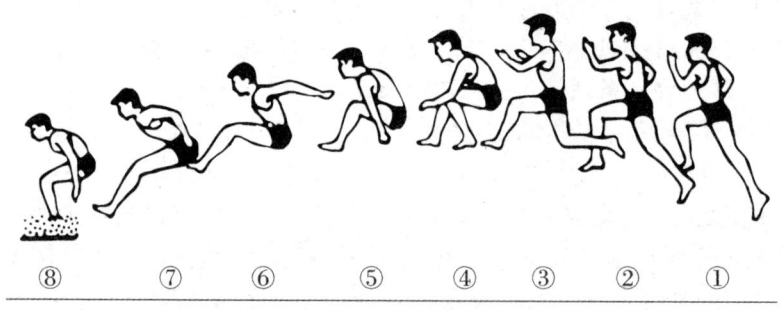

图8-3-14 蹲踞式跳远

2)挺身式。起跳成腾空步后,摆动退的大腿积极下压小腿向前、向下、向后与留在身后的起跳腿并拢,同时,两臂向上、向后充分伸展使臀部前移;空中身体呈反弓姿势。落地前双臂和双腿向前摆动,形成向前收腹的动作,小腿充分前伸上体前倾准备落地(图8-3-15所示)。

(4)落地。落地时,膝关节伸直,脚尖勾起,同时,双臂向后摆动,脚接触沙坑时,迅速屈膝缓冲,使髋躯干部分迅速前移;同时,双臂屈肘加速前摆使身体重心迅速移动到落地点前方。为保证落地时身体不后坐可采用前倒式落地、侧倒式落地。良好的落地动作是获得良好成绩的保证,也是防止意外伤害的保证。

图 8-3-15 挺身式跳远

4. 三级跳远

三级跳远是由单脚跳、跨步跳和跳跃组成的。从事三级跳远的练习，具有和跳远同样的锻炼价值。

三级跳远是在助跑以后沿直线连续进行三次跳跃的一项运动。由于这项运动使下肢的负担很大，所以对身体素质的要求比其他项目要高一些。它要求运动员有快速的助跑速度和良好的弹跳力，以及强大的腿部力量。正式比赛中，三级跳远的规定形式是：单脚跳、起跳腿落地后再起跳的跨步跳、摆动腿落地起跳的跳跃，用双脚落于沙坑。

三级跳远和跳远的成绩都是取决于助跑时所获得的水平速度和起跳产生的垂直速度，同时还与每一个动作完成的质量，维持身体平衡的能力和三级跳远中三跳的比例有关。由于从助跑中获得的水平速度在三跳的过程中不断降低，所以如何减少水平速度的损失而又获得合理的垂直速度，是三级跳远技术中要解决的主要问题。

5. 提高身体素质的健身跳

提高身体素质的健身跳可分为高度跳和远度跳；高度跳和远度跳又分别包括原地跳和助跑跳；原地跳和助跑跳各分为一次跳和连续跳；再划分为徒手跳和负重跳；最后分为障碍跳和无障碍跳。

基于上述归纳，在选用练习时可根据需要进行组合，如采用原地高跳时，可以一次跳（纵跳）、徒手、无障碍，也可以连续、负重和障碍跳，还可以一次跳负重过障碍等。远度跳也是如此。

常用的高度跳练习，如原地跳起摸高或头触高物（一次连续、徒手或负重）、原地双脚跳越障碍、原地收腿分腿跳、提踵跳、弓步换腿跳、单腿蹬台阶（低凳）跳、快速挺举跳、助跑摸高或助跑跳越障碍（栏架、横杆）等。常用的远度练习，如立定跳远、立定三（五、十）级跳、助跑跨上跳箱（台阶）、多级跨跳和单脚跳等。

6. 游戏性的健身跳

游戏的健身跳多为少儿所采用，但其中有些练习也适合于大学生，常见的练习，如跳绳、跳皮筋、跳房子、踢毽子、舞蹈（其中的跳步、跨步、蹦跳）、跳自然障碍、跳山羊、用脚"猜拳"和"顶拐"等。

7. 娱乐性的健身跳

娱乐性的健身跳往往不是单独存在,而是隐含在某些娱乐活动中,如大秧歌、健美操、迪斯科,以及各种游戏活动等,在活动中含有跳跃动作。由于这些跳跃动作的存在,加大了活动量和强度,强调了活动的气氛。

8. 单个练习的健身跳

如原地的跳跃、多次的连续跳跃、跳绳、跳秧歌等。

9. 组合练习的健身跳

由多个练习组合而成的成套练习,如健身操、广播操、中老年迪斯科舞、球类游戏等。

10. 循环练习的健身跳

由若干练习按一定的顺序排列,首尾相接,周而复始地进行练习,如原地摸高 10 次+快速挺举 10 次+多级跨步跳 30 米等。

四、投掷的健身方法

健身投是用单手或双手将投掷物投出的运动。它可以分为肩上投掷和肩下投掷两大类。肩上投掷的常见方法有单臂或双臂的抛投、投和推等,如抛掷实心球、投垒球、推实心球等。肩下投掷的常见方式有单臂或双臂的扔、撇和抛等,如扔飞碟,打水漂,抛地滚球和保龄球等。

(一)健身投的原理

投掷作为一项生活基本技能,包括抛、推、掷、投等多种形式。早期原始人迫于自己的生存需要,采用投、掷、抛等手段,击落树上的果实,打击和捕捉飞禽走兽。在后来的军事活动中,把矛、棍、石等都视为一种武器,为了更有效杀害敌人,同样也需要发展投掷力量。到了现代社会,人们从增强体质和提高机体适应能力考虑,则更多锻炼手臂、腹背等肌肉的爆发力,以便为提高身体素质创造良好条件。

近年来,我国全面兴起了全民健身运动,对促进中华民族的身心健康将会起到积极的影响。一个精神向上、积极进取的民族由身心健康的社会人群组成,其中,"终身体育"的思想尤为重要。任何一项投掷运动必须是集中全身的力量、速度、柔韧、协调、灵敏等各项身体素质的总和。经常参加健身投运动对中老年人的身心健康能起到良好的作用,对促进青少年德、智、体、美、劳等全面发展也起到积极的影响。经常正确地进行健身投的练习,对人体的体形、技能、身体健康以及心理情绪有如下促进作用。

(1)长期地、正确地进行健身投运动,可以使体形变得健美。健身投可以消耗脂肪,使肌纤维变粗,横截面积增大,从而肌肉逐渐发达。健身投还可以加强肩、胸背、腰腹部肌肉活动,它可以使男子的胸部和肩部肌肉发达,腰腹及脂肪减少,逐渐具有"V"形健美身材。对于女子来说,可以使她的肌肉平滑,双肩丰满,胸部富有弹性,下腰纤细而结实,形成优美的身体线条。

(2)健身投可以增强肌肉力量,预防肌肉能力退化。肌肉力量是维持全身活动的基本动力。长期进行健身投的练习可以明显地使神经系统调节机能得到改善,肌肉中毛细血管网增多,ATP 提高等,从而增加肌肉力量,特别是能增加臂和腰背部的肌肉力量,健身投还能预防中老年人机能退化,延缓衰老进程的作用。

(3)从事健身投运动可以防止和治疗一些伤病。通过经常的健身投练习来加强肌肉力量,可以防止因腹肌松弛无力造成的内脏下垂和因维持脊柱正常姿势的肌肉软弱造成的脊柱不正常弯曲。从形态学上讲,肩部的静脉贴近肌腱和筋膜,往往使静脉血回流不太通畅,健身投练习中,大量的肩部肌肉收缩有助于静脉回流。健身投练习经常要有一定的深呼吸用力,它可以使隔膜下降,压迫肝脏瘀血流出,从而起到改善气体交换的作用;还可以把精神疲劳转化为体力疲劳这对身体健康有益。适当的健身投练习还可以帮助治疗一些伤病,如背部肌肉力量加强后,可以对姿势性驼背的矫正有一定作用。

(4)健身投练习有改善身体协调能力的作用。人们的协调能力是安全地完成生活的一个基本条件。健身投对机体协调能力的改善主要是通过改善反应能力、改善集中用力能力和改善平衡能力实现的。

(5)健身投练习可以改善心理状态。在集体进行的健身投练习中可以使人们从竞争的帮助中认清生活中的各种关系,忘记寂寞,养成乐天愉快的性格,成为生活、心理都健康的真正健康的人。

(二)健身投的锻炼方法

1.推铅球

推铅球作为田径运动项目,19世纪出现于英国。推铅球是田径运动的投掷项目之一,它对增强体质,特别是发展躯干和上下肢力量有显著的作用。

推铅球在历史上曾采用过按运动员体重分级进行比赛的办法。后来实践证明,推铅球距离的远近,并不完全取决于体重,更重要的是能否掌握合理的技术和是否具有全面发展的身体。

现有的推铅球的形式,包括侧向滑步推铅球、背向滑步推铅球、旋转推铅球三种。滑步推铅球技术可分为滑步与最后用力两个部分,它决定着整个技术的质量和效果。

(1)滑步开始姿势。

1)握球和持球。手指自然分开(以右手握球为例,下同)。将球放在中指、食指和无名指的指根部,大拇指和小指自然地扶在球的两侧使球稳定。手腕和手指力量较强的人,可以将球放在第二指骨上,这样有利于加长工作距离,更好地发挥推铅球时手指的力量(图8-3-16)。

持球时,将球放在右下颌骨和锁骨之间靠近颈部,同时外展同躯干约呈45度角,在滑步过程中球始终紧贴颈部,以利于身体的平衡和推球。

2)站立姿势。握好球后,背对投掷方向,两脚前后开立,右腿靠近投掷圈内沿,身体重心落在右腿上,左臂自然微曲上举,两眼看前下方3~5米处。整个动作自然放松,注意力集中,准备滑步。

(2)滑步。滑步前左脚向后上方摆起,上体配合摆腿逐渐前倾,当左腿回摆时屈右腿,使身体重心下降,形成团身姿势,左腿回摆一结束,臀部领先向投掷方向移动,同时右腿蹬地,左腿向抵趾板摆伸,使身体迅速向前推进。右脚蹬离地面后,迅速拉收小腿,同时右脚向内转动,并用前脚掌着地,落在圆心附近,与投掷方向约形成130度角。这时左脚要积极下落,以前脚掌内侧落在圆圈直径的左侧靠近抵趾板处。两脚落地间隔越短越好,

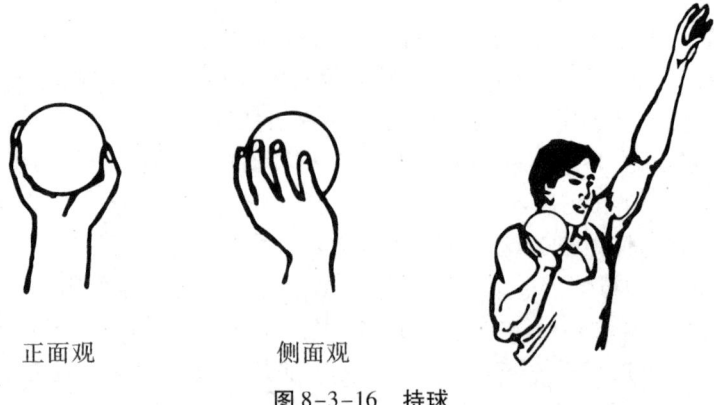

图 8-3-16　持球

以保证连贯、加速过渡到最后用力。此时铅球处于右脚的前上方,身体重心落在右腿上,形成超越器械,加长最后用力的距离,为最后用力做好准备(图 8-3-17)。

图 8-3-17　铅球滑步完整技术

(3)最后用力。当滑步结束后,左脚一着地就开始最后用力。同时,右脚用力蹬转,推动右髋向投掷方向转动,使上体在转动中不断向上抬起,头和胸部转至投掷方向,身体重心移至左腿。在两腿继续用力蹬地的同时,随着右肩的前送,右臂迅速、有力地将球推出。此时应特别注意左侧支撑要牢固,在保证右臂做出正确的推球动作。在铅球快要离手时,手腕稍向内转,并使铅球从手指离开,以充分利用手指力量。

最后有力的方向是朝前上方的,因此身体有较大的冲力。当铅球出手后应立即换腿,降低重心,维持身体平衡。

2. 掷铁饼

掷铁饼是一项古老的田径运动,在古希腊的奥林匹克运动会上已被列为比赛项目。当时的饼是用石头和青铜制作的,人在石头台座上正面站立进行投掷。

随着实践经验的积累和器械、场地、规则等方面的改变以及科学的不断发展,投掷的技术有了很大的改进,由过去的正面站立、侧向站立和换步旋转投掷等方式,发展成为背向旋转投掷的技术,现在又出现了宽站立、低姿势、背向大幅度旋转投掷的技术。

正式比赛中,铁饼的重量男子为2千克,女子为1.0千克;内圈直径为2.50米,有效区角度为40度。

掷铁饼的技术动作分为握法、预备姿势和预摆、旋转、最后用力和维持身体平衡四个技术环节。

3. 掷标枪

掷标枪技术的产生与发展,有它独特的演变过程。标枪是古代劳动人民为了求得生存,在与大自然做斗争中为获取必需的生活资料而创造的一种原始投掷工具,在当时也作为一种运动器械。到了奴隶社会,就被统治阶段用来作为训练士兵、镇压奴隶、掠夺财富和进行战争的一种武器。

掷标枪早在古希腊奥运会上已被列为比赛项目。随着田径运动的蓬勃发展,以及科学技术在田径运动中得到运用,掷标枪的技术也不断变革与发展,由古代发展而来的原始投掷技术在漫长的历史过程中,不断得到改革而逐渐完善。

掷标枪是一个比较复杂的多轴性旋转项目。它的完整技术,是由肩上持枪经过一段预先助跑连接投掷步获得动量,通过爆发式的最后用力作用于标枪的纵轴上,将标枪经肩上投出去。

(1)握法。目前采用的握法有两种。

现代式握法,即标枪的绳把平斜放在掌心上,大拇指和中指的第一指节扣住绳把子后缘,食指自然扶于枪杆上,无名指和小指自然地握在绳把手上(图8-3-18a)。这种握法能较好地控制标枪,最大限度地发挥手指的力量。在标枪出手时由于中指和食指的用力拨动,可使标枪沿着纵轴自转,更加稳定标枪飞行的路线。是当前普遍采用的一种握法。

普通式握法,是指将标枪绳把平斜放在掌心上,大拇指和食指扣住绳把手的后缘,其余的手指自然把握绳把手上(图8-3-18b)。这种握法由于手腕比较紧张,不利于控制标枪的出手角度,因此现在很少有人采用。

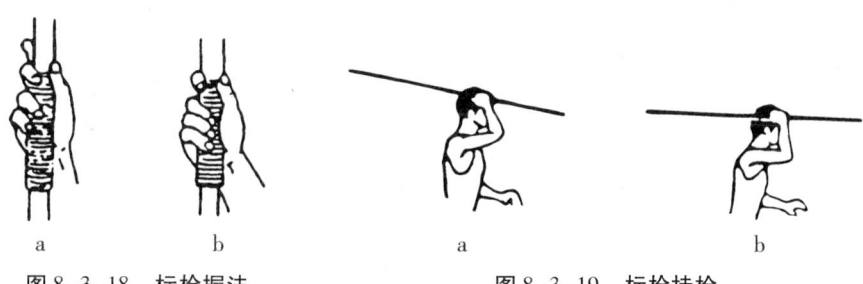

图8-3-18 标枪握法　　　　　图8-3-19 标枪持枪

(2)持枪。持枪方法要有利于发挥助跑速度,便于引枪,使持枪手臂放松自然。现在绝大多数运动员都采用肩上持枪的方法。

持枪于右肩上方,稍高于头,枪尖低于枪尾(图8-3-19a),这种持枪方法有利于手腕放松,便于向后引枪。现在多数运动员采用此方法。

持枪于右肩上方右耳旁边,枪身与地面接近平行,肘稍外张开(图8-3-19b),这种持枪方法能较好地控制引枪时的角度,但投掷臂和手腕容易紧张。

持枪于头右侧,枪尖稍向上。这种持枪方法手臂和手腕更紧张。目前很少有人采用。

4. 投实心球

实心球表层由帆布或皮革缝制而成,内装适宜填充物,重量通常为1~2千克,球体直径为25厘米以下为宜,不能过大,否则会影响练习效果。实心球练习的方法多种多样,可做各种推、抛、掷练习。可单独练习,也可双人或多人练习。练习时应先做一些准备活动,然后根据实际情况选择练习手段,确定练习次数。

(1)前抛实心球。面对抛球方向,两腿左右开立,与肩同宽,双手持球上举,抛球时先使身体重心下降,两膝屈曲下蹲,上体前倾,然后迅速蹬伸两腿,向前展体,将球向前上方抛出,出手角度约为35度(图8-3-20)。

(2)后抛实心球。背对抛球方向,两腿左右开立,与肩同宽,双手持球上举,抛球时先两腿屈膝下蹲,然后重心微微后移,两腿用力蹬伸展宽,将球经头部的后上方抛出,出手角度约为40度(图8-3-21)。在投掷方向每隔1米画一条标志线,以便观察抛球的远度。

图8-3-20　前抛实心球　　　　图8-3-21　后抛实心球

(3)双手正面掷实心球。面对投掷方向,两脚前后开立,双手握住实心球置于头后上方,肘关节屈曲,原地或者助跑3~6步,将球投出,注意做好"鞭打"动作,出手角度约为36度(图8-3-22)。练习者可在投掷方向做标志线,测定投掷远度。

(4)单手投实心球。身体侧对投掷方向,两脚左右开立,投掷臂向后伸展,单手持轻实心球,与肩同高,原地或者助跑3~6步,将球投出,注意做好躯干和投掷臂的"鞭打"动作,出手角度约为36度。练习者可对网或墙投掷(图8-3-23)。

图 8-3-22　双手正面掷实心球

图 8-3-23　单手投实心球

(5) 跪投实心球。练习者两腿跪立面对投掷方向,双手握住实心球,置于头后上方,肘关节弯曲,上体适度后仰,然后躯干带动双臂向上方将球抛出。出手角度约为 35 度。

5. 掷小球

练习时可选择小垒球、棒球或胶皮球,为方便持握,球体直径不要过大,以不超过 12 厘米为宜。

(1) 原地单手掷小球。两腿左右开立,身体侧对投掷方向,投掷臂向后伸展与肩同高,投掷时,右腿蹬地、转体、翻肩、振胸、投掷臂鞭打着向前上方将器械投出,出手角度约为 36 度。练习时可对墙或对网投掷小球,有条件时也可在开阔的场地进行,并丈量投掷远度(图 8-3-24)。

图 8-3-24　原地单手掷小球

(2) 上步投垒球。身体侧对投掷方向,两脚左右自然开立,投掷臂单手持小球,向前交叉步,转体翻肩,以胸带臂向前上方将器械投出,出手角度约为 36 度(图 8-3-25)。

图 8-3-25　上步投小球

(3) 助跑投小球。面对投掷方向站立,单手持小垒球于肩上,预跑 6~8 步后接投掷步,然后将小球投出,出手角度为 36 度。注意助跑速度由慢到快,逐渐加速,不停顿地过渡到最后用力(图 8-3-26)。

图 8-3-26　助跑掷小球

🌸 **思考题**

1. 什么是田径运动？
2. 田径运动的健身价值是什么？

第九章 球类运动

学习目标：

1. 通过回顾篮球运动历史，充分认识其利于运动的魅力
2. 了解篮球运动的基本知识、技战术等

第一节 篮球运动

篮球运动是人们最喜爱的运动项目之一，在世界各地得到广泛的开展。它具有对抗激烈的特点，比赛中技、战术变化多端，个人与集体两方面的作用都很明显，是大学生参与率最高的体育项目之一。

一、篮球运动简介

篮球运动起源于美国，由詹姆斯·奈斯密斯（James Naismith）于1891年创建，1895年传入中国。作为深受人们喜爱的集体运动项目之一，它具有较强的集体性，技战术的复杂性和对抗性的特点，成为学生体育俱乐部开展的主要项目之一。

1932年成立的国际业余篮球联合会（有巨大的吸引力，不论是参与者还是观赏者，都能从这项运动中体会到锻炼的价值，感受到其中的乐趣）是国际篮球运动的最高权力机构。目前国际篮球主要赛事有世界锦标赛、世界青年锦标赛和奥运会比赛。NBA是美国男子篮球职业联赛的缩写，NBA是全世界目前公认的篮球水平最高的联赛，成立于1946年。CBA是中国男子篮球职业联赛的缩写，CUBA是中国大学生篮球联赛的缩写。

二、篮球运动场地与设施

篮球场为长28米，宽15米的长方形平面，丈量从界线的内沿量起（图9-1-1）。罚球线距端线5.80米，三分线是以篮圈中心点的投影为圆心，以6.25米为半径画的一半圆形弧线。篮板宽1.80米，竖高1.05米，下沿距地面2.90米，篮圈离地面3.05米，篮球重567～650克。

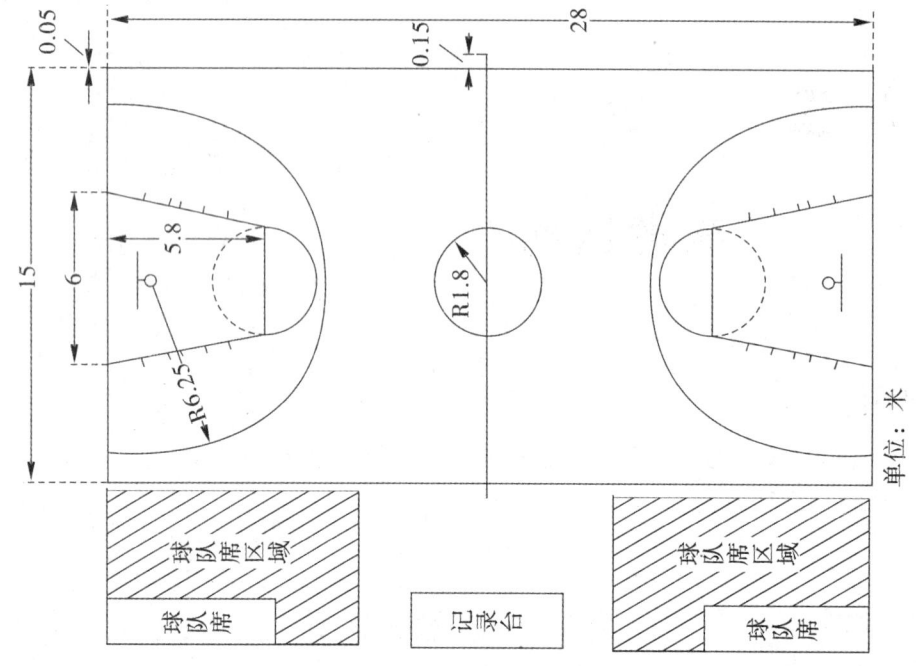

图 9-1-1 篮球运动场地

三、篮球运动基本技术

(一)移动分类

(1)变向跑。跑动中向左变方向,最后一步右脚落地,脚尖向左转,迅速屈膝,上体向左转移动重心。同时,左脚用力蹬地向左前方迈出,右脚迅速随着向左侧前方跨出,继续加速前进。向右变方向时,动作相反(图9-1-2)。

图 9-1-2 变向跑

(2)跨步急停。快跑中,先向前跨出一大步,用脚跟先着地,然后过渡到全脚掌抵地,迅速屈膝,同时上体稍后仰;第二步落地时,脚尖稍内扣,腰胯用力,两膝深屈,重心下降,用全脚掌内侧蹬地,身体稍向内转,重心投影点在两脚之间,两臂弯曲,自然张开,保持身体平衡(图9-1-3)。

图 9-1-3　跨步急停

（3）跳步急停。跑动中单脚或双脚起跳（不要太高，紧贴地面），两脚左右分开，与肩同宽同时落地，全脚掌着地，两脚内侧稍用力。两腿屈膝，稍向内扣。两臂弯曲，自然张开，保持身体平衡（图9-1-4）。

图 9-1-4　跳步急停

（4）前转身。绕中枢脚脚尖方向转动的叫前转身。下面以右脚为中枢脚做前转身为例。转动时，重心移到右脚上，左腿前脚掌内侧蹬地，右腿前脚掌用力碾地，同时头、肩和腰胯配合向右前方移动，左腿迅速绕右脚尖方向转动，达到欲转动的角度后左脚落地，重心仍落在两脚中心。两臂自然张开，维持身体平衡（图9-1-5）。

（5）后转身。绕中枢脚跟方向转动的叫后转身。下面以左脚为中枢脚做后转身为例。转动时，重心移到脚上，右脚前脚掌内侧蹬地，左脚前脚掌用力碾地，同时头、肩和腰胯配合向右后方转动，右脚迅速绕左脚跟方向转动，达到欲后转角度后右脚落地，重心落在两脚之间。两臂自然张开，维持身体平衡（图9-1-6）。

图 9-1-5　前转身　　　　　　　　　　　图 9-1-6　后转身

（6）侧滑步。身体做基本站立姿势，两臂自然左右张开。以向左滑步为例，右脚前脚掌内侧蹬地，左脚先向左滑跨，由脚跟至脚尖着地，接着向内测滑动右脚。移动中始终保持低重心、宽步幅。向右滑步时，动作相同，方向相反。

（7）前滑步。两脚前、后开立比肩略宽，屈膝降重心，脚跟微抬起，身体重量落在两脚掌上。前脚尖对着移动方向，前脚的同侧臂前上举，后脚的同侧臂侧下举。向前滑步时，后脚脚掌内侧蹬地，前脚向前滑，由脚跟至脚尖着地，然后滑动后脚。保持低重心、宽步幅。

> **小贴士**
>
> **打篮球时为什么要保持低重心的基本站立姿势？**
>
> 这种姿势，使身体提前获得了一定的肌肉张力，便于起动随时地完成各种复杂的动作。如突然的移动、抢球、断球、变速、变向、摆脱、接球和投篮等。相反，如果直腿站立，重心高，要做动作就需要先屈膝降低重心，便会出现处处比对方慢半拍的现象。

（二）传球与接球

（1）双手胸前传球。两手五指自然分开，握球的外侧后方，两拇指相对成八字形，用指根以上的部位触球，手心空出，两肘自然弯曲于体侧，将球置于胸腹位置，两腿微屈，上体前倾。传球时，后腿蹬地，身体重心前移的同时，前臂迅速向传球方向伸直，手腕由下向上转动，再由内向外翻动，成为急促的抖腕，拇指用力下压，食中指用力弹拨，将球传出。球出手后迅速调整身体成基本站立姿势（图9-1-7）。

（2）双手接球。以双手接胸部高度的球为例。接球时，两眼注视来球，两臂伸出迎球，手指自然张开，两拇指成八字形，手指向前上方，两手成一个半圆形。当手指触球后，两臂随球后引，两手持球于胸腹之间，保持身体平衡（图9-1-8）。

图9-1-7　双手胸前传球

图9-1-8　双手接球

（三）运球

（1）体前换手运球。以由右向左做身前换手运球为例。运球向右前方推进，换手时，右手利用球的反弹力，吸住球的右上部，由身体的右侧通过身前将球吸拉至身体的左侧下拍球换手，同时转动腰肩，右脚蹬地并迅速向左前方跨出，身体前倾，重心前移，带动球换手后左脚向前迈出，右臂屈肘抬起保护球。左手及时按拍球的后上方，继续运球前进（图9-1-9）。

（2）侧身运球。运球手臂的异侧肩对着前进方向，上体稍向前倾。运球时，以肩关节为轴,上臂发力,指、腕和前臂按拍、吸拉球的动作要大,运球有力,球在空中和地面的时间短,手吸住球的时间较长,球落点在身体的侧后方。两脚可以滑步或交叉步前进,另一手臂放在前面,屈肘抬起保护球,运球突破防守。

(3)后转身运球。以右手运球为例。跨出左脚,左肩对着防守人。以左脚为中枢脚,右手按在球的前上方,右脚蹬地做后转身动作,将球吸拉至身体的后侧方,然后换左手向前推进。吸拉的幅度要大,上体不要上下起伏,吸拉球的动作与后转身的动作应协调一致(图9-1-10)。

图9-1-9 体前换手运球　　　　　图9-1-10 后转身运球

(四)投篮

(1)单手肩上投篮。以右手投篮为例。两脚前后开立,两膝微屈,重心落在两脚上,右手五指自然张开,手腕后屈,上臂约和地面平行,前臂约和地面垂直。手腕和前臂、前臂和上臂、上臂和躯干约成三个直角,球放于额侧上方。左手扶球的左侧。投篮时,下肢蹬地发力,右臂向前上方伸直,手腕前屈,食、中指用力拨球,通过指端将球投出。球出手时,身体随投篮方向向上伸展,脚跟微提起(图9-1-11)。

(2)双手胸前投篮。两脚前后或左右开立,两膝微屈,重心落在两脚上,两手五指自然分开,握在球的两侧偏后,两拇指呈"八"字形,两臂肘关节自然下垂,球放于胸前,眼睛注视瞄准点。投篮时,下肢蹬地发力,两臂向前上方伸直,前臂内旋,拇指下压,手腕前屈,食、中指用力拨球,通过指端将球投出。球出手时身体随投篮出手方向自然伸展,脚跟微微提起(图9-1-12)。

图9-1-11 单手肩上投篮　　　　图9-1-12 双手胸前投篮

(五)持球突破

(1)交叉步突破。以右脚为中枢脚从防守人左侧突破为例。两脚平行开立(左脚稍前),两膝微屈,重心降低,持球于胸前。突破时,重心移到右脚,左脚内侧迅速蹬地并向右前方迈出一大步,上体向右转体探肩,在右脚离地前,用右手放球于迈出的前脚侧方,同时,右脚再充分蹬地(第二次加速),重心右移,迅速超越对手。

(2)同侧步突破。以左脚为中枢脚从防守人的左侧突破为例。准备姿势同交叉步突破。突破时,左脚内侧蹬地,右脚迅速向右前方跨出,同时向右转体探肩,重心前移,在左脚离地前,用右手放球于右脚侧前方,然后左脚迅速蹬地向右前方迈出(第二次蹬地加速),超越对手。

四、篮球基本配合与战术

(一)篮球基础配合

战术基础配合是指两三人之间所组成的简单配合方法,它是组成全队攻防战术的基础。篮球比赛的战术打法多、变化多,但各种战术都离不开这些基础配合。只有熟练地掌握与运用这些基础配合,才能在运用全队战术时更加灵活机动,使之更有效地发挥作用。

1. 进攻战术基础配合

(1)传切配合。它是利用传球和切入技术组成的简单配合,内容包括一传一切和空切。传切配合是一种最基本的简单易行的进攻方法,在半场和全场进攻中经常采用。

【示例1】如图9-1-13所示,4传球给5后,立刻摆脱对手向篮下切入,接5传来的球投篮。

【示例2】如图9-1-14所示,在5与6互相传球之际,5乘对手不备之机,突然空切篮下,接外围同伴的传球,然后投篮。

(2)策应配合。它是进攻队员背对或侧对球篮接球后,与同伴的空切或绕切相结合,借以摆脱防守,创造各种进攻机会的一种配合方法。

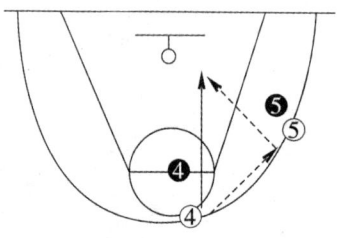

图9-1-13 传切配合

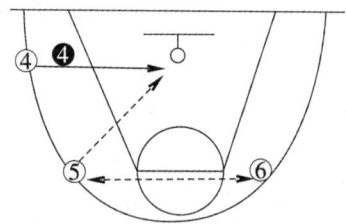

图9-1-14 传切配合

【示例】如图9-1-15所示,5传球给4后,利用假动作摆脱防守,上提到外策应位置接的传球做策应,传球后摆脱防守,然后接球投篮或上篮。

(3)突分配合。进攻者持球突破或运球突破对手后,遇到对方补防或"关门"时,及时将球传给空隙地带的同伴。这种在突破中区别情况及时传球给无人防守的同伴的配合叫突分配合。

【示例】如图9-1-16所示,5运球突破上篮,遇到防守队员7上来补防,这时进攻队员7从篮下切入接5的传球投篮或上篮。

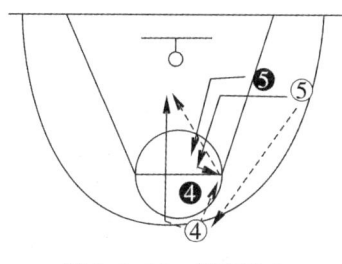
图 9-1-15　策应配合

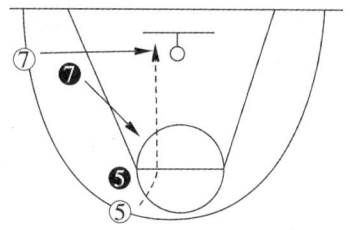
图 9-1-16　突分配合

> **小贴士**
>
> **组织战术的主要因素是什么？**
> ⊙位置：每个队员按一定阵型落位。
> ⊙路线：队员或球都按一定的计划有目的地移动，从而形成一定的路线。
> ⊙任务：在完成战术配合中，每个队员必须完成不同的职责。

（4）掩护配合。它是指进攻者以合理的行动，用身体挡住同伴防守者的通路，为同伴摆脱防守、创造接球和投篮机会的一种配合方法。掩护配合有许多形式和方法，根据掩护者与被掩护者身体位置和方向的不同，有前掩护、侧掩护、后掩护三种形式。运用掩护时，根据不同的情况，还可进行多种变化，如反掩护、假掩护、运球掩护、定位掩护、行进间交叉掩护、双人掩护等。掩护的形式及其变化虽然很多，但从掩护者的行动来看，一是自己主动去给同伴做掩护，使同伴借以摆脱防守；二是自己主动利用同伴的身体和位置创造掩护，使自己摆脱防守（如定位掩护），以及同伴之间相互进行掩护借以摆脱防守（如行进间掩护）。

【要点】①掩护配合要求，同伴之间要相互默契协同一致，掌握好配合行动的时间；②掩护者要站在同伴的防守者必经的路线上，距离该对手约半步距离（太近容易发生身体接触而导致犯规，太远不易成功），两脚自然开立，两膝微屈，上体稍前倾，以扩大掩护面；③借用掩护者做假动作来吸引自己的对手，待时机成熟，及时起动；④进行掩护配合时，要观察防守者的位置和行动的意图。当对方交换防守时，掩护者要及时转入掩护的第二动作，即利用所处的有利位置，转身切入篮下准备接球，或转入其他进攻行动。

2. 防守战术基础配合

主要包括挤过、穿过、交换、关门等配合方法所形成的协同防守配合。

（1）挤过配合。对方采用掩护进攻时，防守者为了破坏对方的掩护配合，当掩护者临近的一刹那，被掩护者的防守者主动靠近自己的对手，并从两个进攻者之间侧身挤过，继续防住自己的对手。

【示例】如图9-1-17所示,5接6的传球后,向4的方向运球,4上来掩护,当4接近自己的一刹那,5迅速向前跨出一步靠近5,并从5与4之间侧身挤过,继续防守,4及时后撤一步,以备补防。

(2)穿过配合。它是破坏掩护的一种方法。当进攻队员掩护时,防掩护者的队员及时提醒同伴并主动后撤一步,让同伴及时从自己和掩护队员之间穿过,继续防守自己的对手。

【示例】如图9-1-18所示,5传球给6,4给5掩护,5后撤从4和4中间穿过,继续防守自己的对手。

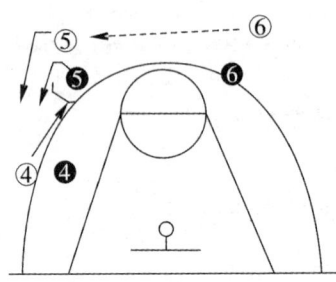 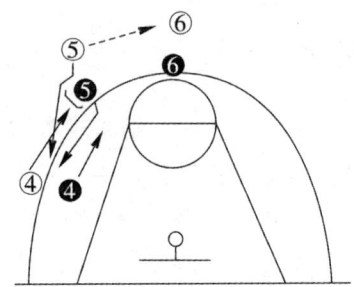

图9-1-17　挤过配合　　　　　图9-1-18　穿过配合

(3)绕过配合。它是破坏掩护的一种方法。当进攻队员掩护时,防掩护者的队员贴近对手,让同伴从自己的身后绕过,继续防守自己的对手。

【示例】如图9-1-19所示,4传球给6后,去给5掩护,5切入,5发现不便于挤过或穿过时,从4身后绕过,4要配合默契,主动贴近自己的对手,以便同伴顺利通过。

(4)交换防守配合。它是破坏掩护配合的一种方法。进攻队员利用掩护已经摆脱防守时,防掩护的队员及时发出换防的信号,与同伴互换各自的对手。在适当时候再换防原来的对手。

【示例】如图9-1-20所示,5去给4掩护,5要提示同伴,4被挡住时,5主动呼唤同伴换防,5防守4的运球,4应迅速调整位置防守5。

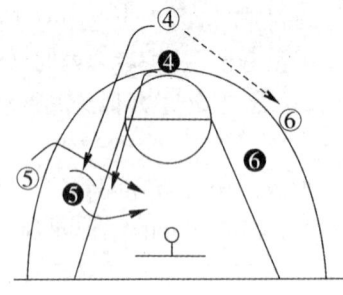 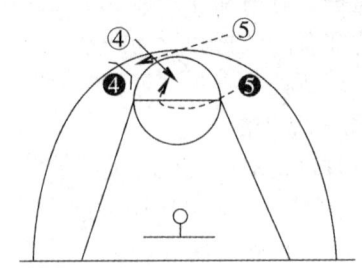

图9-1-19　绕过配合　　　　　图9-1-20　交换防守配合

(5) 关门配合。两个防守队员协同防守突破的配合方法。当进攻队员运球突破时，防守突破的队员向侧后方移动挡住其移动路线，临近突破一侧的防守队员，应及时快速向突破队员的前进方向移动，与突破的队员靠拢，像两扇门一样关起来，堵住进攻者的前进路线。

【示例】如图9-1-21所示，4向右侧突破时，4和6进行"关门"；向左侧突破时，4和5进行关门。

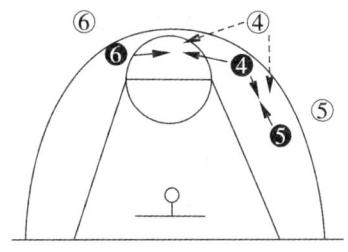

图9-1-21　关门配合

(二) 攻防战术

1. 进攻联防的原则

(1) 在对方还没有退回组织好联防防守队形之前，争取时间，用快攻击破。

(2) 根据联防防守队形寻找空隙攻击之。

(3) 在某一区域内造成以多打少的局面时，注意传接球的移动时间要恰当、合理、快速而且突然。

(4) 大胆地、有组织地进行中、远距离投篮，扩大防区，造成篮下有更多的空隙进行攻击。

(5) 通过有组织地进行切、分打法，造成对方队形紊乱，而攻击之。

(6) 通过防守者背插移动，接球攻击。

(7) 组织掩护配合，争取投篮机会。

(8) 积极抢夺篮板球，争取第二次攻击机会。

2. "1-3-1"进攻站位

根据进攻联防原则第2条，在两个防守队员空隙之间，站一个进攻者的站位法。

(1) 如果位置处于一对一的情况下，球应马上转移，从1转移到3区内，而4溜底线配合3的攻击，造成在局部地区内，以多打少的局面(图9-1-22)。

(2) 通过中锋策应，配合底线跑动结合外围的打法(图9-1-23)。1传球给5策应后，1向底角移动，准备接5回传球立即投篮。当5接到球后，4向另一方向移动，如果防守者3不盯人时，5马上传给4立即投篮。如3跟4时，立即改传给1投篮。

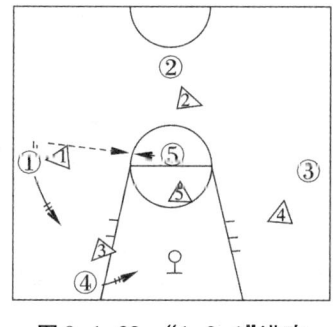

图9-1-22　"1-3-1"进攻

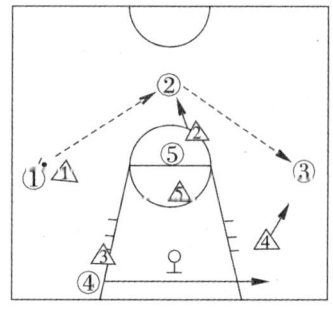

图9-1-23　"1-3-1"进攻

(3) 背插的打法(图9-1-24)。当1把球转移到3时，由4插上罚球线，接3传来的球攻击。

(4)边线运球突破(图9-1-25)。当3接2传来球时,作跳步急停,接球而突破过4,当防守者5补位时,3马上传给5,5进行投篮攻击。另一边同样可以组织边线运球突破进攻。

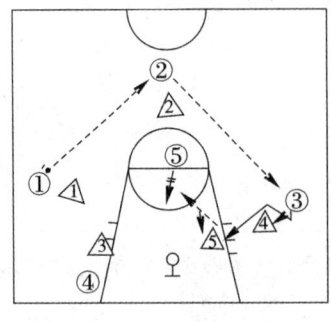
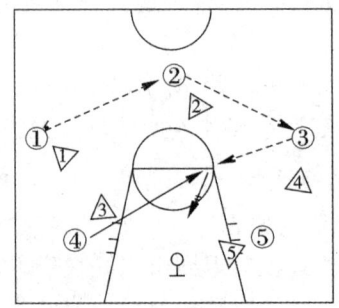

图9-1-24　背插　　　　　　图9-1-25　边线运球突破

3. "2-1-2"区域联防介绍

区域联防是每个队员分配一定的防区,并及时严密地防守进攻人员进入防区的一种防守战术。这种防守战术的特点是:防守队员的行动随着球的转移而积极地移动,同队人员互相配合,选择有利的防守位置,监视自己区域内进攻队员的活动。它可采取关门、二夹一、补位等方法,迫使进攻者把球定于外围,削弱他们的攻击力,同时,能有组织地争夺篮板球,及时发动快攻,以守转攻(图9-1-26)。

区域联防的区域划分是一个分工负责制,但绝不能因划分防区而使防守者之间分家。因此,在分区防守时,不能机械地受区域限制。要求每个防守队员都应做到相互之间协作配合,以弥补空隙、漏人现象和避免出现在一个区内以少防多的情况(图9-1-27)。

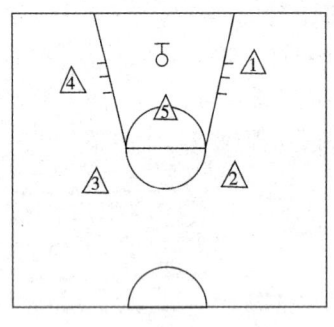
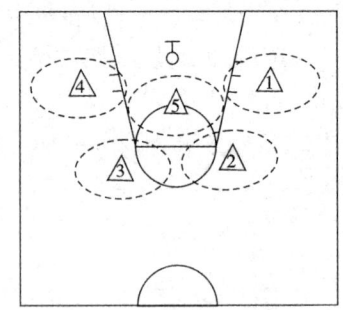

图9-1-26　"2-1-2"联防　　　　图9-1-27　"2-1-2"联防

防守时要注意以下几点:①防无球者时,先内后外(近篮的队员威胁大);②先防有威胁者,后防其他进攻者;③先防有球直接得分者,后防其他;④先堵截直接得球攻击者,影响其接球的时间;⑤先要抢占有利位置。

> **小贴士**
>
> **区域联防的运用时机**
> - 对方外围中远距离投篮不准,而内线威胁较大时;
> - 对方频繁地采用穿插移动和运球突破,本队个人防守技术差,或犯规较多时;
> - 为了加强组织抢篮板球时。

思考题

1. 篮球持球突破技术动作由哪几个环节组成?
2. 篮球组织战术的主要因素是什么?
3. 篮球防守时应注意哪些要点?

第二节 排球运动

排球运动是我国最为普及的球类运动项目之一,其动作易学易练,便于组织开展,具有健身、娱乐、竞技等多种功能,深受人们特别是广大青少年的喜爱。

一、排球运动简介

(一)排球运动的起源和发展

同篮球一样,排球运动的历史可以追溯到100多年之前。非常凑巧,两项运动在同一所大学诞生,只是时间上相差几年而已。排球是韦廉姆·G.摩根(William G. Morgan)在1895年发明的,他是美国斯普林菲尔德专科学校的学生,也是马萨诸塞州霍利奥克城的基督教青年会干事。最初他是想把当时已广为流行的网球搬到室内,在篮球场上用手来打。但室内篮球场面积较小,球容易出界,于是他做了某些改进:一是把网球允许球落地后再回击的规则改为不许落地;二是把网球的体积扩大,用篮球胆充气来打。第二年,有位博士将此球命名为"华利波",意为"空中飞球"。

排球这个新的运动项目,于1896年斯普林菲尔德市(春田市)斯普林菲尔德青年会干事培养学院召开青年会体育干事会时,该校学生以示范表演的形式与观众正式公开见面,就博得了观众的喜爱和赞赏。同年,在斯普林菲尔德市举行了第一次排球公开赛。这是世界上第一场排球比赛。当时比赛采用五人对五人。从那以后这个新的运动项目在各学校迅速普及开来。与此同时,也引起了美国军队的兴趣,并把排球列入军事体育项目,广泛在军队中开展,在空军中一度达到狂热的程度。

排球运动自1895年创始以来,迄今已有100多年的历史。排球从开始仅仅是少数人的一种游戏、娱乐的手段,发展到今天已成为遍及世界五大洲,为广大群众所喜闻乐见的体育运动项目之一。排球传入中国的时间,一说是1905年,一说是1913年。将"华利波"改称"排球"是在1925年3月举行的广东省第九届运动会上,主要取其分排站立之意。在1964年东京举行的第十八届奥运会上,首次进行了排球比赛。

(二)排球规则的起源和传播

第一个排球规则是美国人卡麦隆(J. Y. Cameron)先生通过斯波尔丁体育出版社出版的。当时它规定采用"轮转制",每局15分,1918年又做出了上场人数为6人的规定。从此,欧美开始流行6人排球。1900年排球运动传入亚洲,在开展的初期上场人数不是6人而是16人。据菲律宾排球介绍人、美籍F. S. 勃朗先生说:"当时美国有体育馆,较适合于6人排球。亚洲人多,又多在室外进行,要考虑多数人能参加排球运动。"因此他向菲律宾和日本介绍的都是16人制排球。故在1913年的第一届远东运动会上采用16人制排球。1919年第四届远东运动会上演变为12人制,1927年第八届远东运动会上演变为9人制。1950年7月,在中华全国体育总会举办的全国体育工作者暑期学习会上,首次介绍了6人制排球规则与比赛方法,1951年正式采用6人制。从此,6人制排球在全国逐步地开展起来。

(三)排球运动的特点

(1)广泛的群众性。排球场地设备简单,比赛规则容易掌握。既可在球场上比赛和训练,亦可以在一般空地上活动,运动量可大可小,适合于不同年龄、不同性别、不同体质、不同训练程度的人。

(2)技术的全面性。规则规定,每个队员都要进行位置轮转,既要到前排扣球与拦网,又要轮到后排防守与接应。要求每个队员都必须全面地掌握各项技术,能在各个位置上比赛。

(3)高度的技巧性。规则规定,比赛中球不能落地,不得持球、连击。击球时间的短暂,击球空间的多变,决定了排球的高度技巧性。

(4)激烈的对抗性。排球比赛中,双方的攻防转换始终是在激烈的对抗中进行。高水平比赛中,对抗的焦点在网上的扣拦上。在一场比赛中,夺取一分往往需要经过六七个回合的交锋。水平超高的比赛,对抗争夺也越激烈。

(5)攻防技术的两重性。排球是多种技术都可以得分,也能失分的项目,这种情况在决胜局比赛中更加突出,所以说每项技术都具有攻防的两重性,因此,要求技术既要有攻击性,又要有准确性。

(6)严密的集体性。排球比赛是集体比赛项目,除发球外,都是在集体配合中进行的。没有严密的集体配合,再好的个人技术也难以发挥,更无法发挥战术的作用。水平越高的队,集体配合就越严密。

(四)排球知识和基本规则

排球分为室内排球和沙滩排球两种。

室内排球的比赛场地长18米、宽9米,由中线将球场分为两个相等的场区,中线设置长9.50米、宽1米的球网。男子网高2.43米,女子网高2.24米。球由皮革制成外壳,内装用橡皮或类似物质制成的球胆,重260~280克。1912年规定双方上场的运动员必须轮转位置。1917年规定每局为15分。1918年规定上场运动员每队为6人。1922年规定每方必须在3次以内将球击过网。比赛方法以前采用发球得分制,1998年10月28日国际排联决定改为每球得分制,仍为五局三胜,前四局每局先得25分者为胜,第五局先得15分者为胜,若出现24平或14平时,要继续比赛至某队领先2分才能取胜。

沙滩排球在20世纪20年代初在加利福尼亚州圣莫尼卡海滩兴起。1930年,圣莫尼卡举行了第一场双人配合的沙滩排球赛,这种阵形成为现在最普及的打法。1996年沙滩排球首次成为奥运会的比赛项目。

(五)排球运动的基本比赛方法

(1)赛前准备。第一裁判主持抽签,首先选择发球权、球区。

(2)比赛开始过程与停止。第一裁判员鸣哨后,在各自场区端线站好,再鸣哨时按原定位置(比赛前填写的位置表)站好。

(3)得分。一方发球后队方接球失误、犯规或球落到对方场内,即发球方得分,继续发球;如发球队员发球违例或发出界外则对方得分,换发球。

(4)暂停、换人。每局比赛中各队均有2次暂停,6人次换人机会(成死球时可要求)。正规比赛每8分一次技术暂停。

换人时:①主力队员只能退出比赛一次,同一局中他再次上场比赛时,只能回到该局替换他的队员位置;②替补队员每局只能上场比赛一次,可以替换任何一个主力队员,同一局只能由被他替换下场的队员来替换。(比赛开始上场的队员为主力队员,其他队员为替补队员)

二、排球运动基本技术

排球技术根据不同的技术特点和运用方法等,可分成六大类,如图9-2-1所示。

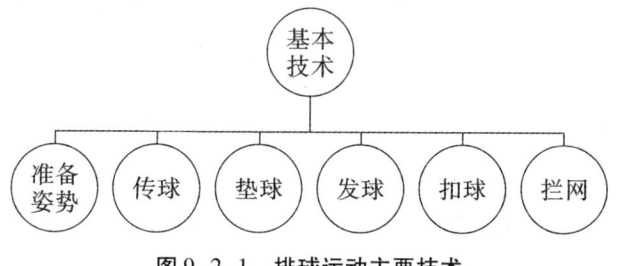

图9-2-1 排球运动主要技术

(一)准备姿势和移动

准备姿势和移动是完成各项击球技术的前提和基础,并对各项击球技术动作的运用起着连接作用。

1.准备姿势

在起动、移动和击球前所采用的合理的身体动作或姿势,成为准备姿势。准备姿势是为了迅速起动、快速移动、及时助跑、起跳、倒地等,便于完成各种击球动作。准备姿势按身体重心可分为稍蹲、半蹲、和低蹲三种。其中应用最多的是半蹲准备姿势。

(1)半蹲。两脚左右开立稍比肩宽,两脚尖稍内收,两膝弯曲成半蹲。脚跟稍提起,上体前倾,重心靠前,膝部的垂直线应在脚尖前面,两臂放松,自然弯曲置于腹前,两眼平视,注意来球,两脚始终保持微动放松。

(2)稍蹲。动作方法与半蹲姿势相同,仅仅是身体重心稍高,一般多用于扣球和发球钱。

(3)低蹲。动作方法与半蹲姿势相同,仅仅是身体重心更低,主要运用于接扣球、接拦回球。

2.移动

从起动到制动之间的位移动作称为移动。移动的目的是及时接近球,保持好人与球的位置关系以便击球,同事也是迅速占据场上有利位置。排球比赛中的移动多数是短距离的,两三步的移动最多,从动作结构来分析,主要是起动、移动、制动三个环节。距离稍长时,还包括途中的步法和频率。移动的种类有并步、滑步、交叉步、跨步、跑步、综合步。技术要领是:判断及时快反应,抬腿弯腰移重心,移步转换衔接好,身体快移重心稳。

(1)并步与滑步。当来球距身体一步左右时可采用并步移动,如向前移动时,则后腿蹬地,前脚向来球方向跨出一步,后腿迅速跟上做好击球准备。当球在体侧稍远时,并步不能直接近球时,可快速连续并步,连续的并步即滑步。

(2)跑步。当来球离身体较远时需用跑步,采用跑步移动时,两臂要配合摆动,根据来球的方向,边跑边转身,并逐渐降低重心,保持好击球准备。

(3)交叉步。当来球距离体侧两米左右时可采用交叉步,以向右交叉步为例。上体稍向右转,左脚从右叫前面向右交叉迈出一步,然后右脚在向右跨出一大步,同时身体转向来球方向,保持击球前的姿势。

(4)跨步和跨跳步。当来球较低,距离身体1~2米时常采用跨步。移动时步幅较大,身体重心较低,如向前移动,则后脚用力蹬地,前脚向前跨出一大步,膝部弯曲,上体前倾,身体重心移至前腿上,可以向前、向斜前或向侧方。跨步过程中有跳跃腾空即为跨跳步。

(5)综合步。以上各种步法的综合运用。

(二)传球

排球基本技术之一。有正传、背传、侧传和跳传4种。4种传球技术的传球手形基本相似,都是在额前上方击球。其主要运用于二传,有顺网正面二传、调整二传、背二传、侧二传、跳二传、倒地二传、传快球、传平快球、二传吊球等,如图9-2-2所示。

1.正面上手传球

(1)准备姿势。看清来球,迅速移动倒球的落点,对正来球,采用稍蹲姿势,上体稍挺起,仰头看球,屈肘,两手自然抬起,放松置于脸前。

(2)迎球。当来球接近额前时,开始蹬地、伸膝、伸臂,双手手指微张,最后用手指手腕的弹力将球从脸前向前上方传出。

(3)击球点。击球点在前额上方约一球距离处。

(4)手形。当手触球时,手腕稍后仰,两手十指自然张开,手指微屈成半球状。两肘

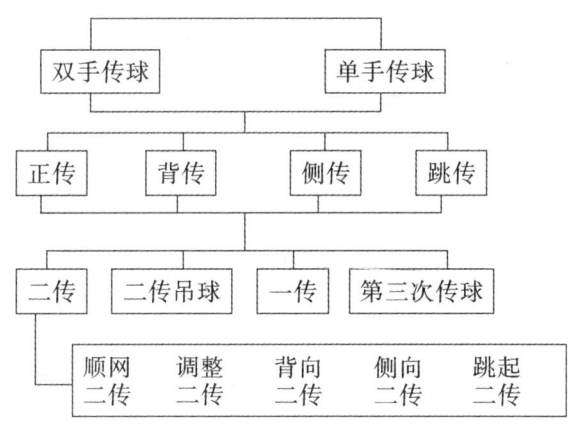

图 9-2-2 排球传球技术

分开,两臂之间约成 90 度角。两拇指相对成"一"字形或"八"字形,两拇指间的距离不能过大,以防漏球。

(5)球触手的部位。拇指外侧,食指全部,中指的二三指节,无名指第三指节和小指第三指节的半个指节,简称为"3、2、1、半和拇指外侧"。无名指和小拇指在球两侧辅助控制球的方向。

> **小贴士**
>
> **一般二传的动作要点与要求**
>
> - 动作要点:采用变向传球的方法进行传球,先转体(面向出球方向)让球(使球到达转体后的前额前上方),然后进行正面传球。
> - 传出球的基本要求:高度——高于球网上沿 2 米左右。远度——球的落点最远不超过边线,最近离边线不低于 2.25 米。离球网距离——最近不小于一球,最远不超过 1 米。

2. 背传

传球技术的一种。用力方向与正传相反。击球点比正传偏后,用力蹬腿、展腹、抬臂、伸肘,通过指腕弹力把球向后上方传出。背传动作比较隐蔽,能出其不意,迷惑对方,增加战术的变化。

3. 侧传

传球技术的一种。用力方向侧向来球方向。击球点比正传偏侧,用力蹬腿、展腹、抬臂、伸肘,通过指腕弹力把球向侧上方传出。

4. 跳传

当一传来球较高时,二传手常跳起在空中做第二传。起跳后两手放在脸前,当跳至最高点时,两手伸至额上方击球,主要靠手臂和手腕的力量将球传出。这在世界高水平比赛中常运用。

（三）垫球

排球基本技术之一，是接发球、接扣球以及后排防守的主要技术动作，是组织反攻战术的基础。垫球技术的熟练程度和运用能力，是争取胜利的重要条件。排球垫球技术的分类见图9-2-3。

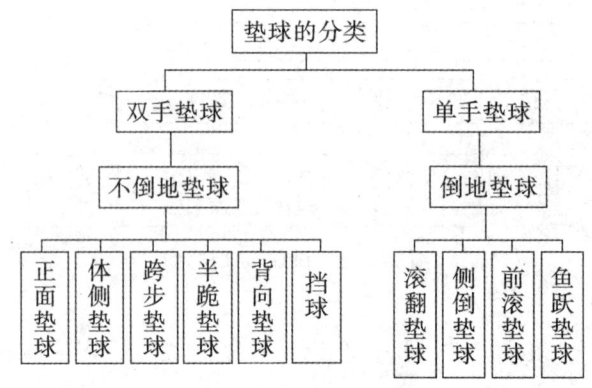

图9-2-3　排球垫球技术

1. 正面双手垫球（图9-2-4）

正面双手垫球是各种垫球技术的基础，适合接速度快、弧度平、力量大、落点低的各种来球，在排球比赛中运用较多。技术动作要点可用"插、夹、抬、压"四个字概括：插——双手互握插入球下；夹——两臂夹紧伸直；抬——提肩抬臂；压——手腕下压。击球时，用手腕上10厘米的前臂击球的后中下部。

图9-2-4　正面双手垫球

准备姿势：面对来球，成半蹲或稍蹲姿势站立。

手形、击球点和触球部位：当球接近腹前时，两手掌根相靠，两手手指重叠，手掌互握，两拇指平行向前，手腕下压，两前臂外翻成一个平面，用这个平面击球的后下方。击球点保持在腹前高度，从而便于控制用力大小和根据垫球的方向调整手臂与球的角度。

击球：两臂靠拢前伸，插到球下，靠手臂上抬力量增加球的反弹力，同时配合蹬地跟腰动作，使身体重心继续协调地向抬臂方向伴送球。垫击动作结束后，立即松开双臂做好下一动作。

2. 单手垫球

一般在来球低、速度快、距离远时采用。单手垫球可结合滚动、前扑、鱼跃等动作来完成。垫球时用虎口或手背击球的后下部。击球时有向上翘腕的动作。

3. 背垫球

即背向出球方向的垫球。常在接应同伴来球,或第3次处理过网时采用。

4. 鱼跃垫球

来球低而远时采用。队员先放低姿势上体前倾,以前脚用力蹬地向远处跃出,将击球手臂插入球下,用虎口或手背将球垫起。身体落地时两手先着地支撑,两肘缓慢弯曲以缓冲下落力量,同时抬头、挺胸、挺腹、身体成反弓形,形成手臂、胸部、腹部、大腿依次着地。手的支撑均要在身体重心运动的轨迹上。为扩大防守范围,有时还可用肘滑鱼跃垫球。

5. 滚翻垫球

来球低并且离得远时采用,女子运用较多。滚翻垫球可充分发挥移动速度,保护身体不致受伤,并迅速转入另一动作。有双手、单手滚翻垫球。

(四)发球

比赛总是以发球开始的,有威力的发球可以直接得分或破坏对方的一传,起到先发制人、争取主动的作用,在心理上给对方以威胁。发球失误或发球后对方能很容易地组织进攻,就会直接失去发球权给本方防守带来困难。因此,发球既要有攻击性,又要有准确性。发球时队员应越在发球区内,不得踏及端线和踏过发球区的短线及延长线。一只手平稳地将球向上抛起,用另一只手或手臂的任何部位将球击入对方场区,触球的一刹那即为完成发球。发球技术分类见图9-2-5。

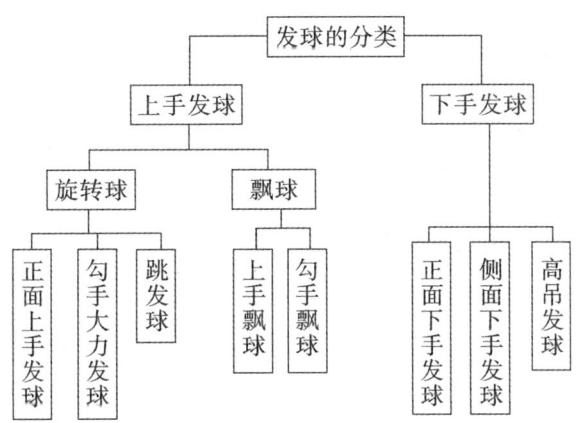

图9-2-5 发球技术分类

1. 正面下手发球

准备姿势:面对球网,两脚前后开立,左脚在前,两膝微曲,上体前倾,重心偏后脚,左手持球于腹前,右臂自然下垂。

引臂:击球的同侧手臂直臂向后摆动。

抛球：左手将球平稳地向上托送竖直抛起，抛球高度为30厘米左右。

挥臂击球：右腿蹬地，身体重心随着右臂的直臂前摆而前移，在腹前用掌的坚硬部位击球的后下部。重心随击球动作前移，迅速进场比赛。

2. 正面上手发球（图9-2-6）

准备姿势：面对球网站立，两脚自然开立，左脚在前，左手持球于体前。

抛球：左手将球平稳的垂直抛于右肩的前上方，抛球高度为1.5米左右。

引臂：屈肘后引，上体稍向右转，手停于耳旁。

挥臂击球：收腹、振胸、挂肘，上臂带动前臂向前上方弧形挥摆，伸直手臂，在肩的上方用全掌击球的后中部。

击球手法：包满打转，边包裹边推压；全手掌击球，使球呈上旋飞行。

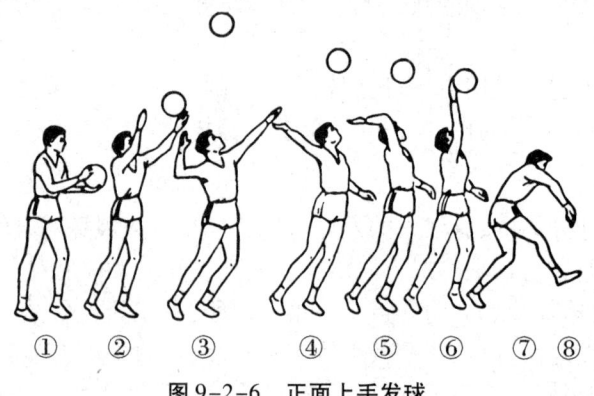

图9-2-6　正面上手发球

3. 飘球

发球的一种，发球时以手掌根的坚硬部位，短促有力地击球，使作用力线通过球心。球不旋转，但运行中因周围空气对球的压强不同而产生上下或左右的飘晃，常使接发球队员判断失误，从而增加了发球的威力，在比赛中被广泛运用。按发球的姿势，有正面上手发飘球和勾手发飘球。发出的球有前冲飘球、下沉飘球、高飘球、平飘球等。

4. 旋转球

发球的一种，发球时击球体中心的某一侧，使球产生旋转。旋转球转速快、力量大，可以使对方判断错误而造成接发球失误。按发球的姿势，有正面上手发旋转球、勾手大力发旋转球、侧面下手发旋转球3种。按球发出后的性能变化，有上旋球、下旋球、左旋和右旋球。

5. 高吊发球

发球的一种，发球队员曲肩对网站立，球抛至右肩前方，与肩同高。以虎口击球下部，前臂向上猛挥使球经高空落入对方场区。其特点是旋转性强、弧度高、下降速度快，接发球队员难以判断落点，从而破坏接发球一传的到位率。

（五）扣球和吊球

排球运动基本技术之一，是进攻的最有效方法，是得分和得到发球权的重要手段。一个队攻击力的强弱,往往取决于该队的扣球技术水平。现代排球中扣球威力体现在速度、力量、高度、变化和技巧诸方面。扣球由准备姿势、判断、助跑、起跳、空中击球和落地动作衔接而成,主要有正面扣球、勾手扣球、快球、调整扣球、单脚起跳扣球。扣球技术分类见图9-2-7。

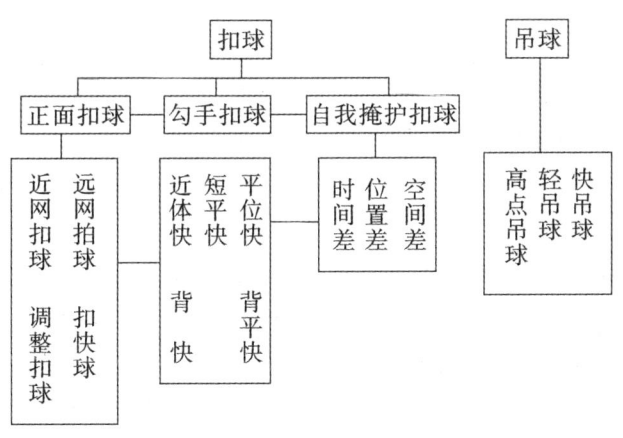

图9-2-7 扣球技术分类

1. 正面扣球(图9-2-8)

准备姿势:两脚自然开立,两膝微屈,上体稍前倾,观察二传来球。

助跑:左脚先向前迈出一步,接着右脚迅速跨出一大步,左脚及时并上落在右脚侧前方,两脚尖稍向右准备起跳。

起跳:两臂自后积极向前摆动,随双腿蹬地向上起跳,两臂协调配合起跳动作用力上摆。

空中击球:接近最高点时用正面上手大力发球的挥臂动作在右肩前上方击球的中上部。

落地:完成击球动作后,身体自然下落,应尽量用双脚的前脚掌先着地,同时顺势屈膝,缓冲身体下落的力量。

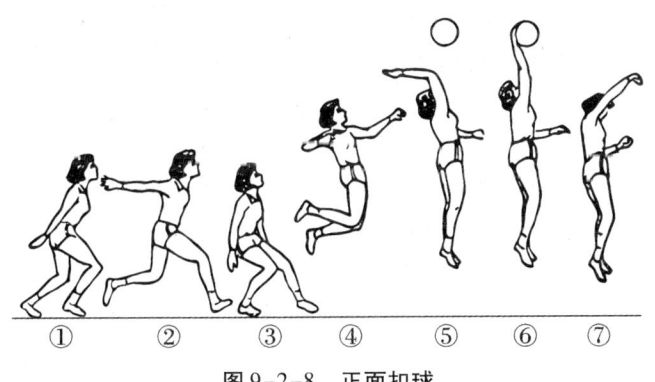

图9-2-8 正面扣球

2. 超手扣球

利用身高和弹跳优势,将球从拦网者手的上空击入对方场区。这种扣球线路较长,落点较远。队员起跳后利用收胸动作带动手臂挥动,以手掌甩腕击球的后中部或后中下部,手腕有包击动作,球呈前旋飞行。

3. 轻扣

佯作大力扣杀,而在击球的瞬间突然减低手臂挥动速度,把球轻轻击入对方空当。助跑起跳、挥臂动作部与大力扣杀一样,但击球前瞬间挥臂速度突然减低,手腕保持一定的紧张,以全手掌向前上方做"推搓"动作,使手越过对方拦网后呈弧线落入对方空当。

三、排球主要战术

排球战术指运动员在比赛中根据排球运动的规律,双方的具体情况和临场的变化,合理地运用技术以及采取的有组织、有目的和有预见的一种配合行动。

进攻战术是指接对方来球后,全队所组成的有目的、有组织的配合。进攻战术是由一传、二传、扣球三个环节组成的,主要分为进攻阵形和进攻打法两个方面。进攻打法有很多,将在下面的环节中分析。这里先看看最主要的进攻阵形。

(一) 阵容配备

阵容配备的目的是合理地把全队的力量搭配好,更有效地发挥每一个队员的特长和作用。组织阵容配备时,应根据队员的身体素质、技术水平进行合理搭配。把进攻力量强的和防守技术好的队员搭配开,保证每一轮次都有较强的进攻力和较好的防守能力。在排球比赛中常用的有"四二"配备和"五一"配备。

1. "四二"配备

即4个进攻队员和2个二传队员。4个进攻队员中有2个是主攻队员,2个是副攻队员。他们都站在对角位置上。这种配备方法主要在初学和一般水平队中采用较多。

优点:每一个轮次前后排都能保持有一个二传队员和两个进攻队员,便于组织和发挥本队的进攻力量。如果两名二传队员都具有进攻力量的话,每一个轮次都可以插上,组成三点进攻,大大加强了进攻威力。

缺点:每一个进攻队员必须熟悉两个二传队员的传球特点,配合比较困难;一个队要培养出两名高水平的二传队员比较困难,而且又要求他们具有进攻能力就更不容易。

2. "五一"配备

即5个进攻队员和一个二传队员,如"中一二"战术。其目的是加强进攻的拦网的力量。为了弥补在主要二传队员来不及传球时所出现的被动局面,可以在二传队员的位置上,配备一名有进攻能力的接应二传队员。这种配备方法目前在水平较高的队伍中被普遍采用。

优点:一个二传队员容易培养;当二传队员轮转到后排,前排有3个进攻队员,可以加强进攻和拦网的力量;全队进攻队员只需适应一名二传队员传球的特点、习惯,在相互配合上较容易建立默契。

缺点:当二传队员轮到前排时,有3个轮次只有两点进攻;防反时,二传队员轮到后排要插上传球难度较大。

(二)个人战术

1. 发球战术

(1)跳发球。跳发球就是在端线附近助跑起跳的大力上手发球,它是发球技术和远网扣球技术的结合。跳发是当前比赛中最有攻击性的发球,它的特点是力量大、速度快、弧度平、过网时间短,具有较大威胁。但跳发球技术难度大,需要运动员具有相当好的弹跳高度、爆发力,以及正确手法和良好的控制能力。

准备姿势自然站立,单手或双手持球于腹前,注意观察场上情况。抛球助跑迈出第一步的同时将球高抛在右肩前上方,落点在助跑线上,高度和距离要符合个人特点,以跳起最高点击球为准。抛球离手瞬间可加手指手腕动作,使球在空中产生旋转。紧接着,迈出第二步,两臂自然摆动,眼睛注视球,最后右脚跨出一大步,两臂在体侧划弧摆动,并使左脚迅速跟上,屈膝蹬地跳起,使身体腾空。击球腾空后,加大挺身屈腹,使身体成反弓状。右臂屈肘上举,手掌自然张开。当身体在最高点时,以猛烈收腹和提肩带动手臂向前方挥动,在手臂伸直的最高点,用全掌击中球的后中下部,击球点不宜靠前。触球瞬间手掌包满球,并主动屈腕推卷,使球快速向前旋转。击球后,身体可随球飞行落入场内,落地时要注意平衡,防止受伤。跳发也可不加助跑,而用原地起跳发球过网。

(2)控制落点的发球。比赛中,队员常常可以利用发球的变化来调动对手,甚至直接得分。即发出不同的距离、不同力量、不同旋转的球,如高远的飘球、高吊球、跳发球、控制落点找人。

(3)运用发球战术时机。如本方得分难、落后较多,或遇到对方较强等情况,可采取先发制人的攻击性强的发球。在本方发球连续失误、比赛的关键时刻、对方暂停、换人后,以及对方正处于进攻性较弱的轮次或本方拦网连连得分时,应注意发球的准确性,避免失去有利的得分时机。当对方刚刚换上一名队员时,利用发球找人的战术,专门对着新上场队员发球,抓住该队员刚上场不适应场上气氛、紧张的状态,造成对方失误。

2. 强攻战术

(1)四号位强攻。排球进攻战术中,最基本的当属四号位强攻。四号位强攻是最方便实施的战术。因为对于右手选手来说,在四号位扣球,最方便发力和变化,手臂是自然挥舞,力量损失小,起跳之后的视线最开阔,而且符合右手选手的助跑习惯。所以,如果你是一个左手选手的话,那么,你的基本进攻技术就是二号位强攻了。

四号位强攻之于排球进攻战术,如同100米跑之于田径一样,虽然基础,但是内容却非常全面,涉及排球基本所有的发力部位和要素,因此,四号位强攻对身体力量素质的要求极高,无论是腿、腰、腹,以及肩、臂、腕都有很高的要求,同时要求身体有很好的协调力,能协调各个部位的发力,还需要动作的规范合理,能将各个部位的力量顺利的累积到球上。这就要求在四号位强攻训练中,力量和身体素质训练是在第一位的,而技术训练虽然也很重要,但是和快球以及战术球比较起来,可以略微低一点,只要扣球的效果好,不影响发力和网前对抗即可。

(2)二号位强攻。扣球是战术配合的最后一环。进攻与反攻的成败,主要是通过扣球来体现的。因此,在熟练掌握扣球技术的基础上,必须提高扣球技术的运用能力和技巧性,才能达到进攻的目的。

二号位进攻和四号位进攻一样,都可以打出有力量、速度快的强攻。但是因为二号位强攻时,由于多数运动员是右手打球,在二号位扣球时,击球点和击球时机不好控制,所以通常认为二号位比四号位强攻能力偏弱。但随着排球战术的发展,二号位不仅有强攻,还有各种各样的快攻手段。二号位进攻已经是各队不容忽视的进攻战术了。

(3) 调整进攻。排球比赛实施新规则"每球得分制",双方都注重一攻成功率。然而,若要战胜对手,必须在拦防环节中占得优势,其中,防守反击是主动拿分的手段之一。在防反中,绝大多数情况是把球调整到四号位(或者二号位后攻),有时由于接发球不好,往往被迫打调整攻。因此,如何打好调整球是得分乃至取胜的重要法宝。

 小知识

打手出界是比赛中经常采用的一种战术。它要求进攻队员根据球与网之间的距离,瞄准拦网队员的指尖、手臂,采取平打、斜打方式,以此来改变球的方向使其出界。若一味用力击球,也不一定收到好的效果,采取"假扣真吊"往往能令对方望球兴叹。吊球时,要看清对方防守区域。抹球时,一定把球抹向靠近樽杆的拦网队员的手臂外侧,这样就会让对手把球挡出界外。快抹是比赛中不多见的一种战术,近似快打,抹得好,有时胜过大力扣杀。

在调整进攻时,由于传球线路比较长,目标较明确,从而给对方有足够的时间来组织双人或三人集体拦网,这为进攻队员(一般为主攻手)提出了很高的技术要求。若能直接穿过拦网手臂间隙将球扣在界内,当然更好。可是有时根本很难通过,仍然死打硬拼,只能自杀。所以作为主攻手应该多动些脑筋,利用自己手腕功夫、技巧,采用打手出界、吊球、快抹、过渡球等方法来突破对方的拦网而得分。

以上打法在国际高水平大赛中经常看到,由于调整球难度较大,二传手应该把球传给有足够把握的核心队员,不一定非拉开到四号位进攻。

(4) 后排进攻。当前的进攻战术正朝着高度加速度、强攻加快攻、力量加技巧、前沿加纵深的方向发展。具体表现在积极地跑动中,在交叉换位掩护中和突然变化中进行战术配合,组织近网高点强攻或远网进攻,利用前排进攻做掩护,组织后排进攻,形成一套前后排配套的立体进攻战术。

战术的目的是根据双方情况,特别是根据本队的情况,把本队运动员的技术和特点合理地组织起来和充分地发挥出来,争取良好的成绩。

(5) 接发球组织进攻。即在接发球的条件下组织的进攻战术,也称为"一攻"。它包括一传、二传组织进攻和扣球进攻三个环节。一传是组织进攻的基础,质量好的一传能为二传组织进攻创造方便条件;二传组织进攻是组织战术配合的保证,质量好的二传能力为战术配合的顺序组成和进攻的最后一击创造有利条件;扣球进攻是战术成败的关键,是"一攻"战术效果的最后体现。这三个环节是密不可分的,相互制约,相互影响又是互为因果的关系。

从排球运动的发展来看,多年来形成了两种截然不同的战术风格,即以快速多变为主

体的亚洲型风格,和以高打强攻为主体的欧美型风格。近年来,无论是高打强攻或是快速多变,都不适应排球运动发展规律的要求,都难于取胜。所以,两种战术风格正在相互学习,取长补短,于是产生了后排队员参与进攻的立体进攻战术。现在不光是男队,女队也比赛中也经常出现后排进攻。

(6)轻打和吊球。轻打和吊球也属扣球的一种。因为前期过程是一样的,只是在扣球的瞬间,改扣为轻打或吊球,整个动作和大力扣球有一致性。

佯作大力扣杀,而在击球的瞬间突然减低手臂挥动速度,把球轻轻击入对方空当。助跑起跳、挥臂动作部与大力扣杀一样,但击球前瞬间挥臂速度突然减低,手腕保持一定的紧张,以全手掌向前上方做"推搓"动作,使手越过对方拦网后呈弧线落入对方空当。

采用轻打和吊球战术需要注意的是:①扣和吊要结合;②动作一致性要好;③跳起后,要善于观察对手拦网情况和防守队员站位情况,找准空当进行突破;④尽量将落点放在防守空当。

3. 快攻战术

(1)近体快。快攻的特点是速度快、带突然性,因而牵制性强有利于争取时间和空间。分近体快球、背快、短平快球、平拉开等常见的基础快球。当然,快球还有调整快、远网快、后排快等,也包括多人集体快球战术,这里我们不一一讲解。

打快球时,助跑步伐要轻松、快速、灵活、有节奏,浅下蹲,快起跳,上体和挥臂动作要小,用前臂和手腕加速甩动击球。

近体快球是快攻中最常见的一种。扣球队员助跑至二传手身边,在二传手还没有出手之前跳起,待二传手将球传送到网口时,扣球队员快速挥臂甩腕击球,速度快,带突然性,效果好。日本排球界称之为A快球。

打好近体快球关键一点,就是攻球手要在空中等球,传球手的球要及时到位。

近体快球中,还有一种较为特殊的进攻战术——时间差进攻,时间差进攻需要二传与攻手间有较强的默契配合,也需要攻手个人有较强的判断能力和掌握起跳时机的能力。时间差进攻可以有效地诱使对方拦网队员先期起跳,从而达到避开对方拦网的效果。

(2)背快。背快和前快一样,都是典型的近体快球,要求和前快一样。只是前快是攻手在二传前面扣球,背快是二传身后扣球。

(3)短平快。快球的一种。扣球队员和二传手相距1.5~2米,在二传手出手的同时或在二传手出手前起跳,截扣二传传出的平球。日本排球队在中国首创的"平拉开"进攻基础上,改进演变而成,并将此种扣球称为B快球。

短平快进攻战术的关键之处,也是需要攻手在空中"等"球,所以二传手的球要传得平,这种进攻成败决定于二传的传球和攻手的起跳时机。

(4)平拉开。平拉开快攻是我国于20世纪70年代首先使用的,之后被日本改进成为短平快进攻。两者大同小异。平拉开快攻就是比短平快拉开更远一些,高水平的运动队常常将四号位的强攻点演变成平拉开进攻。

扣球队员和二传手比短平快稍远,在二传手出手的同时或在二传手出手前起跳,截扣二传传出的平球。中国女排经常使用这种进攻战术。在身材不太高大的亚洲球队中,平拉开不失为一种追求速度、突破欧美高大队员拦网的有效手段。

（5）单脚背溜。单脚背溜是现代排球中（特别是女排）广泛采用的一种二号位快攻战术。扣球队员绕到在二传手身后单脚起跳扣球。单脚背溜是排球技术中少有的单脚起跳技术。由于攻手是在起跳的同时截扣二传传出的球，所以这种进攻非常难防，由于攻手在平飞过程中，击球时机选择较多，击球方向又是由场外向场内，极大地加大了拦网的难度。中国女排经常使用这种进攻战术。我们常常可以在比赛中看到，即便是双人拦单脚背溜，也常常拦到场外。

4. 掩护进攻战术

各种各样的掩护进攻都有一个本质，即一名攻手是佯攻在前，另一名攻手实施进攻。其目的是突破对方的拦网。在现代排球比赛中，掩护进攻无处不在。我们这里对最为常见的典型掩护进攻进行分析。

（1）自我掩护进攻。位置差、时间差、空间差等。

（2）集体掩护进攻。双快掩护、交叉进攻、梯次进攻、夹塞进攻等。

（3）双快掩护进攻。双快掩护进攻是掩护进攻中最常见的一种。一传到位后，两名攻手同时进行快球进攻，二传可以根据对方拦网站位情况决定最后是实施前快还是背快。这种进攻非常主动，但前提是一传要很到位。

（4）位置差掩护进攻。自我掩护进攻中常见的一种。扣球队员佯作起跳，吸引对方拦网，待对方拦网者起跳拦网时，扣球队员突然向侧方跨跳一步，起跳扣杀。扣球队员的佯攻要逼真，错位的移动要迅速连贯，并与快攻实扣交替使用，效果会更好。

（5）快球掩护强攻。快球掩护强攻很常见。现在几乎每一次强攻都会有一两个队员跑快攻进行掩护。快球掩护强攻的战术主要是打破对方拦网部署，和快攻一并使用，做到虚虚实实，从而掌握比赛的主动。相对来说，一次成功的强攻是显示自己实力、提高比赛信心以及打击对手的重要手段。

5. 防守战术

（1）三人接发球站位。接发球在排球比赛中，通常称为一传，而接发球进攻也称为一攻，它包含着防守和进攻两方面的内容。其目的是争取不失分，并力争将球传到指定位置组织进攻。接发球的站位有多种，按接球人数分为：五人接发球、四人接发球、三人接发球和二人接发球。

一传水平的高低直接反映出队伍的实力。每支队伍中都有一些一传过硬的队员，排球队员越来越高大，接球控制面积越来越大，接球人数多了互相拥挤，增加了同伴间的公共区域，反而有可能造成让球的失误。接球人多，也容易让对方找到接球弱点。所以现在国际上多采用三人接发球。

（2）防拦回球。在比赛中用以主动弥补同伴在技术上出现的漏洞，并使攻与防有机地衔接起来的动作，叫作保护。保护多在接发球、扣球、拦网和后排防守时使用。如扣球时，有可能被拦回来；接发球及后排防守时，有可能把球垫飞；拦网时，对方有可能运用软扣、轻吊。针对上述情况，需要进行保护，并力争将保护起来的球组织进攻。除队员互相保护外，扣球队员和拦网队员还应该做好自我保护的准备。保护常见于扣球时的跟进防拦回球以及拦网时跟进防吊球等。

防拦回球的要求：①应从思想上准备"一人扣球，全队防拦回球"；②接拦回球的姿势既要低重心,又要能抬头注视来球(女排比赛中,常见跟进保护的队员直接先跪在地上防栏回球);③被拦回的球大都在前区,速度快、路线短,队员除应具备敏捷的反应外,还必须掌握多样的垫、挡等防守技术;④无论在何点进攻,二传都应参与防拦回球。

(3)防守处理球。比赛中,由于对方的大力扣球或者突然的轻吊,导致本方防守混乱,这时候,就需要有良好的处理球意识和串联能力了。即便是无攻过网,也要保证不会直接失分。高水平的队员会在无攻过网时加大对方接球的难度,如挑高球、平推后场角、轻打网前侧面等。

防守处理球时要注意:①当没有机会进攻时,要把球处理过网,防止直接失分;②有可能的话,可以适应增加对方接球的难度;③当本队队员救球时,要有队员跟进接应。

思考题

1. 你准备怎样通过排球课的学习来提高自己的综合素质?
2. 学生在正面传球练习中易犯哪些错误,如何纠正?
3. 排球运动有什么特点,其基本技术由哪些内容组成?

第三节 足球运动

> **学习提示:**
> 被誉为"世界第一运动"的足球是世界上开展最广泛、影响最大的体育项目,同时具有很高的锻炼价值,深受大学生的喜爱。学习和掌握足球基本知识、基本战术,将有利于更好地欣赏和参与足球运动。

一、足球运动简介

足球运动——古往今来令无数人兴奋和痴迷。足球场上,比赛双方以争夺、追赶同一个球的简单又易于理解的形式,向对方发起进攻……从中我们可以看到人性中积极、向上的一面。足球唤起人们欢乐与绝望、喜悦与悲哀的极端情感,这使它最终成为世界上名副其实的开展最普及、影响最深远的运动,从而赢得了"世界第一运动"的美誉。

古代足球运动起源于中国,早在炎黄之初,中华大地上就产生了世界上最古老的足球——蹴鞠运动。黄帝是蹴鞠运动的创造者,曾用蹴鞠来训练武士。在3000多年前的商代甲骨文中,已有蹴鞠舞的记载。司马迁在《史记》中描述过战国时期齐国临淄的蹴鞠活动。到汉代,汉高祖刘邦在宫苑内修建了很大的校场——鞠城,两端有鞠室,进鞠室多者为胜,比赛已设裁判。东汉的李尤,曾写过有关裁判职责的《鞠城铭》。到唐朝,鞠内充毛发改为皮壳(动物膀胱)内充气,仲无颜曾作《气球赋》描述壮观的赛场。宋朝改球门设立在场中央,两对攻一门,当时已有宫廷蹴鞠组织。明清两代蹴鞠趋向于个人表演。

现代足球起源于英国,足球运动的历史源远流长,其技术、战术、竞赛规则等都是逐渐发展起来的。早期的足球只是停留在游戏上,无所谓技术、战术,没有统一的比赛规则,在比赛中甚至不限制身体的任何部位触球。1863年10月26日,在英格兰伦敦皇后大街弗里马森旅馆,召开了主要由剑桥地区各学校代表参加的会议,统一了14条足球比赛规则,用以指导剑桥地区各学校相互间的足球赛事。此规则被后人称为剑桥规则。剑桥规则第一次以书面的形式明确规定:足球是一项除手臂以外触球的运动。同时,这次会议还成立了英格兰足球协会。因此,我们通常把1863年10月26日作为现代足球的诞生日,把英国作为现代足球的鼻祖。

1863年英格兰足球协会成立后,欧洲和南美洲国家也相继成立了足球协会,并不同程度地仿效英格兰足球进行各自的锦标赛。随着足球运动在世界各地的迅猛发展,各国足球协会相继成立,一个超国界足球组织的形成条件成熟了。1904年5月21日,国际足球协会(简称国际足联,缩写为FIFA)在巴黎圣奥诺雷街法国体育运动协会联盟驻地正式成立,创始国为法国、瑞士、瑞典、比利时、西班牙、荷兰、丹麦等。1932年,国际足联总部移至瑞士苏黎世直至今日。

二、足球基本技术

足球技术是指运动员在比赛中,运用身体的合理部位所做的各种动作方法的总称。足球技术是组织与实现战术的前提,是战术的基础。现代足球运动正朝着全攻全守总体型打法方向发展,战术的不断变革与创新,必将使技术的内容更加丰富,难度也相应提高。要提高足球技术水平,就必须全面学习、熟练掌握各种技术动作,扎扎实实地练好基本功,这样才能为技术运用打下坚实的基础。技术运用必须紧密结合实践,必须在训练和比赛的反复实践中才能掌握技术,才能适应日趋紧张激烈的现代足球比赛。足球技术教学也仍然是离不开学习、掌握、运用和提高的规律。足球技术包括传接球技术、运控球技术、头顶球技术、抢截球技术、守门员技术。

(一)传接球技术

1. 传球技术

即运动员将球传向预定的目标,使同伴在所需要的地方接球。传球技术主要有脚内侧、脚背内侧、脚背正面、脚背外侧、脚尖和脚跟等。我们重点介绍三个部位的传球动作要领和练习方法。

(1)脚内侧踢球。脚内侧踢球的特点:脚触球的面积大,出球平稳,容易控制出球方向常用于近距离传球和射门。

动作要领:踢球时应直线助跑,支撑脚踏在球的侧方,脚落地时足尖应与出球方向保持一致,距球10~15厘米,膝关节微屈,两臂自然张开,维持好身体平衡。踢球脚以髋关节为轴由后向前摆动,在前摆过程中髋关节外展,脚尖翘起,脚内侧与出球方向约呈90度,以大腿带动小腿快摆击球,击球时脚跟前顶,脚腕用力绷紧,脚内侧部位击在球的后中部。击球后,踢球脚应继续保持击球时的形状随球前摆(图9-3-1)。

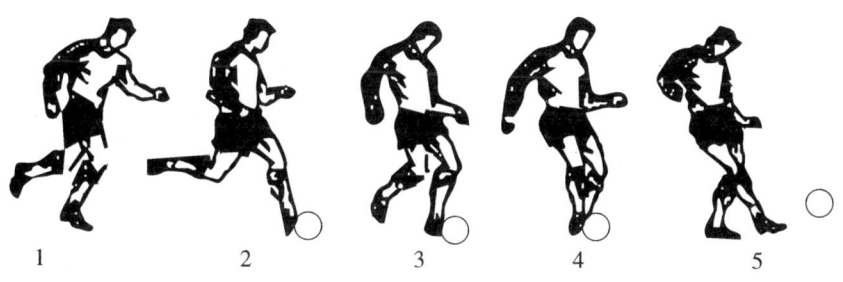

图 9-3-1　脚内侧踢球

(2) 正脚背踢球。踢球腿的摆幅大,脚触球的面积比脚背内侧踢球还大些,出球准确、有力,适于中、长距离传球或罚任意球和射门。

动作要领:直线助跑,支撑脚踏在球的侧方 10~15 厘米处,脚尖正对出球方向,膝关节微屈,支撑脚着地的同时,摆动腿后引,小腿尽量后屈,前摆时,以髋关节为轴,大腿带动小腿前摆,当摆动腿前摆接近垂直时,小腿加速前摆,脚跟立起,脚尖向下,脚背绷直,用脚背正面击球的后中部,踢球后,身体随势向前移动(图 9-3-2)。

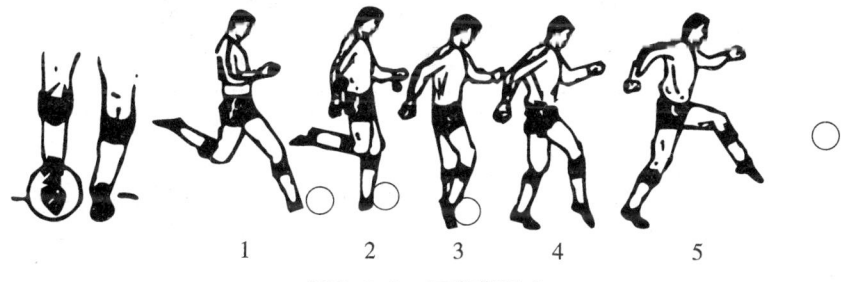

图 9-3-2　正脚背踢球

(3) 脚背内侧踢球。脚背内侧踢球特点:踢球时腿的摆动幅度大,脚触球面积大,出球准确、有力,多用于中、长距离传球或传角球和射门。

动作要领:斜线助跑(45 度角助跑),支撑脚踏在球的侧后方约 20~25 厘米处,膝关节微屈,上体稍向支撑脚一侧倾斜,以便控制身体重心,踢球腿自然后摆,脚尖稍外转,摆动腿以大腿带动小腿前摆,脚面绷直,以脚背内侧击球的后中部或后下部。踢弧线球时,脚腕略转动,击球的后侧部(图 9-3-3)。

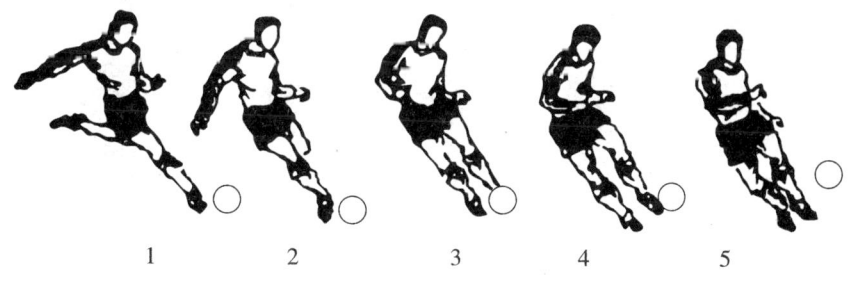

图 9-3-3　脚背内侧踢球

2. 接球技术

即运动员运用身体的有效部位,将运行中的球有目的接控在所需位置上的动作方法。它是运动员获得球的主要手段。良好的接控球能力能为球队创造更多的进攻机会,也是保证进攻战术顺畅的重要因素。我们重点分析4种部位接球动作:脚内侧接球、脚背正面接球、胸部接球、大腿接球。

(1) 脚内侧接球。脚内侧接球技术的特点是接球平稳,可靠性强,动作灵活多变,用途广泛。比赛中多用于停地滚球、反弹球和空中球。

动作要领:接地滚球时,身体正对来球,判断来球的速度和方向,选好支撑脚位置,膝关节微屈。接球脚根据来球的状态相应提起,膝、踝关节旋外,脚趾稍翘,脚内侧对准来球,触球刹那接球部位做相应的引撤或变向动作,将球控制在所需要的位置上(图9-3-4)。

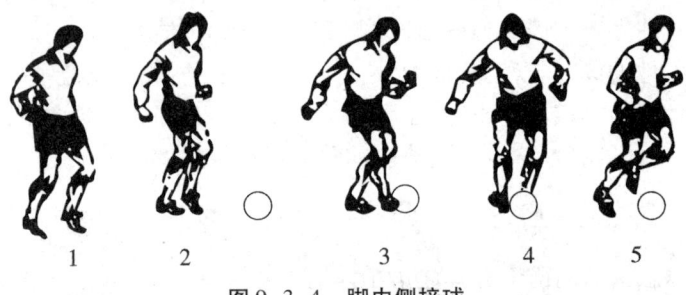

图9-3-4 脚内侧接球

接反弹球——小腿与地面形成夹角,向下做压推动时,膝要领先,小腿滞留在后面;接空中球——接球腿屈膝提起,采用引撤或切挡动作,在球落地时随即将球控制住。

(2) 脚背正面停球。脚背正面接球技术的特点是迎撤动作自如,关节活动度大,接球稳定,但变化较少,适于接下落球。

动作要领:身体正对来球,判断来球路线和速度,支撑脚稳固支撑,接球腿屈膝提起,以脚背正面迎球,触球的刹那,接球脚引撤下放,膝、踝关节相应放松,以增强缓冲效果(图9-3-5)。

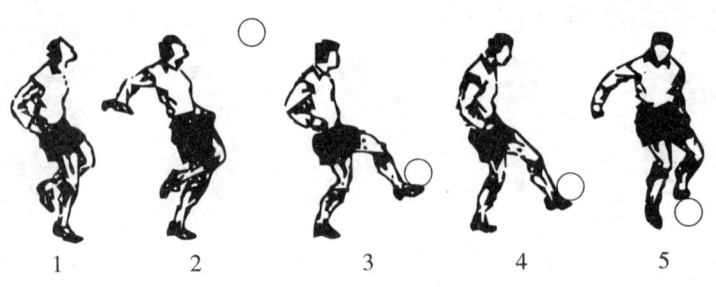

图9-3-5 脚背正面停球

> 脚背正面向体前或体侧接球,接球脚脚跟稍提,触球刹那踝关节适度紧张,通过触球面角度的调整,控制出球方向。

(3)胸部停球。胸部接球技术的特点是触球点高、面积宽接球稳定,适用于接胸部以上的高空球。胸部停球有挺胸和收胸两种:挺胸停球一般多用于高于胸部的球(图9-3-6);收胸停球一般多用于停速度快、力量较大的平球或反弹球(图9-3-7)。

图9-3-6　胸部停球　　　　　图9-3-7　收胸停球

动作要领:挺胸式接球,适用于接有一定弧度的高球。接球时,身体正对来球,两腿自然开立,膝微屈,两臂在体侧自然抬起,上体稍后仰与来球形成一定的角度。触球刹那,胸部主动挺送,使球触胸后向前上方弹起落于体前。

> 缩胸式接球适用于接齐胸的平直球。缩胸与挺胸的差异在于触球刹那,靠迅速收腹、缩胸,缓冲来球力量,使球直接落于体前,并及时跟进将球控在脚下。

(4)大腿停球。大腿接球技术的特点是接触球部位面积大,且肌肉丰厚有弹性,动作简便易做,适用于接有一定弧度的落降高球。

动作要领:身体正对来球,选好支撑脚位置并稳固支撑,接球腿屈膝上抬,以大腿中前部对准来球。触球刹那,接球腿积极引撤下放,接球部位的肌肉保持功能性紧张,以对抗来球冲力,使球触腿后落于体前(图9-3-8)。

图9-3-8　大腿停球

> 接力量较小来球,可采用大腿垫接的方法。即接球腿屈膝上抬迎球,将球向上垫起。用这种方法接球,可在球落地前处理球,也可待球落地后将球控在脚下。

(二)运球技术

运球技术包括跑动与触球两方面要素,运球的跑动具有步幅小、频率快、重心低的基本特征。这种跑动方式有助于队员及时调整身体与球的位置关系,适应运球急停、变速和变向的临场需要;运球的触球是一种推拨式的触球方式,这种方式有助于球员对运球力量、方向进行有效的支配和控制。跑动与触球动作的协调转换和有序交替,便构成运球的动作过程。运球技术动作通常由运球方法的选择和准备、跑动中间断触球、为下一动作的连接做好准备这三个环节组成。运球技术主要有:脚内侧运球、脚背正面运球、脚背外侧运球。

(1)脚内侧运球。其动作特点是易控球,但速度慢,适用于掩护性运球。

动作要领:支脚在球的侧前落位,膝微屈,上体稍前倾侧向球,随重心前移运球脚膝外转,用脚内侧部位推运球前进(图9-3-9)。

(2)脚背正面运球。其动作特点是直线推拨,速度快,但路线单一,运进时前方需有较大的纵深距离。

动作要领:自然跑动,步幅稍小,上体稍前倾,两臂协调摆动,运球腿屈膝提起前摆,脚背绷紧,脚跟提起,脚趾下指,用脚背正面推拨球后自然落步(图9-3-10)。

图9-3-9 脚内侧运球　　　　图9-3-10 脚背正面运球

(3)脚背外侧运球。其动作特点是灵活性、可变性强,可做直线、弧线和向外变向运球,易于控制运球方向和发挥运球速度,并便于对球进行保护。

动作要领:直线运球时,自然跑动,步幅偏小,上体稍前倾,两臂协调摆动。运球脚屈膝提起前摆,脚趾稍内转斜下指,摆至球体上方时,用脚背外侧推拨球的后中部,重心随球跟进(图9-3-11)。

图9-3-11 脚背外侧运球

> **小贴士**
>
> **曲线运球与变向运球**
>
> - 曲线运球时,触球作用力方向应偏离球心,使球呈弧线运行。
> - 变向运球时,应根据变向角度的大小,调整支撑脚的位置、触球部位及运球脚用力方向,以保证蹬摆用力与推拨触球动作协调一致。

(三)运球过人技术

运球过人是在运控球的基础上,根据临场需要,准确判断和把握对手的防守站位和重心变化情况,利用速度、方向或动作变化,获得时间和空间位置优势,从而突破防守的一种技术手段。运球过人技术从动作方法上可大致分为强行突破、假动作突破、变向突破、变速突破等。

(1)强行突破。指利用速度优势,以突然快速的推拨球和爆发式的起动,加速超越防守队员的动作方法。实施强行突破时,通常要求防守队员身后有较大的纵深距离,从而使速度优势能够得到充分发挥。

(2)假动作突破。指运动员利用各种虚晃动作迷惑对手,如假射、假传、假停等,使其不知所措或贸然盲动失去重心,并乘机突破的动作方法。实施假动作突破时,要真真假假,真假结合,假动作要逼真,其动作要快捷,在控好球的同时,能够有效调动对手,利用其重心错位进行突破。

(3)变向突破。指队员利用灵活的步法和娴熟的运球技术,不断改变球路,使对手防守重心出现错位,并利用出现的位置差乘机突破的动作方法。实施变向突破时,运球队员脚下控球要娴熟,步法要灵活,重心变幻随心所欲,变向动作要突然,变向角度要合理。

(4)变速突破。指队员通过速度的变化,打乱对手的速度节奏,并利用产生的时间差乘机突破的动作方法。实施变速突破时,节奏变化要鲜明,做到骤停疾起,要充分利用攻方的先决优势去支配和调动对方,真正做到你快我慢、你停我走,使对手无从适应。

(四)头顶球技术

头顶球是指运动员有目的地用额部将球击向预定目标的动作方法。头顶球技术接顶球部位可分为前额正面和前额侧面顶球。

(1)前额正面顶球。其技术特点是触球部位平坦;动作发力顺畅,容易控制出球方向,出球平稳有力。

动作要领:原地顶球时,身体正对来球,两腿自然开立,膝微屈,两眼注视来球。随球临近,上体稍后仰,展腹挺胸,两臂自然张开,下颌收紧,身体自下而上地蹬地、收腹、摆体、顶送发力,当头摆至身体垂直部位时,用前额正面顶击球的后中部(图9-3-12)。

跳起顶球时,要选好起跳位置,掌握好起跳时机,起跳脚积极蹬跳发力,手臂协调向上提摆,以加强起跳力量。起跳后,展腹挺胸,形成背弓,两眼始终注视来球。跳至最高点时,快速收腹摆体,下颌收紧,前额积极迎球顶送发力,顶球后屈膝缓冲落地。

图 9-3-12　前额正面顶球

（2）前额侧面顶球。其技术特点是动作快捷、变向突然、出球线路难以预测,对球门的威胁性极大。但动作难度较大,侧摆发力不足,出球方向较难控制,适用于应急时破坏球和接传中球顶射（图 9-3-13）。

图 9-3-13　前额侧面顶球

动作要领:原地顶球时,身体稍侧对来球,两脚前后开立,出球侧支撑腿在前,身体侧后微屈,重心落在后腿上,两臂自然张开,眼睛注视来球。顶球时,后脚向出球方向猛力蹬伸,身体随之向出球方向转动侧摆,同时颈部侧甩发力,用前额侧部将球击出。

（五）抢截球技术

抢截球指防守队员有目的地运用身体的某一部位,将对手控制下或传递中的球夺过来、踢出去、破坏掉的技术动作方法。抢截球是运动员获得球的主要手段之一,是球队转守为攻的主要途径,是运动员个人防守能力的综合体现。

1. 截球

从比赛意义上讲是运动员根据防守和进攻的双重需要,合理地选用接球、踢球、顶球和铲球技术方法。如果需直接将球处理或破坏掉,就可选用踢球、顶球或铲球动作来实现,若是为了将球控在脚下,则可选用合理的截球动作来达到目的。动作的关键是判断准、起动快、连接紧。

2. 抢球

（1）正面抢球。在逼近控球队员时,防守队员应控制好身体重心,两膝弯曲,上体略前倾,并注意观察对手的脚下动作,在对手触球的刹那,支撑脚前跨将球接住。如双方对脚触球,则应顺势向上做提拉动作,将球从对方脚背上带出（图 9-3-14）。

图 9-3-14　正面抢球

（2）侧面抢球（合理冲撞）。当与运球队员成平行位时，重心略降，身体向对手倾靠，手臂贴紧身体。在对手近侧脚离地刹那，用肩以下、肘以上的部位猛力冲撞对手的相应部位，使其重心失去控制，乘机伸脚将球控在脚下（图 9-3-15）。

图 9-3-15　侧面抢球

（3）侧后抢球。侧后抢球多是在对手突破情境下进行的回追反抢，由于位置上的劣势，因此须靠抢前动做争取主动，通常采用同侧或异侧倒地铲球的动作方法（图 9-3-16）。

图 9-3-16　侧后抢球

（六）守门员技术

守门员技术是指守门员防守球门安全和发动进攻时所采用的动作方法的总称。从比赛职责讲，守门员的主要任务是控制罚球区，确保球门安全。因此，他的活动区域主要在本方罚球区内，他的比赛活动是以防守行动为主。从规则角度讲，守门员在本方罚球区内可以用手触球，因此，他的技术动作多是通过手操作进行的。守门员的有球技术包括接球、扑球、拳击球、托球、发球等。

1. 接球

接球是守门员技术的重点,是守门员必须熟练掌握的基本能力。接球从手形上可分为上手接球和下手接球两类。

(1)下手接球。下手接球的基本手形似"簸箕"状,手指张开,掌心向上,小拇指靠拢。

适用范围:接地滚球、低平球、低弧度的反弹球和高弧度的落降球。

基本姿势:有跪式、俯背式和站立式3种(图9-3-17)。

图9-3-17 下手抢球

动作要领:身体正对来球,当球临近时,根据来球高度做好相应的接球姿势。接球时,两臂尽量前伸迎球,掌心向上,手指张开似簸箕状,当手指触球的刹那,屈臂夹肘收球缓冲,并顺势屈腕、压胸将球抱牢于胸前。

(2)上手接球。上手接球的手形似"球窝"状,掌心向前稍内倾,手指向上,拇指靠拢(图9-3-18)。

适用范围:接胸部以上的各种高球。

基本姿势:有原地站立接球和单、双脚跳起接球几种。

动作要领：原地接球时，身体正对来球，当球临近时，两臂举起迎球，控制好接球手形。接球时，两臂要充分伸展迎球，手形相对稳定，角度合理，掌心要空。跳起接球时，应选好起跳点，掌握好起跳时机，保持身体在空中的平衡，跳至最高点时，伸臂展体将球接住，并顺势收于胸前。落地时，注意屈膝缓冲（图9-3-19）。

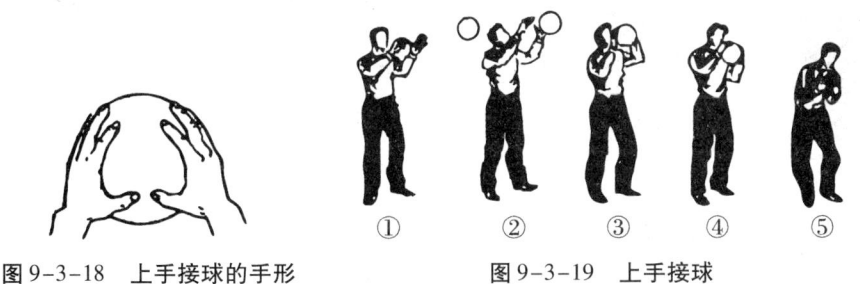

图9-3-18　上手接球的手形　　　　　图9-3-19　上手接球

2.扑球

扑球是守门员技术的难点，是在守门员重心无法移动到位情况下，利用倒地加速重心向球侧移动的动作方法，大致分为倒地侧扑和跃起侧扑（鱼跃扑球）两种。

（1）倒地侧扑。其动作特点是没有腾空动作，重心向侧下移动且距离较近，倒地速度快，适用于扑接两侧的近体球或出击扑脚下球。

动作要领：做好准备姿势，两眼注视来球，精力集中。扑球时，异侧脚内侧侧蹬发力，同侧脚屈膝迎球跨出，上体顺势压扑以加速重心的前移倒地，双臂同时迎出接球，腕关节稍内扣，用手掌挡压控球。触球后屈臂收球于胸前，并快速抱球起身，侧倒过程以小腿、大腿、臀部、肩和手臂外侧顺序缓冲着地（图9-3-20）。

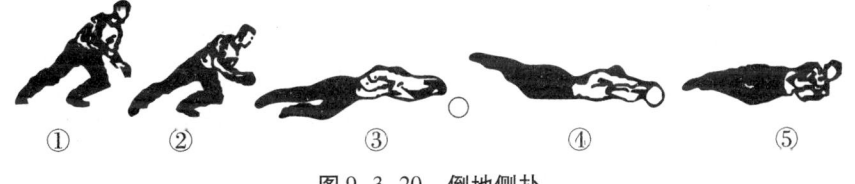

图9-3-20　倒地侧扑

（2）跃起侧扑。其动作特点是身体有明显腾空，重心轨迹呈抛物线且位移远，适用于扑救两侧远体球。

动作要领：扑地滚球时，重心降低，身体向球侧倾移。同侧脚侧上步，用脚掌外侧蹬地发力，使身体呈水平状腾空，两手同时快速迎球，身体展开。接球手形成球窝状，靠压腕和手指用力将球控制住。落地时，两手按球，随即屈肘，以前臂、肩部、上体侧面和下肢依次着地，注意屈膝团身护球，并顺势抱球起身（图9-3-21）。

3.托、击球

托、击球是守门员接扑球技术在应急情况下的应变运用，常和出击接高球与跃起扑球动作联系在一起。

（1）托球。托球一般用于临近球门的防守，对那些射门力量大、角度刁、贴近球门横梁或立柱的球可采用托球。托球时多用单臂,以增加触球距离。

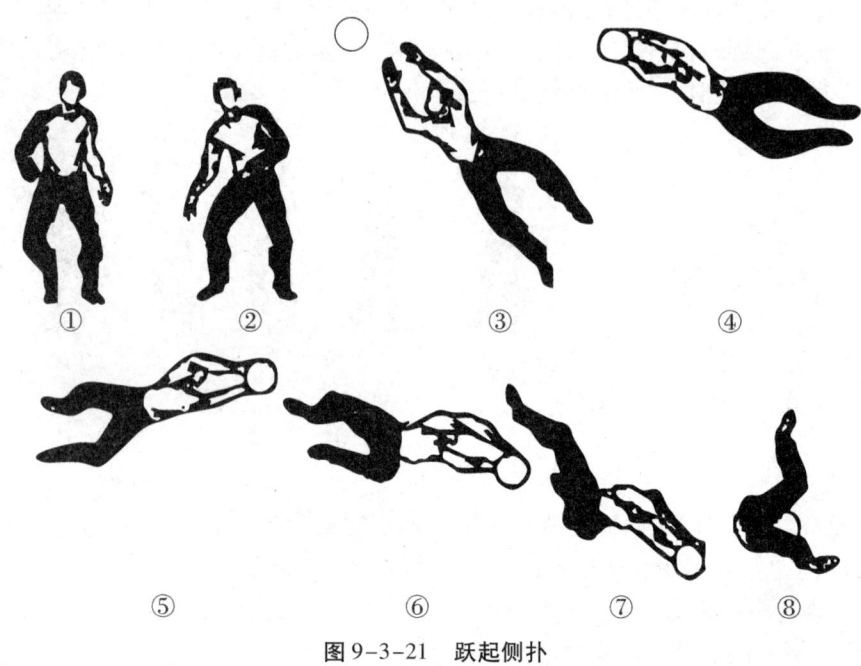

图 9-3-21　跃起侧扑

动作要领:托球时,近球侧手臂伸出迎球。触球刹那,手腕后仰,用掌跟部顶推发力,将球向侧或向上托出。

（2）击球。击球一般用于出击时的防守,在争抢高球无把握的形势下,可利用单双拳将球击出。

动作要领:单拳击球时,在起跳上升阶段,击球手臂位于肩侧,屈肘握拳,体稍侧转。至最高点时,身体快速回转,以肘带肩挥拳,用拳面将球击出。

双拳击球时,起跳上升阶段,双臂于胸前屈时握拳,两拳靠拢,拳心相对。至最高点时,双拳同时迎球冲出击球(图9-3-22)。

图 9-3-22　击球

4. 发球

发球是守门员组织发动进攻的技术手段。发动进攻的基本要求是:能快则快,不能快则缓,以快为主,保证稳妥。守门员的发球包括踢发球和抛掷发球两类(图9-3-23)。

(1)踢发球。踢发球常用的方法有踢定位球、踢高抛球和踢反弹球,踢发球的力量大,距离远,方法灵活多变,适用于各种发球的需要,其动作方法见踢球动作要领。

(2)抛掷发球。抛掷发球出球快,准确性高,但力量较小,适用于中短距离的快速发球需要。

图9-3-23　抛掷发球

> **肩上掷球与勾抛掷球**
>
> 肩上掷球:两脚前后开立,膝弯曲单臂屈肘持球于肩上。掷球时,持球臂后摆引球,身体随之侧转,重心移至后脚,利用后脚蹬地、转体、挥臂和用腕拨球的连贯发力将球掷向目标。
>
> 勾抛掷球:身体侧对出球方向,两脚前后开立,持球臂屈肘后引,身体随之侧转,腰部扭紧,重心移至后脚。掷球时,后脚发力蹬地,并快速转体,持球臂顺势由后经体侧向上呈弧线形抡摆,摆至肩上方时,甩腕拨球,将球掷向目标。

思考题

1. 足球基本技术包括那些?
2. 脚背内侧踢球的动作要领有哪些?
3. 正面头顶球技术的动作要领有哪些?

第四节 乒乓球

> **学习提示:**
> 被誉为中国"国球"的乒乓球运动是一项适宜在各个年龄段人群中开展,普及率很高的体育运动。乒乓球运动不仅能调节打球者的精神,培养进取心,锻炼意志,增长才智,而且还可以发展打球者的力量、速度、灵敏和一定的耐力等,从而大大提高其健康水平。

一、乒乓球运动简介

乒乓球是由两名或两对选手,用球拍在中间隔放一个球网的球台两端轮流击球的一项球运动。

乒乓球运动于19世纪末起源于英国,流行于欧洲,最早叫"Table Tennis"。从这个命名可以看出,网球是乒乓球运动的前身。1900年左右出现了赛璐珞制的球,由于拍与球撞击时发出"乒"而落台时发出"乓"声音,故而又称"乒乓球"。

> **小贴士**
>
> **乒乓球的国际赛事**
>
> 主要包括奥运会乒乓球赛、世界乒乓球锦标赛、世界杯乒乓球赛、国际乒乓球巡回赛年度总决赛以及中国乒乓球公开赛等。

乒乓球为最小的体育球类,球体的直径仅仅40毫米,重2.7克,乒乓球运动时所需的场地的空间不是很大,一般只在20平方米的房间里便可以进行,即使是正式比赛场地也只有14米长,7米宽,4米高。其球台如图9-4-1所示。

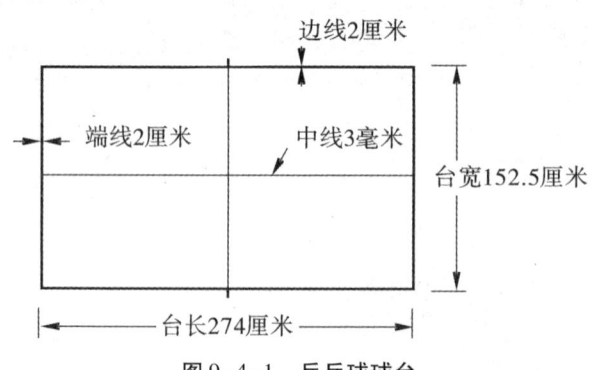

图9-4-1 乒乓球球台

二、乒乓球基本技术

（一）握拍法

握拍法即指单手持球拍的方法。世界上流行着直式和横式两种握拍方法，两种握法各有千秋，实践时应因人而异，扬长避短。

1. 运动要点（以右手为例）

（1）直式握拍法。正面拇指第一指节和食指第二指节握拍，拍柄压住虎口（两指间距离适中），背面中指、无名指和小指自然弯曲斜形重叠，中指第一指节顶住球拍的后上部使球拍保持平稳（图9-4-2）。

图 9-4-2　直式握拍法

（2）横式握拍法。中指、无名指和小指自然地握住拍柄，拇指在球拍正面轻贴在中指的旁边，食指自然伸直斜放于球拍的背面，虎口轻微贴拍，击球时拇指和食指帮助手腕调节拍形和加力挥拍作用。正手攻球时食指向上移动，反手攻球时拇指向球拍中部移动帮助手腕下压加大击球力量（图9-4-3）。

图 9-4-3　横式握拍法

2. 练习方法

（1）教师示范领做，使学生正、背面看清。
（2）学生握拍，按动作要领相互纠正，教师提示要点。
（3）原地向上托球，体会手腕手指用力动作，熟悉球性。
（4）移动托球或两排相距2米对托击球。

3. 易犯错误及纠正方法

握拍过大、过小、过紧、过深、手腕僵硬。纠正方法：讲清动作要领，正确握拍，手指手腕放松。

（二）准备姿势

击球前后，身体保持的合理姿势即为准备姿势。合理恰当的准备姿势有助于判断来球，及时移动到位，运用各种基本技术完成击球动作。

1. 动作要点

两脚开立约与肩宽,两膝微屈稍内扣以前脚掌内侧着地,身体重心在两脚中间,上体微前倾,下颌微收,两眼注视来球,持拍手臂自然弯曲,手腕放松,球拍自然后仰置于腹前,左手自然弯曲抬起高于台面。

准备姿势的重难点是两脚前脚掌内侧着地,屈膝提踵放松微动。

2. 教学方法

(1)学生分 2~4 排在教师的示范领做下练习准备姿势。

(2)原地踏步或跑步听教师的示范口令做准备姿势。

(3)将学生分成偶数列,单数列准备姿势,双数列纠正,交换进行。

(4)结合步法练习准备姿势。

3. 易犯错误及纠正方法

全脚掌着地,上体过直,重心偏高。纠正方法:提踵屈膝略内靠,上体前倾。

(三)基本步法

步法训练不能忽视,灵活的步法是抢占合理位置,熟练运用各种手法击球的前提。

1. 动作要点

(1)单步。以一脚为轴,另一脚向前后左右移动一步(图9-4-4)。

(2)跨步。以来球同方向的脚向侧跨出一大步,另一脚再跟着移动一步。

(3)跳步。以一脚蹬地,两脚同时离地向前后左右跳动(见图9-4-5)。

(4)侧身步。以左脚为轴,右脚向左右移动一步,或左脚先向左跨一步,右脚向左后移动一步。

(5)交叉步。以来球方向的脚向来球方向移动一大步,另一脚随着移动一步(图9-4-6)。

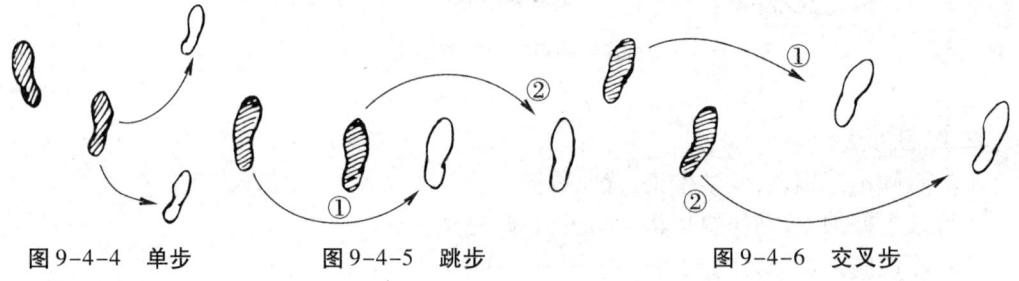

图9-4-4 单步　　　　图9-4-5 跳步　　　　图9-4-6 交叉步

2. 练习方法

(1)将学生分成若干组,听教师口令或看手势进行步法练习。

(2)结合挥拍进行步法练习。

(3)3~4 人一组,一人供球,其余人按顺序在移动中做对托球练习。

(4)对墙托球步法练习。

(5)在练习中进行步法练习。

3. 易犯错误及纠正方法

蹬地不及时,起动慢和不到位。纠正方法:用口令提示"快提脚",增强下肢力量和脚的灵巧性练习。

(四)发球与接发球

乒乓球比赛是从发球和接发球开始的,两者的好坏都能直接得分或失分,因此要重视发球和接发球技术的练习。

1. 动作要点(以右手为例)

(1)发球。主要有以下几种方法。

1)反手平击发球。站位左半台离台30厘米,右脚稍前身体略向左转,左手掌心托球,右手持拍于身体左侧。持球手轻轻向上抛球,同时持拍手向后引拍,上臂自然靠近身体右侧,待球下落低于球网时,持拍手以肘关节发力,由左后向右前挥拍击球中部,拍面稍前倾,第一落点在本台中区。

2)正手平击发球。站位中近台偏右左脚稍前,身体稍右转,球向上抛起,持拍手由右后向前挥动。其余同反手平击发球。

3)反手发急球。准备姿势同反手平击发球。抛球同时持拍手向左后方引拍,待球下落到网高时,持拍手由左后向右前加速挥拍,拍面稍前倾,以前臂和手腕发力为主击球中上部,第一落点靠近本方端线,第二落点在对方端线附近。

4)反手发右侧上(下)旋球。站位和准备姿势同反手平击发球。抛球同时持拍手向左后引拍,用前臂带动手腕向右前上方挥动,拍面逐渐向左稍前倾,拇指压拍手腕内转从球的中部向右侧上摩擦,第一落点本方端线,第二落点对方左角。若发落点短的球时,前臂向前力量减小而增强手腕摩擦力量,第一落点在本方中区;若发下旋球,击球时拇指加力压拍,使拍面略后仰从球的中部向侧下摩擦。

5)正手发左侧上(下)旋球。站位左半台,抛球同时持拍手迅速向右上方引拍,身体随即向右转,手臂自右上方向左下方挥摆,球拍从球的右侧中下部向左侧面摩擦,若发左侧下旋球时,手臂自右上方向左前下方挥摆,拍从球的右侧中部向左侧下部摩擦,第一落点在本方端线附近。

6)正手发奔球。站位近台左脚稍前,身体略向右转,两膝微屈上体稍前倾,持拍手自然放于身前。抛球同时拍手向右后上方引拍,手腕放松拍面较垂直,待球下落至与网同高时,上臂带动前臂由右后方向左前方挥摆,腰同时向左扭转。击球刹那拇指压拍的左侧,手腕同时从后向前使劲抖动,球拍沿球的右侧中部向侧上摩擦,第一落点在本方端线,第二落点在对方右角。

7)正手发短球。同发奔球,其区别是触球刹那突然减力并向左下切球,第一落点在本方中区,第二落点在对方近网处。

(2)接发球。视对方发球站位而定的接发球站位要恰当,判断来球的旋转性能、飞行弧度,落点要准确,移动回击手法要适当。接发球的重难点是正确判断来球的旋转性能、飞行弧度和落点。

2. 练习方法

(1)徒手模仿各发球动作,体会抛、引、挥等动作。

(2)离墙2米对墙做各种发球练习。

(3)在台上着重做第一落点的各种发球练习。

（4）两人台上练习，一人做各种发球，一人做平挡球练习，交换进行。

（5）两人台上练习，一人做规定线路的各种发球练习，另一人做接发球练习，规定用攻、搓、削中的任何一种技术接对方的单一发球。

（6）用多球进行发球练习。

（7）两人一组，一人配套发球，另一人用多种技术接发球，交换进行。

（8）记分比赛，五球一换或一局一换。发球方专练发球，接发球一方专练接发球。

3. 易犯错误及纠正方法

（1）球未向上抛起高度不够。纠正方法：讲明要领并用数次抛球动作来练习。

（2）击球点过高或过低。纠正方法：强调按动作要点要求掌握正确恰当的击球点。

（3）拍面前倾过多或不够，击球时向前力量小或大，落点离过远或过近。纠正方法：用正确的拍面击悬空球；在台上画出第一落点的范围。

（4）接发球易犯判断不准，移动不到位，回击手法不当的错误。纠正方法：多实践认准判断目标；加快移动练习；根据来球采用正确手法击球。

（五）挡球与推挡球

挡球是初学者首先应学习的一项基本技术。推挡球是我国近台快攻传统打法的独特技术，是教师最重要的教学技能。

1. 动作要点（以右手为例）

（1）挡球：近台中偏左站位左脚稍前，屈膝提踵含胸收腹，重心在前脚掌上，持拍手置于腹前，上臂靠近身体右侧，球拍半横状。前臂和手腕顺来球路线向前伸出主动迎球，上升期击球中部，拍面与台面几乎垂直，拍触球后立即停止，迅速还原成准备姿势。

（2）推挡球：近台中偏左站位右脚稍前，击球时提起前臂上臂后收肘部贴近身体，在上升期或高点期击球中上部。击球时适当用伸髋转腰动作加大手腕发力，并用中指顶住拍背向前用力。

挡球与推挡球的重难点是正确的拍面，身体的协调配合和准确的线路落点。

2. 练习方法

（1）徒手做挡球、推挡球动作模仿练习。

（2）离墙2米用正手、反手对墙做推挡练习。

（3）两人台上对挡、对推练习，不限落点，但动作要正确并能击球过网。

（4）两人台上一推一挡，限定路线。

（5）两人台上对推斜线、中路和直线。

（6）两人台上全力推挡斜线。

（7）两人台上练习，一人一点推两点，另一个两点推挡一点，互换练习。

3. 易犯错误及纠正方法

（1）挡球易犯判断落点不准，拍面掌握不好的错误。纠正方法：提高判断能力，加强手腕的灵活性和调整拍面的能力。

（2）推挡球易犯手臂没有向前伸出的错误。纠正方法：强调击球后上臂和肘关节前送，上体向左转动。

(六)攻球

攻球从大的动作结构来讲,可分为正手和反手攻球两大类。攻球是快速进攻最重要的一项技术,杀伤力强是解决战斗的关键技术。

1. 动作要点(以右手为例)

(1)正手攻球。近台中偏右站位左脚稍前,身体斜对球台,持拍手自然放松置于腹前,拍半横状。顺来球路线略向右侧引拍,约与台面齐高,拍面与台面约呈80度,前臂与台面基本平行。当球从台上弹起,持拍手由右侧向左前上方挥动,以前臂快速内收发力配合手腕内转沿球体做弧线挥动,在上升期击球的中上部,击球位置在身体右前方—前臂距离处。

(2)反手攻球。站位近台右脚稍前,持拍手自然弯曲置于腹前偏左,重心偏于左脚。顺来球线路向后引拍。当球从台上弹起,持拍手由左后向右前上加速挥拍,前臂发力为主,手腕外转,拍面前倾,重心移至右脚,左右胸前击球上升时期的中上部。

攻球的重难点是挥拍发力和正确恰当的击球点。

2. 练习方法

(1)徒手模仿正、反手攻球动作,体会挥臂、腰部扭转和重心转换等动作要领。

(2)练习者站位近台中偏右(左),在右(左)角端线附近自抛自攻对方右(左)边斜线。体会前臂内收发力和手腕内(外)旋及击球点。

(3)两人对练,一人自抛自攻,另一人用挡球回击,互换练习。

(4)两人对角,一人正(反)手攻球,一人推挡回击,互换练习。

(5)两人对练,一人一点攻两点,另一个两点推挡一点,互换练习。

(6)两人正(反)手对攻斜线。

(7)两人对攻中路直线。

3. 易犯错误及纠正方法

(1)正手攻球时不敢大胆挥拍,有停顿,弧线制造不好。纠正方法:用徒手模仿挥拍练习把拍挥够。

(2)上臂与身体夹角过小。纠正方法:放松肩部,加大上臂与身体的距离。

(3)抬肘抬臂。纠正方法,对做近台快攻练习,强调击球时肘肩向后下方。

(4)手腕下垂,球拍与前臂垂直。纠正方法:强调手腕内旋拍柄向左,徒手模仿练习。

(5)判断球的落点不准,引拍动作不到位。纠正方法:用先做接平击发球的练习,再做连续推挡球的练习来纠正。

(6)反手攻球时拍面前倾过早。纠正方法:徒手做引拍练习使拍面稍后仰。

(7)拍面前倾不够。纠正方法:做平击发球练习,体会击球时手腕外旋动作的方法。

(七)搓球

搓球是近台还击下旋球的一种基本技术,特点是站位近、动作小,回球多在台内进行,也是初学削球必须掌握的入门技术。

1. 动作要点(以右手为例)

(1)慢搓。近台站位右脚稍前,持拍手臂自然弯曲。击球时用前臂和手腕向前下方用力,拍面后仰,在下降期击球中下部。

(2)快搓。站位及击球方法与慢搓相同,击球时拍面稍横立避免出界或回球过高。

搓球的重难点是前臂和手腕的挥拍路线和用力方法。

2.练习方法

(1)徒手模仿搓球动作,掌握技术要领。

(2)自己在台上抛球,将球搓过球网。

(3)一人发下旋球,一人将球搓回。

(4)两人对搓中路直线,再对搓斜线。

3.易犯错误及纠正方法

(1)引拍不够致使击球的前臂由上向下动作不明显。纠正方法:持拍练习前臂和手腕向上再向下做切的动作模仿。

(2)击球时拍面后仰不够。纠正方法:在下降期搓对方发来的下旋球,体会拍面后仰前送动作。

(3)前臂前送力量不够,击球后动作停止。纠正方法:两人对练慢搓,体会击球后小臂继续前送的动作。

(4)击球点离身体过远,重心偏后,击球部位不准。纠正方法:两人近台站位对练慢搓,在下降期击准球的中下部。

(八)推挡侧身攻

推挡侧身攻是用推挡压住对方反手或中路,然后侧身攻击的一种方法。

1.动作要点

站位近台偏左,左右脚替换要及时适当,身体右转舒展适宜,击球手法要正确。推挡侧身攻的重难点是右脚向左脚后面移动熟练,侧身舒展保持正确的击球点。

2.练习方法

(1)徒手结合步法模仿练习。

(2)两人台上练习,甲平击发球左方斜线,乙推挡甲方斜线;甲推挡中路,乙侧身攻球。

(3)同上,甲平击发球左方斜线,乙推挡甲左方斜线;甲推乙中路直线偏左,乙侧身攻球,互换练习。

3.易犯错误及纠正方法

右脚向后移动不适度,侧身不够,致使击球动作不协调。纠正方法:徒手结合步法模仿推挡侧身攻动作,多实践。

(九)发球抢攻

发球抢攻是快攻型打法利用发球力量争取主动和先发制人的主要手段。

1.动作要点

发球手法正确,采用配套发球,移动转换快,手法和脚步协调配合,攻击果断有力。

发球抢攻的重难点是发球多变,急、刁、转,手法和步法协调配合,攻击果断有力。

2.练习方法

(1)结合步法徒手模仿发球抢攻动作。

(2)两人台上练习,甲反手平击发球,乙回球中路稍高球,甲正手攻球。

(3)同上,甲正手平击发球,乙回球右方斜线,甲正手攻球。

(4)同上,甲反手发急球,乙回球中路直线,甲正手攻球。

(5)同上,甲正手发短球至对方右方或中路,乙回球,甲伺机抢攻。

(6)同上,甲正手发左侧上、下旋球至中路或左大角,乙回球,甲进行抢攻。

3.易犯错误及纠正方法

(1)发球力量小。纠正方法:解除顾虑,有意加大发球力量。

(2)手法和步法移动配合不协调,移动不到位,击球点保持不好,抢攻不果断致使攻球动作变形。纠正方法:多鼓励以解除顾虑,树立必胜信心,多实践。

思考题

1.简述乒乓球运动在我国的发展历程。

2.正手攻球的主要技术要领有哪些?

3.乒乓球发球抢攻的主要方法有哪些?

第五节　羽毛球运动

羽毛球是一项集运动性和娱乐性于一身的运动项目,既可以在自家院子跟朋友们娱乐,也可以是奥林匹克赛场上的竞技项目。

一、羽毛球运动简介

现代羽毛球运动起源于印度,形成于英国。19世纪60年代,一批退役的英国军官把印度的"普那"——一种近似于后来的羽毛球运动的游戏,带回英国,并加以改进,逐渐成为现代的羽毛球运动。1870年,英国出现了用羽毛、软木做成的球和穿弦的球拍。1873年,英国公爵鲍弗特在格拉斯哥郡的伯明顿庄园里进行了一场羽毛球游戏,这是世界上第一场羽毛球比赛,"伯明顿"(Badminton)也就此作为羽毛球的英文名称。1934年,由加拿大、丹麦、英国、法国、爱尔兰、荷兰等10多个国家发起成立了国际羽毛球联合会,总部设在伦敦,主席为G. A. 汤姆斯。1948年国际羽联举办的第1届世界男子团体赛的奖杯,即由汤姆斯所赠。1978年2月,由亚非国家组成的世界羽毛球联合会于香港成立,同年11月举办了第1届世界羽毛球锦标赛。国际羽联和世界羽联于1981年5月26日宣布合并,统一称国际羽毛球联合会。其管辖的比赛有汤姆斯杯赛、尤伯杯赛、世界锦标赛、全英羽毛球锦标赛和世界羽毛球系列大奖赛。

羽毛球运动约于1920年传入我国,新中国成立后,得到迅速发展。20世纪70年代,我国羽毛球队已跻身世界强队之林。20世纪70年代,国际羽毛球坛是印尼与我国平分秋色。80年代,优势已转向我国,说明我国羽毛球运动已达到世界先进水平。羽毛球在1992年巴塞罗那奥运会上羽毛球被列为正式比赛项目,设男、女单打和双打4项比赛,1996年亚特兰大奥运将混双列为正式比赛项目。在我国羽毛球运动的发展过程中涌现出了杨阳、赵剑华、熊国宝、李永波、林丹、陈金和林瑛、吴迪茜、李玲蔚、谢杏芳、张宁等一批世界羽坛顶尖高手,从而进一步奠定了我国羽毛球技术水平处于世界羽坛领先地位的基础,在一系列世界大赛中为祖国夺得了众多的金牌,创造了中国羽毛球历史上的辉煌时期。

二、羽毛球运动场地

羽毛球场地是一个长方形,长13.40米,单打场地宽5.18米、双打场地宽6.10米。球场四周2米以内、场地上空9米以内不得有任何障碍物,球场四周的墙壁最好为深色,不能有风。场地线的颜色最好是白色、黄色或其他容易辨别的颜色(图9-5-1)。比赛场地一般采用木质地板或塑料胶地面,这样的场地应具有一定的弹性,滑涩程度适中。

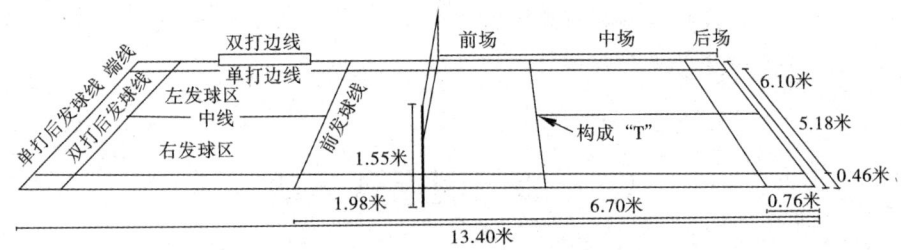

图9-5-1 羽毛球场地

三、羽毛球基本技术

羽毛球运动的基本技术包括:握拍技术、发球技术、接发球技术、击球技术、步法。

(一)握拍技术

握拍技术是初学者首先必须掌握的羽毛球基本技术之一,学会正确的握拍方法是掌握合理、正确、全面的击球技术的前提条件。握拍技术包括正手握拍技术和反手握拍技术。

1. 正手握拍技术

虎口对着拍柄窄面的小棱边,拇指和食指贴在拍柄的两个宽面上,食指和中指稍分开,中指、无名指和小指并拢握住拍柄,掌心不要紧贴,拍柄端与近腕部的小鱼际肌平,拍面基本与地面垂直(图9-5-2)。

2. 反手握拍技术

在正手握拍的基础上,拇指和食指将拍柄稍向外转,拇指顶点在拍柄内侧的宽面上或内侧棱上,中指、无名指和小指并拢握住拍柄,柄端靠近小指根部,使掌心留有空隙(图9-5-3)。

图 9-5-2　正手握拍　　　图 9-5-3　反手握拍

(二)发球技术

1.正手发球

站在靠近中线一侧,离前发球线约 1 米的位置上。身体左肩侧对球网,左脚在前,脚尖向网,右脚在后,脚尖稍向右侧,两脚距离与肩同宽,身体重心放在右脚上。准备发球时,右手握拍向右后侧举起,肘部微屈,左手拇指、食指和中指夹住球,举在腹部右前方,然后放开球,挥拍击球。击球时,身体重心由右脚移至左脚上。用正手发不同的弧线球时,击球前的准备和前期动作基本一致,只是在击球时及其后的动作有所不同,如正手高远球。

> **小贴士**
>
> **正手发高远球动作要领**
>
> 在左手放开球使之下落时,右手转拍由上臂带动前臂,自右后方沿身体向左前上方挥动。当球落到右臂向前下方伸直能够接触到球的刹那,紧握球拍,并利用手腕屈收的力量向前上方发力击球,然后顺势向左上方挥动缓冲(图9-5-4)。

图 9-5-4　正手发高远球

2.反手发球

发球站位可在前发球线后 10～50 厘米及中线附近,面向球网,两脚前后开立(右脚或左脚在前均可),上体稍前倾,身体重心在前脚上。右手臂屈肘用反手握拍,将拍头向下,拍面在身体左侧腰下,左手拇指与食指、中指捏住球的二、三根羽毛,球托朝下,球体或球托在球拍前对准拍面。击球时,前臂带动手腕朝前推送或横切。

> **小贴士**
>
> **反手发网前球动作要领**
>
> 左手放球的同时,球拍由后向前推送击球,使球运行的弧线最高点略高于网顶,球拍触球时,拍面呈切削式击球,使球落到对方场区的前发球线附近(图9-5-5)。

图9-5-5 反手发网前球

(三)接发球技术

1. 接发球的站位姿势

单打站位一般距前发球线1.5米处,站在右发球区靠近中线的位置;在左发球区则站在中间的位置。这样站的目的主要是防备对方直接进攻反手部位。一般左脚在前,右脚在后,双脚微屈,收腹含胸,身体重心放在前脚上,后脚脚跟稍抬起。身体半侧向球网,球拍举在身前,双眼注视对方(图9-5-6)。

图9-5-6 接发球的站位姿势

双打站位由于双打发球区比单打发球区短0.76米,发高远球易被对方扣杀,所以双打发球多以发网前球为主。接发球时要站在靠近前发球线的地方。双打接发球准备姿势和单打姿势基本相同,只是身体前倾较大,身体重心可前可后,球拍举得高些,在球飞行到网上最高点时击球,争取主动。但是注意对方在右场区发平快球突袭反手部位。

2. 接发各种来球

对方发高远球或平高球时,可用平高球、吊球或杀球还击;对方发网前球时,可用放网前球、平高球、高远球、平推还击;如对方发球质量不好,也可用杀球或扑球还击。

接发球一定要冷静沉着,若疏忽麻痹,回球质量稍差,就可能让对方指攻得手。对方发来平快球,可用平推球、平高球还击,以快制快。由于接球方还击的击球点比发球方高,下压得狠些可以夺取主动权,其次亦可以高远球还击,以逸待劳。

(四)羽毛球技术

1. 高手击球

一般将击球点高于头部的击球,称为高手击球。高手击球按其技术特点和球的飞行弧线的不同,可分为高远球、平高球、扣杀球和吊球等。

(1)高远球。击出高弧线飞行的、几乎垂直落到对方端线附近场区内的球。

动作要领:首先要判断好来球的方向和落点,侧身后退,使球处在自己的右肩稍前上方的位置。左肩对网,左脚在前,右脚在后,重心在右脚上。击球时,将球拍后引至头部,然后后脚蹬地,转体收腹,以肩为轴,上臂带动前臂快速向前上方甩腕,在手臂伸直的最高点击球。击球后,持拍手臂顺惯性往前左下方挥动并收拍至体前(图9-5-7)。

练习方法:①开始练习高远球的时候,一定要从打吊线球练起,因为打吊线球的目的就是让你从一开始就掌握好正确的击球点,(正确的击球点在你握拍手的正上方)以便合理控制发力的时机。②在找准了击球点后就要培养自己的爆发力,爆发力主要来自手腕和手指。在正确的握拍的基础上,击球前握拍一定要保持放松,击球的瞬间突然抓紧拍子才能使出爆发力。③在熟练打好吊线球之后再开始练习原地多球的高远球,最后练习移动中的高远球。

图9-5-7 正手高远球

> **小贴士**
>
> **反手高远球**
>
> 反手击高远球目的是当选手在自己后场面对反手压力时,将球从自己的后场打到对方的后场,从而迫使对方向后移动,在其前场创造空间,同时也让自己有时间恢复适当的站姿。

(2)高平球。击出飞行弧线比高远球低,但对方举拍又拦截不到,落点在对方端线附近场区的球。

动作要领:姿势、动作和发正手高远球一样,只是发力方向和击球点不同,高平球时球运行的抛物线不大,使球迅速地越过对方场区空中而落到底线附近,球在空中的路线和地面形成的仰角是45度左右。

练习方法:空中悬球练习,用一细绳将球挂在适合于击高球的位置上,反复练习击高球动作,检查击球点以及球拍的接触面是否正确。

(3)正手扣杀球。当来球在自己右侧上空的高远球时,正手握拍,用正拍面扣杀球。

动作要领:把对方击来的球在尽量高的击球点上,用正手大力挥击下压到对方场区内的球。击球前准备姿势和击球动作与正手高远球相同,不同点是最后用力的方向朝下,并要充分利用蹬地、转体、收腹以及手臂和手腕的爆发力全力将球向下击出(图9-5-8)。

图9-5-8 正手扣杀球

练习方法:由于接杀球者一般不易把对方的杀球连续挑到后场,所以,练杀球多采用多球练习。即一人利用多球将连续发至练习者的后场,练习者先原地进行扣杀球练习,然后再过渡到移动中点扣杀练习。初学者一般先练正手杀球,待熟练后再练头顶或反手杀球。在练习杀球时,亦要注意落点和线路的变化。

(4)吊球。把对方击来的后场高球还击到对方的网前区的击球法谓之吊球。它的作用是调动对方站位,以利步法组织进攻。在后场若将吊球与高球或杀球结合起来运用,就能给对方以很大的威胁。

吊球可以用正手、反手或头顶击球技术来完成。对于初学者来说,首先要学好正手吊球技术,然后再学头顶吊球及反手吊球。吊球按球在空中飞行的弧线和击球动作的不同可分劈吊(快吊)和轻吊(拦截吊)两种。但不论哪种吊球,其击球前的准备动作应与击高远球一样,也保持动作的一致性,使对方不易判断己方打出的是什么球。

练习方法:练习者固定在右(左)后场底线,将球吊至对方的右(左)场区网前,对方将球挑至练习者的右、左后场底线,如此往复练习。

2.低手击球

击球点低于头部高度的击球,称为低手击球。主要有半蹲快打、接杀球、抽球。

(1)半蹲快打。在中场内,对方打过来约肩以上至略高于头部之间的平快球,采用半蹲姿势,争取在较高的部位上快速地平击回去,称为半蹲快打。

(2)接杀球。把对方扣杀过来的球还击回去,称为接杀球。接杀球一般较多采用挡球、抽球和推球的技术。

（3）正手抽球。当对方击来右后场低球时，快步向右后场移动到适当的位置上，最后一步以右脚向球下落的方向跨去，侧身对网，上身向右后倾，重心在右脚上。用正手握拍法，右臂屈肘举拍于右肩上方，当右脚跨步着地的同时，主要靠前臂带动腕部做"抽鞭式"的闪动挥拍，将球抽向对方。抽球后，即以右脚蹬地，向中心位置回动。

3. 网前击球

网前击球技术包括：放网前球、搓球、挑球、推球等。每一种球又可分为正、反手两种击法。

（1）放网前球。当球向右场区飞来时，正手放网前球，侧身向球的方向移动，最后一步用左脚后蹬，向前伸臂伸拍（这时左臂也张开）。触球时，正拍面朝上垫在球托的底部，主要靠手腕控制球拍向前上方轻轻一托，使球越网而过（图9-5-9）。当球向左场区飞来时，用反手放网前球，其方法与正手放网前球相似，不同点是应先向左前场转体，向球的方向跨步，并及时转换成反手握拍法，用反手击球。

图9-5-9　正手放网前球

（2）搓球。在网前用球拍切击球托，使球旋转翻滚越过网顶的击球技术，称为搓球（图9-5-10）。搓球时，由于运用"搓""切"等动作摩擦球托的不同部位，使球在越过网顶时的轨迹异常，给对方回击造成困难，从而创造了进攻的机会。搓球是一种从一般放网前球技术基础上发展起来的富有进攻性的放网技术。

（3）挑球。把对方击来的网前球，挑高回击到对方后场去，称为挑高球。

图9-5-10　搓球

（4）推球。在网前较高的击球点上，用推击的方法往对方底线击出弧度较平，速度较快的球，称为推球。

(五) 步法

1. 起动

对来球一定要有准确的判断，从个人中心位置上准备接球姿势转为向击球位置出发，称为起动。起动要快，必须反应敏捷、判断准确和起动的准备姿势正确。

2. 移动

主要指从中心位置起动后到击球位置的移动方法。移动的基本步法有垫步、交叉步、小碎步、并步等。运用这些方法,构成了从中心位置到场区不同位置击球的组合步法——后退步法、两侧移动步法和上网步法。自中心位置到击球点的步数,一般用一步、两步或三步,这必须根据当时球距身体的远近来决定。影响移动速度的因素有步数的多少、步频的快慢和步幅的大小等。下面将各种移动的基本步法介绍给大家:

(1)垫步。当右(左)脚向前(后)迈出一步后,后脚跟进,紧接着以同一脚向同一方向再边一步,为垫步。垫步一般作为调整步距用。

(2)交叉步。左右脚交替向前、向侧或向后移动为交叉步。另一脚向前面的为前交叉步,而另一脚后面的为后交叉步。交叉步一般在后退打后场球时后退得较多时用。

(3)小碎步。以小的交叉步移动的称为小碎步。由于步幅小,步频快,一般在起动或回动起始时用。

(4)并步。右脚向前(或向后)移动一步时,左脚即刻向右脚跟并一步,紧接着右脚再向前(向后)移动一步,称并步。

什么是回动?

击球后,应尽力保持(或尽快恢复)身体平衡,并立刻向个中心位置移动,以便在中心位置上做好迎击下一个来球的准备,称为回动。初学者往往缺乏"回中心"的意识,哪里打完球就停在哪里,这是必须改正的。

四、羽毛球战术

羽毛球战术是指在比赛过程中,根据比赛规则、双方技术、体力及心理状况,合理运用个人技术,组织配合,以取得比赛胜利的方法,是指在比赛中根据对手而采取的计谋和行动。

(一)羽毛球战术的目的

1. 调动对方位置

对方一般站在场地中心位置,全面照顾各个角落,以便回击各种来球。如果把他调离中心位置,他的场区就会出现空当,这空当就成了我们进攻的目标。

2. 迫使对方击出中后场高球

以平高球、劈杀、劈吊或网前搓球等技术造成对方还击的困难,迫使对方击来的高球不能到达自己场区的底线,这样来增加自己大力扣杀和网前扑杀的威力,给对方以致命的一击。

3. 使对方重心失去控制

利用重复球或假动作打乱对方的步法,使对方重心失去控制,来不及还击或延误击球时间而回球质量差,造成被动。

4. 消耗对方体力

控制球的落点,最大限度地利用整个场地,把球击到场地的四个角上或离对手最远的地方,使对手在每一次回球时尽量消耗体力。在争夺一球的得失时,也应以多拍调动对手,让对手多跑动,当对手体力不支时,再行进取。

(二)单打战术

1. 发球抢攻战术

发球不受对方干扰,发球者可以根据规则,随心所欲地以任何方式将球发到对方接球区的任意一点。善于利用多变的发球术,能先发制人,取得主动。以发平快球和网前球配合,争取创造第三拍的主动进攻机会,组成了发球抢攻战术。

2. 攻后场战术

采用重复打高远球或平高球的技术,压对方后场两角,迫使对方处于被动状态,一旦其回球质量不高,便伺机杀、吊对方的空当。

3. 逼反手战术

后场反手击球对于后场反手较差的对手加以攻击。先拉开对方位置,使对方反手区露出空当。然后把球打到反手区,迫使对方使用反拍击球。例如:先吊对方正手网前,对方挑高球,便以平高球攻击对方反手区。在重复攻击对方反手区迫使其远离中心位置时,突然吊对角网前。

4. 打四点球突击战术

以快速的平高球。吊球准确地打到对方场区的四个角落,迫使对方前后左右奔跑,当对方来不及回中心位置或失去重心时,抓住空当和弱点进行突击。

5. 吊、杀上网战术

先在后场以轻杀配合吊球把球下压,落点要选择在场地两边,使对方被动回球。若对方还击网前球时,便迅速上网搓球或勾对角快速平推球;若对方在网前挑高球,可在其后退途中把球直接杀到他身上。

(三)双打战术

1. 攻人战术

这是双打比赛中常用的一种战术。在对方两名队员技术水平不平衡时,一般都采用这种战术。即使对付两名球员技术水平相差不大的对手时也可灵活运用。先通过将球下压或控制前场取得进攻机会,然后集中力量"二打一",避其所长,攻其所短。

2. 攻中路战术

将球击到对方两名队员站位之间的空隙,从而造成对方经常出现争抢回击,或相互让球漏接等错误,尤其针对一些配合不够默契的对手,行之比较有效。当对方前后站位时,可将球击到对方中场两侧边线处。而在对方分边左右站位防守时,则可利用杀球、吊球等技术攻击对方的中路。

3. 压后场拉开反击战术

通常用来对付后场扣杀能力较差的对手,也可结合将对方的弱者调到后场使用。此战术是用平高球、平推球、接杀接吊抽、挑后场球等技术,把对方一名队员紧逼在底线两角来回移动击球,并迫使其回击出质量不高的球,然后抓住有利时机反击。如在此过程中,对方处于前场的同伴欲后撤援助,则可伺机攻击网前空当或对其打追身球。

4. 前场打点封压进攻战术

这种战术要求打法比较积极，前半场技术要好，步法移动要快，两名队员配合默契。主要通过前半场积极抢点放网、推拨半场、平抽平挡和接杀球挡网跟进等技术，迫使对方被动起高球，从而有利于自己一方后压前封进攻得分。

思考题

1. 阐述羽毛球正手发球的技术要领。
2. 羽毛球高手击球有哪些主要练习方法？
3. 简述羽毛球攻中路战术的主要策略。

第十章 武术

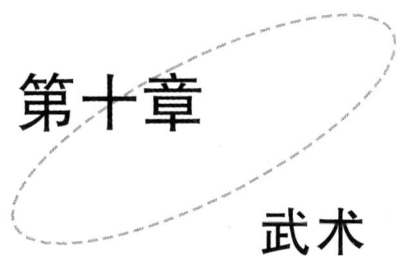

学习目标:
1. 通过认识武术锻炼的作用认识武术的魅力
2. 进行武术基本功练习

第一节 武术运动简况

武术是以技击动作为主要内容,以套路、格斗、功法为运动形式,注重内外兼修的中国传统体育运动项目。它具有悠久的历史和广泛的群众基础,是中华民族在长期的生活实践中逐步积累和丰富发展起来的一项传统文化遗产。武术在历史上曾称为拳勇、勇力、武艺和国术等,新中国成立后通称为武术,现在称为民族传统体育运动项目。它是我国具有独特民族风格的体育项目,同时也是世界各民族体育的一个重要组成部分。

第二节 武术运动的特点及锻炼作用

武术伴随着中华民族几千年的文明史,在漫长的历史发展过程中,逐渐形成了具有自身特色的运动规律,其独特的运动风格和多方位的社会功能,深受世人崇尚、学习。

一、武术运动的特点

(一)动作具有攻防技击的含义

武术动作以攻防性能为主,兼容攻防再现性和表演性。而攻防是武术运动的核心。在武术学习中,要求姿势正确,方法清楚,招式分明,意识逼真,手、眼、身、法、步协调一致等,都是从动作攻防含义的角度出发,进一步细化而明确要求的。攻防表演性体现在其本质动作的攻防意向,这类动作多借助于形体动作艺术和动作编排技巧来体现自身攻防含义,表现出独特的攻防技击艺术。

(二)内外合一,形神兼备的民族风格的特点

"内",指的是心、神、意、气等内在的心志活动和气息运行。"外",指的是手。"形"里蕴含有"神","神"是通过"形"来表现的。

(三)广泛的适应性特点

由于武术内容丰富多彩,不同拳种和器械的动作结构、技术要求、运动风格和套路的运动量有所不同,因此开展武术运动可以不受年龄、性别、体质、时间、季节、场地和器材的限制,人们可以根据自己的需要和条件,选择合适的项目进行锻炼。由此可见武术运动有着广泛的适应性和群众性的特点。

(四)内容丰富,形象逼真,变化多端的艺术性

武术内容丰富支脉繁衍,真可谓博大精深。套路是武术运动的主体,又可分多种门派。各种门派所传的内容均有鲜明的门派风格。就套路而言,有以地域来命名拳种的,如南拳、少林拳、峨眉拳等。有以姓氏来命名门派和拳种的,如岳家拳、杨家拳、宋太祖三十三势拳、燕青拳、陈氏太极拳、杨氏太极拳等。

武术各派风格不一,套路有长有短,动作有易有繁,有刚有柔,有快有慢,其组合编排各有不同,演练起来,既富有韵律又千变万化,常常给人出神入化的美感,具有一定的艺术表现性。

二、武术锻炼的作用

(一)改善人体机能,强身健体的作用

经常练习武术能收到"壮内强外的"效果。对外能利关节,强筋骨,壮体魄;对内能理脏腑,通经络,增精神,使身心得到全面发展。

(二)提高防身自卫的能力

武术的核心是"攻"与"防",通过锻炼可以掌握拳术中的踢、打、摔、拿及各器械的格、刺、击、扫等技击方法。掌握这些可以在对付意外攻击事件时,可以提高应变自卫能力。

(三)培养道德情操、增强意志品质

崇德尚武的传统教育,培养了忠心报国、尊师重道、讲理诚信、助人为乐的良好思想。在学习过程中要求按照严格的动作规范进行练习,养成一丝不苟、不怕苦难、持之以恒、坚韧不拔的意志品质。

(四)观赏娱乐、丰富文化生活

武术有独特的艺术风格,具有很高的观赏价值。在演示和比赛中由于进退起落、起伏转折及出奇制胜的招法,常给人变幻莫测、出神入化的感受。

武术活动的经常开展,有利于人们身心健康的发展,也可以以武会友,共同提高。

第三节 武术的内容与分类

武术内容丰富多彩,按照其内容可以分为以下三大类。

一、功法运动

功法运动是以单个武术动作为主题的练习,是通过练习借以达到改善和增强体质为目的的运动。如武术动作的马步桩功、仆步桩功,还有配合呼吸、调节气息的浑元功等。

二、套路运动

套路运动是指以技击动作为内容,以攻守进退、动静疾徐、刚柔虚实等矛盾运动的变化编成的整套练习形式。主要内容包括拳术、器械、对练、集体表演等。

(一)拳术

指徒手练习的套路运动。拳术的种类很多,如长拳、太极拳、少林拳、南拳、形意拳、八卦拳、虎形拳等。

(二)器械

武术器械种类繁多,可分为长器械、短器械、双器械、软器械等。长器械包括枪、棍、大刀等。短器械包括刀、剑等。双器械包括双刀、双剑、双拐、双锤等。软器械包括九节鞭、绳标、索套等。

(三)对练

指在单练基础上,两人或两人以上在预定条件下进行的假设性实战攻防练习。其中包括徒手训练,如二人对打拳、三人对打拳等。器械对练,如刀对枪、对刺剑、三节棍对双枪等。徒手对器械对练,如空手对双抢、空手夺刀等。

(四)集体表演

指六人以上的徒手或器械的集体演练形式。练习时,可变换队形,设计造型图案、可用音乐伴奏,要求动作整齐,步调手法变幻一致,富于艺术性。

(五)搏斗运动

搏斗运动是两人在一定条件下,按照一定的规划进行斗智、较力、较技的实战攻防练习形式。目前,武术竞赛中正在开展的有散打、推手等。

散打:是两人按照一定的规划,使用踢、打、摔、拿等方法制胜对方的竞技项目。

推手:是两人遵照一定的规则,使用掤、捋、挤、按、采、挒、肘、靠等手法,双方粘连黏随,通过肌肉感觉来判断对方的用劲,然后借力发力将对方推出,以此决定胜负的竞技项目。它是太极拳实战练习的一种表现形式。

第四节　武术的基本功和基本动作练习

经常进行武术基本功的练习,可以增强各关节和韧带的灵活性和柔韧性,并提高肌肉的弹性、力量和头脑的反应性。以下是一些基本功及其练习方法。

一、手形

如(图10-4-1)所示,手形主要有以下三种。

拳:四指并拢卷握,拇指紧扣食指和中指的第二指节。拳握紧,拳面平,直腕。

掌:四指并拢伸直。拇指弯曲紧扣于虎口处,掌指向上成90度,小指一侧向前。

勾:五指第一指节捏拢在一起,屈腕。指四指并拢伸直,拇指弯曲紧扣于虎口处;掌指向上成90度,小指一侧向前。尖向上或向下。

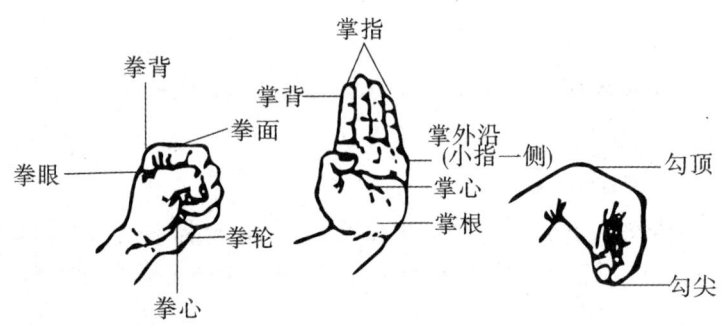

图10-4-1　手形

二、手法练习

(一)原地和行进间冲拳

1. 动作要点

分俯拳和立拳两种。俯拳拳心向下,立拳拳眼向上;两脚左右开立,与肩同宽;两拳抱于腰间,肘尖向后,拳心向上;挺胸收腹立腰,右拳从腰间向前猛力冲出,同时转腰顺肩,在肘关节过腰后右前臂内旋,力达拳面,臂要伸直,高与肩平;左肘向后牵拉。

2. 练习要求

出拳要快速切有力,还要做好拧腰、顺肩、急旋前臂动作。

3. 练习步骤

(1)在练习时要先慢做,不要用全力,要注意动作的准确性。然后再逐步过渡到快速有力的冲拳。

(2)结合各种步型、步法和腿法做冲拳练习。

4.易犯错误和纠正方法

(1)冲拳时肘要外展,使拳从肩前冲出。强调肘要贴胸肋运行,使拳内旋冲出。

(2)冲拳无力。注意紧握拳和肩要下沉。冲拳时,前臂要内旋,动作和速度要快。

(3)冲拳过高或者过低。可在自己面前设一与肩同高的目标,向目标冲击练拳。

(二)原地和行进间推掌

1.动作要点

预备姿势与冲拳相同。右拳变掌,前臂内旋,以掌根为力点向前猛力推击,同时转腰、顺肩,臂要伸直,高与肩平;左肘向后牵拉。

2.练习要求

胸部要挺直,腹腰要收立。出掌要快速有力,同时还要快速有力,同时要做好拧腰、顺肩、沉腕、翘掌等动作。

练习步骤、易犯错误和纠正方法与冲拳相同。

三、肩部练习

肩部练习主要是增进肩关节的柔韧性,加大肩关节的活动范围,提高上肢运动的敏捷、力量、松长、环转等能力。

1.预备姿势

面对肋木或一定高度的物体站立,距离一大步,两脚左右开立,与肩同宽或稍宽。

2.动作说明

两手抓握肋木,上体前俯,挺胸、塌腰、收髋,并做下振压肩动作,也可以两人对面站立,互相扶按肩部,做体前屈的振动下压动作,也可由助手帮助做压肩的练习(图10-4-2)。

图10-4-2 压肩练习

2.动作要点

臂、腿要伸直,压点要集中于肩部,振幅要逐步增大。

3.易犯错误和纠正方法

压肩幅度小,拉不开。要先调整好人与肋木的距离,而后要注意压肩时应挺胸、塌腰、臂腿要伸直,肩带肌放松,压点集中于肩部。

四、腰部练习

1. 动作要点

向前俯腰。由两脚开立逐渐过渡到并脚,两手逐步过渡到抱小腿(图10-4-3)。

图10-4-3　腰部练习

2. 练习要求

腿要伸直,要尽量弯曲。在此基础上还可以进行涮腰和下桥练习。

五、腿部练习

(一)压腿练习

1. 正压腿练习

(1)动作要点。面对肋木,并步站立;一腿提起,脚跟放在肋木上,脚尖勾起,踝关节屈紧,两手扶按膝上;两腿伸直,立腰,收髋;上体前屈,向前向下做压振动作(图10-4-4)。左右压腿交替进行。

图10-4-4　正压腿练习

(2)练习要求。直体向前、向下压振,逐步加大振幅和提高被压腿的高度。先以前额、鼻尖触及脚尖,然后过渡到下颌触及脚尖。

(3)练习步骤。①压腿前应先做肌肉和关节的放松活动。压腿后可把被压的腿屈膝抱在胸前,然后放开做"控腿"练习,以提高腿部控制能力。②压至有疼痛感觉时可以停住不动,进行能力压练习。③压腿后可做踢腿、摆腿动作。压腿、控腿、踢腿和摆腿可交替进行。

(4)易犯错误和纠正方法。①两腿不直:首先要明确压腿的意义和作用,认识压腿后出现腿痛是正常现象。在做压振动作前,应先查看身体姿势是否符合收胯、正髋的要求,然后用手或用外来的压力下压膝部。②上体不正(收不住髋):先做低压腿,被压腿异侧的肩、胸部前俯,并用双手抱住脚掌。

2. 侧压腿练习

(1)动作要点。侧对肋木,右脚支撑,脚尖稍外撇;左脚举起,脚跟放在肋木上,脚尖勾起,踝关节紧屈;右臂屈肘上举,左掌附于右胸前;两腿伸直,立腰,开髋。上体向左侧压振(图10-4-5)。左右交替练习。

图10-4-5　侧压腿练习

(2)练习要求。同正压腿的前两点。逐步过渡到上体侧卧在被压腿上。

(3)练习步骤。均与正压腿相同。

(4)易犯错误和纠正方法。①两腿不直:纠正方法与正压腿相同。②上体前侧屈,处于正、侧压腿之间:支撑脚的脚尖外展,被压腿尽量向前送髋,向里披左肩,右臂上举并向头后侧振。

(二)踢腿练习

踢腿是武术练习中的重要内容,也是表现基本功训练水平的主要方面之一。腿部的柔韧性、灵敏性和控制腿部的力量,都比较集中地从踢腿上表现出来。踢腿方法有直摆性的正踢腿和侧踢腿,另外还有屈伸性的弹踢腿等,这里不再介绍。

1. 正踢腿练习

(1)动作要点。两脚并立,两手成立掌;左腿向前上半步,左腿支撑,右脚勾起脚尖向前额快踢;两眼向前平视(图10-4-6)。左右交替进行。

(2)练习要求。挺胸、立腰。踢腿时,脚尖勾起绷落或勾起勾落。踢起时快速收复,过腰后加速,讲究寸劲,即短距离内发力。

(3)练习步骤。①可先练压腿和摆腿,然后再练踢腿。②可先踢低腿,适当放慢速度,然后过渡到按照规范要求完成动作。③可先手扶肋木,原地踢一条腿,然后再踢另一条腿。④左右交替地在行进间练习踢腿。

(4)易犯错误和纠正办法。①俯身弯腿:收下颌,头上顶,讲究立腰,两臂外撑以固定胸廓。可先踢低腿,并适当放慢速度。②拔脚跟或送髋:上步可小一些,上踢时支撑腿挺

图 10-4-6　正踢腿练习

膝,脚趾抓地。可先踢低腿。③踢腿速度缓慢无力:用手扶肋木,按口令要求的速度踢,左右交替。

2.侧踢腿练习

(1)动作要点。预备姿势与正踢腿相同。右脚向前上半步,脚尖外展;左脚脚跟稍提起,身体略右转,左臂前伸,右臂后举;随即,左脚脚跟勾紧向左耳侧上踢,同时右臂屈肘上举亮掌,左臂屈肘立掌附于右肩前垂于胸前;眼向前平视(图10-4-7)。踢左腿为左侧踢,踢右腿为右侧踢。

图 10-4-7　侧踢腿练习

(2)练习要求。挺胸、立腰、开髋、侧身和快收腹。

(3)练习步骤。与正踢腿相同。

(4)易犯错误和纠正方法。①可参照正踢腿的①、③。②侧身不够:支撑腿要外展,上体正直,努力向耳侧踢,由低到高,循序渐进。

六、基本步型

(一)弓步

(1)动作要点。两腿前后开立一大步,前腿弓,后腿绷直,挺胸、塌腰,眼向前看。

(2)练习要求。后腿用力蹬直。

（二）马步

（1）动作要点。两脚开立宽于肩，屈膝成 90 度，两膝内扣双脚尖向前，挺胸塌腰双手抱拳于腰两侧（图 10-4-8）。

（2）练习要求。蹲裆式尽量低。

图 10-4-8　马步

（三）仆步

（1）动作要点。一腿全蹲，全脚掌着地；另一腿伸直平仆，亦全脚掌着地，脚尖内扣，上体尽量挺直（图 10-4-9）。

图 10-4-9　仆步

（2）练习要求。不得半蹲，要全蹲下去。

（四）虚步

（1）动作要点。两脚前后开立，后腿屈膝半蹲全脚掌着地；前腿屈膝，脚尖内扣点地。

（2）练习要求。尽量低重心、低姿势。

（五）歇步

（1）动作要点。两腿前后交叉，双腿下蹲，上体直立（图 10-4-10）。

（2）练习要求。身体不得坐下，大腿用力支撑。

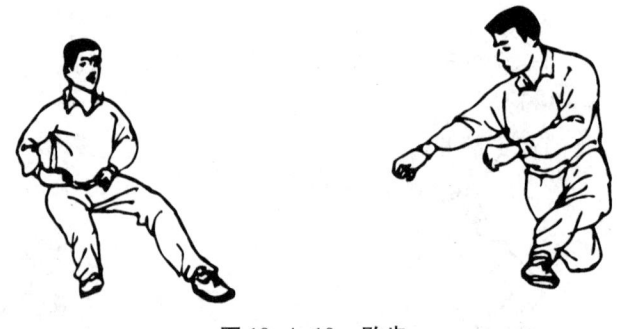

图 10-4-10 歇步

第五节 拳术组合练习

拳术组合练习是把武术中几个基本动作编排起来,结合武术的手、眼、身、法、步的要求所进行的基本技术练习。进行本拳术组合练习,要掌握由浅入深、由易到难。由简到繁。的原则。通过组合练习,可以锻炼身体的协调能力,掌握动作与动作之间的衔接要领,是学习套路的初步。

本节主要进行学习五种步型的组合练习,又称"五步拳"。

1. 五步拳动作名称

拗弓步冲拳—弹踢冲拳—马步冲拳—歇步盖打—提膝仆步穿掌—虚步挑掌—收势。

2. 预备姿势

并步抱拳(图 10-5-1)。

图 10-5-1 预备姿势

3. 动作说明

(1)拗弓步冲拳。左脚向左迈出一步,成左弓步,同时左手向左手搂并收回腰间抱拳,右拳向前冲拳成平拳,目视前方(图 10-5-2)。

图 10-5-2　拗弓步冲拳

（2）弹踢冲拳。重心前移，右腿向前弹踢，同时左拳由腰间向前冲全拳成平拳，右拳收回腰间，目视前方（图 10-5-3）。

图 10-5-3　弹踢冲拳

（3）马步架打。右脚落地向左转体 90 度，两腿下蹲成马步，同时左拳变成拳，屈臂上架，右拳由腰间向右冲拳成平拳，头部右转，目视右前方（图 10-5-4）。

图 10-5-4　马步架打

（4）歇步盖打。左脚向右脚后插一步，同时右拳变掌经头上向左下盖，掌外沿向前，身体左转 90 度，左拳收回腰间抱拳，目视右手；上动不停，两腿屈膝下蹲成歇步，同时左拳向前冲出成平拳，右掌便拳收回腰间，目视左拳（图 10-5-5）。

图 10-5-5　歇步盖打

(5) 提膝仆步穿掌。两腿起立,身体左转。随即左拳变掌,手心向下,右拳变掌,手心向上,由左手背上穿出,同时左腿提膝,左手顺势收至右腋下,目视右手;左脚落地成仆步,左手掌指朝前沿左腿内侧穿出,目视左掌(图 10-5-6)。

图 10-5-6　提膝仆步穿掌

(6) 虚步挑掌。左腿屈膝前弓,右腿蹬地向前上步,成右虚步,同时左手向上、向后划弧成正勾手,略高于肩,右手由后向下、向前顺左腿外侧向上挑掌,掌指向上,高与肩平,目视前方(图 10-5-7)。

(7) 收势。两脚靠拢,并步抱拳(图 10-5-8)。

图 10-5-7　虚步挑掌　　图 10-5-8　收势

五步拳结合五种步型、步法和三种手形编成组合。动作要点、易犯错误及纠正方法均与前同。

教法提示：①先做分解动作，按要点进行反复练习；②进行组合练习，练习时，强调眼随手、身随步、步随势换，逐渐做到手、身、步法协调一致。

第六节　太极拳

一、太极拳的起源

太极拳是结合我国武术的历代名家拳法，结合古代导引、吐纳之术，运用阴阳学说哲理创编而成，发展至今已有百年的历史，它在长期的发展过程中已形成了自身的理论体系和动作规律，是以一种轻松、柔和、缓慢、轻灵为主的拳术。太极拳因其动作如行云流水、连绵不断，早期称作"长拳"和"绵拳"。又因为其动作内包含五步八法，又称"十三势"。

清朝乾隆年间，山西民间武术家王宗岳，用《周子全书》中阐发《易经》太极阴阳的哲理来解释拳义，著有《太极拳论》，从此太极拳这个名称就流传下来了。太极拳的创始人和创始年代，众说不一，有说是唐代许宣平的，也有说是元末明初武当山道士张三丰的，还有说是明初河南温县陈家沟人陈卜的。但根据近代武术史学家考证，太极拳最早传习于河南温县陈家沟陈家氏家族中。陈式太极拳的创编人是陈王廷，他是一位卓有创见的武术家。有文献记载：陈王廷为清初河南温县乡兵守备，晚年隐居，"闲来时造拳，忙来时耕田"，《陈氏拳械谱》为其创编。

二、套路简介

简化太极拳是在杨式太极拳的基础上，删去繁难和重复动作，加以简化、改编的太极拳普及套路。同时被作为国家三段位指定套路。整套分四段，包括"起势""收势"共24个动作，又称"二十四式"。动作结构和整个套路安排符合由简至繁、先易后难的原则。动作易学易懂，易于掌握，既不复杂，又能充分体现太极拳动作的柔和、缓慢、圆活、连贯的特点。在练习太极拳时要求做到：精神贯注，上下相随，虚实分明，连贯圆和，速度均匀，动作运行路线处处带有弧形，动作如行云流水，连绵不断。

三、太极拳运动的特点

（一）柔和性

太极拳架势平稳舒展，动作轻缓柔和，紧而不僵，松而不懈，柔中寓刚，刚柔相济。

（二）完整性

太极拳要求全身一动而无不动，一静而无不静；动作上下相随，意气内外相合；全身各部位紧密配合,完整一体。

(三) 连贯性

太极拳套路自始至终首尾相接,虚实分明,互相转换,互相衔接,一气贯穿,如同行云流水,连绵不断。

(四) 圆活性

太极拳要求立身中正,左右转换;所有动作均走圆形曲线,包括大圆、小圆、平圆、立圆、椭圆等,即处处带有弧形。

(五) 技击性

太极拳是以静制动、以柔克刚、避实就虚、借力发动、以巧取胜之术,而非以力克敌之技。

四、太极拳运动的锻炼价值

(1) 对中枢神经系统有一定的提升作用。
(2) 对心血管系统和呼吸系统有一定的提升作用。
(3) 对消化系统有一定的提升作用。
(4) 对骨骼、肌肉、关节有一定的提升作用。

总之,经常练习太极拳,能够提高机体的健康水平,增强抵抗力,也能起到延年益寿、延缓衰老的作用。另外,经常练习太极拳还可以培养人的沉着、冷静、坚毅、耐久、敏感、意志集中等优良品质,同时能够修身养性、陶冶情操,因此有人称颂太极拳是"幼年练到白头翁"的健身哲学课。

五、简化太极拳(二十四式)

(一) 起势

两脚开立与肩同宽,两臂自然下垂于大腿两侧,两眼平视;全身放松,注意力集中;两臂慢慢向前平举,两手与肩同高同宽;然后两腿屈膝下蹲,同时两手掌下按,两肘与两膝相对;目视前方(图 10-6-1)。

图 10-6-1 起势

练习要求：两肩下沉，两肘松垂，两臂下落与身体下蹲的动作要协调一致。

（二）左右野马分鬃

上体微向右转，身体重心移至右腿上，同时两臂收在胸前平屈，手心相对成抱球状；左脚随即收至右脚内侧，脚尖点地。

身体微向左转，左脚向前迈出成左弓步；同时左右手随转体分别向左上右下分开（图10-6-2）。

图10-6-2　左右野马分鬃

右势动作与左势相同，方向相反。

练习要求：上体不要前俯后仰，胸部必须宽松舒展，身体转动要以腰为轴。

（三）白鹤亮翅

上体微向左转，右手向左上划弧，与左手成抱球状。右脚跟进半步，上体后坐，左脚脚尖点地成虚步状；两手向右上左下分开，右手上提停于额前，左手停于胯前（图10-6-3）。

图10-6-3　白鹤亮翅

练习要求：胸部不要挺出，两臂上下保持半圆形，左手下按要协调。

（四）左右搂膝拗步

右手从体前下落，由下向后上方划弧至右肩外侧，手与耳同高；左手由左下向上、向右下方划弧至右胸前；同时上体先微向左再向右转，左脚收至右脚内侧，脚尖点地。

上体左转，左脚向前迈出成左弓步；同时右手屈回由耳侧向前推出；左手向下由左膝前搂过落于左胯旁,即搂膝与推掌同时进行(图10-6-4)。

右腿屈膝后坐,左脚尖翘起微向外撇,重心移至左腿;做右弓步搂拗步。以下动作与左势相同,方向相反。

图10-6-4　左右搂膝拗步

练习要求:前手推出时,身体不要前俯后仰,推掌时要沉肩垂肘,松腰松胯。

(五)手挥琵琶

右脚进半步,身体重心移至右腿,左脚跟向前落成左虚步;同时左手向上挑掌,臂微屈;右手收回在左臂肘内侧,眼看左手食指(图10-6-5)。

图10-6-5　手挥琵琶

练习要求:身体重心后移与左手上起和右手收回动作要协调一致。

(六)左右倒卷肱

上体右转,右手经腹前右下向后上方划弧平举。

右臂屈肘折向前,手由耳侧向前推出;左臂屈肘后撤,同时左手轻轻提起向后退一步;重心移至左腿,右脚随转体以脚掌为轴扭正成右虚步(图10-6-6)。

右势动作与左势相同,方向相反。

练习要求:前推手不要伸直,后撤手不可直向回抽,应随转体走弧线,两手要协调一致。

图 10-6-6　左右倒卷肱

（七）左揽雀尾

上体微向右转,重心落在右腿;左脚收至右脚内侧,脚尖点地;同时右手在上,左手在下成抱球状。

上体微向左转,左脚向左前方迈出成左弓步;同时左臂向前上方掤出,用前臂外侧和手背向前方推出,高与肩平;右手向右下落按于右胯旁。

上体微向左转,左手随即前伸翻掌向下,右手翻掌手心向上,经腹前向上、向前伸至前臂下方;然后两手向后下捋,身体重心移至右腿;眼看右手。

上体微向左转,右臂屈肘折回,右手附于左手腕内侧;双手同时向前慢慢挤出,左前臂要保持半圆形;同时重心逐渐前移变成左弓步。

两手交叉手心向下,左右分开与肩同高同宽;然后屈膝后坐,重心移至右腿,左脚尖翘起,同时屈肘两手回收至腹前;随重心前移成左弓步,两手向前、向上按出(图10-6-7)。

图 10-6-7　左揽雀尾

练习要求:掤出时,两臂前后均保持弧形;挤时,上体要正直;按时,两手须走曲线,两肘微屈,手腕部高于肩平。

（八）右揽雀尾

上体右转屈膝后坐,左脚尖内扣,再左移成左丁步抱球。动作与左揽雀尾相同,但方向相反。

（九）左单鞭

上体左转,屈膝后坐,重心逐渐移至左腿,右脚尖内扣,两手向左弧形云转。

上体右转,重心移至右腿,左脚向右脚靠拢,脚尖点地;同时右手向右上方划弧并变勾手,左手向下经腹前向右上划弧停于右肩前。

上体微向右转,左脚向左前迈出成左弓步;左掌慢慢翻转向前推出,臂微屈,掌指与眉齐(图10-6-8)。

图10-6-8 左单鞭

练习要求:上下动作要协调一致,如面向南起势,单鞭的方向应向东偏北约15度,后勾手位置略高于前推手掌。

(十)云手

身体逐渐右转,重心移至右腿,左脚尖内扣;左手经腹前向右上划弧至右肩前,同时右手变掌。

上体微左转,重心随之左移;左手由脸前向左侧云转,右手由右向下经腹前向左上划弧至左肩前;同时右脚靠拢左脚,成小开立步。

上体再右转,同时左手经腹前向右划弧至右肩前,右手向右侧云转;随之左腿向左横跨一步,眼看左手(图10-6-9)。

图10-6-9 云手

练习要求:身体转动要以腰为轴。下肢移动时重心要稳。

(十一)右单鞭

上体右转,右手随之向右云转至右侧方时变成勾手;左手经腹前向右上划弧至右肩前;重心落在右腿,左脚尖点地。

上体微向左转,左脚向左前侧方迈出成左弓步;左掌慢慢翻转向前推出,成单鞭势

（图10-6-10）。

图10-6-10　右单鞭

练习要求：上体保持正直，松腰、沉肩。

（十二）高探马

右脚跟进半步，重心后移至右腿；右勾手变掌，两肘微屈；同时身体微向右转，左脚跟渐渐离地；眼看左前方。

上体微向左转；右掌经右耳旁向前推出，掌指与眼同高；左手收至左侧腰前，掌心向上；同时左脚尖向前点出成左虚步；眼看右手。

练习要求：上体自然正直，两肩下沉，右肘微下垂。

（十三）右蹬脚

上体微左转，左手手心向上，双手交叉，随即向两侧分开并向下划弧；同时左脚上前脚尖外展成左弓步。

两手由外向里交叉合抱于胸前，右手在外，掌心均向后；同时右脚靠拢左脚，脚尖点地；两臂左右划弧分开平举掌心向外；同时右脚屈膝提起，然后右脚向右前方蹬出；力达脚跟，目视右手（图10-6-11）。

图10-6-11　右蹬脚

练习要求：蹬脚时力点在脚跟，分手和蹬脚必须协调一致。

(十四)双峰贯耳

右腿收回,屈膝平举,然后向前落至体前;同时两手向下划弧分落于右膝两侧。

右脚向右前方落下,身体重心前移成右弓步;同时两手下落变拳,分别从两侧向上、向前贯出,两拳相对,高于耳齐;目视右拳(图10-6-12)。

练习要求:两拳放松,沉肩垂肘,两臂保持弧形。

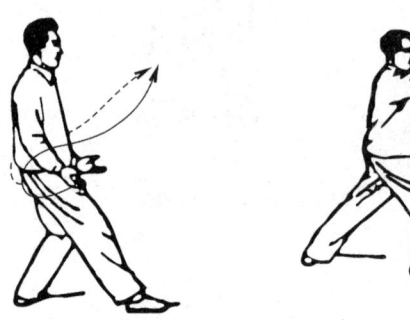

图10-6-12 双峰贯耳

(十五)转身左蹬脚

上体左转,屈膝后坐,右脚尖内扣;同时两拳变掌,由上方向左右划弧分开平举。

身体重心再移至右腿,左脚尖点地收于右脚内侧;同时两手由外向里合抱于胸前。

两臂左右划弧分开平举,掌心均向外;同时左膝提膝,向左前方蹬出;目视左掌(图10-6-13)。

图10-6-13 转身左蹬脚

练习要求:与右蹬脚方式相反,左右蹬脚方向为180度,蹬出的脚力度同在脚跟。

(十六)左下势独立

左脚收回平屈,右掌变勾手;左掌向上、向右划弧至右肩前。

右腿下蹲,左腿由内向左侧伸出成左仆步;左手下落向左下顺左腿内侧向前穿出。

身体前移,后腿蹬地经左弓步过渡后右腿提膝;同时右勾手变掌,由后下方顺右腿外侧向前弧形摆出,立于右腿上方,肘手膝相对;左手落于左胯旁,目视右掌(图10-6-14)。

图 10-6-14　左下势独立

练习要求：上体要正直，独立的腿要微屈，仆步时要全蹲下去。

（十七）右下式独立

右脚下落于左脚前，以左脚掌为轴转动；同时左手向后平举变勾手，右掌向左侧划弧，立于左肩前（图 10-6-15）。

仆步穿掌与"左下势独立"相同，方向相反。

独立亮掌与"右下势独立"相同，方向相反。

练习要求：右脚尖触地后须稍提起，再仆腿。

（十八）左右穿梭

身体微左转，左脚前落，脚尖外撇；同时两手在右胸前成抱球状；然后右脚收到左脚的内侧，脚尖点地。

图 10-6-15　右下势独立

身体右转，右脚向右前方迈出成右弓步；同时右手由脸前向上举并翻掌停于右额前，手心斜向上；左手经前向前推出，与鼻尖同高，手心向前，眼看左手。然后重心略后移，右脚尖稍向外撇，重心再移至右腿，左脚跟进，脚尖停于右脚内侧；同时两手在右胸前成抱球状，即右抱球（图 10-6-16）。

右穿梭动作与左势相同，方向相反。

图 10-6-16　左右穿梭

练习要求：完成姿势时面向前方，手推出后上体不可前俯。

(十九) 海底针

右脚向前跟进半步,身体重心移右腿;左脚脚尖点地,成左虚步;同时身体稍向右转,右手下落经体前向后、向上提至耳旁。

上体微向左转至面向前方;右手由耳侧向斜前下方插下,左手向左划弧按在左胯旁;左脚稍前移,膝部微屈,脚尖点地形成右虚步(图10-6-17)。

图 10-6-17 海底针

练习要求:身体要先向右转,再向左转,面向正西。上体不可太前倾。

(二十) 闪通臂

上体稍向右转,左脚向前迈出成左弓步;同时右手上提停于右额前上,掌心翻转斜向上,拇指朝下;左手上起经胸前向前推出,高于鼻尖平,手心向前;眼看左手(图10-6-18)。

图 10-6-18 闪通臂

练习要求:推掌、举掌和弓腿动作要协调一致。左臂不要完全伸直。

(二十一) 转身搬拦捶

上体后坐,重心移至右腿,左脚尖内扣,身体右转;然后身体重心再移至左腿,同时右手随转体向右、向下(拳)经腹前划弧至左肋旁,拳眼向下;左掌上举于头前,掌心斜向上。

向右继续转身,右脚收回后再向前迈出一步,脚尖外撇;右拳经胸前翻转撇出,左手下落按在左胯旁。

身体稍右转,重心移至右腿,左脚向前迈出一步;左手向前划弧拦出,掌心向前下方;同时右拳向右划弧收至右胯旁。

左腿前弓成左弓步;同时右拳向前打出,拳眼向上,高于胸平;左手附于右前臂内侧(图10-6-19)。

图10-6-19 转身搬拦捶

练习要求:右拳不要握得太紧。向前打拳时,右肩随拳略向前伸,沉肩垂肘,右臂微屈。

(二十二)如封似闭

左手由右腕下向前伸出变掌,两手心向上分开收回;同时重心后坐,左脚尖翘起,身体重心至右腿。

两手在胸前翻,向下经腹前再向上、向前推出,与肩同高,手心向前;同时左腿前弓成左弓步,眼看前方(图10-6-20)。

图10-6-20 如封似闭

练习要求:后坐时臀部不要凸出。两手推出时宽度不要超过肩宽。

(二十三)十字手

屈膝后坐,身体重心移向右腿,左脚尖内扣,向右转体;右手向右平摆划弧,与左手成两臂侧平举,掌心向前,肘部微屈;同时右脚尖外撇成右侧弓步;眼看右手。

身体重心移至左腿,右脚尖内扣,随即向左收回;两脚与肩同宽,逐渐瞪直成开立步;同时两手向下,经腹前向上划弧交叉合抱于胸前。

两臂撑圆交叉,右手在外成十字手,腕与肩平;眼看前方(图10-6-21)。

图10-6-21 十字手

练习要求:两手分开和合抱时,上体不要前俯。两臂环抱时须圆满舒适,沉肩垂肘身体保持中正。

(二十四)收势

两手向外分开翻掌,手心向下。

两臂慢慢下落,停于身体两侧,眼看前方(图10-6-22)。

图10-6-22 收势

练习要求:两手左右分开下落时,全身放松,同时气也徐徐下沉。呼吸平稳后,把左脚收回右脚旁,形成起势前的原地站立动作,结束全套动作。

第七节　防身术

一、防身基本技术

(一)格斗姿势

由站立开始,右脚后撤半步,两臂屈肘前后拉开,双手握拳,拳眼朝上,左拳略高于肩(不妨碍眼睛视线)。右拳放于左胸前,微屈膝,两脚丁字步站立,后脚跟微抬,重心落于两腿之间(图10-7-1)。

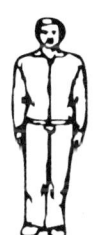

图 10-7-1　格斗姿势　　　　图 10-7-2　上步

(二)步法

1. 上步

由格斗姿势开始,右脚蹬地,左脚前脚掌离地以脚跟向前滑行,仍保持原格斗姿势(图10-7-2)。

2. 退步

由格斗姿势开始,左脚跟抬离地面,前脚掌蹬地,右脚尖向后滑行,仍保持原格斗姿势(图10-7-3)。用于退避对手进攻。

图 10-7-3　退步　　　　图 10-7-4　左闪步

3. 左闪步

由格斗姿势开始,上体左转,左前脚掌为轴,脚尖外摆,右脚移动成原格斗姿势(图10-7-4)。用于闪躲或攻。

4. 右闪步

由格斗姿势开始,上体右转,左前脚掌为轴,脚尖外摆,右脚移动成原格斗姿势(图10-7-5)。用于闪躲或进攻。

图 10-7-5　右闪步

(三)腿法

1. 正踢腿

由立正姿势开始,双手叉腰,一脚向前上半步,直立支撑,另一脚尖勾紧由下向前额处踢起(图10-7-6)。两脚交替练习,用于踢击下颌、手腕等部位。

图 10-7-6　正踢腿　　　　　图 10-7-7　弹踢腿

2. 弹踢腿

由立正姿势开始,双手叉腰,一脚向前上半步,直立支撑,另一脚大腿抬平,带动小腿向上弹踢(脚面绷直)(图10-7-7)。两脚交替练习,用于弹踢裆、腹等部位。

3. 里合腿

由立正姿势开始,双手叉腰,一脚向前上半步,直立支撑,另一腿向同侧外上摆,再向前上里合(图10-7-8)。两脚交替练习,用于踢头、肩等部位。

图 10-7-8　里合腿　　　　　　图 10-7-9　外摆腿

4. 外摆腿

由立正姿势开始,双手叉腰,一脚向前上半步,直立支撑,另一腿向同异外上抬,再向前上外摆(图10-7-9)。两脚交替练习,用于踢头、肩等部位。

5. 侧踹腿

由立正姿势开始,双手叉腰,一脚向前上半步,脚尖外摆,直立支撑,另一大腿向上横抬,上体外转,由里向外,伸膝平蹬(图10-7-10)。两脚交替练习,用于踹胸、肋等部位。

图 10-7-10　侧踹腿　　　　　　图 10-7-11　前蹬腿

6. 前蹬腿

由立正姿势开始,双手叉腰,一脚向前上半步,脚尖外摆,直立支撑,另一腿屈膝上抬、向前迅速伸直小腿平蹬,脚尖勾紧(图10-7-11)。两脚交替练习,用于蹬胸、腹等部位。

7. 铲腿

由立正姿势开始,双手叉腰,一脚向前上半步,脚尖内扣,直立支撑,另一腿屈膝上抬,迅速伸膝,脚掌向前下蹬铲(图10-7-12)。两脚交替练习,用于蹬铲小腿、脚面等部位。

图 10-7-12　铲腿

(四)肘击法

1. 弓步前顶肘

由立正姿势开始,左脚向前上一步,屈左肘横小臂于胸前,右手掌推左拳面,左肘前顶成左弓步(图10-7-13)。左右交替练习,用于顶胸、肋等部位。

图10-7-13 弓步前顶肘

图10-7-14 弓步侧顶肘

2. 弓步侧顶肘

由立正姿势开始,左脚向左侧跨一步,屈左肘横小臂于胸前,右手掌推左拳面,左肘侧顶成左弓步(图10-7-14)。左右交替练习,用于顶胸、肋等部位。

3. 马步双侧顶肘

由立正姿势开始,左(右)脚左(右)侧跨一步,两臂屈肘,小臂横于胸前,双手握拳,拳心朝下,屈膝下蹲成马步,两肘侧顶(图10-7-15)。用于击胸、肋等部位。

图10-7-15 马步双侧顶肘

图10-7-16 马步双后顶肘

4. 马步双后顶肘

由立正姿势开始,左(右)脚左(右)侧跨一步,两臂屈肘,双手握拳,拳心朝上,屈膝下蹲成马步,两肘后顶(图10-7-16)。用于击胸、肋等部位。

5. 马步砸肘

由立正姿势开始,左脚向左侧跨一步,左手抱拳,右臂屈肘上举,屈膝下蹲,右肘下砸(图10-7-17)。左右交替练习,用于砸击背、腰等部位。

图10-7-17 马步砸肘

图10-7-18 屈膝上顶

(五)膝击法

1. 屈膝上顶

由立正姿势开始,双手叉腰,左腿站立,右腿屈膝小腿后伸,右大腿上抬膝向上顶、右脚面绷直(图10-7-18)。左右膝交替练习,用于顶击裆、胸、腹等部位。

2. 屈膝横顶

由立正姿势开始,双手叉腰,左腿向右侧跨半步,脚尖外摆,右腿屈膝横抬,右膝向左横向顶击。左、右膝交替练习,用于顶击裆、腹等部位。

(六)倒地法

1. 后倒

由立正姿势开始,两臂前摆,屈膝下蹲,自然后倒,以臀、背、手依次着地,低头,双腿分开,屈膝前蹬(图10-7-19)。用于后倒的自我保护或倒地后的反攻。

2. 侧倒

由立正姿势开始,左腿屈膝,右腿前摆,左腿蹬地,同时身体左转倒地,手臂、体侧依次着地(图10-7-20)。倒地后立即撑起(上体由手掌和小臂支撑),屈右腿左腿上抬,左臂上架。用于后倒的自我保护。

图10-7-19 后倒　　　　　　图10-7-20 侧倒

二、防身实用技术

(一)解脱术

1. 上抓臂解脱技术

当歹徒上抓臂时,自卫者可用踢打、膝顶击退歹徒,或用这些技术吸引对方注意力再用解脱技术(图10-7-21)。

图10-7-21　上抓臂解脱技术

基本步骤：①自卫者用后手抓住自己被抓手同时；②手下压，肘上抬压住对方手腕；③侧转身加力，合力抢出；④摆脱歹徒。

2. 前抓发解脱技术

对付抓发一般有几个步骤：先宜抓住歹徒之手以保持对头部的控制，防备歹徒进一步打脸卡喉；同时以远战或近战技术还击以迫使歹徒松手；视情况接下来可用摔或反关节技术（图10-7-22）。

图10-7-22　前抓发解脱技术

基本步骤：①双手抓住歹徒手臂；②同时顶其裆；③锁肘或横击其肘。

3. 后锁喉解脱技术

锁喉解脱的过程一般是先抓住歹徒手臂，以保护脖颈并保证呼吸，然后使用适当攻击技术以迫使歹徒松手（图10-7-23）。

基本步骤：①双手抓歹徒手臂下拉，下巴回收贴紧喉；②如情况紧急可咬歹徒手臂；③以肘击或以拳打裆；④趁敌收腹回避攻击时，收腹以臀撞击敌腹以夺回自己平衡；⑤一脚跨敌腿后下绊，同时手臂击敌下颌后推倒歹徒。

图10-7-23　后锁喉解脱技术

4. 后抱腰锁手解脱技术

在遭遇歹徒抱腰时，要保持平衡，自卫者应抓住敌手臂，双腿撑住，随敌移动。若歹徒将你抱起腾空时不必惊慌，只要随其动作，待歹徒体力不支时再落地保持平衡，进行各种解脱（图10-7-24）。

基本步骤：①身体侧移向后击歹徒裆；②腿后移绊敌同时以肩后顶其胸；③右手外翻歹徒右手臂，使其后跌。

图 10-7-24　后抱腰锁手解脱技术

(二) 防御匕首攻击技法

1. 对付下刺

当对方右手正握匕首,右脚向前逼近,匕首从上向下向你头部刺来时,要迅速躲闪,左脚向左侧上一步,向左躲闪到对方侧面,右手随侧闪逼近,从上向下向右外侧拍击,并顺手抓住对方右手腕,左手随上步逼近,从对方肩上穿过,屈肘向内猛勒锁喉,制服对方,同时右腿猛踢对方左膝部,使其下蹲(图 10-7-25)。

动作要领:上步侧闪身要快,拍、抓腕要准牢,踹腿狠,勒颈猛。

图 10-7-25　对付下刺

2. 对付前刺

当对方反握匕首向前逼近猛刺时,要迅速向右闪躲,右脚向右侧前方上一步,向左转体 90 度,同时左手随躲闪转体,从右向左搂格,抓住对方右手腕部,右手变掌随上步转体、向前击对方眼部,随即提右腿猛踢对方裆部。

动作要领:上步闪躲要快,搂格与标掌要协调配合,踢腿要迅猛。

(三) 擒拿法

1. 小缠丝

当乙方用小缠丝缠住甲手腕时,甲立即将右臂屈肘上提化解,随即甲迅速反抓乙右手腕,用力将其扭转,同时用左手推压乙肘关节,反拿掣肘。

动作要领:屈肘上提要迅速,要在对方没有完成动作之前化解对方缠腕,推肘扭腕要合顺一致,迫使对方肘关节伸直,猛折对方肘关节而致伤。

2. 抓肩反拿法

当敌右手从后面抓我右肩,速后挪一步,左手锁牢敌腕,腰身后拧,同时右肘随转动裹卷,大臂反截向下压砸,将敌腕节挫伤(图10-7-26)。

动作要领:抓手一定要锁紧、扣紧、按紧,不能使其逃脱,动作要快,感觉要灵敏,这样才能裹压准。因敌顺我背,不得迟疑,无论中否,先动为佳。

图10-7-26　抓肩反拿法

3. 防锁喉法

当乙方左直拳向甲面部击来时,甲用左手拨防,并上步侧闪于乙方身后,左手抓住乙方左手腕,右臂随转体屈肘锁喉。

动作要领:侧闪要快,抓握锁喉要有力,要用右胯顶住对方臀部,形成杠杆力量,小臂要尽量向内收卡,不让对方有转动的机会。

三、防身谋略案例介绍

(一)走为上计

女生何某夜间骑行在公路上,发现被一个高大歹徒跟踪。当她骑车至十字路口时发现前面有一辆载货的卡车飞驰而来,于是她迅速将车骑到马路的中间,挡住货车。汽车司机下车正想发火时,小何向司机诉说了原因,司机不容分说请小何上车。当小何乘车离开险地时,在反光镜里还看到骑车的歹徒愣在那里。

(二)关门捉贼

女生张某晚自修回宿舍,走到宿舍门口时,发现宿舍里闪过一道手电筒的光线,并发现房门被撬,顿觉情况不妙。张某进屋后打开电灯仔细搜查,发现这个歹徒躲在箱子后面,两眼放出凶光,随时都有夺路而逃的可能。张某怕歹徒狗急跳墙,于是就装出满不在乎的样子说:"你居然抢到我这学生宿舍来了,前几天我们社区就抓了一个盗窃犯,交给派出所了,我们今天是'公了''私了'?"张某说:"'公了'就是这事到派出所解决,'私了'就是立个字据,保证今后再不来学校宿舍偷窃。"歹徒慌忙说:"私了,私了。"张某接着说:"我到另外宿舍去拿纸与笔,先立好字据吧。"张某趁机出了屋,迅速将歹徒反锁在屋内,她大声呼喊周围的宿舍同学,同学们闻声而至,歹徒成了瓮中之鳖。

(三)声东击西

卢某是个武侠迷,还常常模仿武术中的"假动作"。一天,卢某路遇歹徒抢劫,见歹徒两眼盯着她的右手,企图抢她的金戒指和金手镯,便装出很害怕的样子,把右手藏在背后,在歹徒靠近的一瞬间,她的右手突然向歹徒裆部挥击,歹徒两手慌忙去阻挡,却不料小卢右手挥出是假,她的左手掌砍击是真,歹徒来不及招架了。小卢的左手掌用力砍在歹徒的颈部,歹徒两眼向上一翻,昏了过去。

(四)攻心为上

女学生陈某晚间返校,在回校路上被3名歹徒劫持到汽车上并有劫持、强奸的意图。小陈一看3个歹徒年龄都不大,估计他们是初次作案,于是谎称自己近段时间一直在生病,接着她又问:"假如你们的姐妹被坏人劫持受到侮辱,你们会怎么办?"然后她又向他们指出劫持、强奸是要判重刑的,判刑后的铁窗生涯是很难过的,人的一生就毁于一旦。在她的教育下,三名歹徒中的两个放弃了作案的念头,而另一个仍执意要实施犯罪。此时小陈毫不畏惧,义正词严地说:"现在是什么时候了,政府'严打'到现在,你还敢无法无天,好好的日子不过,如果今天你敢动我一下,很快你就会被公安机关抓住,受到法律的严厉制裁。"这个歹徒听后像被人当头打了一棒,低着头再也不啃声了。女青年运用"心理攻势"战胜了三个歹徒。

(五)攻其不备,出其不意

一名女生,在校是运动能手,一天晚上在学校附近散步时,一歹徒从背后将其拦腰抱住,并用尖刀顶着背进行威胁,企图强奸。当时这位女生意识到立即反击可能要吃亏,于是她装出非常恐慌和胆怯的样子,顺从地按歹徒指点向隐蔽处走去,女生趁其不备,对其下腹部猛踹一脚,歹徒在毫无防备的情况下,被踹到几米外的路沟里,抱着肚子打滚,痛得叫不出声来。随后女生马上拨通"110",公安人员赶到现场时,这个歹徒还躺在地上站不起身来。

(六)知己知彼,百战不殆

女生小王夜自修后回家,走至僻静角落时突然窜出一个中年家伙,步步逼近,伸手要抢她的钱包,小王定睛看去,发现这个歹徒戴着一副深度近视眼镜,于是镇静了下来,微笑着说:"大叔,你缺钱了是不是?"那人厉声喝道:"不把钱交出来就要你的命。"小王笑嘻嘻地回答:"好好好,大叔,我把钱全交给你。"小王在递上钱包的一瞬间,用钱包打掉了歹徒的眼镜。当歹徒蹲在地上两手摸找眼镜时,小王眼明手快用右肘尖自上而下砸在他的后脑上,这个家伙哼的一声就倒在地上。

人体关节要害部位见图10-7-27。

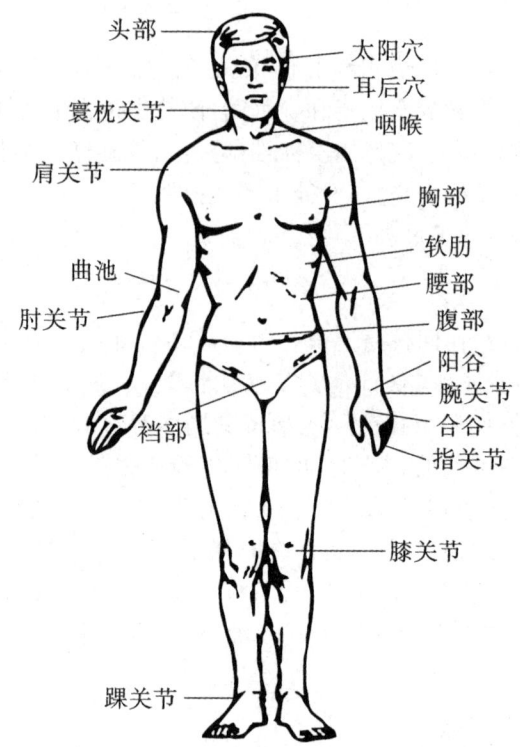

图 10-7-27　人体关节要害部位略图

思考题

1. 防身技术主要有哪四种格斗步法？
2. 简述上臂被抓的解脱技术。
3. 试举一例，解析其防身谋略。

第十一章 休闲运动

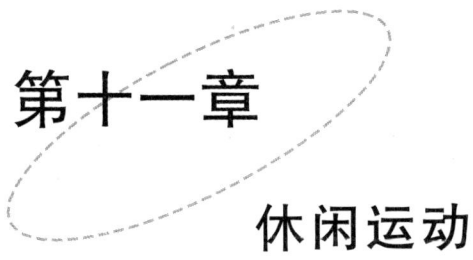

第一节 健美操运动

学习目标：

1. 学会欣赏独特的造型、优美的体态、高超的技艺、动感的音乐
2. 掌握《全国健美操大众锻炼标准》

一、健美操运动简介

（一）健美操运动

健美操是我国体育运动的一个新兴项目。它起源于人类对于人体健与美的追求，它是体操、舞蹈、音乐三者有机结合的产物，是在音乐的伴奏下，以身体练习为基本手段、以有氧运动为基础，达到增进健康、塑造形体和娱乐目的的一项体育运动。

1. 健美操运动的作用

（1）促进身体的正常发育，增强肌肉韧带和内脏器官的功能，发展身体的柔韧、协调等基本素质，增进健康，增强体质。

（2）培养正确的身体姿势，矫正不良的身体姿势。

（3）协调发展人体各部位的肌肉群，使人体匀称和谐地发展，塑造美的形体。

（4）培养正确的审美观念、良好的风度、性格和品德，陶冶美的情操。

2. 健美操运动的锻炼价值

（1）有益于肌肉、骨骼、关节的匀称发育，形成正确的体态和健美的形体。可以加强关节的韧性，提高关节的弹性和灵活性，从而减少青少年在运动中伤害事故的发生。

（2）使心脏功能加强，使心肌纤维变得强壮而有力，一般情况下，心脏每分输出约5千克血液，运动时可达到40千克。

（3）健美操是有氧运动，经常锻炼会使人的呼吸加深，次数减少。可使呼吸肌得到充分的休息时间，呼吸功能好，对青少年保持旺盛的精力十分有利。

(4) 强壮消化系统,使消化液的分泌增加,胃肠蠕动增强,消化、吸收加速。另外,做健美操时呼吸加深,膈肌大幅度上下移动和腹肌的激烈活动,对胃肠道起到按摩作用,从而增强其消化系统的功能。

(5) 改善肾脏的血液供应,提高肾脏排除代谢废物的能力。

(6) 对心理锻炼的价值十分明显。伴着节奏欢快的乐曲做健美操,产生一种手舞足蹈、向往和追求美的心理趋势,感受到愉快的情趣,培养和帮助孩子进入一种最佳的心理状态。

(7) 提高青少年观察与模仿动作的能力,提高自身素质修养和气质,提高青少年的创造思维,并使青少年学会如何锻炼以及养成锻炼身体的习惯。

(8) 通过有氧代谢运动来消耗掉身上多余的脂肪,利用舞蹈的形式,通过对全身各主要部位(即头颈、肩、胸、腰、髋以及上下肢部位)进行刺激性练习,来减少和控制皮下脂肪的增长,达到减肥的目的。

(二)健美操基本技术与分类

根据练习健美操的主要目的和任务可分为大众健美操(也称健身健美操)和竞技健美操两大类。

1. 大众健美操

大众健美操的目的是锻炼身体,增进健康,美化形体,掌握健美操最基本的练习方法。不同年龄的人都可以学。动作简单易学,具有针对性,时间长短不等。

例如,幼儿健美操、青少年健美操、中老年健美操、徒手健美操、持轻器械健美操、女子健美操、男子健美操、形体健美操、姿态健美操、跑跳健美操、垫上健美操、表演性健美操等都属于大众健美操。

2. 竞技健美操

竞技健美操是在音乐伴奏下,通过难度动作的完美完成,展示运动员连续表演复杂和高强度动作的能力。成套动作必须通过所有动作、音乐和表现的完美融合体现创造性。竞技健美操起源于传统的有氧健身操。作为竞技运动,它的竞赛项目有男子单人、女子单人、混合双人、混合三人(三名运动员性别任选)、集体六人(现只限于国内比赛)等。除六人操外,比赛时间限制在1分45秒,上下浮动5秒。而六人操时间为2分20秒,上下浮动5秒。比赛场地为7×7平方米(六人操场地为10×10平方米)。比赛服装也有专门的规定,一般为紧身的专业健美操服装;比赛有专门的竞赛规则,对每一具体细节都做出详细说明。

竞技健美操的目的是在比赛中争取优胜。虽然它与大众健身操一样都具有增强体质、美化形体、陶冶情操的功效,但它是按照规定的项目和规则进行训练和比赛的。竞技健美操的动作难度较大、技术复杂、动作变化多、节奏快,有规定的时间和特定难度动作,更具艺术性和观赏性。它在动作节奏的快慢、人数、场地、时间和特定动作、着装等方面都有严格的统一标准,不能擅自更改。

（三）《全国健美操大众锻炼标准》

> **小贴士**
>
> **第二套规定动作**
>
> 　　第二套规定动作为健美操大众锻炼标准的初级套路。练习目的是进行中低强度的有氧练习、简单的腰腹和身体核心部位稳固性练习。每一个组合均由4~5个基本步伐组成，并出现了45度~90度的方向变化，路线以简单的前后和左右动作为主。大部分的手臂动作为对称性的，个别动作出现了依次的手臂动作。

第二套规定动作的测试图解如下。

组合一：4＊8＊2

第一八拍：2次一字步（图11-1-1）。

第二八拍：向前/向后走三步点地（图11-1-2）。

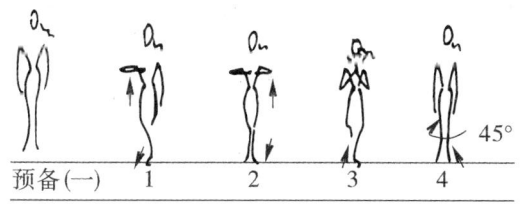

图11-1-1　第一八拍

图11-1-2　第二八拍

5~8拍动作同1~4拍向右前方，5~8拍换左腿后退。

第三八拍：2次V字步（图11-1-3）。

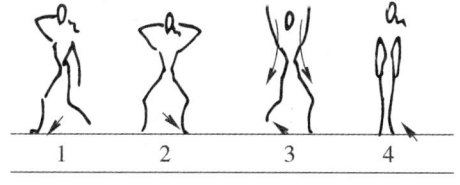

图11-1-3　第三八拍

5~8拍动作同1~4拍,7~8拍同5~6拍方向相反。

第四八拍:1~4拍侧交叉步,5~8拍2次侧并步(图11-1-4)。

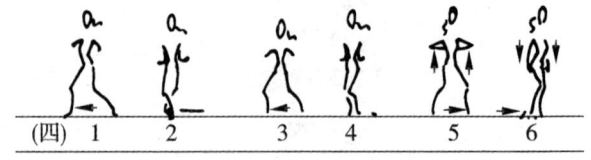

图11-1-4　第四八拍

第五八拍:动作相同,方向相反。

组合二:4＊8＊2

第一八拍:1~2拍V字步前半部分,3~6拍左右摆髋4次,7~8拍V字步后半部分(图11-1-5)。

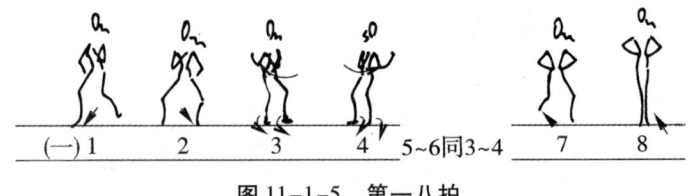

图11-1-5　第一八拍

第二八拍:2次上步踢腿(图11-1-6)。

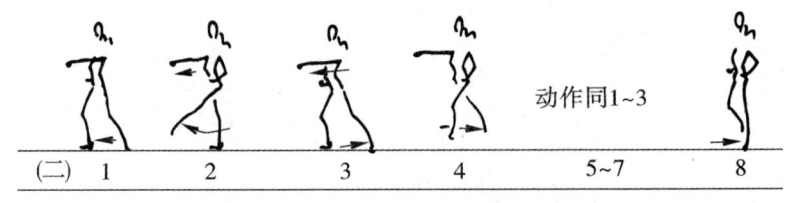

图11-1-6　第二八拍

第三八拍:1~4拍侧交叉步,5~8拍左右侧点地(图11-1-7)。

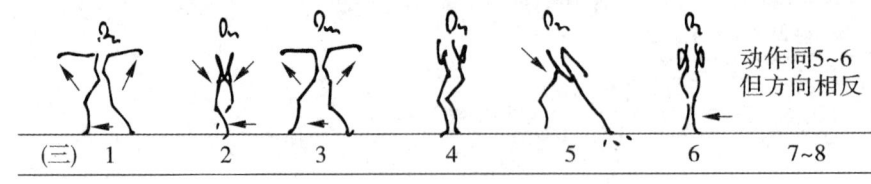

图11-1-7　第三八拍

第四八拍:1~4拍左腿吸腿两次,5~8拍换右腿(图11-1-8)。

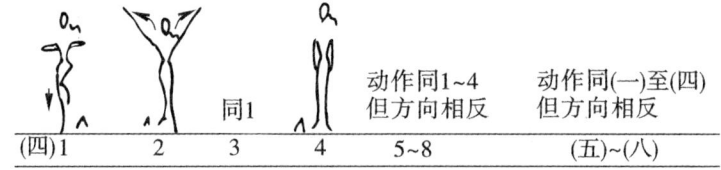

图 11-1-8　第四八拍

组合三：4 * 8 * 2

第一八拍至第二八拍：4 次侧并步跳，"L"形（图 11-1-9）。

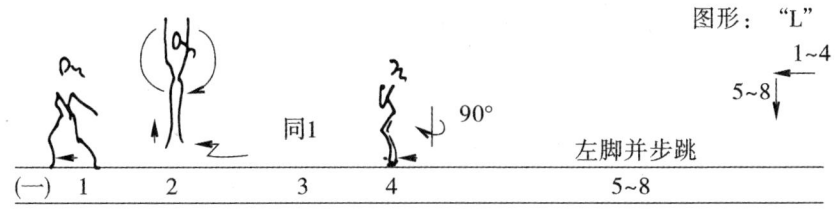

图 11-1-9　第一八拍

第二八拍：同第一八拍，方向相反。

第三八拍：2 次慢步（图 11-1-10）。

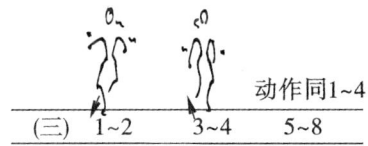

图 11-1-10　第三八拍

第四八拍：上步连续吸腿 4 次（图 11-1-11）。

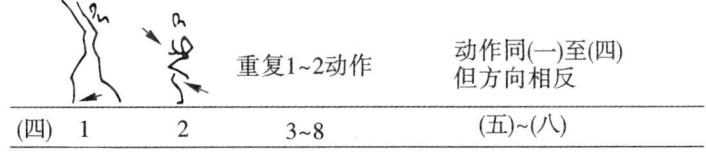

图 11-1-11　第四八拍

第五~八八拍：动作同一四八拍，方向相反。

组合四：4 * 8 * 2

第一八拍：1~4 拍向前走 4 步，5~8 拍 2 次弹踢腿（图 11-1-12）。

第五~八拍：动作相同，方向相反。

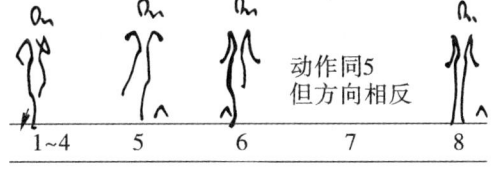

图 11-1-12　第一八拍

第二八拍:侧并步向后移动(图 11-1-13)。

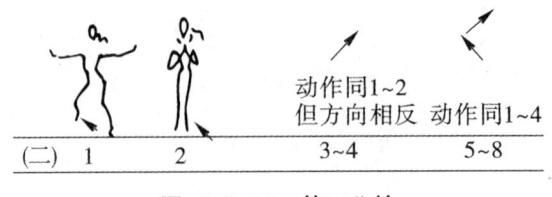

图 11-1-13 第二八拍

第三八拍:2 次上步摆腿跳接漫步;5~8 拍动作同 1~4 拍方向相反(图 11-1-14)。

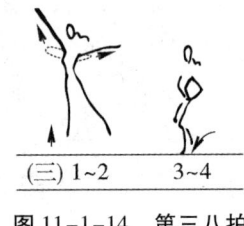

图 11-1-14 第三八拍

第四八拍:4 次迈步后屈腿,单单双(图 11-1-15)。

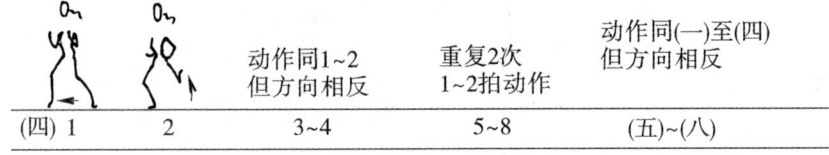

图 11-1-15 第四八拍

第二节 体育舞蹈

一、体育舞蹈的起源与发展

体育舞蹈前身是交际舞。作为社交活动的交际舞,可追溯到人类的原始时期,那时的交际舞蹈是由部落同一性别的成员跳,舞蹈者之间没有身体接触。现代意义上的交际舞则是地道的"双人舞",舞者之间有身体的接触。最早的交际舞是出现在欧洲的农民舞蹈,如"低舞"和"孔雀舞",这两种舞都是由男女成对来跳的。19 世纪初,华尔兹出现近距离的握抱形式,这种男女舞伴"近距离搂抱"的舞蹈猛烈抨击了传统的交际舞观念,使交际舞发生革命性的变化。进入 20 世纪后,又出现了狐步舞、探戈舞等交际舞。这样现代交际舞的内涵也逐渐明晰起来,它是指"舞伴距离较近"的,在舞厅中活动的交际舞。1768年,在巴黎出现了第一家交际舞舞厅,由此交际舞开始在欧美各国流行,成为一种普遍的社交方式。1950年,由英国ICBD(摩登舞国际理事会)主办了首届世界性的大赛——"黑池舞蹈节",并把规范后的舞蹈命名为"国际标准交谊舞",随后每年的5月底,在英国的"黑池"都会举办一届世界性的大赛。国际标准交谊舞通过比赛在世界各地不断推广,其自身也得到了发展。第二次世界大战以后,英国皇家教师舞蹈协会又整理了拉丁舞蹈,也将它纳入国际体育舞蹈范畴,1960年,拉丁舞也成为世界交际舞锦标赛的比赛项目之一。这样国际上形成了具有统一舞步的两大系列10个舞种的国际标准舞。

体育舞蹈的发展离不开体育舞蹈组织的管理、组织及推广工作。目前国际上有两个国际体育舞蹈组织。一个是国际体育舞蹈联合会(International Dance Sport Federation,简称为IDSF),另一个是世界舞蹈及体育舞蹈理会(World Dance and Dance Sport Council,简称为WDDSC)。国际体育舞蹈联合会是管理业余体育舞蹈事务和比赛的国际组织。2000年国际体育舞蹈联合会(IDSF)与世界舞蹈及体育舞蹈理事会(WDDSC)签署理解合作备忘录,IDSF与WDDSC拟将合并成立世界舞蹈运动联合会(WDSF)。体育舞蹈的第一个国际组织是于1935年12月10日在布拉格成立的国际业余舞蹈联合会(IADF),1956年更名为国际业余舞蹈理事会(ICAD),后来在1990年又更名为国际体育舞蹈联合会(IDSF)。1992年IDSF向国际奥委会(IOC)提交申请,1995年IDSF成为国际奥委会的临时会员,1997年9月,体育舞蹈正式得到国际奥委会承认并且IDSF成为唯一的代表体育舞蹈的国际组织。2000年,体育舞蹈成为悉尼奥运会闭幕式的表演项目。同年,IDSF向国际奥委会申请体育舞蹈作为夏季奥运会正式比赛项目。

二、体育舞蹈的锻炼价值

(一)健身价值

美国体育家古里克曾说:"跳舞能消除过剩的脂肪,代之以健壮的肌肉组织,使软化,迟钝和缺乏活力的肌肉重新变得充满活力和具有弹性。"在德国,有人对业余体育舞蹈运动员和800米跑运动员做过比较,发现体育舞蹈运动员在跳过一个15分的快步舞后,心率与800米跑运动员并无区别。

(二)健心价值

积极参加体育舞蹈活动者的心理健康水平显著高于常人的水平,体育舞蹈对心理健康的促进作用是十分明显的。作为有氧运动的体育舞蹈其健心效应已被证实,既可以降低焦虑,也可以降低抑郁。有氧练习对长期的轻微到中度的焦虑症和抑郁症等都有治疗的作用。因此如果希望改善整体的情绪状况,最好采用有氧练习,有氧练习的健心效应更加显著。

从体育的社会价值看,体育舞蹈是人们交流思想、抒发情感、消除隔阂、相互沟通的最好形式之一。在优美的舞姿和轻快的乐曲相伴下,人们的自我封闭意识在这里得到彻底的解脱,舞场中的融洽、和谐、高雅的气氛亦能增强人们的沟通和交往的意识。可见,体育舞蹈活动既增进了舞伴、舞友之间的友谊,又丰富了社会生活,提高了参加者的人际交往能力。由此可知,体育舞蹈是一项非常有益于身心健康,特别是心理健康的体育运动。

(三)观赏价值

体育舞蹈不仅成为人们建立友谊、陶冶情操、锻炼身体、提高技艺的良好形式,而且具有独特的艺术表演价值,给舞蹈者与观赏者以美的享受,令人身心欢跃,进而提高人们得艺术修养和审美情趣。现代舞的前身是欧洲的社交舞,起源于法国路易王朝宫廷舞,社交舞在欧洲是一种必要的修养,也是老少皆益的健康娱乐。形成高雅风度的首要条件则是体态的挺拔感,挺拔的体态标志着健康、教养、礼貌、自尊,给人以愉快、振奋、富有青春活力的感觉,这些不仅是舞蹈风格的要求,也是对观众的尊重。舞蹈开始前,男士通常手挽女士进场,引导舞伴做急速旋转后向观众致意,女士则是向四周观众行古典的屈膝大礼;舞蹈结束后,男女舞伴不仅向观众行礼,男士还手挽女士,面带微笑,气度不凡的行为举止,都给人以美的享受与回味。

体育舞蹈比赛对选手服饰的规定性强化了它的观赏性。体育舞蹈的现代舞与拉丁舞各有其专用服装,由于舞蹈风格的不同,需要用不同款式的服装来衬托。如现代舞主要体现欧洲风情,男士着装保持着正规礼仪性活动的要求,身着深沉高雅的燕尾服,颈系白领结,脚穿轮底缚带皮鞋,发型整齐,时时处处保持着绅士风度,显示庄重高贵的气度,以及身体线条的优美;女士们则穿漏背式晚礼长裙。拉丁舞服饰倾向于展现生动活泼、自由奔放的拉美情调与生活气息。在拉丁舞的服饰中,男士身着紧身衣裤,女士则能充分展示身体凹凸有致的曲线,露背露腿的草裙式短裙,以便展露背、腰、臀、胯腿部动作的优美线条,增强了舞蹈的风格,体育舞蹈中的服饰的鲜明风格使男女选手风采倍增。

(四)社会价值

体育舞蹈是一种国际流行的社交舞,它是沟通不同国家、不同民族情感的一种世界"形体语言",也是任何语言无法代替的艺术,它具有广泛的社交性。体育舞蹈大体上可分为自娱、表演、竞技3个层次,自娱性的体育舞蹈具有、其广泛的群众基础。

小贴士

体育舞蹈的特点是什么?

(1)严格的规范性。规范性首先表现在体育舞蹈是一个完整的舞蹈系统,如同中国古典舞和西方芭蕾舞一样,它是经过数百年历史的锤炼,几代人的加工而成的;其次表现在技术的规范性上,它严格到多一分嫌过,少一分欠火。

(2)表演观赏性。体育舞蹈融音乐、舞蹈、服装、风度、体态美于一体,既有观赏的价值又有参与的可能,被认为是一项"真正的艺术"。

(3)体育性。体育性一方面体现在竞技性,即比成绩;另一方面表现在锻炼价值上,它引起人的生理变化是明显的。它是陶冶情操、锻炼体魄的一种极好形式。

三、体育舞蹈的分类

体育舞蹈按舞蹈的风格和技术结构分为现代舞(摩登舞)和拉丁舞两大类。按竞赛项目可分为三类:现代舞、拉丁舞和集体舞。现代舞分为华尔兹、探戈、快步、狐步和维也纳华尔兹。拉丁舞分为桑巴、恰恰恰、伦巴、斗牛、牛仔舞。以下对各舞种逐一进行介绍。

(一)摩登舞(Modern Dance)

摩登舞起源于欧洲,具有端庄、含蓄、稳重、典雅的风格和绅士风度,舞步流畅,轻柔洒脱,舞姿优美,起伏有许,音乐节奏清晰,舞蹈富于技巧性,是老少皆宜的舞系。

1. 华尔兹(Waltz)

华尔兹又称"圆舞",是体育舞蹈中历史最悠久、生命力最强的一种舞蹈。它起源于德国和奥地利地区的一种农民舞蹈——"土风舞"。华尔兹风格特点是庄重典雅,华丽多彩,舞蹈动作流畅,旋转性强,热烈而兴奋,重心起伏跌宕,接连不断的潇洒转体。而配以华丽的服装、优美的音乐使华尔兹更为完美。莫扎特、肖邦、柴可夫斯基、约翰·施特劳斯等音乐大师都创作了不朽的华尔兹音乐,他们使华尔兹成为"舞蹈之王"。华尔兹音乐3/4拍,每分32~34小节,基本上一拍一步,每音乐小节跳三步。

2. 探戈舞(Tango)

探戈舞起源于非洲中西部的民间舞蹈"探戈诺"舞。探戈舞是阿根廷国舞,它的知名度甚至超过了这个民族。探戈舞动作刚劲有力,气氛肃穆。听之铿锵用力,振奋精神,舞曲为2/4拍,每分30~34小节,音乐特点是以切分音为主、带有符点和停顿,舞步分慢(S)和快(Q),其中,S占一拍,Q占半拍。舞蹈时,膝关节松弛、微曲,重心略微下沉。脚下干净利落,不拖泥带水,斜行横步,步步为营。

3. 快步舞(Quickstep Dance)

快步舞起源于美国,早期舞步吸收了狐步舞动作,后又引进了芭蕾舞的小动作,使动作更加轻快灵巧。舞蹈时要求掌握好基本动作和身体感觉,尤其是膝关节放松,通过脚踝关节来控制力量和身体重心的移动。舞步跳跃时,脚不能离地面很高,脚尖刚刚离开即可。舞伴间配合切勿一上一下,不但影响姿态和身体重心的移动,而且会造成配合中的失误,跟不上节奏,手忙脚乱,并使动作变形。快步舞动作轻快活泼,富于激情,舞步轻松,自由洒脱。舞蹈风格简洁明快,包含动力感和表现力。舞蹈音乐4/4拍,每分50~52小节。

4. 狐步舞(Fox-step Dance)

狐步舞起源于美国黑人舞蹈。狐步舞,步法轻柔、圆滑、流畅,方向多变,且没有合并步。其动作衔接,升中有降、降中有升,呈线形流动状。舞蹈风格典雅大方,舒展流畅,轻盈飘逸,平稳大方。舞曲音乐为4/4拍,每分30小节左右;速度中庸,节奏明快,情绪幽静而文雅,基本节奏是:慢、快、快(SQQ)。舞蹈时身体挺直,膝关节放松,胯、臀部相对固定。由于舞步平稳,动作流畅,悠闲自在,音乐恬静优雅,婉转明快故上身动作多变,反身动作较多,技术上大量运用上足跟旋转,舞伴间配合要求更加默契。

5. 维也纳华尔兹(Vienna Waltz)

维也纳华尔兹是历史悠久的舞蹈,和华尔兹一样,起源于奥地利北部山区的农民舞蹈。维也纳华尔兹又称"快华尔兹",是由德国农村的土风舞和三拍子的奥地利民间舞相结合而成的。维也纳华尔兹动作优美,舒展大方,连绵起伏,舞步轻快流畅,旋转性强,音乐3/4拍或6/8拍,每分56～60小节。节奏清晰,旋律活泼。

(二) 拉丁舞(Latin)

拉丁舞起源于非洲和拉丁美洲。拉丁美洲的舞蹈,是在西班牙舞蹈基础上,吸收了其他外来乐舞,特别是非洲黑人乐舞的特征而形成的。非洲黑人的音乐舞蹈,对拉丁美洲"国舞文化"产生了极大的影响。拉丁舞动作豪放粗犷,速度多变,手势和脚步内容丰富,充满激情,音乐节奏鲜明强烈,具有热情、奔放、浪漫的风格特点,尤为中青年人的所喜爱。

1. 伦巴舞(Rumba)

伦巴舞是拉丁舞中具有独特魅力的舞蹈,舞蹈动作曾受雄鸡走路启发,舞蹈的形成与西班牙的舞蹈"波莱罗"以及与非洲黑人舞蹈有关。伦巴舞在古巴获得了极大的发展,是黑人的一种交际舞蹈。伦巴舞的音乐是4/4拍,每分27～28小节,舞蹈动作特点是臀、胯、膝盖绷直,胯向后扭摆,动作不能太突然。伦巴胯不是单一的左右扭摆,是提、转、绕、沉胯的一个组合动作,重心脚踏降时,脚跟用力踏地,足部伸直到超直过程,需经专门训练才能做到。

2. 恰恰舞(Cha Cha)

恰恰舞起源于非洲,传入南美洲后,在古巴获得了很大的发展。恰恰舞的音乐曲调欢快有趣,4/4拍,每分29～32小节,4拍跳5步。舞蹈时,在前脚掌上施力,当移重心至脚上时,脚跟要放低,膝关节伸直,用稍离地面的踏步来表达心情的欢快;后退步时,脚跟下落要比前进步晚,避免重心突然"掉"至后面。正确的舞姿、稳定的腿部动作和足部动作对跳好恰恰舞是非常重要的。

3. 牛仔舞(Jive)

牛仔舞源于美国西部,舞蹈带有踢踏动作,音乐节奏快速且有跃动感,令人兴奋不已。舞蹈动作粗犷豪放,其强烈的扭摆和连续快速的旋转使人目不暇接、眼花缭乱。舞蹈中有举持和拖甩舞伴等动作,以表现牧人强健的体魄和自由奔放的情感。牛仔舞在第二次大战后传入英国,得到广泛推广。牛仔舞的音乐是4/4拍,每分40～46小节,舞蹈风格欢快、热烈、诙谐、风趣。

4. 桑巴舞(Samba)

桑巴舞自非洲的黑人舞蹈,由农村传入城市演变而成,起初称为摩尔人的桑巴。舞曲音符短促,节奏欢快,舞步时而急速旋转,时而弯身下蹲,时而像蛇一样扭动着身躯。女舞者主要是细小而灵巧地扭胯,男舞者除胯部动作以外,还辅以脚下动作来炫示舞技。桑巴舞是拉丁舞中最强烈、最有个性节奏的舞蹈,乐曲热烈、欢快而又兴奋,舞蹈动作粗犷豪放,起伏强烈;膝部连续弹动,舞步奔放敏捷,富有强烈感染力。桑巴舞区别于其他拉丁舞的一个显著特点,是舞蹈时沿舞程线方向绕场移动,是一种行进性舞蹈。桑巴舞音乐2/4拍,每分48～56小节。

5. 斗牛舞(Paso Doble)

斗牛舞又称帕索多布累舞,起源于是西班牙,流行到法国后发展为国际标准舞。它是模仿西班牙斗牛的动作创编而成的舞蹈,由西班牙风格进行曲伴舞的一种拉丁舞。舞蹈中男士代表斗牛场上的斗牛士,女士代表斗牛士手中艳丽的红斗篷。舞蹈中保持着一种英武、敏捷、自豪的姿态,表现出强壮威武和豪迈昂扬的气概。斗牛舞的音乐是2/4拍,每分60~62小节,一般每拍跳一步,有时也可以是3/4和6/8拍,但只适用于表演。

第三节 健身与健美

健美运动是通过动作练习,使人体各部位的肌肉发达匀称,体格健壮,且富余雕塑感的艺术美。健身运动是通过动作练习,使人身体健康,体质增强,生活内容更加丰富。

一、健美运动的形成与发展

古希腊人崇尚体育运动,视没有受过正规运动训练的人为没有教养的人,对体育比赛中的优胜者给予崇高的奖赏——塑像。雕塑《掷铁饼的人》就是证明。人们对健康的崇拜到对美的追求,被认为是一种高尚的文化修养和艺术思想的飞跃和升华。这就是古代的健美运动。

20世纪初叶,德国体育家欧琴·山道用毕生的精力创建了科学系统的健美训练方法,并著书立说,到世界各地进行宣传表演,组织比赛,从而奠定了现代健美运动的基础。他被称为健美运动之父。30年代,美国人麦克法登发展了健美运动。第二次世界大战后,加拿大人本·韦德兄弟创建了国际健美联合会(IBFF)。至此,健美运动便形成了一个独特的运动项目。

二、健身与健美运动的特点和作用

健身和健美运动内容丰富,方法手段多样,设备可繁可简,适应面广,有广泛的群众基础。

健身,即通过各种方式的体育锻炼,达到提高内脏器官,尤其是心血管系统的机能平衡,最终达到增强体质的目的。

健美,是运用各种器械和各种训练方法,达到发达肌肉、健美体型的目的。

三、健美运动发展趋势

(1)健身健美。目的是练出匀称漂亮的身材,提高身体健康水平。
(2)竞技健美。通过科学的训练、合理的营养和充分的恢复,最大限度地发达全身肌肉。

四、健美运动锻炼的方式

(1)器材使用。徒手为主,器械为辅;器械为主,徒手为辅。

(2) 锻炼方式。集体为主,个体为辅;个体为主,集体为辅。

(3) 练习方法。重复次数多,负荷轻,重复次数少,符合重,锻炼内容按不同的器官系统,按不同身体部位。

五、健身健美锻炼前的准备和要求

(1) 检查身体健康。在开始进行健身健美锻炼前,每个人都应该到医院进行必要的身体健康检查,并以此判断自己是否适合参加健身健美锻炼。如患严重心脏病或传染性疾病者,都不能参加健身健美锻炼,患过重病且已康复者应持有医生的复查证明,才可以根据自身实际体能情况进行适当的锻炼,且必须有指导员认真的指导和严格的医务监督做保障。对于患有轻微的神经衰弱、慢性气管炎、失眠和肠胃不良等病的人,可以依据本人的具体情况,遵循训练原则,选择适合自己的锻炼方法和内容。

(2) 测量身体围度并做好记录。如身高、体重、颈围、肩围、胸围、上臂围、前臂围、腰围、大腿围、小腿围等。

(3) 测验专项身体素质并做好记录。如俯卧撑、引体向上、双臂屈伸、两头起、悬垂举腿、负重深蹲等。

(4) 制订一份确实可行的健身健美锻炼计划。

六、健身与健美的关系

从历史的演进来看,健身运动包括孕育了健美运动,健美运动的发展提高了健身运动。两者的目的都是增强人民体质,一个侧重健康身体,一个侧重健康体格。因此,不论男女老幼,既要进行健身锻炼,也应进行健美锻炼,使我们的身体既健康又健美,达到健康身体和健美体格的和谐统一。

七、健身健美锻炼应注意的事项

(一) 要靠体育锻炼来塑造

健美运动可以利用哑铃、拉力器和各种单项或综合健身器,做各种力量练习和柔韧性练习,也可采用节律体操、艺术体操、健美操和各种舞蹈以达到上述目的。如对全身性肌肉的堆积者,宜采用影响全身慢肌纤维的耐力性运动项目,如健美操、游泳、长跑;对于身体局部如腿部、手臂肌肉堆积者,宜选用影响局部慢纤维的运动项目,如举重、踢腿练习等,只有针对性运动和持之以恒进行锻炼,才能实现自己目标。

(二) 必须注意日常饮食调节

在保持营养的前提下,不过多地摄入蛋白质,以促使体内的肌纤维的转化,适当增加碳水化合物的摄入,以供耐力性运动的能量消耗。因此,在日常饮食中必须做到:热量充足,保持吃早餐的习惯;营养丰富,多食蛋类、肉类、豆类、鱼、乳等有丰富蛋白质的食物,还要多食如豆类、土豆、谷类、绿色蔬菜、肝、海带、海鱼、木耳等富含矿物质的食物和多食含维生素丰富的蔬菜和水果；不要暴饮暴食，一次不能吃得太多或喝得太多，否则会引起消化不良或胃肠病，从而影响营养吸收；平时少吃零食，饭前饭后要注意休息。

（三）注意适当的呼吸方法

在健身、健美锻炼中，掌握正确的呼吸方法是十分重要的。正确的呼吸不仅能增加氧气的吸入，加速机体内乳酸的氧化，使练习者发挥出最大的潜能，而且还能使练习者在完成具体的动作时注意力更加集中，动作更加协调而有节奏。如采用器械做中等强度的练习时，采用深吸气、深呼气的呼吸方法；采用器械做大强度的练习时，采用补偿式的呼吸方法；采用器械做最大强度的练习时，采用憋气的练习方法。

八、核心肌肉群练习方法介绍

（一）斜方肌有效练习法

1. 提铃耸肩

（1）练习方法。两脚左右开立与肩同宽，正握杠铃，双肘垂直，提杠铃于大腿前，握距比肩稍宽，挺胸塌腰成预备姿势开始，然后向上、向后耸转肩动作，再还原预备姿势，重复进行，注意练习中要保持上体的正直。

（2）呼吸。耸转肩时吸气，肩向下还原时呼气。

（3）功效。发达斜方肌上束，同时发达三角肌等。

2. 坐姿直臂侧上举

（1）练习方法。坐姿，上体保持正直、挺胸、紧腰，双手持哑铃置于肩部成预备姿势，两臂同时（或左右臂交替）直臂上举至臂完全伸直，稍停后再控制复位，重复练习。注意完成动作的速度不要太快。

（2）呼吸。两臂向上举时吸气，缓慢还原时呼气。

（3）功效。发达斜方肌上、下部肌束，同时发达前锯肌、三角肌和肱三头肌等。

3. 俯立耸肩

（1）练习方法。两脚开立，间距稍大于肩宽，两臂伸直，双手提铃，体前屈并两腿稍弯站在50厘米高的矮凳上成预备姿势，然后用斜方肌的力量连续做耸肩运动。注意：上体前倾角度要大，向上不要有起伏，以免借力完成动作。

（2）呼吸。向上耸肩时吸气，放下还原时呼气。

（3）功效。发达斜方肌中、上部肌束。

（二）背阔肌有效练习法

1. 俯立拉

（1）练习方法。两脚开立稍宽于肩，挺胸塌腰体前屈，两手正握杠铃先放在小腿前成预备姿势，然后用背阔肌的力量沿腿前提杠铃至小腹前，稍前2~3秒钟，慢慢沿腿前返回，重复练习。注意上体与地面的角度应始终保持不变。

(2)呼吸。向上提拉时吸气,慢慢向下返回时呼气。

(3)功效。主要发达背阔肌,同时发达大圆肌、冈下肌和三角肌后部肌束等。

2.颈前(后)拉

(1)练习方法。坐(或站)姿,两手正(反)握"T"形杆的两端成预备姿势,两臂屈肘向下拉至胸前(或颈后最低点),然后慢慢动作放松还原,反复练习。练习过程中,注意挺胸立腰。

(2)呼吸。向下拉时吸气,慢慢还原时呼气。

(3)功效。发达背阔肌、大圆肌等,同时发达斜方肌、肱二头肌(反握姿)和前臂肌。

3.侧拉拉力器

(1)练习方法。坐(或站)姿,身体稍前倾,上体挺胸紧腰,两手侧平举握拉力器成预备姿势,然后两臂屈肘牵引拉力器至身体侧后,慢慢放松还原,反复练习。注意上体不得摆动,背阔肌始终处于紧张状态,复位要缓慢。

(2)呼吸。下拉时吸气,还原时呼气。

(3)功效。发达背阔肌和大圆肌等,同时发达斜方肌。

(三)竖脊肌有效练习法(图11-3-1)

1.俯卧体屈伸

(1)练习方法。身体腰腹以下俯卧在平板上,双手持铃置于颈后,上体前屈成预备姿势,然后尽力伸展躯干至挺胸抬头,缓慢复原,重复练习。注意事项上体伸展时幅度不宜过大。

(2)呼吸。上体伸展时吸气,缓慢复原时呼气。

(3)功效。发达背脊肌。

2.俯卧上振

(1)练习方法。俯卧低头,双腿伸直,两臂前伸成预备姿势,然后尽力使臂、腿上振至抬头挺胸,还原后重复练习。注意身体收紧复原。

(2)呼吸。身体上振时吸气,复原过程中呼气。

(3)功效。主要发达竖脊肌。

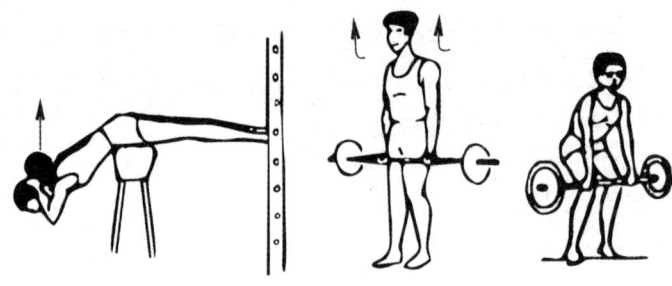

图11-3-1 竖脊肌练习法

(四)胸大肌有效练习法(图11-3-2)

1. 平卧推

(1)练习方法。两腿分开平卧在举重床上,双手正握杠铃,握距与肩同宽,挺胸沉肩,屈臂将杠铃置于胸部成预备姿势,然后用力向上台阶将杠铃推起至两臂充分伸直,稍停两三秒钟,两臂慢慢屈肘放下杠铃还原,重复练习。注意向上将杠铃推起时要夹胸、夹肘、意念集中。

(2)呼吸。向上将杠铃推起时吸气,慢慢屈肘放下时呼气。

(3)功效。发达胸大肌,尤其是肋部肌束,同时发达前锯肌、肱三头和三角肌前束、中束。

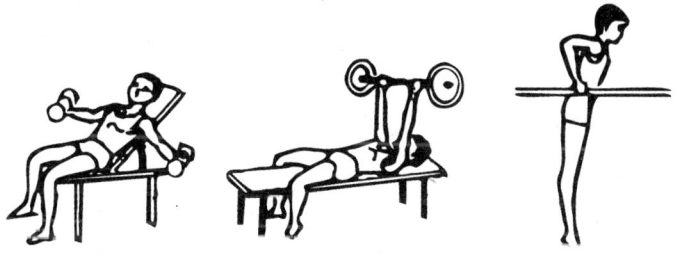

图11-3-2 胸大肌练习法

2. 上斜飞鸟

(1)练习方法。仰卧在上斜板上,两膝分开,脚踏地面,两臂微屈肘向下分开至肘低于体侧,双手持铃成预备姿势,然后胸大肌收缩,将微屈而分开的两臂内收至胸上伸直,稍停2~3秒后,原路返回预备姿势,重复练习。注意两肘分开时付要低于体侧。

(2)呼吸。两臂侧分及向上内收时吸气,臂接近伸时呼气。

(3)功效。发达胸大肌,尤其是胸肋部肌束,同时发达三角肌前束。

3. 引体向上

(1)练习方法。双手正(反)握单杠,握距与肩同宽(或略窄),身体自然下垂(腰间可负重)成预备姿势,然后尽力拉引躯干至胸部,稍停2~3秒,慢慢下放还原,重复练习。注意拉引时不要摆动身体或蹬足。

(2)呼吸。拉引躯体向上时吸气,放下还原时呼气。

(3)功效。发达胸大肌,同时发达成背阔面和斜方肌。

(五)前锯肌有效练习法

1. 持铃侧上举

(1)练习方法。坐(或站)姿,双手持铃,挺胸紧腰,两臂屈肘置于肩部后成预备姿势,然后一臂向上举起至臂伸直,稍停两三秒后,另一臂举起,交替进行,重复练习。注意上举时身体要保持正直,动作速度均匀。

(2)呼吸。臂向上举起时吸气,在最高点时调整呼吸。

(3)功效。发达前锯肌和斜方肌上、下肌束。

2. 俯卧双臂屈伸

(1)练习方法。俯卧,身体绷直,两臂伸直支撑,慢慢屈肘下降至最低位成预备姿势,然后同时撑起身体至伸直两臂,稍停两三秒后,重复练习。注意整个过程保持全身的挺直。

(2)呼吸。撑起身体时吸气,下降发达肱三头肌。

(3)功效。主要发达前锯肌,同时发达肱三头肌。

(六)颈部肌肉有效练习法

1. 坐姿抗阻颈前屈

(1)练习方法。坐(或站)姿,两脚自然分开,上体保持挺胸、收腹、紧腰的姿势,两手扶持固定物,将阻力带套在前额成预备姿势,然后尽力使头颈前屈,以对抗头部向后的作用力,重复练习。注意动作要平衡,两肩要固定。

(2)呼吸。头颈前屈时吸气,还原时呼气。

(3)功效。发达胸锁乳突肌、头长肌、颈长肌等。

2. 仰卧抗阻颈前屈

(1)练习方法。仰卧在平板上,上体保持挺胸、收腹、紧腰的姿势,两手握持固定物,将阻力带套在前额成预备姿势,然后头颈尽力抗阻前屈,稍停3~4秒,还原放松,重复练习。注意动作要平稳,用力要缓慢均匀。

(2)呼吸。用力前屈时吸气,放松还原时呼气。

(3)功效。发达胸锁乳突肌和斜方肌等。

(七)肩部肌肉有效练习法

1. 屈臂侧上举

(1)练习方法。直立,两臂下垂,双手持铃于髋关节侧成预备姿势,然后尽力屈肘上举至肩侧上方,稍停2~3秒后,再返回预备姿势,重复练习。注意返回时应缓慢放下。

(2)呼吸。屈肘上举时吸气,缓慢返回时呼气。

(3)功效。发达三角肌中部肌束。

2. 直立窄握提拉

(1)练习方法。两脚开立,上体正直,保持挺胸、收腹、紧腰的姿势,目视前方,正握杠铃(握距以一举宽为益)于髋关节前成预备姿势,然后贴身屈肘尽力向上提拉杠铃至下腭部,稍停2~3秒后,再慢慢贴身返回预备姿势,反复进行。注意提拉时上体不要过分后仰。

(2)呼吸。向上提拉杠铃时吸气,贴身返回时呼气。

(3)功效。主要发达三角肌前部和中部肌束。

3. 俯撑屈臂前举

(1)练习方法。两脚开立,一手撑在平板上,使背部前倾,另一臂屈肘持铃置于体前侧成预备姿势,然后尽力将铃向前上方举起,稍停2~3秒后再慢慢回落至预备姿势,反复进行。注意回落时宜缓慢。

(2)呼吸。将铃向前上方举起时吸气,慢慢回落时呼气。

（3）功效。发达三角肌前部肌束，同时发达胸大肌。

（八）肱二头肌有效练习法（图11-3-3）

1. 双手持铃反握弯举

（1）练习方法。坐姿，反握杠铃，握距与肩宽或稍窄于肩，上臂与肘夹贴体侧成预备姿势，然后两臂同时屈肘向上尽力弯起至胸前（臂间夹角小于90度），稍停3~4秒，慢慢持铃放下还原，重复练习。注意弯起或放下时，上臂要贴紧体侧。

（2）呼吸。屈肘向上尽力弯起时吸气，持铃放下还原呼气。

（3）功效。发达肱二头肌和肱肌。

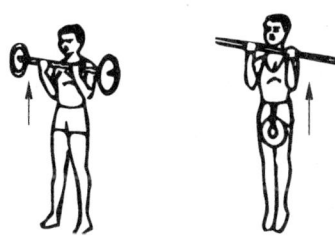

图11-3-3 肱二头肌有效练习法

2. "阿诺德式"弯举

（1）练习方法。坐姿，上体稍前倾，一臂伸直放在斜托上，使腋窝卡在斜托的上沿，并反握哑铃伸肘成预备姿势，然后以肘关节为轴用力弯举至靠近锁骨处，稍停两三秒，慢慢持铃放下还原，重复练习。注意上举时上臂保持不动，伸臂时要充分伸开。

（2）呼吸。用力弯举时吸气，持铃放下还原时呼气。

（3）功效。发达肱二头肌和肱肌。

3. 爬绳（竿）

（1）练习方法。两手上下抓握固定粗绳，两腿自然放松于绳两侧成预备姿势，然后两臂交替用力屈肘上拉至胸前，稍停两三秒，另一只手继续上拉，重复练习。注意动作速度要适中。

（2）呼吸。用力屈肘上拉时吸气，身体上拉到每次手的高点时呼气。

（3）功效。主要发达肱二头肌、肱肌，同时发达胸大肌、背阔肌和斜方肌。

（九）肱三头肌有效练习法

1. 窄握卧推

（1）练习方法。身体仰卧在平板上，双手正握杠铃（握距较窄），屈肘将杠铃置于胸前中部成预备姿势，然后用肱三头肌的力量向上将杠铃推起至双臂伸直，稍停2~3秒，缓慢还原，重复练习。注意两肘内收，不要外展。

（2）呼吸。向上将杠铃推起时吸气，缓慢还原时呼气。

（3）功效。发达肱三头肌，同时发达胸大肌、前锯肌、斜方肌和三角肌前部肌束。

2. 颈后臂屈伸

（1）练习方法。坐姿，上体挺胸、直立，一手扶撑体侧，另一手屈肘正握哑铃置于头颈后,上臂贴紧耳侧成预备姿势,然后以肘关节为轴用力将前臂伸直,稍停2~3秒,屈臂慢慢落下还原至颈后,重复练习。注意上臂与肘要固定,上举时臂要伸直。

(2)呼吸。将前臂伸直时吸气,屈肘落下还原时呼气。

(3)功效。发达肱头三肌,同时发达三角肌中部和前部肌束。

3. 坐姿颈后弯举

(1)练习方法。坐姿,上体保持挺胸、收腹、紧腰的姿势,双手正握杠铃于颈后(窄握),两上臂靠近耳部,肘关节始终朝上成预备姿势,然后用肱三头肌的力量以肘关节为轴向向上将前臂伸直,稍停两三秒再屈臂落下至预备姿势,重复练习。注意避免运动中身体前后摆动借力。

(2)呼吸。向上伸直前臂时吸气,屈臂缓缓落下时呼气。

(3)功效。发达肱三头肌,同时发达斜方肌和前锯肌。

(十)前臂肌肉有效练习法

1. 坐姿持铃腕弯举

(1)练习方法。坐在凳上,两手反握杠铃,将腕关节垫放在凳上,肘关节紧贴大腿成预备姿势,然后用力向上屈腕卷起至手不能向上弯曲时为止,稍停3~4秒慢慢松腕放下还原,重复练习。注意手腕屈伸要充分。

(2)呼吸。用力向上屈腕卷起时吸气,慢慢松腕放下还原时呼气。

(3)功效。发达前臂屈肌群和屈肌肌群。

2. 正握腕弯举

(1)练习方法。坐(或站)姿,正握哑铃,上体挺直紧腰,两臂前平举成预备姿势,然后反复做腕屈伸至力竭,重复练习。注意要尽力伸腕。

(2)呼吸。自然呼吸。

(3)功效。主要发达前臂屈肌群。

2. 站姿双手正握卷棒

(1)练习方法。两脚开立,与肩同宽,身体直立,呈挺胸、收腹、紧腰的姿势,两臂前平举两手正握卷棒成预备姿势,然后两手交替伸屈卷起重物,重复练习。

(2)呼吸。自然呼吸。

(3)功效。发达前臂屈肌群和屈指肌群。

(十一)腹部肌肉有效练习法

1. 直角悬垂举腿

(1)练习方法。双手头上正握单杠,握距与肩宽,两腿伸直与上体呈直角的预备姿势,然后慢慢收腹向上举腿至脚靠近单杠,稍停3~4秒,两腿并拢伸直慢落至预备姿势,重复练习。注意上举腿较快,放下时缓慢控制。

(2)呼吸。向上举腿至脚靠近单杠时吸气,两腿并拢伸直慢落至预备姿势呼气。

(3)功效。发达腹直肌的下部,同时发达腹外斜肌、腹斜内肌、髂腰肌和股直肌。

2. 仰卧收腹举腿

(1)练习方法。身体仰卧在平板上,两手抓住板的另一端(踝关节处可负重),上体保持不动成预备姿势,然后两腿并拢收腹向后举腿至靠近胸部为止(抬臀),稍停2~3秒,放下还原,重复练习。注意上举腿速度要快,放下时要缓慢控制。

(2)呼吸。收腹并并拢两腿向后举腿时吸气,放下还原时呼气。

(3)功效。发达腹直肌的下部,同时发达腹外斜肌、腹斜内肌、肌髂腰肌和股直肌。

3.仰卧起坐转体

(1)练习方法。屈膝仰卧在垫子上,上体挺胸紧腰收腹,双手抱握头部成预备姿势,以上腹肌群的收缩力先使躯干前屈起成预备姿势,然后再左(右)转体至力竭,重复练习。

(2)呼吸。自然呼吸。

(3)功效。主要发达腹外、内斜肌,同时发达腹直肌。

(十二)腰部肌肉有效练习法

1.体侧负重提拉

(1)练习方法。两脚开立,左手叉腰或扶在头后,右手持哑铃并向右侧尽力弯曲成预备姿势,然后用腰背肌力量使上体向右起至最大限度,稍停后再慢慢向右侧弯曲复位,反复练习。注意练习过程中要挺胸收腹,不得含胸弓腰。

(2)呼吸。拉起时吸气,慢慢返回复位时呼气。

(3)功效。发达躯干侧屈一侧的腰方肌,同时发达同侧的腹肌和竖直肌。

2.负重体侧屈伸

(1)练习方法。站姿,两脚开立与肩同宽。两手持哑铃置于颈后肩上,先侧上一侧到最低点成预备姿势,然后上体慢慢侧起成直立姿势,稍停,向另一侧弯曲至最低点成预备姿势,重复练习。注意体侧屈时上体保持正直,不要前倾后仰。

(2)呼吸。上体侧起时吸气,向另一侧弯曲时呼气。

(3)功效。发达躯干侧屈一侧的腰方肌,同时发达同侧的腹肌和竖直肌。

3.坐姿俯身弯起

(1)练习方法。坐姿,两脚开立,颈后负重,上体保持挺胸塌腰,俯身至背部与地面平行的预备姿势,然后挺身向上抬起至正坐姿势,再慢慢返回预备姿势,重复练习。注意整个过程要缓慢进行。

(2)呼吸。挺身向上抬起时吸气,俯身返回时呼气。

(3)功效。主要发达腰方肌和竖脊肌。

(十三)臀部肌肉群有效练习法

1.俯卧直腿交替上举

(1)练习方法。上体俯卧在平板上,双手交叉抱握,上体不动,两腿伸直(可负重),绷直脚尖成预备姿势,然后两腿交替向上抬举至力竭,还原,再重复练习。注意练习中意念要集中。

(2)呼吸。自然呼吸(即一动一呼吸)。

(3)功效。发达臀大肌,同时发达大腿后群肌。

2.站姿负重屈腿伸

(1)练习方法。单腿站立,两手扶持固定物,全身直立、挺胸、收腹、紧腰,另一腿屈膝提起,脚踝套阻力带成预备姿势,然后尽力向后上摆腿至不能再高为止,稍停2~3秒,慢慢放下还原,重复练习。注意避免猛拉猛放。

(2)呼吸。腿向后上摆动时吸气,放下还原时呼气。

(3)功效。发达臀大肌,同时发达大腿后群肌。

3.负重上台阶

(1)练习方法。双手持哑铃置颈后,上体挺胸、收腹、紧腰成预备姿势,然后两腿交替登上台阶,重复练习。注意保持上体正直。

(2)呼吸。自然呼吸(即一动一呼吸)

(3)功效。发达臀大肌,同时发达股四头肌和小腿三头肌。

(十四)大腿部肌肉有效练习法(图11-3-4)

1.腿举

(1)练习方法。仰卧在垫子上,两臂放在体侧,两腿屈膝上举成预备姿势,然后两腿伸膝蹬举至两腿伸直,再缓慢屈膝落下,反复练习。注意两足要控制好重物的重心。

(2)呼吸。轻重量练习自然呼吸,大重量练习用力时吸气,放松时呼气。

(3)功效。主要发达股四头肌。

2.箭步蹲

(1)练习方法。两手颈后持铃,两腿弯曲,后退伸直呈弓箭步,挺胸塌腰成预备姿势,然后用前腿股四头肌的力量,使前腿向后上方伸直,稍停后缓慢复位,反复练习后,换另一腿练习。注意做弓箭步时应尽量向下,使股四头肌充分伸直。

(2)呼吸。前腿向后上方伸直时吸气,缓慢复位时呼气。

(3)功效。发达股四头肌,锻炼动作由该肌固定收缩完成。

3.负重蹲跳

(1)练习方法。两脚开立,与肩同宽,两手颈后屈臂持哑铃,挺胸塌腰向下屈膝成半蹲或全蹲的预备姿势,然后用股四头肌的力量向上跳起,重复练习。注意落地时以前脚掌落地,稍屈膝缓冲。

(2)呼吸。向上跳起发力时吸气,落地放松时呼气。

(3)功效。发达股四头肌,同时发达臀大肌和小腿三头肌。

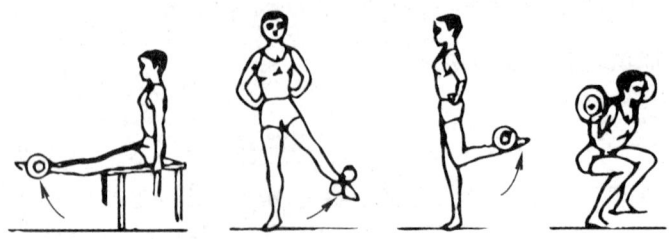

图11-3-4 大腿部肌肉练习法

(十五) 小腿部肌肉有效练习法

1. 坐姿脚屈伸

(1) 练习方法。坐姿,两手撑在身后,两腿并拢伸直,两脚踝套阻力带成预备姿势,然后两脚用力向后屈伸至最大限度,再返回复原重复练习。注意两脚要绷紧。

(2) 呼吸。两脚用力向后屈伸时吸气,两脚返回复原时呼气。

(3) 功效。发达小腿前群肌。

2. 坐姿负重脚弯举

(1) 练习方法。坐姿,两手撑扶在身后,膝关节内缘紧贴凳面,两小腿并拢自然下垂,两脚负重成预备姿势,然后两脚踝屈伸至最大限度,反复练习。

(2) 呼吸。轻重量练习自然呼吸,大重量练习用力时吸气,放松时呼气。

(3) 功效。发达小腿前肌群。

3. 骑坐提踵

(1) 练习方法。两脚掌并立站在垫木上,上体直立,两手扶握固定物,一同伴骑在肩上成预备姿势,然后两脚跟尽量向上提起,稍停,两脚跟慢慢充分下落,重复练习。

(2) 呼吸。两脚跟上提时吸气,下落时呼气。

(3) 功效。主要发达小腿三头肌,同时发达股四头肌和臀大肌。

小贴士

大学生必须每天坚持 1 小时的体育锻炼。在健美锻炼中,不能追求单一的外形美,还必须注意机体内的全面机能锻炼——内脏器官的功能锻炼和关节肌肉的锻炼,使强魄的体质、优美的体型和良好的心理素质结合起来,这才真正达到健康基础上的健美效果。

思考题

1. 健身、健美锻炼前有什么准备和要求?
2. 试根据自身的情况制订一份健身锻炼计划。
3. 开展健身、健美有哪些注意事项?

第四节 瑜 伽

瑜伽 5000 多年前起源于印度,它是一项通过身体操作和身心调和及心理意念的导引而达到身心整合的运动,把精神和肉体结合到最完美的状态是瑜伽的最终目的。

一、瑜伽运动

学习瑜伽的作用

* 调理生理,达到平衡
* 消除紧张,平静内心
* 修身养性,厚德载物
* 特别功法,特别疗效
* 塑身与美容

瑜伽起源于印度,有着5000多年的悠久历史,它是印度的六大哲学体系之一,被人们称为"世界的瑰宝"。近年来瑜伽风靡全世界,20世纪80年代开始,瑜伽较大规模地传播到中国,逐渐被人们熟知。瑜伽,是yuj(梵文)的译音,是一种称为"轭"的工具,用于驾驭牛马,之后又被翻译为"yoga",意思是"连接、统一",它是一项通过身体操作和身心调和及心理意念的导引而达到身心整合的运动,把精神和肉体结合到最完美的状态是瑜伽的最终目的。瑜伽的意思在梵文里是"融合"的意思;瑜伽的意思是自我(atma)和原始动因(the original cause)的结合(the union)或一致(oneness)。各种瑜伽体系都是帮助人实现这种瑜伽境界。由此字根延伸出瑜伽的意义是连接、控制、稳定、和谐、统一、平衡等。从广义上讲,瑜伽是哲学,从狭义上讲瑜伽是一种精神和肉体结合的运动。

二、瑜伽的功效

(一)调理生理,达到平衡

瑜伽强调身体是一个大系统,系统由若干部分组成,使各个部分保持良好的状态才能有健康的身体。瑜伽通过体位法、调息等方法,调整各个器官的生理机能,达到强身健体的目的。

(二)消除紧张,平静内心

通过瑜伽完全呼吸、打坐和各种体位法,调节神经系统,达到消除紧张。现在的人长期因工作或生活压力而处于精神紧张状态,容易感到疲劳,使呼吸不正常。瑜伽课程里的调息可以排除体内的废气,释放和缓解身体和精神上的压力和紧张,帮助练习者清除杂乱的思想,去发现内心真正的自我,体验平静、安宁、幸福的强烈感受。

(三)修身养性,厚德载物

瑜伽提倡一种健康的生活态度,让你自然地去掉吸烟、喝酒这些不良习惯。通过不停的自我超越,也让你充满自信。

(四)特别功法,特别疗效

瑜伽功法的练习能协调身体内各个系统的正常运作,促进各腺体的正常分泌,此外瑜伽练习对治疗各种妇科疾病也极有效,对于增进女性健康也有补益。通过针对的瑜伽功法还能预防与辅助治疗各种慢性疾病或先天性疾病。

(五)塑身与美容

瑜伽减肥、塑身的功效非常明显并且持久。①瑜伽特有的胸、腹式呼吸法对控制食欲的脑部摄食中枢有良好的调节作用,防止过度进食;②瑜伽配合呼吸的韵律围绕脊柱完成的各种姿势,可以有效按摩腹腔器官,实现对内脏活动的自我调节,调节内分泌,加强胃肠蠕动,促进脂肪的消耗;③瑜伽是有氧运动,每周两三次的瑜伽练习会帮助身体消耗多余的热量,不但能够减肥,同时还会增长肌肉力量,并通过各种伸展姿势拉长肌肉线条,让你渐渐练出修长紧实、毫无赘肉的身材。

三、人的生理结构与锻炼注意事项

(一)相关生理知识

在练习瑜伽之前,我们需要了解人体的脊柱是由33节脊椎构成的:7节颈椎,12节胸椎,5节腰椎,5节骶椎,4节尾椎(图11-4-1)。它们联系着全身的各个系统,因此每一节脊椎的健康都关系着全身各个系统的健康。我们的身体就像一部功能非常强大的机器,机器由各种部件组成,缺一不可。强壮的骨骼是这部机器的基础,支撑着柔软的肌肉与韧带,肌肉附于骨的表面,与骨骼共同支持人体、保护体内器官和承担运动的功能。只有当肌肉富有弹性,才能带动关节活动,才能维持人体稳定的姿势。而瑜伽发挥的功能就是用自然的方法使你慢慢地伸展每一块肌肉,只有当肌肉拉长到足够的长度,动作才会变得灵活。因此,有规律地练习瑜伽能让我们充分地运动关节,加强四肢和脊柱的弹性,并且使骨骼保持健康。

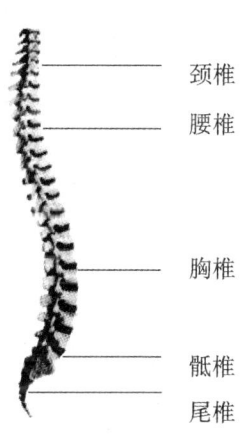

图11-4-1 人体脊柱构成

(二)练习瑜伽的注意事项

(1)时间安排与饮食要求。清晨,早饭之前或傍晚是瑜伽锻炼的最佳时间。要保证空腹或完全消化以后进行练习,大体上是饱餐后3小时,喝入流质食物则可在半个小时后练习。日常饮食尽量避免油腻、辛辣。练习后半小时进食比较科学。

(2)身体清洁。洗澡可以增加人体洁净和轻松的感觉,这样在进行某些练习时效果更好,因此许多人选择在练习前一个小时左右洗澡。此外练习者练习前需清理鼻腔,尽量解完大、小便。如果想在练功后用热水淋浴,应在15分后进行。

(3)衣着要求。练习瑜伽要尽可能穿着简单、宽松。练习时最好光着脚,并摘掉手表、腰带或其他饰物。

(4)练习场地与环境。练习瑜伽时要选择安静、清洁、空气新鲜的地方,如果在室内注意保持空气的流通,这对于调息练习尤为重要。瑜伽练习时必须保持安静,避免交谈和心理活动,播放轻松简单的乐曲,以帮助身心能够专心集中。

(5)女性及某些患病者的注意事项。女性在生理周期期间应避免做腹部过于用力的动作、腹部过于用力的呼吸、倒立类动作等。做上体往下倒立的姿势时,高血压、低血压患者、头部受过伤害的人、晕眩病人、心衰的人避免练习,以免头部充血而发生危险。患椎间盘突出的人禁止做往前弓背的动作。

(6) 练习方法。瑜伽体位法包括弯、叠、折、俯、扭、抑、屈、伸、提、压等,不正确的练习会损害健康,扰乱心神。一定要在教师的指导下练习。瑜伽练习的每一步骤到要谨慎从事,不可操之过急,练习过程中逐步增加力度和难度,顺其自然、循序渐进。

(7) 休息。瑜伽休息有两种,第一是短时间的休息,这主要是体位法中常采取的10~30秒的休息,一般占用练习的五分之一左右;另一种是专门的休息有时达十几分之久,甚至更长时间,例如常练习的仰卧瑜伽放松术等。这种方法除了达到放松的目的,还能帮助恢复体内能量和精神。

四、瑜伽运动的分类

(一) 传统瑜伽的分类

1. 哈达瑜伽(Hatha Yoga)

把体位法、身体洁净和呼吸锻炼结合在一起,是传统瑜伽体系中最基础、最普及的流派,动作相对缓慢柔和,在全世界传播范围最广。

2. 阿斯汤加瑜伽(Astanga Yoga)

即八支分瑜伽,又称滕王瑜伽,以体位法、呼吸、冥想、三摩地等八个步骤著称,是最系统的瑜伽体系。

3. 实践派瑜伽(Karma Yoga)

以身心的行动,无私奉献世人的无我修行派瑜伽,提倡在工作中修行。

4. 语音冥想瑜伽(Mantra Yoga)

通过反复唱诵语音净化身心的瑜伽流派。

(二) 现代社会派生的瑜伽支流

1. 阿斯汤加(Astanga Vinyasa)

起源于印度的城市Mysore,以"Vinyasa动作呼吸紧密相连"为基础,动作前后连贯,一气呵成,是最系统的、难度最大的瑜伽,有"呼吸体操"之称。阿斯汤加Vinyasa是一种自我挑战,能使全身的力量及协调、柔韧、平衡等能力全面发展,练习后使人身心和谐,神清气爽。正因为如此,在欧美国家,这一运动成为田径、篮球、网球、自行车、高尔夫运动员理想的交叉训练项目。

2. 力量瑜伽(Power Yoga)

即Astanga Vinyasa的现代演绎,同样以"Vinyasa"为基础,动作更为活泼,可以穿插许多力量性的体位法,注重意志力和生命内在能量的锻炼。

3. 流瑜伽(Flow Yoga)

是由哈达瑜伽向力量瑜伽和阿斯汤加瑜伽过度而产生的,以阿斯汤加瑜伽的"Vinyasa"为主线,但动作缓慢而流畅,同时又可以穿插快速的节拍性练习,强度大于哈达瑜伽,小于力量瑜伽和阿斯汤加瑜伽,是练习阿斯汤加瑜伽和力量瑜伽的基础。

4. 热瑜伽(Hot Yoga,也称 Bikram Yoga)

通过对外在环境温度的控制(38 ℃~42 ℃)而达到减肥、排毒效果的瑜伽。

(三)按功能分类

(1)力量类瑜伽:①活力瑜伽(力量瑜伽);②阿斯汤加瑜伽;③流瑜伽。

(2)放松类瑜伽:②哈达瑜伽;②心灵瑜伽;③香薰瑜伽。

(3)减肥、塑身类:①热瑜伽(高温瑜伽);②形体瑜伽;③水中瑜伽。

(4)从锻炼形式看瑜伽的分类:①双人瑜伽;②辅助瑜伽。

五、瑜伽运动的呼吸方式

(一)胸式呼吸

仰卧或伸直背坐着,深深吸气,但不要让腹部扩张。代替腹部扩张的是把空气直接吸入到胸部区域。在胸式呼吸中,胸部区域扩张,腹部应保持平坦。然后,当吸气越深时,腹部向内、朝脊梁骨方向收入。当用这种方式吸气时,须注意:肋骨是向外和向上扩张的。当呼气时,肋骨向下并向内收。

(二)腹式呼吸

仰卧或伸直背坐着,把左手或右手轻轻放在肚脐上。当吸气时,空气直接吸向腹部。如果吸气动作做得正确,手就会被腹部向上(坐着时向前)抬起。吸气越深,腹部升起越高。随着腹部扩张,横膈膜就向下降。现在呼气,会发现腹部向内、朝脊柱方向收。可以凭着尽量收缩腹部的动作把所有空气呼出双肺之外。而这样做时,横膈膜就自然而然地升起。

(三)完全的(瑜伽)呼吸

完全的呼吸是把以上两种呼吸方法结合起来进行。这是一种自然的呼吸方法。轻轻吸气,首先吸向腹部区域。在这区域鼓起的时候,就开始充满胸部区域的下半部分。然后,又充满胸部的上半部分。尽量将胸部吸满空气而扩张到最大程度——双肩可能略微抬起,胸部也将扩大,等等。在这种情况下,腹部将会向内紧收,吸气吸到双肺的最大容量。现在,按相反的顺序呼气,首先放松胸部,然后放松腹部,用收缩腹部肌肉的方法结束呼气,这确保了已经从肺部呼出的最大量的空气。然后慢慢吸气,首先充满腹部,如此循环下去。完全的呼吸应是顺畅而轻柔的,整个呼吸应该作为一个顺畅的动作来做——像一个波浪轻轻从腹部波及胸腔中部再波及胸腔的上半部,然后减弱消失。呼气不应是匆忙或使劲的,而应该是稳定、渐进的。

益处:增加氧气供应,血液得到净化。肺部组织更强壮,从而增强了对感冒、支气管炎、哮喘或其他呼吸上的毛病或抵抗力。横膈膜和胸腔区域都得到发展和加强,活力与耐力均有增长。面色更好,而且,心灵变得更清澈、更警醒。

六、瑜伽呼吸控制方法

(一)"昏眩"式呼吸

方法:按舒服的坐姿坐好,闭上眼睛,把头向后弯曲,同时深长而缓慢地吸气,然后慢慢呼气,逐渐把头恢复到正常的位置,做收颌收束法,就这完成了一个回合。重复练习。

功效:这是一个很好的瑜伽冥想前的预备练习,它会产生安宁和放松的感觉,有助于实现制感(注意:患有高血压、颅内压或昏眩病的人不应该做这个练习)。

(二)喉式呼吸

方法:通过两鼻孔呼吸,但其做法却使你感到是用喉头来呼吸,这种产效果是由于收缩喉头声门产生的。喉呼吸做得正确的时候,每次吸气,你都听到一个像"萨"的声音,每次呼气,你也听到像"哈"的声音。这声音和婴儿睡眠呼吸声或一种轻微鼾声相同。做喉呼吸的时候,呼吸通常是相当深的,练习中可为轻浅的呼吸也可以用喉呼吸的方式来做。可以说,喉呼吸是习瑜伽者的第二天性。

功效:喉呼吸有奇妙的效果。它能使心灵和神经系统宁静安详。当人们练调息或瑜伽姿势感到疲倦时,就可以用仰卧放松功的姿势躺下,以喉呼吸方式做休息性的呼吸,很快就感到精力恢复过来。

(三)清理经络调息功

方法:把食指和中指放在前额的中央。把大拇指放在右边鼻孔旁边,因为你要用它来控制出入右边鼻孔的气流。把无名指放在左鼻孔旁边,用大拇指轻轻按住右鼻孔只用左鼻孔呼吸。呼吸应是缓慢,稳定而深长——每次吸气要尽量充满双肺(但不要引起不舒服的感觉),呼气时应呼出全部空气,然后移开按住右鼻孔的大拇指,用无名指盖住左鼻孔来阻止境气流通过它。只用右鼻孔呼吸最好是:当空气在鼻孔出入时,连一点声音也没有。呼吸模式如下:左鼻孔吸气,右鼻孔呼气,右鼻孔吸气,左鼻孔呼气。如此此循环下去,每一次练习应做25个回合。

功效:清理经络调息的益处极大。在身体生活健康方面,能清除血液系统的毒素。它给身体额外的氧气供应,从而滋养全身。二氧化碳被排除出体外,肺部所有的陈气也被清除。总的来说,如果做得正确的话,能使人体会一切工作精神焕发、宁静和平的感觉,心也变得更安详、清澈。

(四)清凉调息功

方法:按舒适的瑜伽姿势打坐。背部要伸直。双手放在两膝上。张开嘴,把舌头伸出一点儿,把舌头卷成一条管子。通过舌头小管吸气,把舌头当作一条麦秆或吸管,用它吸入空气。应该能够听到和感到清凉的空气经过舌头,沿气管向下送。吸气应缓慢而深长,在吸满空气之后,闭上嘴巴,悬息,把头向前放低,让下巴停落在两条锁骨之间的凹下处。抬头,接着慢慢通过鼻孔呼出空气。

功效:当空气进入肺部时,清凉调息术使空气变得清凉,这又起了使全身清凉的作用。清凉调息术使各肌肉群放松,产生宁静安详的感觉。它促进肝脏和脾脏的活动,增强消化能力,解渴。据说,它还能洁净血液,促进生命之气在全身的流通。

(五)风箱式呼吸

方法:按舒服的坐姿坐好,做腹式呼吸,急促、有节奏、有力地连续吸气和呼气,让腹部扩张和收缩。但是不猛烈地做,大约完成 20 次,次数不宜太多,否则会使身体受到损害。然后深深地吸气约几秒,同时做收颌收束法或会阴收束法,然后呼气,做大约 3 个回合。

功效:风箱式调息使腹部肌肉、脾脏、肝脏和胰脏活动旺盛有力,它增加胃口,改进消化。有助于清洁鼻窦,并清除喉部的黏液。它有助于治疗哮喘、肺结核和胸膜炎,还能洁净和加强肺脏。风箱式使人的心灵变得内向,从而使人准备好做瑜伽冥想。它还给人体"充氧"(注意:患高血压、低血压、心脏病、昏眩病的人不应练习它,身体虚弱、肺活量小的人以及患有严重耳、眼疾病的人也不应该练习这种功法)。

思考题

1. 简述瑜伽的主要功效。
2. 简述瑜伽的呼吸方式。

第十二章

实用体育比赛与裁判法

学习目标：

了解2~3项你所喜爱运动项目相关的实用裁判法则及手势

第一节 篮球比赛主要规则与裁判法

一、违例

（一）带球跑违例

持球队员违反下述持球移动的限制范围，应判为带球跑违例。

确定中枢脚是判断持球队员是否带球跑的关键。通常以四种情况来确定中枢脚：①队员静立接球时，可以任何一脚作为中枢脚；②队员在移动中接球（运球）停步，以先落地的脚为中枢脚；③队员在移动中接球（运球）停步，可以再跳起先落地的脚然后双脚着地，这时没有中枢脚，在抬起任何一脚落地前必须将球投篮或传球出手；④队员合法停球后，如果他投篮或传球时可提起中枢脚或跳起，但必须在一脚或两脚再次接触地面前将球脱手，如果他开始运球时，在球离手前不准提出中枢脚。

罚则：将球判给对方队员在违例地点最近的边、端线掷界外球。

（二）非法运球

队员控制球后，将球掷、拍或滚，在接触其他队员之前再与球接触则为运球。队员一运完毕，不得再次运球，如果再次运球，称非法运球。

罚则：将球判给对方队员在违例地点最近的边、端线外掷界外球。

（三）跳球违例

跳球时队员应遵守如下规定：当裁判员所抛的球到达最高点之前，任何一跳球队员都不得拍球；在拍球前，跳球队员不得离开自己的位置；每一跳球队员只能拍两次球，每一跳球队员第二次拍球后，当球触及非跳球队员、地面、球篮或监板前，不得再接触球；跳球时，非跳球队员在球被跳球队员拍击前，应站在圆圈外，违反上述规定即为跳球违例。

罚则：将球判给对方队员在违例地点最近的边、端线外掷界外球。

(四) 脚踢球和拳击球

篮球比赛时，队员不得用脚踢球或者用腿有意地拦阻球，不得用拳击球，不得故意用头顶球。如果队员出现上述动作，应判违例。但是，无意的球碰脚或腿则不判为违例。

罚则：将球判给对方队员在违例地点最近的边、端线外掷界外球。

(五) 球回后场

在前场控制球队的队员使球进入后场，该队队员又接触了球，则为球回后场违例。因此，判断球回后场违例有3个因素：队员在前场控制球、在前场最后触球、在后场最先触球。缺任何一因素都不构成球回后场违例。

罚则：由对方队员在边线外骑跨中线掷界外球。

(六) 掷界外球

在球触及了另一队员前，掷界外球队员不得在场内触及球；不能在球离手前踏入场地；球未离手的时间超过5秒；掷界外球队员在球离手前不得从裁判指定的地点横向移动超过正常的一步；掷界外球球离手后，在球接触场上队员前，球触及界外或停留在篮圈支架上进入球篮；在球掷过界线前，任何其他队员不可以使身体的任何部分越过界线；掷界外球队员掷球不能越过篮板传给场上另一队员；从前场掷球给位于后场的同队队员，违反上述规定即判为违例。

罚则：将球判给对方队员在原掷界外球地点的边、端线外掷界外球。

(七) 干扰球

判断干扰球违例主要注意以下方面：①投篮的球在篮圈水平面上下落时，进攻队员不得触及此球；②投篮的球在篮圈水平面上下落时，防守队员不得触及此球。

罚则：投篮的球在篮圈水平面上下落时，如进攻队员违反此规定，不管是否投中均无效，由对方在罚球线的延长部分掷界外球；投篮的球在篮圈水平面上下落时，如防守队员违反此规定，无论中篮与否，根据投篮地点判给投篮队员得2分或3分。

(八) 使球出界

比赛中，队员使球触及出界队员，触及界线外的任何人员，地面或物体，触及篮板的支柱或背面等，均应判为使球出界。

罚则：由对方队员在就近的边、端线掷界外球。

(九) 罚球违例

罚球时队员应遵守下列规定：可用任何方式投篮，但必须将球在被别的队员触及前从篮圈上方投入球篮或触及篮圈；罚球队员应在5秒之内投篮出手并使球触及篮圈；罚球时，罚球队员不得接触罚球线或罚球线前的地面；不得做假动作罚球；当球正在飞向球篮的途中不得触及球；罚球中，当球与篮圈接触时不得触及球篮或篮板；在最末一次罚球之前的任一罚球中，只要球有机会进入球篮，他不得触及球或球篮等，违反上述规定即判为违例。

罚则：罚球队员违例，取消该次罚球所得利益，若本次为最后一次罚球，则由对方队员在就近的边、端线掷界外球；进攻队员违例，同上；防守队员违例，发球队员罚中有效，若罚球队员未罚中，则加罚一次。

(十)违反时间规则的违例

(1)3秒违例。某队控制球时,同队队员在对方限制区内停留不得超过3秒,否则为3秒违例。

(2)5秒违例。下列情况为5秒违例:①掷界外球队员可处理球时开始,他必须在5秒内将球掷入场内,否则应判5秒违例;②罚球队员得到裁判员递交球后,他必须在5秒内将球离手,否则,应判罚球队员5秒违例;③一个持球队员被严密防守(在正常的一步之内)时,他在5秒内没有传、滚、投或运球时,应宣判违例。

(3)8秒违例。一个队从后场控制活球开始,必须在8秒内使球进入前场,如果超过8秒,应判违例。

(4)24秒违例。某队在场内控制着一个活球时,必须在24秒内投篮出手,否则应判24秒违例。

罚则:由对方队员在违例地点最近的边、端线外掷界外球。

二、犯规

(一)侵人犯规

侵人犯规是队员与对方队员的接触犯规,无论在活球还是死球的状况:①队员在攻守中,不准通过伸臂、肩、髋、膝或弯曲身体成不正确的防守姿势,不准采取不合理的防守位置达到阻挡、阻挠对方,不准采用非法的动作打、拉、推、撞、绊对方;②防守无球队员时,距离不准太近,占据位置时,时间和速度不准太快;③运球队员不准冲撞已站在他行进路线上并已采取了合法防守位置的队员;④做掩护队员的要原地不动,与进攻队员要有一定的距离,不准在移动中进行掩护;⑤起跳时,队员要遵守垂直原则,不准撞开对方起跳,当某队员起跳到空中时,对方队员不准移动到他的身体下面。

罚则:凡在比赛中,队员发生侵人犯规,除登记该队员的犯规次数,并累计在该队每半时7次或每节4次外,应按如下的罚则处罚。

(1)对正在做投篮动作的队员发生了侵人犯规时,若球投中,得分有效,再加罚一次;若球未投中,根据投篮地点判给投篮给员2次或3次罚球。

(2)对未做投篮动作的队员发生了侵人犯规时,由对方在犯规就近的界线外掷界外球。若本队每半时有犯规超过7次或每节4次时,则由对方执行2次罚球。

(3)违反体育道德犯规是指裁判员认为队员蓄意对持球或不持球的对方队员造成的侵人犯规。若对未投篮队员发生了违反体育道德的犯规,则判给对方两次罚球和一次掷界外球权。若对投篮队员发生了违反体育道德犯规,投中有效,再判给一次罚球和一次掷界外球权;若未投中,根据投篮地点判给投篮队员2次或3次罚球和一次掷界外球权。

(4)取消比赛资格的犯规是指任何十分恶劣的不道德的犯规。发生此类犯规时,令犯规队员去本队休息并在比赛期间留在那里,他也可以选择离开体育馆。罚则同违反体育道德犯规。

(5)双方犯规是指两名对抗的队员大约同时互相犯规的情况。罚则是登记每位犯规队员一次侵人犯规,累计在全队每半时7次或4次犯规内。当双方犯规发生时:如果某队控制球,应由原控制球队掷界外球重新比赛;如果两队都不控制球,应遵循"跳球与交替拥有"规定重新比赛;如果双方犯规同时,投篮得分并有效,要由得分队的对方队员在端线外掷界外球重新比赛。

(二)技术犯规

技术犯规是与对方不发生身体接触而违反规则的行为或道德方面的犯规。

(1)应判技术犯规的情况。在比赛中,队员如果同裁判员谈话或接触而没有礼貌;使用不尊重的语言和举动;故意拖延比赛时间妨碍比赛进行;被判犯规不按规则要求举手等;通过违规带来不正当的利益等。

罚则:技术犯规,登记该队员犯规次数,累计在全队每半时7次或每节4次犯规之内,判给对方队员2次罚球和随后的球权。

(2)教练员、助理教练员和替补队员技术犯规:在比赛中,教练员、助理教练员和替补队员,如果随意进入球场或离开球队席,跟随比赛的移动而指挥比赛;不听裁判员的劝告;与裁判员和对方人员谈话没有礼貌;大喊大叫妨碍比赛顺利进行等。

罚则:将犯规登记在该队教练员名下,累计在该队教练员3次犯规之内,由对方罚球2次并在边线的中点处掷界外球。

(3)比赛前或比赛休息期间技术犯规。

罚则:比赛前和比赛休息期间,若队员被判技术犯规,将犯规登记在该队员名下,累计在全队每半时7次或每节4次犯规之内。若教练员和助理教练员技术犯规,将犯规登记在该队教练员名下,累计在该教练员3次犯规之内,由对方罚球两次之后,在中圈跳球开始比赛或遵循"跳球与交替拥有"规定进行比赛。

(三)队员5次犯规

一名队员不论侵人犯规和/或技术犯规共达5次,在得到通知时他必须自动退出比赛并在30秒内被替换。

三、时间通则

(一)比赛时间

目前采用两种比赛方法:①全场40分,上下半场各20分,中场休息10分;②全场分四节,每节10分,第1、3节比赛结束后各休息2分,第2节比赛结束后休息10分。

如果下半时或第4节的比赛终了时得分相等,要延长5分作为决胜期进行比赛,必要时要延长几个这样的5分,直到分出胜负为止;在所有的决胜期中,球队按下半时或第4节进攻朝向的相同球篮继续比赛。

(二)要登记的暂停

上半时(两节)的比赛时间内可以准许2次要登记的暂停,下半时(两节)的比赛时间内可以准许3次要登记的暂停,每一决胜期内准许1次。

(三)跳球与交替

在跳球开始赛后没有获得球权的队,将在接下来的一次跳球机会出现后获得在跳球位置就近的边线掷球入界的权利。

(四)赛制与积分

赛制:单循环制、双循环制、单淘汰制、双淘汰制以及混合制。

积分:循环制以胜一场得 2 分,负一场得 1 分记分,弃权为 0 分。若两队积分相等,则按双方相互胜负决定名次,胜者名次列前;若两队以上积分相等,则按积分相同队间的得失分率(总得分/总失分)排列,比值高者名次列前;如仍相等,则按他们在全组内所有比赛的得失分率排列名次。

四、篮球比赛裁判主要手势介绍(图12-1-1)

表 12-1-1　篮球比赛主要裁判手势

类型	裁判手势		
得分	1分 从腕部下屈	2分 从腕部下屈	3分试投 手指示3
	3分投篮成功 双手手指示3	取消得分 取消比赛 双臂身前交叉一次	
计时钟	停止计时钟(鸣哨) 或不开动计时钟  伸开手掌	犯规停止计时钟(鸣哨)  一拳紧握,一掌下指腰部	计时开始  用手作砍劈动作

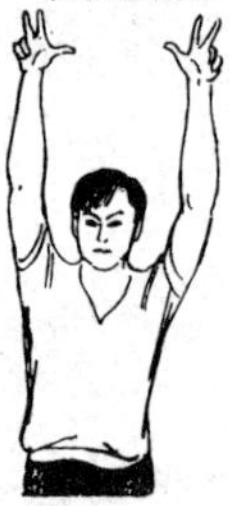

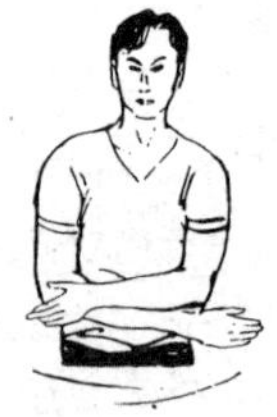

续表 12-1-1

类型	裁判手势		
管理	替换 前臂交叉	招呼入场 伸开手掌摆向身体	要登记的暂停 手指成"T"形
违例	带球走 转动双拳	非法运球 或两次运球 轻拍动作	携带球 向前半圈
违例	3秒违例 伸出手臂示3指	5秒违例 示5指	球回后场 手指伸出
	故意脚球 手指指向脚	球出界和(或) 进攻方向 手指指向，平行边线	跳球 两拇指向上

续表 12-1-1

类型	裁判手势			
队员号码手势	4号	6号	10号	15号
犯规	推人或徒手撞人 模仿推	带球撞人 握拳击手掌	控制球队犯规 握拳朝向犯规队的球篮	双方犯规 挥动双拳
	技术犯规 手掌成"T"形	违反体育道德的犯规 抓住手腕	取消比赛资格的犯规 紧握双拳	
判给罚球的次数	1次罚球 举起1指	2次罚球 举起2指	3次罚球 举起3指	

续表 12-1-1

类型	裁判手势		
进攻方向	手指指向，平行边线	控制球队犯规后 握拳平行边线	
执行罚球 （在限制区内）	1次罚球 举起1指 1次罚球 食指	2次罚球 举起2指 2次罚球 手指并拢	3次罚球 举起3指 3次罚球 双手手指示3

第二节　排球比赛主要规则与裁判法

一、排球比赛主要规则

排球运动是由两支人数相等的球队，在被网隔开的场地上，各队遵照规则，以身体任何部位，将球击过网，使其落在对方场区的地面上，而防止球落在本方场区地面上的一种集体的、攻防对抗的体育项目。

(一)发球

(1)发球无效。如果第一裁判员没有鸣哨允许发球,而发球队员将球发出,则发球无效,应当重新发球。

(2)发球犯规。发球队员在第一裁判员鸣哨允许发球后8秒内必须将击出。否则应判为发球延误犯规,换由对方发球,对方得一分。发球队员将球抛起后,必须在球落地前用一只手臂将球击出。如果没有将球抛起(或撤离),则判为犯规。身体的其他部位触球亦为犯规。

(二)位置与轮换

(1)位置和次序错误。在发球队员击球时,其余的队员应在各自场区内两排站立,每排3名队员,各排可以站成折线形。队员的位置应以脚的着地部分来判断。靠近球网的3名队员是前排队员,他们的位置分别称4号位(左)、3号位(中)和2号位(右)。另外3名队员为后排队员,位置分别称5号位(左)、6号位(中)和1号位(右)。发球击球时,后排队员不能站到相应的前排队员前面去,也不能平行。如后排5、6、1号位队员是分别与4、3、2号位队员相对应的,5号位队员就不能站在4号位队员前面,也不能平行。如果某队被判为位置错误犯规,则失一分。队员应恢复到正确的位置上。

(2)位置轮换。排球比赛中,接发球队胜一球后得一分并获得发球权。该队员必须按顺时针方向轮转一个位置。原先站在2号位的队员轮转到1号位发球。轮转是按照每局开始前教练员填写的位置表,并且登记在记分表上的次序进行的。如果没有按照正确的轮转次序发球,则判该队发球次序错误。判处方法同位置错误。如果在发球次序错误中已造成得分,则应取消所在错误中的得分,但对方的得分仍有效。

(三)犯规

(1)4次击球。每个队最多击球3次(拦网除外),将球从网上击回对方。不论是队员主动击球,还是被触及,都算作该队击球一次。出现第4次击球,应判"四次击球"犯规。

(2)连击。一名队员不能连续击球两次(拦网除外)。连续击球或被球触及是"连击"犯规。连续的意思是两次触球有先后,而且中间没有其他人触球。球可以触及身体的不同部位,但必须是同时。

(3)持球。队员没有将球击出,造成接住或抛出,应判为"持球"犯规。

(4)过网击球。队员身体某一部分进入对方场区,并从中获得利益。

(5)后排队员进攻性击球犯规。后排队员在前场区完成进攻性击球,而且击球时球的整体高于球网上沿,应判为"后排队员进攻性击球犯规"。所谓"在前场区",是指站在前场区或踏及前场区起跳(包括边线外的延长部分)。"完成进攻性击球",是指球的整体越过球网垂直面,或者触及对方队员,再加上球的整体高于网上沿。只有这3个条件同时存在,才被认为"后排队员进攻性击球犯规"。

(6)延误判罚。延误比赛的行为包括以下几个方面:①换人延误时间;②裁判员鸣哨恢复比赛后,仍拖延暂停时间;③请求不合法的替换;④在同一局中再次提出不适合的请求;⑤场上队员拖延比赛的继续进行等。

(四)暂停

每局每队可以请求两次暂停,每次 30 秒。暂停时队员必须离开场区,到替补席附近的无障碍区。

(五)赛制

排球比赛采用每球得分制。前 4 局先得 25 分而且超出对方两分的队胜这一局。24∶24 时,比赛继续进行,直至某一队领先两分获胜。决胜局规定,先得 15 分并领先对方 2 分才算获胜。正式比赛为五局三胜制。

二、排球比赛主要裁判法

(一)临场操作程序

(1)赛前。主要程序为:①赛前 15 分裁判员召集双方队长到记录台前挑边,双方队长可挑选发球或接发球、场地,双方正式准备活动 10 分;②赛前 12 分裁判员向双方教练员收取位置表;③赛前 5 分双方停止练球,运动员准备进场,裁判员向仲裁请示、请求开始比赛;④赛前 4 分,第一、第二裁判员带领双方全体队员上场;⑤赛前 3 分,第一、第二裁判员进场,介绍裁判员;⑥赛前 2 分 30 秒介绍上场队员(6 名正式队员,自由防守队员)、主教练;⑦比赛正式开始。

(2)赛中。执行排球规则和竞赛规程并做出的有关规定。

(3)赛后。请双方队长在记录表上签字。裁判员在记录表上签字,承认比赛结果。

(二)记分

一般循环制的记分方法是:比赛胜一场得 2 分,负一场得 1 分,弃权为 0 分。积分高的名次列前,若两队或两队以上积分相等时,比较 C 值,比值高者名次列前。

$$C\text{ 值} = \frac{A(\text{胜局总数})}{B(\text{负局总数})}$$

如果 C 值仍然相等,则 Z 值高者名次列前。

$$Z\text{ 值} = \frac{X(\text{总得分数})}{Y(\text{总失分数})}$$

三、排球比赛主要裁判手势(表12-1-1)

表12-2-1　排球比赛主要裁判手势

手势	手势名称	手势图示
第一裁判员手势	a 发球成功或得分 b 后排队员击球犯规	发球：一手侧平举，掌心向前，手指向发球一方 后排队员击球犯规：一臂上举再向胸前平屈，并指向犯规队员 
	a 发球触网和队员触网 b 在对方场区击球或拦网犯规	发球触网和队员触网：一手触网顶或触犯规一侧的球网 在对方场区击球或拦网犯规：一手在网顶上伸入对方场区，另一手指向犯规队员 
	a 一局或全场比赛结束 b 位置和次序错误	一局或全场比赛结束：两手在胸前交叉 位置和次序错误：一手食指在体前水平绕环 

续表 12-2-1

手势	手势名称	手势图示
第一、二裁判手势	a 界内球 b 界外球	界内球:整个手臂斜指向地面 界外球:两臂屈肘上举,手掌向后摆动 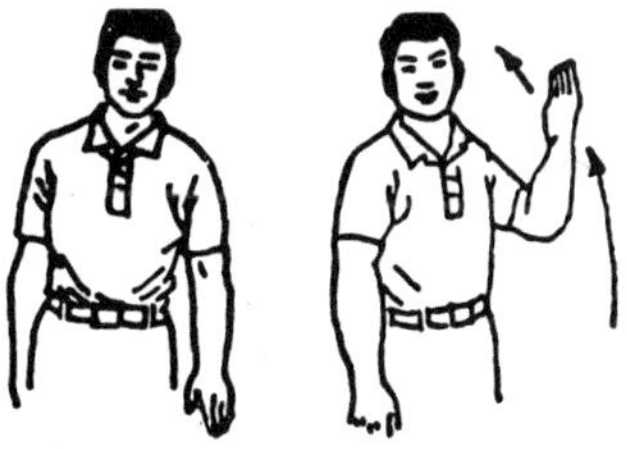 a b
	a 触手出界 b 持球	触手出界:一臂屈肘抬起,手指向上,掌心向右,另一手摩擦手指 持球:一臂屈肘慢慢举起,掌心向上 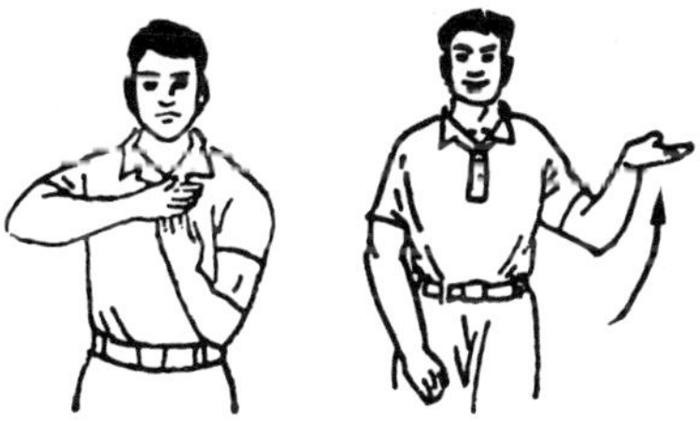 a b
	a 界内球 b 界外球	界内球:整个手臂斜指向地面 界外球:两臂屈肘上举,手掌向后摆动 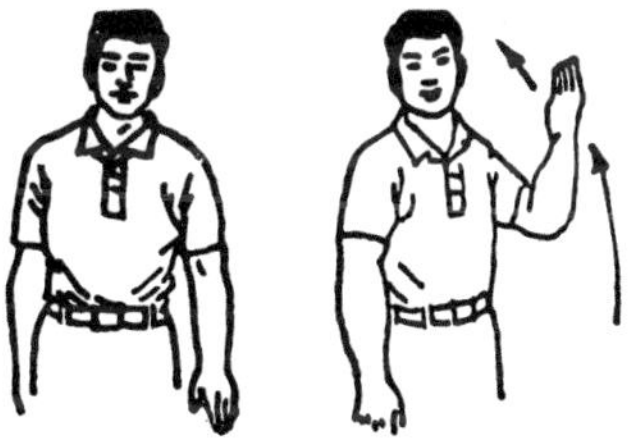 a b

续表 12-2-1

手势	手势名称	手势图示
第一、二裁判手势	a 触手出界 b 持球	触手出界:一臂屈肘抬起,手指向上,掌心向右,另一手摩擦手指 持球:一臂屈肘慢慢举起,掌心向上 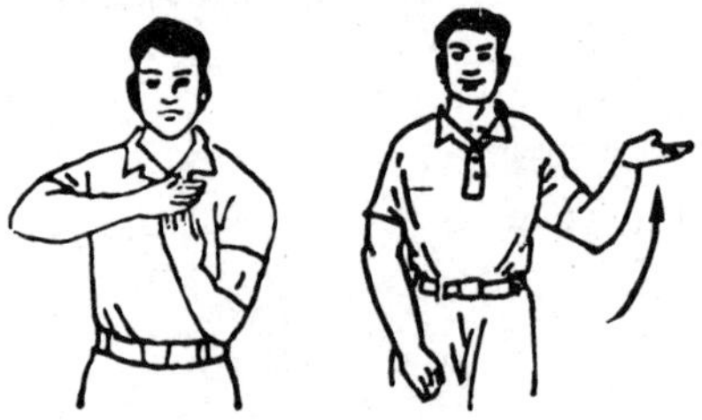 a b
	a 发球时未将球抛起 b 双方犯规	发球时未将球抛起:一手平举,掌心向上,上下摆动 双方犯规:两臂屈肘举起,竖起拇指 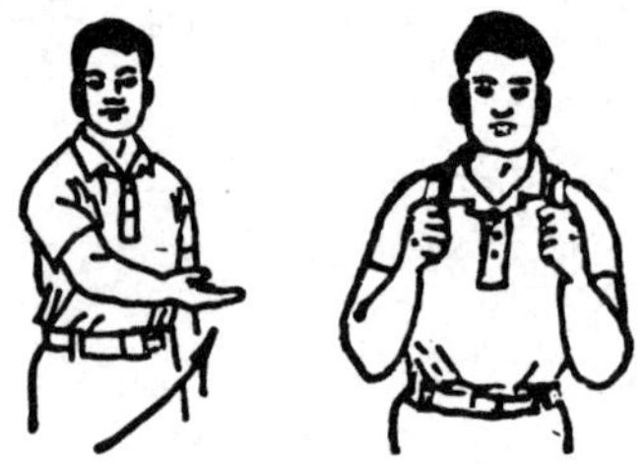 a b
	a 连击 b4 次击球	连击:一臂屈肘举起,伸出两个手指 4 次击球:一臂屈肘举起,伸出 4 个手指 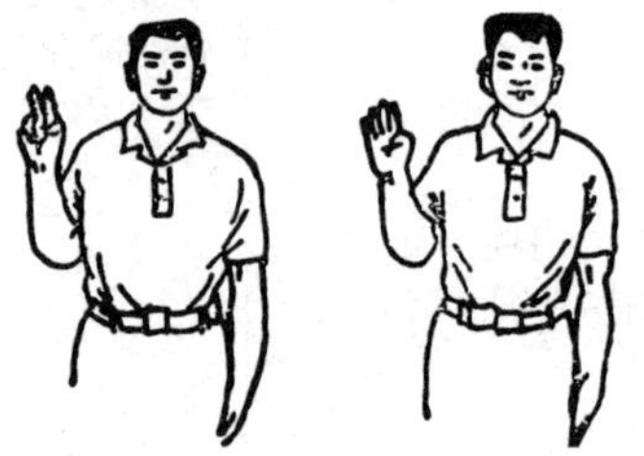 a b
	a 过网 b 后排进攻性击球犯规	过网:一手掌心向上,前臂放置在网上 掩护和后排队员拦网犯规:两臂上举,掌心向前 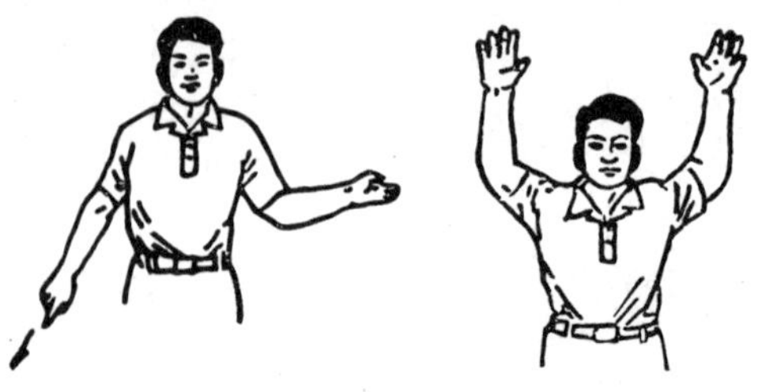 a b

续表 12-2-1

手势	手势名称	手势图示
司线员手势	a 界内球 b 界外球	 a　　　　b
	a 触手出界 b 球从标志杆外飞过	 a　　　　b

第三节　足球比赛主要规则与裁判法

一、足球比赛主要规则与裁判法

(一)掷挑边器

比赛开始前,裁判召集双方队长,通过掷币方式,选择场地权,选中的一方决定上半场进攻方向,另一方有开球权。下半场互换场地,由上半场决定进攻方向的球队开球。

(二)比赛办法

(1)计分。球的整体从两门柱中间、横木下面,从空中或地上越过球门线外沿的垂直面,即为胜一球。球是否进入球门,是根据球的位置来决定,不以守门员接球时所站的位置为依据。

(2)时间。足球比赛全场为90分,分上下两个半场,每半场为45分。除经裁判员同意外,中场休息不得超过15分。

(三)场区

每半场为45分,比赛中场休息及加时赛中场休息后双方交换比赛场地。

(四)犯规

(1)直接任意球。

- 踢或企图踢对方队员。
- 绊摔或企图绊摔对方队员。
- 跳向对方队员。
- 冲撞对方队员。
- 打或企图打对方队员。
- 推对方队员。
- 比赛中,队员为了得到球而抢截对方队员控制的球时,在触球前触及对方队员。
- 拉扯对方队员。
- 向对方队员吐口水。
- 故意手球。

(2)间接任意球。
- 门员用手控制球后,在发出球之前持球超过6秒。
- 发出球后未经其他队员触及,再次用手触球。
- 用手触及同队队员故意踢给他的球。
- 用手触及同队队员直接掷入的界外球。
- 拖延时间。
- 危险动作。
- 阻挡对方队员。
- 阻挡守门员发球。
- 比赛中还存在其他未提到的犯规情况,如果裁判员对此进行警告或罚令出场,则由对方在犯规地点踢间接任意球恢复比赛。

(五)违例

(1)两次触球违例。守门员在发出球之后未经其他队员触及,再次用手触球。踢球队员踢出球门球后未经其他队员触及,再次用脚踢球。

(2)掷界外球违例。
- 未在球出界处掷球。
- 单脚或双脚越过边线踏入场内。
- 单脚或双脚在球掷出前离开地面。
- 球未从头后经头顶掷出。
- 掷球时有明显停顿。
- 掷球时,双手用力不均。

(3)越位。
- 队员较球更接近于对方端线者,即处于越位位置。下列情况,不应判为越位:①该队员在本方半场内;②至少有两名对方队员较其更接近于对方的端线。
- 队员在触球的一刹那,其同队队员处于越位位置。裁判员认为该队员有以下情况时,应判越位:①干扰比赛;②企图从越位位置获得利益。
- 下列情况,不应判为越位:①仅仅是处于越位位置;②直接接得球门球、角球、掷界外球或裁判员的坠球;③与一名对方队员平行,并更接近于对方的端线。

- 队员被判罚越位,应判对方队员在越位犯规地点踢间接任意球。

二、足球比赛主要裁判手势(表12-3-1)

表12-3-1 足球比赛主要裁判手势

手势	手势名称	手势图示与解释
主裁判手势	a 直接任意球 b 间接任意球	直接任意球:单臂侧平举,明确指向踢球方向 间接任意球:单臂上举,掌心向前这一手势应持续到球踢出后,并被场上其他队员触及或成死球为止
	a 球门球 b 角球	球门球:单臂向前方斜下举,指向执行球门球的球门区 角球:单臂向前方斜上举,指向执行角球的角球区
	点球	单臂向前方斜下举,明确指向执行罚球点球的罚球点
	继续比赛	双臂前举,手臂向前作连续挥动
主裁判或巡边员手势	a 警告或罚令出场 (主裁判) b 越位(巡边)	警告或罚令出场:使用红、黄牌时,一手持牌直臂上举,面向被处分队员,有一个短暂的停顿,使场内外均能看清对哪名队员做处罚 越位:助理裁判发现越位后,应站在与越位队员平齐的边线上,将旗上举

三、足球比赛计分方法和名次判定

单淘汰赛时按相互间胜负确定比赛名次,胜者进入下一轮;若采用循环制时,则按获胜场数积分决定名次,以胜一场得3分,平一场得1分,负一场得0分的记分方法进行统计,积分多者名次列前。如两队以上积分相等,则按各队的净胜球数判定名次;计算净胜球数后,如还存在两队以上净胜球数相等,则按各队比赛的总进球数排列名次;若仍相同,则以抽签定名次。

第四节 乒乓球主要规则与裁判法

一、乒乓球比赛主要规则

(一)比赛术语

(1)回合。球处于比赛状态的一段时间。

(2)球处于比赛状态。从发球时球被有意向上抛起前静止在不执拍手掌上的最后一瞬间开始,直到球触及比赛台面,到该回合被得分或重发球。

(二)还击

合法还击:对方发球或还击后,本方运动员必须击球,使球直接越过或绕过球网装置,或触及球网装置,或触及球网装置后,再触及对方台区。

(三)比赛次序

在单打中,首先由发球员合法发球,再由接发球员合法还击,然后两者交替合法还击。

在双打中,首先由发球员发球,再由接发球员合法还击,然后由发球员的同伴合法还击,再由接发球员的同伴合法还击,此后,运动员按此次序轮流合法还击。

(四)发球

(1)合法发球。

• 发球时,球应放在不执拍手的手掌上,手掌张开和伸平。球应是静止的,在发球方的端线之后,比赛台面的水平面之上。

• 发球员需用手将球几乎垂直地向上抛起,不得使球旋转,并使球在离开不执拍手的手掌之后上升不少于16厘米,球下降到被击出前不能碰到物体。

• 当球从抛起的最高点下降时,发球员方可击球,使球首先触及本方台区,然后越过或绕过球网装置,再触及接发球员的台区。在双打中,球应先后触及发球员和接发球员的右半区。

• 从抛球前静止的最后一瞬间到击球时,球和球拍应在比赛台面的水平面之上。

• 击球时,球应在发球方的端线之后,但不能超过发球员身体(手臂、头或腿除外)离端线最远的部位。

• 运动员发球时,应让裁判员或副裁判员看清他是否按照合法发球的规定发球。

- 如果发球员发出的球,在越过球网装置时,触及球网装置,而后成为合法发球。

(2) 重发球。
- 裁判员未报分,同时接发球员也未准备好,发球员已将球发出。
- 由于发生了运动员无法控制的干扰,使运动员未能合法发球合法还击或遵守规则。
- 裁判员或副裁判员暂停比赛。

(五)意外情况暂停比赛
- 由于要纠正发球:接发球次序或方位错位。
- 由于要实行轮换发球时。
- 由于警告或处罚运动员。
- 由于比赛环境受到干扰,以致该回合结果有可能受到影响。

(六)得分(一分)
- 对方运动员未能合法发球。
- 对方运动员未能合法还击。
- 运动员在合法发球或合法还击后,对方运动员在击球前,球触及了除球网装置以外的任何东西。
- 对方击球后,该球没有触及本方台区而越过本方端线。
- 对方阻挡。
- 对方用不符合要求的拍面击球。
- 对方运动员或他穿戴的任何东西触及球网装置。
- 对方运动员不执拍手触及比赛台面。
- 双打时,对方运动员击球次序错误。

(七)局

在一局比赛中,先得 11 分的一方为胜方;10 平后,先多赢得 2 分的一方为胜方。

(八)顺序
- 每获两分之后,接发球方既成发球方,依次类推,直至该局比赛结束。双方比分都达到 10 分,或者实行轮换发球法时,发球或接发球次序依然不变,但每人只轮换发一分球。
- 一局中,首先发球的一方,在该场下一局变为接发球方。在双打决胜局中,当一方先得 5 分时,接发球方应交换接发球次序。
- 一局中,在某一方位比赛的一方在该场下一局应换到另一方位。在决胜局中,一方先得 5 分时,双方应交换方位。

(九)发球轮换

(1)轮换发球法。如果一局比赛进行到 10 分仍未结束(双方都已获得至少 9 分时除外),或者在此之前任何时间应双方运动员要求,应实行轮换发球法。换发球方一经实行,该场比赛剩余的局都必须实行轮换发球法。

(2)位置错误。裁判员一旦发现发球、接发球次序错误,应立即暂停比赛,并按该场比赛开始时确立的次序,按场上比分由应该发球或接发球的运动员发球或接发球;在双打中,则按发现错误时那一局中首先有发球权的一方所确立的次序进行纠正,继续比赛。裁判员一旦发现运动员应交换方位而未交换时,应立即暂停比赛,并按该场开始时的确立次序,按场上比分运动员应站的正确方位进行纠正,继续比赛。在任何情况下,发现错误之前的所有得分均有效。

二、主要裁判法

(一)赛前准备

(1)裁判员应有基本的、必要的器材和工具:这些包括比赛用球,裁判椅(主裁判椅和副裁判椅),抽签器,量网尺,鸡毛掸,毛巾盘,记分表格,团体赛排名表,文件夹,记分板,队(人)名单,圆珠笔,复写纸,尺,计时表,曲别针;

(2)秩序册,裁判桌,记分器(人工、机械或电子的),以及裁判长主持抽签时所需用的器具,各类签卡(可用扑克牌代替)等。

(二)裁判方法

一般情况下,每次乒乓球竞赛时,裁判长都会根据比赛的性质和实际抽调的裁判员人数,确定该次比赛采用什么裁判制。目前,国际、国内重大比赛均采用一种叫作"一贯制"的方法。这种"一贯制"有"一台一贯制"和"一团一贯制"两种形式。

"一台一贯制":在一张球台上,确定该台裁判员从比赛开始至结束一直负责到底。

"一团一贯制":在一次团体赛中,被确定的该场裁判员和副裁判员从比赛开始至结束,一直负责到底。这些方法,对于裁判员的要求很高,常有中间无空上厕所的情况。"一台一贯制",常常是在单项比赛时采用。

(三)临场裁判

(1)赛前检查。

- 到达赛场,检查挡板,球台安放是否正确,球网是否调节好(若在比赛中,任何设备被扰乱,必须恢复原状后再继续比赛)。
- 将比分显示器调到无比分状态。
- 运动员到场后,在他们开始练习前,检查号码簿和球拍。否则,如果是错误的运动员或是一块不符合规则的球拍,就将浪费练习时间。
- 双打比赛中,检查运动员的服装是否相同,双方服装是否明显不同。如有不服从,报告裁判长。
- 监控练习时间,时间到时告诉运动员。劝阻运动员不要在练习后与教练磋商而延误比赛时间。

(2)临场执裁。

- 当着双方运动员的面,用掷边器或硬币决定发球,接发球和方位,在记分表上记下发球方,或双打中的第一发球员。
- 比赛开始前,检查毛巾是否放在裁判员附近的容器里,不允许挂在挡板上,任何其他物品,如包等必须放在赛场外。
- 当运动员准备好后,宣告或手指向发球方,报"0比0",将比分翻到"0∶0"。

- 发球开始时,开动计时器,比赛中断时,比如擦汗、球飞出赛区停止计时器,并重新开动。
- 每一回合结束立即报分,或用手势示意,或两者兼用。如果换发球,手指向或报出下一个发球员的名字。
- 劝阻运动员不要在发球前停顿太长或老是拍球浪费时间,必要时提醒他们继续比赛。
- 一局比赛中,确保运动员不得接受任何场外指导,不管是通过语言还是手势,第一次非法指导,用黄牌警告指导者,如其再犯,亮红牌,令其离开赛区。
- 一局结束,宣布胜者和当时的局分,将显示器上的局分保留一会,在记录表上记录成绩后,除去记分器上的比分。
- 每局结束后,捡回比赛用球,或带在身边,或放在赛台上,以备下一局比赛。掌握局间休息时间,时间一到立即招回运动员。

(四)比赛结束(赛中、赛后)

- 一场比赛结束,宣布比赛结果以及团体赛中当时的场分,填写记分表,并请运动员或团体赛结束请队长签名。
- 每节比赛全部结束后,将所有文件和器材交回有关比赛工作人员。
- 离开赛场时,收好所有比赛用球,将比分显示器调回到无任何显示,检查是否有衣服,毛巾或其他物品遗留在场内。

三、乒乓球比赛主要裁判手势(表12-4-1)

表12-4-1 乒乓球比赛主要裁判手势

手势	手势名称	手势图示
裁判手势	a 停、时间到、擦网、犯规、连接、两跳、重发球 b 练习两分	 a b
	a 准备、发球 b 得分	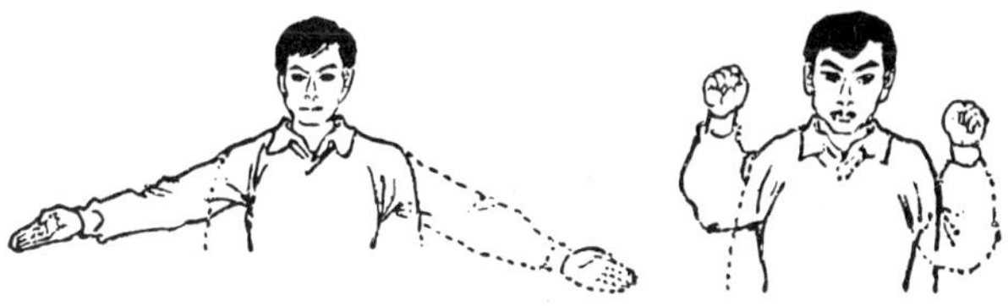 a b

续表 12-4-1

手势	手势名称	手势图示
裁判手势	a 交换位置 b 擦边球	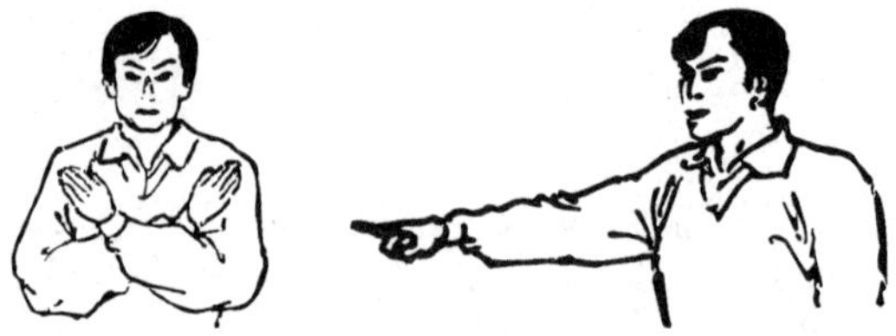 a　　　　b

第五节　羽毛球主要规则与裁判法

一、羽毛球比赛主要规则与裁判法

（一）掷挑边器

选择权：比赛前，双方应掷挑边器。赢的一方将在先发球或先接发球及一个场区或另一个场区中做出选择，输方在余下的一项中做出选择。

（二）比赛办法

除非另有商定，一场比赛以三局两胜定胜负，每球得分制：①率先得到 21 分的一方赢得当局比赛；②如果双方比分打成 20 比 20，获胜一方需超过对手 2 分才算取胜；③如果双方比分打成 29 比 29，则率先得到第 30 分的一方取胜；④首局获胜一方在接下来的一局比赛中率先发球。

（三）场区

以下情况运动员应交换场区：①第一局结束；第三局开始前；②第三局中或只进行一局的比赛中，当领先的一方得分为 11 分时；③运动员未按规定交换场区，一经发现立即交换，已得分数有效。

（四）发球

（1）发球规定。

- 发球时任何一方都不允许非法延误发球。
- 发球员和接发球员都必须站在斜对角发球区内发球和接发球，脚不能触及发球区的界线。
- 两脚必须都有一部分与地面接触，不得移动，直至将球发出。

- 发球员的球拍必须先击中球托,与此同时整个球要低于发球员的腰部。
- 击球瞬间,球拍杆应指向下方,从而使整个拍框明显低于发球员的整个握拍手部。
- 发球开始后,发球员的球拍必须连续向前挥动,直至将球发出,发出的球必须向上飞行过网,如果不受拦截,应落入接发球员的发球区内。
- 一旦双方运动员站好位置,发球员的球拍头第一次向前挥动即为发球开始。
- 发球员须在接发球员准备好后才能发球,如果接发球员已试图接发球则被认为已做好准备,一旦发球开始,球被发球员的球拍触及或落地即为发球结束。
- 双打比赛,发球员或接发球员的同伴站位不限,但不得阻挡对方发球员或接发球员的视线。

(2)重发球。
- 发球时,发球员和接发球员同时违例。
- 发球员在接发球员未做好准备时发球。
- 比赛进行中,球托与球的其他部分完全分离。
- 司线员未看清,裁判员也不能做出决定时。
- 主裁判员尚未报分,或未报完分,发球员就将球发出。
- 遇发球方位、顺序错误或接发球方位错误,如违例的一方获胜,而这一错误又是在下一次发球前发现的,判胜球不算,纠正错误,重新发球。

(五)单打
- 发球员的分数为0或双数时,双方运动员均应在各自的右发球区发球或接发球。
- 发球员的分数为单数时,双方运动员均应在各自的左发球区发球或接发球。
- 如"再赛",发球员应以该局的总得分,按规则的规定站位。
- 球发出后,由发球员和接发球员交替对击直至"违例"或"死球"。
- 接发球员违例或因球触及接发球员场区内的地面而成死球,发球员就得一分。随后,发球员再从另一发球区发球。
- 发球员违例或因球触及发球员场区内的地面而成死球,发球员即失去发球权。随后,接发球员成了发球员,双方均不得分。

(六)双打

双打规定:取消第二发球,双打发球区取消后发球线。

发球员的顺序与单打顺序一样,即以分数的单数或双数来决定。只有发球方在得分时才交换发球区。得分者方有发球权,如果本方得单数分,从左边发球;得双数分,从右边发球。除此以外,运动员继续站在上一回合的各自发球区不变,以此保证发球员的交替。具体见图12-5-1至图12-5-8。

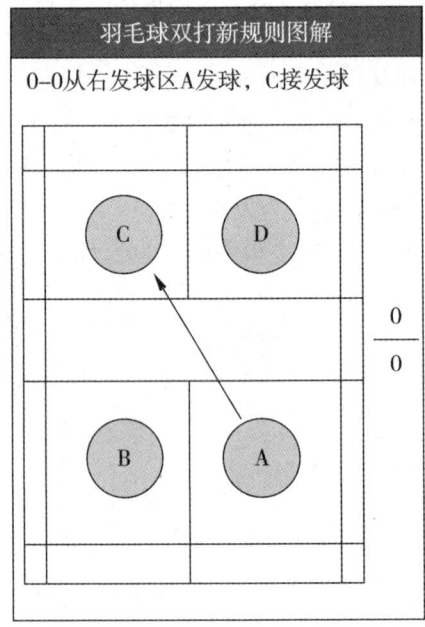

图 12-5-1 双打规则(一)

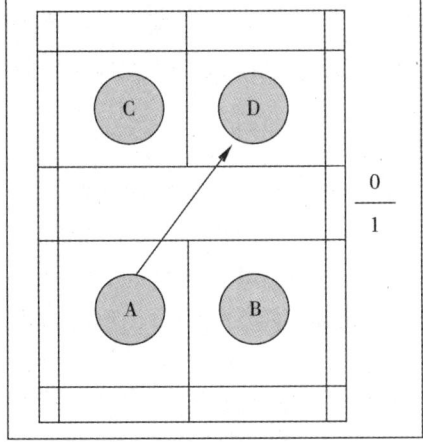

图 12-5-2 双打规则(二)

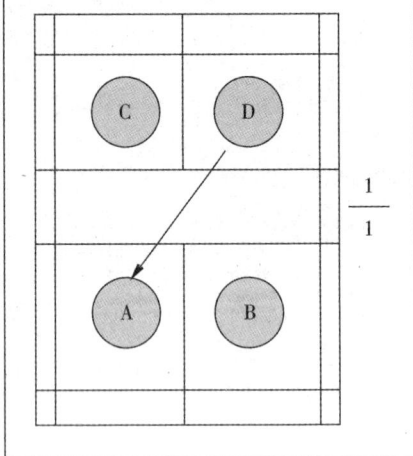

图 12-5-3 双打规则(三)

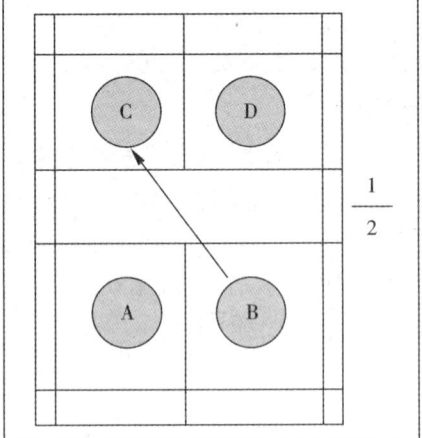

图 12-5-4 双打规则(四)

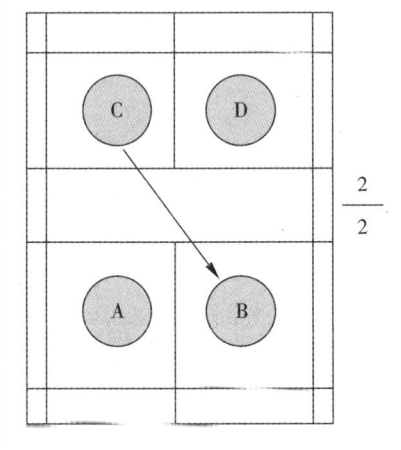

图 12-5-5　双打规则（五）

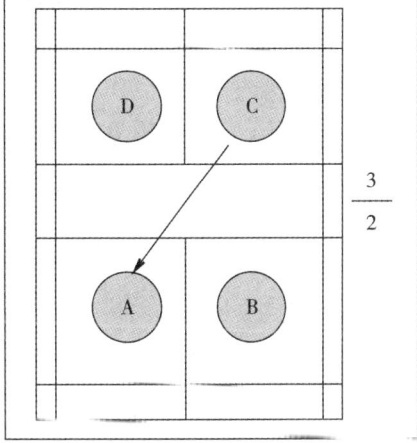

图 12-5-6　双打规则（六）

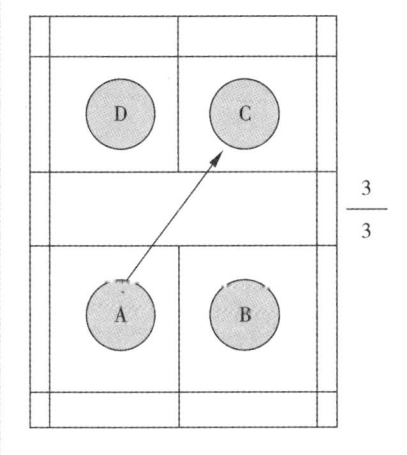

图 12-5-7　双打规则（七）

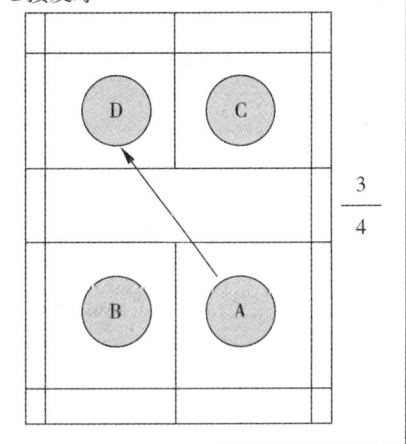

图 12-5-8　双打规则（八）

(七)发球区错误

- 发球顺序错误。
- 从错误的发球区发球。
- 在错误的发球区准备接发球,且球已发出;发球区错误的处理:如果因发球区错误而"重发球",则该回合无效,纠正错误重发球;如果发球区错误未被纠正,比赛也应继续进行,并且不改变运动员的新发球区和新发球顺序。

(八)违例

(1)接发球违例。

- 移动:接发球时(从球拍第一次向前挥动开始,如抛球在先,挥拍在后,则从抛球开始到球从拍面弹出瞬间为止),接发球员的两脚或任何一脚离开地面或移动。
- 踩线:接发球时,接发球队员的脚踩在或踏出发球区四周的任何线上或线外。

(2)发球违例。

- 过腰:发球时(在球与拍接触瞬间),球的任何部分高过发球员腰部。
- 过手:发球时(在球与拍接触瞬间),球拍顶端未向下,整个拍框没明显低于握拍手的整个手部。
- 踩线:发球时,脚踩在发球区四周的线上或线外的地面。
- 移动:发球时(从球拍第一次向前挥动开始,如抛球在先,挥拍在后,则从抛球开始到球从拍面弹出瞬间为止),发球员的两脚或任何一脚离开地面或移动。
- 假动作:在发球员和接发球员做好准备姿势后,发球员在发球过程中有任何破坏发球连续性的动作。
- 违例:发球时,在击球瞬间不是首先击中羽毛球的球托。
- 不过网:球没有发过网或从网下穿过。
- 错区:发过去的球落在非规定的一个发球区内。
- 短球:发过去的球落在网与前发球线之间的区域内。
- 长球:双打比赛中,发过去的球落在双打后发球线之后与端线之前的区域内。
- 界外:发过去的球落在边线、端线以外的地区。

(3)击球违例。

- 连击:两次挥拍连续击球两次;或同队两名队员各击球一次。
- 持球:击球时,球停滞在球拍上紧接着又有拖带动作。
- 界外:球的整体落在对方边线或端线以外。
- 触网:比赛进行中,球拍或队员身体、衣服触及球网的支撑物。
- 过网:击球时,球拍与球的接触点在对方场区上空(如果击球点在本方上空,球拍可随球过网)。
- 碰障碍:击出的球碰到障碍物。
- 违例:队员的身体被球击中。
- 阻挠:比赛进行中,队员有妨碍对方的行为。
- 不过网:击出的球落在本方场区内或场区外,或从网下击入对方场区。

(4) 重发球。遇不能预见或意外的情况；除发球外，球过网后挂在网上或停在网顶。

(5) 死球。
- 球撞网并挂在网上，或停在网顶。
- 球撞网或网柱后开始在击球者这一方落向地面；球触及地面。
- "违例"或"重发球"已被宣报。

(6) 连续性。
- 比赛从第一次发球起至比赛结束应是连续的。在第一局和第二局间，最多允许90秒的休息。
- 在第二局和第三局间，最多允许5分的休息。休息时选手仅能留在场内，教练可在场边指导。
- 每局中，每局一方以11分领先时，比赛进行1分的技术暂停，让比赛双方进行擦汗、喝水等，非特殊情况（比如地板湿了，球打坏了），球员不可再提出中断比赛的要求。

二、羽毛球比赛主要裁判手势（表12-5-1）

表12-5-1 羽毛球比赛主要裁判手势

手势	手势名称	手势图示
裁判手势	a 停止练习 b 换发球	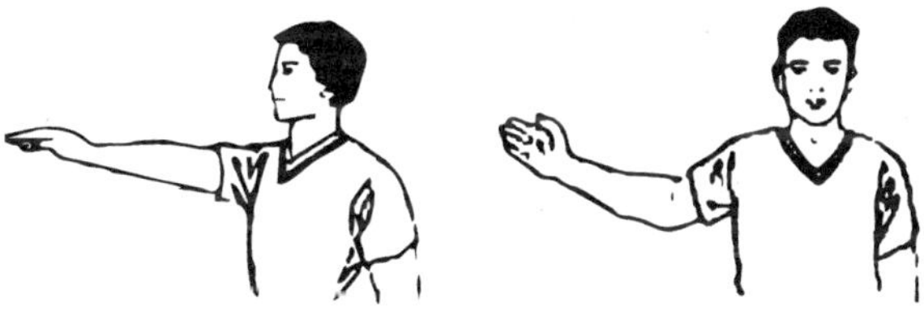 a　　b
	a 第二发球、连击 b 持球、拖带	 a　　b

续表 12-5-1

手势	手势名称	手势图示
裁判手势	a 触网 b 过网击球	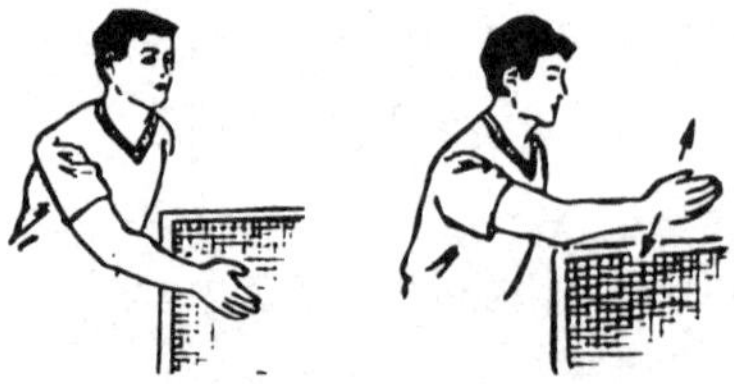 a b
	a 暂停 b 方位错误	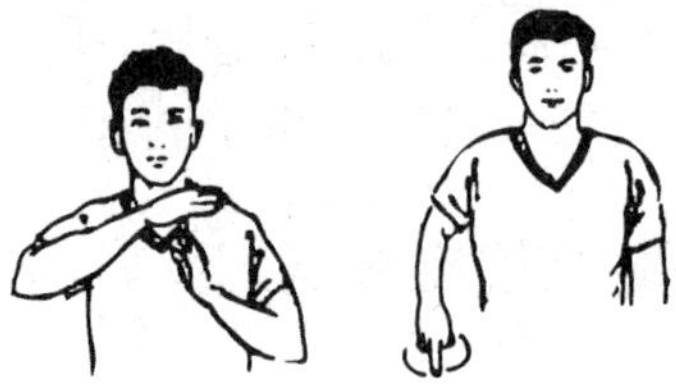 a b
	a 得分 b 最初击球点不在球托上	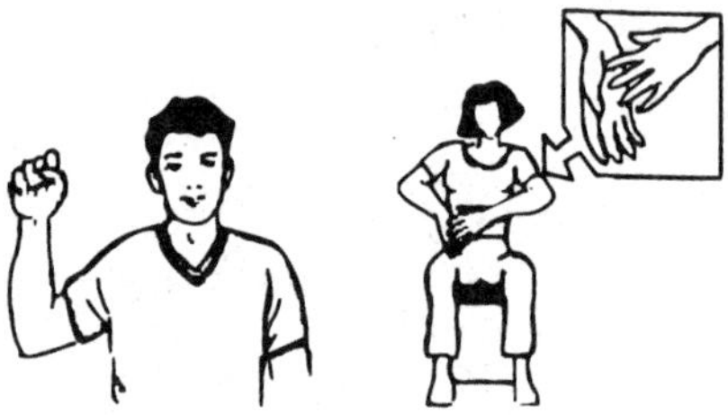 a b
	a 过手 b 过腰	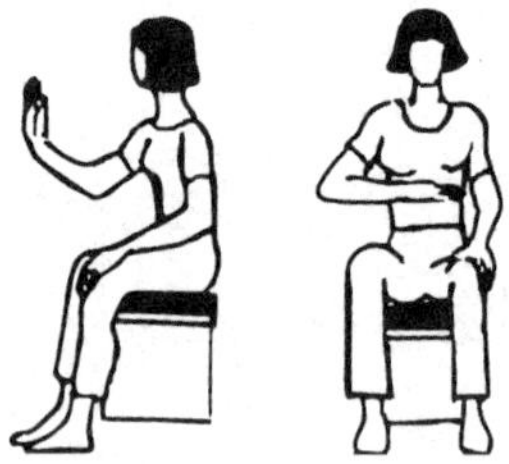 a b
	a 假动作 b 移　动	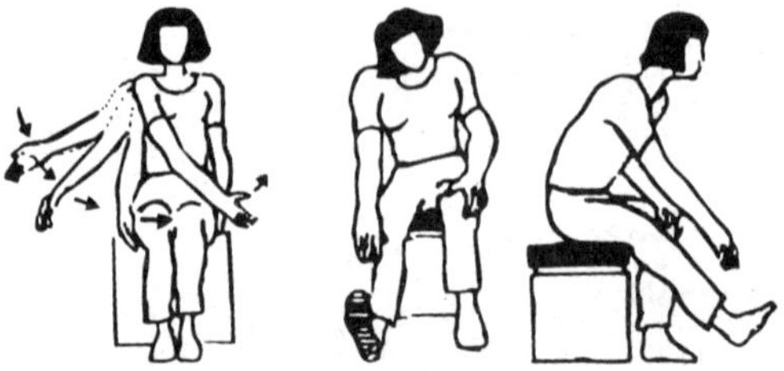 a b

续表 12-5-1

手势	手势名称	手势图示
司线员手势	a 界内 b 界外	a　　　　b
	a 球的落点未看见	

思考题

1. 篮球比赛中的违例现象及其罚则。
2. 什么是足球比赛中的间接任意球？如何判罚？

附录一

《国家学生体质健康标准》各项目测试的操作方法

一、身高

1. 测试目的

测试学生身高,与体重测试相配合,评定学生的身体匀称度,评价学生生长发育的水平及营养状况。

2. 场地器材

身高测量计。使用前应校对0点,以钢尺测量基准板平面至立柱前面红色刻线的高度是否为10.0厘米,误差不得大于0.1厘米。同时应检查立柱是否垂直,连接处是否紧密,有无晃动,零件有无松脱等情况并及时加以纠正。

3. 测试方法

受试者赤足,立正姿势站在身高计的底板上(上肢自然下垂,足跟并拢,足尖分开成60度角)。足跟、骶骨部及两肩胛区与立柱相接触,躯干自然挺直,头部正直,耳屏上缘与眼眶下缘呈水平位。测试人员站在受试者右侧,将水平压板轻轻沿立柱下滑,轻压于受试者头顶。测试人员读数时双眼应与压板水平面等高进行读数,记录员复述后进行记录。以厘米为单位,精确到小数点后一位。测试误差不得超过0.5厘米。

4. 注意事项

(1)身高计应选择平坦靠墙的地方放置,立柱的刻度尺应面向光源。

(2)严格掌握"三点靠立柱""两点呈水平"的测量姿势要求,测试人员读数时两眼一定与压板等高,两眼高于压板时要下蹲,低于压板时应垫高。

(3)水平压板与头部接触时,松紧要适度,头发蓬松者要压实,头顶的发辫、发结要放开,饰物要取下。

(4)读数完毕,立即将水平压板轻轻推向安全高度,以防碰坏。

(5)测量身高前,受试者应避免进行剧烈体育活动和体力劳动。

二、体重

1. 测试目的

测试学生的体重,与身高测试相配合,评定学生的身体匀称度,评价学生生长发育的水平及营养状况。

2. 场地器材

杠杆秤或电子体重计。使用前需检验其准确度和灵敏度。准确度要求误差不超过 0.1%，即每百千克误差小于 0.1 千克。检验方法是：以备用的 10 千克、20 千克、30 千克标准砝码（或用等重标定重物代替）分别进行称量，检查指标读数与标准砝码误差是否在允许范围。灵敏度的检验方法是：置 100 克重砝码，观察刻度尺变化，如果刻度抬高了 3 毫米或游标向远移动 0.1 千克而刻度尺维持水平位时，则达到要求。

3. 测试方法

测试时，杠杆秤应放在平坦地面上，调整 0 点至刻度尺水平位。受试者赤足，男性受试者身着短裤；女性受试者身着短裤、短袖衫，站在秤台中央。测试人员放置适当砝码并移动游标至刻度尺平衡。读数以千克为单位，精确到小数点后一位。记录员复诵后将读数记录。测试误差不超过 0.1 千克。

4. 注意事项

（1）测量体重前受试者不得进行剧烈体育活动或体力劳动。

（2）受试者站在秤台中央，上下杠杆秤动作要轻。

（3）每次使用杠杆秤时均需校正。测试人员每次读数前都应校对砝码标重以避免差错。

三、肺活量

1. 测试目的

测试学生的肺通气功能。

2. 场地器材

电子肺活量计。

3. 测试方法

房间通风良好；使用干燥的一次性口嘴（非一次性口嘴，则每换测试对象需消毒一次，每测一人时将口嘴下倒出唾液并注意消毒后必须使其干燥）。肺活量计主机放置平稳桌面上，检查电源线及接口是否牢固，按工作键液晶屏显示"0"即表示机器进入工作状态。

首先告知受试者不必紧张，并且要尽全力，以中等速度和力度吹气效果最好。令被测试者面对仪器站立、手持吹气口嘴，面对肺活量计站立试吹 1 至 2 次，首先看仪表有无反应，还要试口嘴或鼻处是否漏气，调整口嘴和用鼻夹（或自己捏鼻孔）；学会深吸气（避免耸肩提气，应该像闻花式的慢吸气）。受试者进行一两次较平日深一些的呼吸动作后，更深得吸一口气，屏住气向口嘴处慢慢呼出至不能再呼为止，防止此时从口嘴处吸气，测试中不得中途二次吸气。吹气完毕后，液晶屏上最终显示的数字即为肺活量毫升值。每位受试者测 3 次，每次间隔 15 秒，记录 3 次数值，选取最大值作为测试结果。以毫升为单位，不保留小数。

4. 注意事项

（1）电子肺活量计的计量部位的通畅和干燥是仪器准确的关键，吹气筒的导管必须在上方,以免口水或杂物堵住气道。

(2)每测试10人及测试完毕后用干棉球及时清理和擦干气筒内部。严禁用水、酒精等任何液体冲洗气筒内部。

(3)定期校对仪器。

四、50米跑

1. 测试目的

测试学生速度、灵敏素质及神经系统灵活性的发展水平。

2、场地器材

50米直线跑道若干条,地面平坦,地质不限,跑道线要清楚。发令旗一面,口哨一个。秒表使用前,应用标准秒表校正,每分钟误差不得超过0.2秒。标准秒表选定,以北京时间为准,每小时误差不超过0.3秒。

3. 测试方法

受试者至少8人一组测试。站立起跑,受试者听到"跑"的口令后开始起跑。受试者躯干部到达终点线的垂直面停表。以秒为单位记录测试成绩,精确到小数点后一位,小数点后第二位数按非零进1原则进位,如10.11秒读成10.2秒,并记录之。

4. 注意事项

(1)受试者测试最好穿运动鞋或平底布鞋,赤足亦可。但不得穿钉鞋、皮鞋、塑料凉鞋。

(2)发现有抢跑者,要当即召回重跑。

(3)如遇风时一律顺风跑。

五、800米或1000米跑

1. 测试目的

测试学生耐力素质的发展水平,特别是心血管呼吸系统的机能及肌肉耐力。

2. 场地器材

400米标准塑胶田径场跑道。也可使用其他不规则场地,但必须丈量准确,地面平坦。秒表若干块,使用前需要校正,要求同50米跑测试。

3. 测试方法

受试者至少两人一组进行测试,站立式起跑。当听到"跑"的口令后开始起跑。计时员看到旗动开表计时,当受试者的躯干部到达终点线垂直面时停表。以分、秒为单位记录测试成绩,不计小数。

六、立定跳远

1. 测试目的

测试学生下肢爆发力及身体协调能力的发展水平。

2. 场地器材

沙坑、丈量尺。沙面应与地面平齐，如无沙坑，可在土质松软的平地上进行。起跳线至沙坑近端不得少于30厘米。起跳地面要平坦，不得有坑凹。

3. 测试方法

受试者两脚自然分开站立，站在起跳线后，脚尖不得踩线（最好用线绳做起跳线）。两脚原地同时起跳，不得有垫步或连跳动作。丈量起跳线后缘至最近着地点后垂直距离。每人试跳3次，记录其中成绩最好一次。以厘米为单位，不计小数。

4. 注意事项

（1）发现犯规时，此次成绩无效。3次试跳均无成绩者，应允许再跳，直至取得成绩为止。

（2）可以赤足，但不得穿钉鞋、皮鞋、塑料凉鞋参加测试。

七、引体向上

1. 测试目的

测试学生的上肢肌肉力量的发展水平。

2. 场地器材

高单杠或高横杠，杠粗以手能握住为准。

3. 测试方法

受试者跳起双手正握杠，两手与肩同宽成直臂悬垂。静止后，两臂同时用力引体（身体不能有附加动作），上拉到下颌超过横杠上缘为完成一次。记录引体次数。

4. 注意事项

（1）受试者应双手正握单杠，待身体静止后开始测试。

（2）引体向上时，身体不得做大的摆动，也不得借助其他附加动作撑起。

（3）两次引体向上的间隔时间超过10秒停止测试。

八、坐位体前屈

1. 测试目的

测量学生在静止状态下的躯干、腰、髋等关节可能达到的活动幅度，主要反映这些部位的关节、韧带和肌肉的伸展性和弹性及学生身体柔韧素质的发展水平。

2. 场地器材

坐位体前屈测试计。

3、测试方法

受试者两腿伸直，两脚平蹬测试纵板坐在平地上，两脚分开约10~15厘米，上体前屈，两臂伸直前，用两手中指尖逐渐向前推动游标，直到不能前推为止。测试计的脚蹬纵板内沿平面为0点，向内为负值，向前为正值。记录以厘米为单位，保留一位小数。测试两次，取最好成绩。

4. 注意事项

(1)身体前屈,两臂向前推游标时两腿不能弯曲。

(2)受试者应匀速向前推动游标,不得突然发力。

九、仰卧起坐

1. 测试目的

测试学生的腹肌耐力。

2. 场地器材

垫子若干块(或代用品)、铺放平坦。

3. 测试方法

受试者仰卧于垫上,两腿稍分开,屈膝呈90度角左右,两手指交叉贴于脑后。另一同伴压住其踝关节,以固定下肢。受试者坐起时两肘触及或超过双膝为完成一次。仰卧时两肩胛必须触垫。测试人员发出"开始"口令的同时开表计时,记录1分内完成次数。1分到时,受试者虽已坐起但肘关节未达到双膝者不计该次数,精确到个位。

4. 注意事项

(1)如发现受试者借用肘部撑垫或臀部起落的力量起坐时,该次不计数。

(2)测试过程中,观测人员应向受试者报数。

(3)受试者双脚必须放于垫上。

附录二

《国家学生体质健康标准》各项目测试评分标准(部分)

《国家学生体质健康标准》(2014 修订版)单项指标与权重、单项评分表

测试对象	单项指标与权重	权重/%
大学	体重指数(BMI)=体重(千克)/身高^2(米^2)	15
	肺活量	15
	50 米跑	20
	坐位体前屈	10
	立定跳远	10
	引体向上(男)/1 分钟仰卧起坐(女)	10
	1000 米跑(男)/800 米跑(女)	20

体重指数(BMI) 单位:千克/米^2

等级	单项得分	大学男生	大学女生
正常	100	17.9~23.9	17.2~23.9
低体重	80	≤17.8	≤17.1
超重		24.0~27.9	24.0~27.9
肥胖	60	≥28.0	≥28.0

注:体重指数(BMI)=体重(千克)/身高^2(米^2)。

肺活量　　　　　　　　　　　　　　　　　　　单位：毫升

等级	单项得分	大学男生		大学女生	
		大一、大二	大三、大四	大一、大二	大三、大四
优秀	100	5040	5140	3400	3450
	95	4920	5020	3350	3400
	90	4800	4900	3300	3350
良好	85	4550	4650	3150	3200
	80	4300	4400	3000	3050
及格	78	4180	4280	2900	2950
	76	4060	4160	2800	2850
	74	3940	4040	2700	2750
	72	3820	3920	2600	2650
	70	3700	3800	2500	2550
	68	3580	3680	2400	2450
	66	3460	3560	2300	2350
	64	3340	3440	2200	2250
	62	3220	3320	2100	2150
	60	3100	3200	2000	2050
不及格	50	2940	3030	1960	2010
	40	2780	2860	1920	1970
	30	2620	2690	1880	1930
	20	2460	2520	1840	1890
	10	2300	2350	1800	1850

附录二 《国家学生体质健康标准》各项目测试评分标准(部分)

50米跑单项评分表　　　　　单位:秒

等级	单项得分	大学男生		大学女生	
		大一、大二	大三、大四	大一、大二	大三、大四
优秀	100	6.7	6.6	7.5	7.4
	95	6.8	6.7	7.6	7.5
	90	6.9	6.8	7.7	7.6
良好	85	7.0	6.9	8.0	7.9
	80	7.1	7.0	8.3	8.2
及格	78	7.3	7.2	8.5	8.4
	76	7.5	7.4	8.7	8.6
	74	7.7	7.6	8.9	8.8
	72	7.9	7.8	9.1	9.0
	70	8.1	8.0	9.3	9.2
	68	8.3	8.2	9.5	9.4
	66	8.5	8.4	9.7	9.6
	64	8.7	8.6	9.9	9.8
	62	8.9	8.8	10.1	10.0
	60	9.1	9.0	10.3	10.2
不及格	50	9.3	9.2	10.5	10.4
	40	9.5	9.4	10.7	10.6
	30	9.7	9.6	10.9	10.8
	20	9.9	9.8	11.1	11.0
	10	10.1	10.0	11.3	11.2

坐位体前屈单项评分表　　　　　　　　　　单位：厘米

等级	单项得分	大学男生		大学女生	
		大一、大二	大三、大四	大一、大二	大三、大四
优秀	100	24.9	25.1	25.8	26.3
	95	23.1	23.3	24.0	24.4
	90	21.3	21.5	22.2	22.4
良好	85	19.5	19.9	20.6	21.0
	80	17.7	18.2	19.0	19.5
及格	78	16.3	16.8	17.7	18.2
	76	14.9	15.4	16.4	16.9
	74	13.5	14.0	15.1	15.6
	72	12.1	12.6	13.8	14.3
	70	10.7	11.2	12.5	13.0
	68	9.3	9.8	11.2	11.7
	66	7.9	8.4	9.9	10.4
	64	6.5	7.0	8.6	9.1
	62	5.1	5.6	7.3	7.8
	60	3.7	4.2	6.0	6.5
不及格	50	2.7	3.2	5.2	5.7
	40	1.7	2.2	4.4	4.9
	30	0.7	1.2	3.6	4.1
	20	−0.3	0.2	2.8	3.3
	10	−1.3	−0.8	2.0	2.5

附录二 《国家学生体质健康标准》各项目测试评分标准(部分)

立定跳远单项评分表

单位:厘米

等级	单项得分	大学男生		大学女生	
		大一、大二	大三、大四	大一、大二	大三、大四
优秀	100	273	275	207	208
	95	268	270	201	202
	90	263	265	195	196
良好	85	256	258	188	189
	80	248	250	181	182
及格	78	244	246	178	179
	76	240	242	175	176
	74	236	238	172	173
	72	232	234	169	170
	70	228	230	166	167
	68	224	226	163	164
	66	220	222	160	161
	64	216	218	157	158
	62	212	214	154	155
	60	208	210	151	152
不及格	50	203	205	146	147
	40	198	200	141	142
	30	193	195	136	137
	20	188	190	131	132
	10	183	185	126	127

引体向上/1分钟仰卧起坐单项评分表　　　　　　单位:次

等级	单项得分	大学男生(引体向上)		大学女生(1分钟仰卧起坐)	
		大一、大二	大三、大四	大一、大二	大三、大四
优秀	100	19	20	56	57
	95	18	19	54	55
	90	17	18	52	53
良好	85	16	17	49	50
	80	15	16	46	47
及格	78			44	45
	76	14	15	42	43
	74			40	41
	72	13	14	38	39
	70			36	37
	68	12	13	34	35
	66			32	33
	64	11	12	30	31
	62			28	29
	60	10	11	26	27
不及格	50	9	10	24	25
	40	8	9	22	23
	30	7	8	20	21
	20	6	7	18	19
	10	5	6	16	17

附录二 《国家学生体质健康标准》各项目测试评分标准(部分)

耐力跑单项评分表

等级	单项得分	大学男生(1000米)		大学女生(800米)	
		大一、大二	大三、大四	大一、大二	大三、大四
优秀	100	3分17秒	3分15秒	3分18秒	3分16秒
	95	3分22秒	3分20秒	3分24秒	3分22秒
	90	3分27秒	3分25秒	3分3分0秒	3分28秒
良好	85	3分34秒	3分32秒	3分37秒	3分35秒
	80	3分42秒	3分40秒	3分44秒	3分42秒
及格	78	3分47秒	3分45秒	3分49秒	3分47秒
	76	3分52秒	3分50秒	3分54秒	3分52秒
	74	3分57秒	3分55秒	3分59秒	3分57秒
	72	4分02秒	4分00秒	4分04秒	4分02秒
	70	4分07秒	4分05秒	4分09秒	4分07秒
	68	4分12秒	4分10秒	4分14秒	4分12秒
	66	4分17秒	4分15秒	4分19秒	4分17秒
	64	4分22秒	4分20秒	4分24秒	4分22秒
	62	4分27秒	4分25秒	4分29秒	4分27秒
	60	4分32秒	4分30秒	4分34秒	4分32秒
不及格	50	4分52秒	4分50秒	4分44秒	4分42秒
	40	5分12秒	5分10秒	4分54秒	4分52秒
	30	5分32秒	5分30秒	5分04秒	5分02秒
	20	5分52秒	5分50秒	5分14秒	5分12秒
	10	6分12秒	6分10秒	5分24秒	5分22秒

加分指标评分表

加分	引体向上(男)	仰卧起坐(女)	1000米(男)	800米(女)
10	10	13	−35秒	−50秒
9	9	12	−32秒	−45秒
8	8	11	−29秒	−40秒
7	7	10	−26秒	−35秒
6	6	9	−23秒	−30秒
5	5	8	−20秒	−25秒
4	4	7	−16秒	−20秒
3	3	6	−12秒	−15秒
2	2	4	−8秒	−10秒
1	1	2	−4秒	−5秒

注：①引体向上、1分仰卧起坐均为高优指标，学生成绩超过单项评分100分后，以超过的次数所应对的分数进行加分。②1000米跑、800米跑均为低优指标，学生成绩低于单项评分100分后，以减少的秒数所对应的分数进行加分。

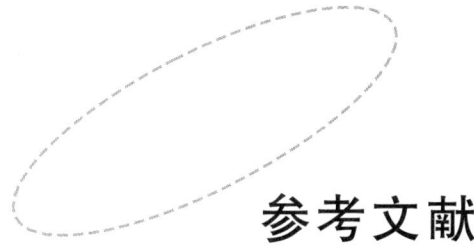

参考文献

[1]赵公春,张伟华.大学体育教程[M].北京:经济日报出版社,2004.
[2]张瑞林.排球运动[M].北京:高等教育出版社,2005.
[3]王玉富.新世纪体育与健康教程[M].北京:北京体育大学出版社,2005.
[4]游春栋,李明,陶弥锋.体育与健康[M].北京:清华大学出版社,2006.
[5]陈洪.新体育教程[M].北京:新华出版社,2006.
[6]代云鹏,隋晓航,杨萍.大学健康体育[M].北京:中国传媒大学出版社,2007.
[7]钟海明,张仕.新编大学体育与健康[M].北京:航空工业出版社,2010.
[8]井文华.新编体育与健康[M].天津:天津科学技术出版社,2011.
[9]陈平.大学体育与健康教程[M].青岛:中国海洋大学出版社,2011.
[10]马鸿韬.健美操运动教程[M].北京:北京体育大学出版社,2014.
[11]毛振明.现代大学体育[M].北京:教育科学出版社,2015.